Janine Verheyen

Mediendidaktik – ein Zwischenstand

BOCHUMER BEITRÄGE ZUR BILDUNGSWISSENSCHAFTLICHEN UND FACHDIDAKTISCHEN THEORIE UND FORSCHUNG

BAND 16

Herausgegeben von:

Antje Klinge | Ralph Köhnen | Markus Ritter

Janine Verheyen

Mediendidaktik – ein Zwischenstand

Chancen und Grenzen des digitalen Distanzunterrichts im Fach Deutsch

projektverlag.

Bibliografische Information der Deutschen Nationalbibliothek

Die Deutsche Nationalbibliothek verzeichnet diese Publikation in der Deutschen Nationalbibliografie; detaillierte bibliografische Daten sind im Internet über http://dnb.d-nb.de abrufbar.

Inaugural-Dissertation zur Erlangung des Grades eines Doktors der Philosophie in der Fakultät für Philologie der RUHR-UNIVERSITÄT BOCHUM

Gedruckt mit der Genehmigung der Fakultät für Philologie der Ruhr-Universität Bochum

ISSN 2192-4783
ISBN 978-3-89733-602-5

www.projektverlag.de

Inhaltsverzeichnis

1. Einleitung

Das 21. Jahrhundert oder auch das digitale Zeitalter ist trotz der augenscheinlich unbegrenzten Möglichkeiten vor viele neue Herausforderungen gestellt. In einem Sammelband zum Wandel des Markenkonzepts durch digitale Medien wird festgehalten, dass das Internet und die Digitalisierung für eine unkomplizierte und unmittelbare Befriedigung der Bedürfnisse sorgen. Dies gilt für die Beschaffung von Informationen, die Konsumbefriedigung, die Sozialkontakte und für die generelle Kommunikation (vgl. Dänzler / Heun 2014: 17). Es wird sogar von einem grundlegenden „Medienwandel" (ebd.: V) gesprochen, da stetig neue Möglichkeiten und Zugänge entständen, um die RezipientInnen zu erreichen. Durch den Zugriff auf etliche Informationen in jedem Fachbereich entsteht auf der einen Seite zwar die Möglichkeit, sich in vieles einzulesen, jedoch kann dies auch zu falschen oder einseitigen Informationen führen. Es ist bei den Quellen nicht immer eindeutig, woher diese stammen und welchen Wahrheitsgehalt sie haben (vgl. Patel 2011: 331 f.). Man könnte folglich ableiten, dass es durch den Überfluss an Informationen und der einfach gestalteten Veröffentlichungen eigener Beträge zu einem Thema einer gewissen Kompetenz bedarf, zwischen Informationen zu selektieren und auf Seriosität und Objektivität der Quellen zu achten, um hinsichtlich eines Themas in einem angemessenen und korrekten Sachstand zu sein (vgl. Medienkompetenzrahmen NRW 2017).

Diese Kompetenz zu vermitteln und auf eine Welt voller Angebote und medialer Einflüsse vorzubereiten, obliegt den Bildungseinrichtungen. Inwiefern diese jedoch selbst digitalisiert und auf den Umgang mit digitalen Medien vorbereitet sind, wird in dieser Arbeit unter anderem untersucht. Durch die Coronapandemie ist offengelegt worden, dass in der Ausstattung der Bildungseinrichtungen und Ausbildung der Lehrkräfte noch Handlungsbedarf besteht.

Wie während dieser Zeit spontan und gezwungenermaßen gehandelt wurde, wird mithilfe von qualitativen Interviews betroffener Lehrpersonen festgehalten. Der Rahmen dieser Befragung umfasst zehn DeutschlehrerInnen, die an staatlichen Gymnasien in Nordrhein-Westfalen unterrichten. Im Gegensatz zur quantitativen Befragung wird der Anspruch erhoben, begründete differenzierte subjektive Erfahrungen umfangreich und ungekürzt zu teilen und die aktuelle Situation des pandemiebedingten Unterrichts von zuhause – auch ‚Homeschooling' genannt – als Erfahrungsbericht wiederzugeben. Es wird folglich eine Untersuchung als sinnvoll erachtet, die eine ganzheitliche Einordnung der Ergebnisse und der pandemiebedingten Situation ermöglicht (vgl. Hopf 2000: 350). Die in den Interviews getätigten Aussagen zu subjektiven Einschätzungen der Lehrkräfte während des krisenbedingten Homeschooling hätten durch andere Vorgehensweisen als durch qualitative Interviews nicht erzielt und gewonnen werden können (vgl. Przybosrki / Wohlrab-Sahr 2014: 117).

Es ist wichtig darauf hinzuweisen, dass die befragten Personen eine hohe Bereitschaft hatten, an den Interviews teilzunehmen, da bei geringer Bereitschaft oder einer prinzipiellen Abneigung gegen Befragungen die Validität der Ergebnisse negativ beeinträchtigt werden kann (vgl. Hlawatsch / Krickl 2014: 305 f.). Die hohe Bereitschaft und sogar das Interesse an der Teilnahme hängt nach Aussagen einzelner TeilnehmerInnen mit der hohen Aktualität dieses Themas zusammen. Schließlich erforderte die besondere Situation ein hohes Maß an Spontanität und Handlungsbereitschaft und ließ dabei wenig Zeit zur Reflexion des neuen Unterrichtsformates und dessen Folgen. Diese Reflexion und Einordnung finden daher im Rahmen dieser Arbeit statt. Mit standardisierten Fragebögen, die in der quantitativen Sozialforschung das Messinstrument darstellen, hätten die Fragen und dementsprechend auch die Ergebnisse einen anderen Fokus bekommen und ein elementarer Bestandteil der Dissertation wäre verloren gegangen – nämlich der bereits oben erwähnte subjektive und individuelle Blickwinkel und der Umgang der Lehrkräfte mit der Situation (vgl. Krebs / Menold 2014: 426).

Da es neben dem Umgang der Lehrkräfte mit der Situation auch um die Veränderung der Vermittlung der Unterrichtsinhalte im Fach Deutsch geht, ist eine derartige Auswahl der InterviewteilnehmerInnen getroffen worden. Es wird ausschließlich das Fach Deutsch näher untersucht, da eine Betrachtung aller Unterrichtsfächer zu einer quantitativen Untersuchung der Vermittlungsveränderung der Unterrichtsinhalte geführt hätte. Das hätte den Rahmen dieser Arbeit gesprengt. Zudem besteht in dem Unterrichtsfach Deutsch eine besondere Relevanz, da dieses Fach neben den curricularen Vorgaben auch eine Kultur und Kulturtechnik vermittelt und auf den Umgang mit Medien vorbereiten soll. Somit ist die Betrachtung dieses Faches besonders elementar für die teils rapide Digitalisierung an Schulen.

Die zu untersuchende Leitfrage, welche diesem Forschungsvorhaben eine Richtung und ein konkretes Ziel gibt, lautet wie Folgt:

Wie verändert das krisenbedingte digitale Homeschooling die Vermittlung der Unterrichtsinhalte im gymnasialen Deutschunterricht in NRW unter Berücksichtigung der Beurteilung durch praktizierende DeutschlehrerInnen? – Ergänzend: Welche Modifikationen entwickeln sich dadurch in der praxisbezogenen Umsetzung im Deutschunterricht?

Um diese Leitfrage angemessen zu beantworten, wird zuerst die bisher bestehende Forschungsliteratur der Medienpsychologie dargestellt und eine für diese Arbeit geltende Definition des Begriffs der Medienpsychologie erläutert. Für die Darstellung der Forschungsliteratur wird eine deduktive Herangehensweise gewählt, in der von allgemeinen Ursprüngen und Richtungen der Medienpsychologie auf einen speziellen Teil der medienpsychologischen Forschung im Hinblick auf die digitale Lehre hingearbeitet wird. Diese Vorgehensweise erfüllt den Zweck einer Herleitung dieses Dissertationsthemas. Schließlich ist der vergangene Kontext dieses Forschungsfeldes maßgeblich für die umfassende Einordnung und weitere Untersuchung des heutigen Sachstandes der digitalen Lehre.

Im weiteren Verlauf wird mithilfe der qualitativen Interviews induktiv vorgegangen. Von den individuellen und speziellen Eindrücken der Lehrkräfte zum krisenbedingten digitalen Unterrichten des Faches Deutsch wird generalisierend abgeleitet, welche Folgen und Perspektiven sich durch das Homeschooling und der damit einhergehenden Digitalisierung an den Schulen für künftiges schulisches Unterrichten ergeben. Dieses qualitative Forschungsdesign dient der schlussendlichen Überprüfung auf empirischer und theoretischer Ebene, indem erarbeitet wird, auf welchem Stand sich die Gymnasien der befragten Lehrkräfte nach der rapiden Digitalisierung befinden und wie man die Erfahrungen und Veränderungen aus dieser Zeit sinnvoll für künftiges Lernen nutzen kann.

2. Bisheriger Forschungsstand der Medienpsychologie und der digitalen Lehre

In diesem Kapitel wird der bisherige Forschungsstand der Medienpsychologie deduktiv hergeleitet und dargestellt. Es erfolgen eine Begriffsdefinition und Darstellung der Ursprünge der Medienpsychologie. Zudem wird die Entwicklung des Forschungsgebietes der Medienpsychologie unter Einbezug der digitalen Lehre rekonstruiert. Daraufhin erfolgt ein Überblick über die wichtigsten Theorien der Medienpsychologie, die auch in Verbindung mit der digitalen Lehre als relevant erachtet werden. Schlussendlich wird ein Überblick über die digitalen Arbeitsformen im Bildungskontext und der digitalen Lehre gegeben, welche hinsichtlich ihrer Vor- und Nachteile beurteilt werden.

2.1 Medienpsychologie als Kompositum zweier Wörter

In dem Wort ‚Medienpsychologie' stecken zwei einzelne Wörter, die hier zu einem verbunden werden. Böhme-Dürr verweist darauf, dass bei Komposita das zweite Substantiv die Bedeutung des Wortes bestimmt und folglich die Psychologie bei der Wissenschaft der Medienpsychologie überwiegt (vgl. Böhme-Dürr 2003: 283). Dies mag sowohl für die Festlegung des Artikels als auch für die inhaltliche Bestimmung von Komposita zutreffen. Jedoch lässt sich hinterfragen, ob diese These für die Einordnung der Medienpsychologie ausreichend ist.

Sowohl die Medienwissenschaft als auch die Psychologie sind zwei große in sich geschlossene Bereiche, zu denen eigene Wirkungsbereiche, Studiengänge und Forschungsfelder bestehen. Es soll nicht der Eindruck erweckt werden, dass der Begriff der Medien nur aus der Medienwissenschaft besteht. Im Gegenteil: Die Medienwissenschaft hebt die uns mittlerweile omnipräsenten Medien auf eine Ebene, in der „interdisziplinär die Kooperation zur Medienforschung in anderen Fächern" (Hickethier 2010: 2) hergestellt wird. Schließlich ist der Begriff der Medien weit gefasst und findet in nahezu jeder Wissenschaft eine andere Betrachtungsweise. Genau diese verschiedenen Perspektiven und Auffassungen zur Medienforschung seien maßgeblich für die Medienwissenschaft (vgl. ebd.). Als Beispiel für die verschiedenen Wissenschaften und ihre unterschiedlichen Auffassungen des Medienbegriffs werden bei Hickethier die Rechtswissenschaft, die Psychologie, die Informatik und die Literaturwissenschaft genannt (vgl. ebd.). An dieser Stelle wird deutlich, dass es notwendig ist, eine für diese Arbeit geltende Definition des Medienbegriffs zu entwickeln, um ein einheitliches Verständnis für diesen Forschungsrahmen zu schaffen.

2.1.1 Definition des Medienbegriffs

‚Medien' ist die Pluralbildung zu ‚Medium'. Das Wort kommt von der „lateinische[n] Bezeichnung ***medius*** [Hervorheb. im Orig.] [...] [oder] ***medium*** [Hervorheb. im Orig.]" (Hickethier 2010: 18) und wird übersetzt mit „ ‚in der Mitte befindlich', ‚dazwischen liegend', [...] ‚gewöhnlich', [...] ‚vermittelnd' " (Hickethier 2010: 18). Überträgt man diese Übersetzungen in den heutigen Übertragungskontext, wird deutlich, dass man dem aktuellen Verständnis von Medien sehr nahekommt. Die vermittelnde Eigenschaft mag die zentralste sein, wenn man auf mediale Überträger wie den Fernseher, das Smartphone, aber auch den Computer schaut. Aber auch ein gewöhnlicher Charakter lässt sich den Medien zuschreiben, da sie für die heutigen Menschen elementar geworden sind, um überhaupt am gesellschaftlichen Leben teilnehmen zu können.

Mit ‚medium' hingegen sind „ ‚Mitte', ‚Mittelpunkt',[...] ‚menschliche Gesellschaft', ‚Gemeinwohl' " (Hickethier 2010: 18) gemeint. Dies passt zu dem eben erläuterten Begriff ‚gewöhnlich', da die Medien durch ihre Allgegenwärtigkeit und dadurch, dass jeder Medien nutzt, auch gewissermaßen zum Mittelpunkt der Menschen werden. Neben immer interessanter werdenden Fragen nach den Auswirkungen der Medien auf die Menschen gibt es auch etliche neuartige Medien, die mit ihren Funktionen das Leben der Menschen bereichern sollen. Häufig fragt man sich, welches Smartphone oder Tablet beispielsweise den eigenen Bedürfnissen am ehesten gerecht wird. Wenn man beruflich viele Online-Konferenzen und Programme nutzt, ist ein großer Arbeitsspeicher und ein leistungsstarker Akku eventuell wichtiger als eine starke Kamera. Diese Bedürfnisfragen führen zu ganzen Umfragen, Statistiken und Vergleichen von elektronischen Endgeräten. Auch das Marketing und die Verbreitung von Informationen werden mit und durch die Medien bestimmt (vgl. Dänzler / Heun 2014: V).

Doch auch das Medium selbst ist bereits die Botschaft. McLuhan stellt diese These bereits 1958 auf (Sprenger 2017: 40). Die Medien werden hier – unabhängig vom transportierten Inhalt – als Vermittler in den Fokus gerückt (vgl. ebd.: 40). Diese haben „personal and social consequences [...] result from the new scale that is introduced into our affairs by each extension of ourselves, or by any new technology" (McLuhan 2005: 7). Durch jedes Medium wird somit ein neuer Maßstab angelegt, der durch die damit einhergehenden neuen Möglichkeiten entsteht. Schließlich erweitern neue Medien die Wirkungsbereiche und verändern die Lebensbereiche der Menschen. Als Beispiel führt McLuhan die Eisenbahn an, welche den menschlichen Wirkungsbereich immens erweitert hat und neue Möglichkeiten der Arbeits- oder

Freizeitgestaltung implementiert hat. Hierbei ist die Ladung der Eisenbahn oder der Inhalt des Mediums irrelevant, da im Fall des Transportmittels die zurückgelegte Strecke entscheidend ist (vgl. McLuhan 2005: 8). Übertragen auf ein Tablet würde dies bedeuten, dass es unerheblich ist, welcher Text auf dem Gerät gelesen wird. Die visuelle Repräsentation des Tablets ist entscheidend und die damit einhergehende Tatsache, dass eine beinahe unbegrenzte Anzahl von Texten oder Büchern auf dem Gerät abgerufen und gelesen werden kann, so wie im Falle der Eisenbahn plötzlich erheblich längere Strecken zurückgelegt werden können. Dies beschleunigt, ähnlich wie bei der Eisenbahn den Prozess der Fortbewegung, den des Abrufens unterschiedlichster Texte oder erweiternd formuliert: Das Abrufen diverser Informationsquellen. Dies kann jedoch im Kontrast zum gedruckten Text oder zum Buch nicht nur einen ästhetischen Qualitätsverlust mit sich bringen, sondern das Lesen digital repräsentierter Texte beansprucht nicht zuletzt auch die Augen stärker, als dies bei einem gedruckten Text der Fall ist. Somit bestimmt das Tablet an dieser Stelle auch die Wahrnehmung des Textes und ist damit unwillkürlich Teil des Leseprozesses, der maßgeblich durch die Nutzung des digitalen Endgerätes bestimmt wird.

Ob der immer stärker werdende Einfluss von Medien jedoch zum Gemeinwohl der Gesellschaft beiträgt, wenn man einen weiteren Übersetzungsvorschlag des Wortes Medium aufgreifen möchte, bleibt jedoch fraglich.

Es wird deutlich, dass dieser Dissertation ein technisch orientierter Medienbegriff zugrunde gelegt wird, bei dem der inhaltliche Schwerpunkt auf technische Geräte gelegt wird und die Digitalität im Fokus steht. Dazu lässt sich der sozial- und kulturwissenschaftliche Medienbegriff kontrastieren, der auch die Sprache als Medium anerkennt (vgl. Böhme-Dürr 2003: 284). Dass diese enge Auffassung des Medienbegriffs für den Rahmen dieser Arbeit gewählt wurde, liegt vornehmlich daran, dass die Untersuchung der Digitalisierung an Schulen und ihre Wirkung und Auswirkung zielführend für die Forschungsfrage und deren Beantwortung ist. Dementsprechend wurde ein klarer Fokus gesetzt und eine deutliche Eingrenzung des Medienbegriffs vorgenommen. Wenn im Folgenden von Medien gesprochen wird, sind diese in dem eben erklärten Sinne zu verstehen.

Medien haben keinen primären Selbstzweck, sondern dienen dem Transport von Informationen oder erfüllen eine gewisse Funktion. Hickethier unterteilt Medien in vier Formen. Ihm zufolge gibt es Medien, welche dem Beobachten und Wahrnehmen dienen, indem sie die naturgegebene körperliche Ausstattung des Menschen verbessern und erweitern. Dazu zählt beispielsweise das Mikroskop, eine Brille oder auch ein Fernglas (vgl. Hickethier 2010: 21). Als zweite Form gibt es die Medien, die dazu verhelfen, Daten und

Informationen abzuspeichern und zu modifizieren. Von Schreibmaschinen über Videokameras bis zu Bearbeitungsprogrammen lassen sich alle Speichermedien zur Erstellung anderer Medien darunter fassen (vgl. ebd.). Die dritte Form beinhaltet Übertragungsmedien, welche diverse Inhalte übermitteln. Räumliche Distanzen sollen dank dieser Möglichkeit überwunden werden und die zwischenmenschlichen Mitteilungsmöglichkeiten sollen erleichtert werden. Zur Veranschaulichung nennt Hickethier exemplarisch die Kurierdienste, aber auch Kabelnetze oder Sattelitenübertragungen (vgl. ebd.). Da diese Formen der Medien nicht nur zu den eben genannten Zwecken, sondern auch zu Zwecken der Kommunikation zwischen Menschen genutzt werden, stellt Hickethier erweiternd die Kommunikationsmedien dar. Diese nutzen die anderen Medienformen teilweise in Kombination, um mit anderen Menschen in Kontakt treten zu können (vgl. Hickethier 2010: 22). Als aktuelles Beispiel für Kommunikationsmedien kann man neben dem klassischen Telefonat auch Facebook oder Instagram anführen, da sich hierbei vieler Medienformen bedient wird. Es wird mit Texten, Bildern und Videos zur Kommunikation und Mitteilung gearbeitet, weshalb eine beschriebene Kombination der unterschiedlichen Formen durch diese Beispiele anschaulich wird. Man kann den Medienbegriff noch weiter unterteilen und spezifizieren, da nicht zuletzt auch Sprache ein Medium ist.

2.1.2 Definition des Psychologiebegriffs

Um neben der Medienwissenschaft und dem Medienbegriff auch die Psychologie für den Rahmen dieser Arbeit zu erläutern, erfolgt eine Definition, welche nicht den Anspruch erhebt, die Psychologie mit all ihren Facetten und Wirkungsbereichen darzustellen. Es geht ausschließlich um eine Einführung und Eingrenzung des Begriffs, der für diese Arbeit festgelegt wird und als Vorarbeit für die Definition der Medienpsychologie gilt.

Die Psychologie lässt sich in mehrere Bereiche einteilen, unter anderem zu nennen sind die empirische Psychologie und die Psychoanalyse (vgl. Wittchen/Hoyer 2011: 17-20).

Die Psychologie ist eine Wissenschaft, die seit mehr als 130 Jahren an Universitäten erforscht, gelehrt und praktiziert wird (vgl. Prinz et al. 2017: 2). Über all die Jahre bestand die Psychologie jedoch nicht aus einer konkreten Forschungsrichtung und Methodik, sondern aus einer Varietät an Forschungsbereichen und entsprechenden Methodiken (vgl. ebd.). Zurückzuführen sei dies auf die Tatsache, dass sich die Psychologie als „Wissenschaft vom (menschlichen) *Erleben* und *Verhalten* [Hervorheb. im Orig.] – [...] [und] damit verbundenen *physiologischen Vorgänge*[n] [Hervorheb. im Orig.]“ (ebd.) versteht. Dies ist prinzipiell zwar eine Richtungsvorgabe, welcher die Psychologie folgt, allerdings ist dies weniger als Eingrenzung, sondern eher als Ausweitung zu verstehen. Schließlich sind damit auch neurowissenschaftliche und philosophische Forschungsbereiche impliziert (vgl. ebd). Um spezifischer zu werden, muss man innerhalb der Psychologie differenzieren, um konkretere Handlungsfelder ausmachen zu können. Bei der allgemeinen Psychologie wird nach allgemeingültigen Gesetzmäßigkeiten innerhalb der „psychischen Grundfunktionen wie Wahrnehmung, Motivation, Emotion, Gedächtnis, Denken oder Handlung" (ebd.) gesucht. Dabei werden Gemeinsamkeiten gesucht, welche die einzelnen Vorgänge bestimmen (vgl. ebd.). Es handelt sich folglich um eine induktive Herangehensweise, bei der Allgemeingültigkeiten aus Einzelfällen teilweise eventuell erst noch gefunden und abgeleitet werden müssen. Gegensätzlich dazu ist die differenzielle Psychologie, welche bei den individuellen Verschiedenheiten der psychischen Eigenschaften und deren mehr oder weniger starken Präsenz und Prägnanz ansetzt und diese auf bereits vorhandene Strukturmerkmale zurückführt (vgl. ebd.). Ergänzend lässt sich die Entwicklungspsychologie anführen, welche die Wirkungen der Umwelt und der eigenen Beschaffenheit, während einer Lebensdauer, auf die psychische Entwicklung prüft (vgl. ebd.). Die Sozialpsychologie hingegen untersucht vor allem das Miteinander und Sozialverhalten im sozialen Umfeld. Der Einfluss des Umfeldes auf das Individuum ist ebenso maßgeblich wie die Wirkung des Individuums auf das Umfeld (vgl. ebd.). Die biologische Psychologie geht vor allem auf die biologischen Ausgangsvoraussetzungen, Funktionen und Prozesse ein und setzt diese in direkten Zusammenhang mit den Schwerpunkten der anderen Teilkategorien der Psychologie (vgl. ebd.). Die hier genannten Forschungsbereiche sind die hauptsächlichen der Psychologie. Vor allem aber bei praxisbezogenen Forschungsbereichen gibt es eine Menge weiterer Abzweigungen, welche die Psychologie hervorgebracht hat, oder die aus dieser hervorgebracht wurden. Nicht zuletzt sei die pädagogische Psychologie erwähnt (vgl. ebd.). Als in diesem Auszug unerwähnten, aber dennoch relevanten Zweig der Psychologie sei selbstverständlich auch die Medienpsychologie genannt (vgl. Batinic/Appel 2008: V).

2.2 Die Medienpsychologie als Teilwissenschaft

Die Medienpsychologie lässt sich als Teilwissenschaft der Psychologie, Kommunikationswissenschaft und Medienwissenschaft einordnen (vgl. Link 1). Die Medienwissenschaft umfasst – wie bereits in Unterpunkt 2.1 kurz erläutert – die interdisziplinäre Zusammenarbeit mit anderen Wissenschaften, die eine eigene fachspezifische Auffassung des Medienbegriffs haben (vgl.

Hickethier 2010: 2). Durch die immer größer werdende Relevanz der Medien erweitert sich auch der Bereich der Medienwissenschaft, indem „die Perspektive der medialen Vermittlung in ihrer gesamten Breite ernst [...] [genommen wird]" (Hepp 2016: 231). Durch die dauerhaften Fortschritte innerhalb der Medienwelt entstehen auch immer vielfältigere Vermittlungsebenen, welche von der Medienwissenschaft betrachtet werden müssen. Der Einfluss der Medien auf den einzelnen Menschen und auf die Gesellschaft steigt daher ebenfalls. Dies kann Potenzial, aber auch Problematiken mit sich bringen, die in den folgenden Kapiteln ebenfalls genauer erörtert werden. Dazu zählt auch die Tatsache, dass als Hauptaspekt der Kommunikations- und Medienwissenschaft, welche sich in vielen Forschungsbereichen überschneiden und teilweise ähnliche Ziele verfolgen, die „mediale Vermittlung von Kommunikation" gilt (Hepp 2016: 231). Die Mittel und Wege einer Kommunikation sind beinahe so wichtig geworden wie der Inhalt. Dies veranlasst auch die Infragestellung der Wirkung, die verschiede Übermittlungsträger haben. Ob man beispielsweise eine Textnachricht per E-Mail, WhatsApp, Facebook oder per Post übermittelt, kann eine zusätzliche Wirkung haben, die unabhängig vom Inhalt einer Nachricht steht. Dies wird ebenfalls im weiteren Verlauf genauer untersucht.

2.3 Begriffsdefinition der Medienpsychologie

Nach dieser erfolgten Herleitung und Einordnung wird der Begriff der Medienpsychologie selbst intensiv in seiner Bedeutung und Funktion untersucht:

Die Medienpsychologie fokussiert – als Spezialgebiet der Psychologie – das menschliche Verhalten, Erleben und die Wirkung in Bezug auf Medien (vgl. Unz / Schwab 2006: 176). Der Wirkungsbereich der Medien wird in der Medienpsychologie jedoch vorwiegend in Bezug auf die Individuen untersucht oder auch auf der Mikroebene. Die Makroebene fällt eher in den Forschungsbereich der Soziologie. Dort werden Auswirkungen auf eine große Gruppe oder Gesellschaft in den Blick genommen (vgl. Schmidt 2006: 73). Es wird sichtbar, dass auch in der Medienpsychologie die interdisziplinäre Zusammenarbeit mit anderen Wissenschaften genauso unverzichtbar ist wie in der Medienwissenschaft (vgl. Renner 2008: 80). Zwar lassen sich bestimmte Aspekte mehr dem einen oder dem anderen Wissenschaftsbereich zuschreiben, allerdings sind die Grenzen nicht immer trennscharf zu erkennen. Vor allem die Kommunikation mit und in den Medien ist hinsichtlich der psychischen Vorgänge und Zustände ein Hauptbestandteil der Medienwissenschaft (vgl. Unz / Schwab 2006: 176). Neben der Kommunikation sind die Motivation und persönliche Kompetenz Aspekte, die von der Medienpsychologie untersucht und überprüft werden, da diese für die Auswahl eines bestimmten Mediums verantwortlich sind und bestimmen, in welchem Rahmen man fähig ist, das Medium zu nutzen (vgl. ebd.). Aufbauend darauf werden diese Informationen genutzt, um eine Richtungsvorgabe in der weiteren Produktion und Entwicklung von neuen Medien, aber auch in der Anpassung bestehender Medien zu haben (vgl. ebd.). Schließlich muss bedacht werden, dass die Medienpsychologie vor allem für den Marketingbereich jeglicher Unternehmen wichtig ist, um die Werbung, die Anwendungen und letztlich die Endgeräte auf die Bedürfnisse der NutzerInnen anzupassen. Gerade im Zusammenhang mit dem Marketing lässt sich der Beitrag von Schmidt verorten, der das Vorhersagen des Verhaltens in Bezug auf die Mediennutzung als wesentlichen Bestandteil der Medienpsychologie sieht. Dies sei nützlich, um Daten und Informationen zu verarbeiten und selektives Verhalten im Hinblick auf die Mediennutzung herzuleiten (vgl. Schmidt 2006: 73).

Neben der genannten Interdisziplinarität wird der Zeitschrift für Medienpsychologie auch eine Transdisziplinarität eingeräumt. Dies wird darin begründet, dass neben theoretischen Grundlagen und Forschungsbeiträgen auch ein unmittelbarer Praxisbezug besteht, der nicht forschend ist. Die Medienpsychologie wird hier unter anderem als partielles Fach der Technologie verortet (vgl. Böhme-Dürr 2003: 283). Dieser Anwendungsbereich wird nicht als forschend betrachtet, da es vorwiegend um die Überarbeitung und Verbesserung von Werbung und Informationen geht. Hierbei ist der Wissensgewinn oder Beitrag für die Forschung nicht grundlegend, weshalb bei der Beurteilung der Praxis nicht von Wissenschaft gesprochen werden kann (vgl. Böhme-Dürr 2003: 283). An dieser Stelle wird dringlichst darauf verwiesen, dass dieser Beitrag von Böhme-Dürr in dem Jahr 2003 veröffentlicht wurde und der Wissenschaftsanspruch in Anwendungsbereichen der Medienpsychologie durchaus zu verorten ist, da sowohl die Medienpsychologie selbst als auch die gezielte Betrachtung von Medien in den letzten Jahren an Relevanz gewonnen haben. Man könnte relativierend formulieren, dass die praxisbezogenen Umsetzungen der Medienpsychologie nicht ausschließlich relevant für die Forschung, sondern noch weiter verwert- oder verwendbar sind. Nicht zuletzt liegt dies daran, dass die Medienpsychologie im Gegensatz zu manchen anderen Wissenschaftsgebieten einen sehr nahen Anwendungsbezug hat und nicht nur der Forschung als Selbstzweck dient.

In aktuellen Beiträgen zur Medienpsychologie wird darauf verwiesen, dass es um das „gesamte Spektrum an [durch] Massenmedien vermittelten Emotionen, Kognitionen und Handlungen“ (Odağ / Schreier 2020: 462) geht. Des Weiteren wird die dauerhafte Veränderung der in der Medienpsychologie untersuchten Gegenstände erwähnt, wobei das Bestreben zurzeit vorrangig darin liegt, Vermittlungsformen von Computern und dem Internet im Allgemeinen zu untersuchen (vgl. ebd.). Es wird deutlich, dass die Medienpsychologie durch ihren hohen Aktualitätsbezug und ständigen Zuwachs an Forschungsbereichen und -interessen nicht leicht einzugrenzen und zu fassen ist. Zwar werden in den folgenden Kapiteln detaillierte Ausarbeitungen zur Medienpsychologie erfolgen, jedoch gilt dabei zu beachten: Der rasante technische Fortschritt kann von dieser Wissenschaft, welche die Entwicklung und Wirkung der fortschreitenden Digitalisierung untersucht, nur erfasst werden, wenn diese den Forschungsfokus den sich stetig ändernden Gegebenheiten anpasst und die neuen Perspektiven und Entwicklungen in die Forschungsfragen integriert. Für eine abschließende Eingrenzung und Definition der Medienpsychologie als solche ist es somit nicht nur an dieser Stelle, sondern insgesamt zu früh, da der Gegenstandsbereich – nämlich der enorme technische Fortschritt und die Digitalisierung – dies nicht ermöglichen.

2.4 Ursprünge der Medienpsychologie

Wie im vorigen Kapitel erläutert, durchlief und durchläuft die Medienpsychologie einen Wandel, welcher durch die sich ständig weiterentwickelnden Medien und die Digitalisierung allgemein bedingt ist. Dennoch sollen an dieser Stelle die ersten medienpsychologische Ansätze herausgearbeitet werden, welche der näheren Untersuchung der digitalen Medien gewidmet wurden und die Wirkung dieser auf die Menschen untersucht haben. Dazu wird vorwiegend das 20. Jahrhundert aufgearbeitet, und es werden einzelne Einblicke in den Beginn des 21. Jahrhundert gegeben. Hierbei wird weitgehend chronologisch vorgegangen, aber es werden dennoch Schwerpunkte hinsichtlich der Relevanz für diese Arbeit gesetzt, die nicht das Ziel verfolgt, eine vollständige Rekonstruktion jedes Fortschritts der Etablierung der Medienpsychologie zu skizzieren. Vielmehr sollen akzentuierte Einblicke in die Entwicklung der Medienpsychologie gegeben werden.

Die ersten medienpsychologischen Ansätze fanden bereits 1910 statt (vgl. Winterhoff-Spurk 1991: 70). In einem Beitrag von Karl Marbe mit dem Titel „Theorie der kinematographischen Projektion(en)“ (ebd.) wird bereits thematisiert, wie die Darstellung von Filmen in den sogenannten Kinematographen verbessert werden kann (vgl. ebd.). Im Jahr 1916 wurde ein Buch von Hugo Münsterberg mit dem Titel „The photoplay. A psychological study“ (ebd.) veröffentlicht. Spezifischer wurde es 1929, als Sachs einen Text „Zur Psychologie des Films“ (Unz / Schwab 2006: 177) verfasste. Zwar lag der Fokus anfangs auf Filmen, jedoch kam scheinbar früh die Frage auf, welche psychologische Wirkung diese auf die Menschen haben. Eine Studie mit medienpsychologischem Fundament waren die 1929-1930 durchgeführten „Payne Fund Studies“ (Prommer 2016: 78). Dabei ging es um die Wirkung von Kinofilmen auf Heranwachsende. Wichtig war auch, ob die Wirkung der Filme für Veränderungen der Emotionen oder für eine Veränderungen hinsichtlich des Schlafens sorgt. Befürchtet wurde ebenfalls eine negative Beeinträchtigung des moralischen Fühlens und Handelns. Die Widerspiegelung dieser eventuellen Einflüsse sollten im Spielverhalten und bei den Schulleistungen beobachtet und überprüft werden. Herausgefunden wurde, dass Heranwachsende, die sich viele Filme im Kino anschauten, auch Schlafprobleme, schlechtere Schulnoten und filmbasierte Spiele gezeigt haben, welche teilweise gewaltorientiert waren (vgl. ebd.). Prommer kritisiert an dieser Stelle allerdings, dass weder eine Kontrollgruppe von Nicht-KinobesucherInnen zum Vergleich herangezogen wurde noch die individuellen Hintergründe der TeilnehmerInnen berücksichtigt wurden (vgl. ebd.). Jedoch sollte dieser sehr früh durchgeführten Studie zu einem noch nicht etablierten Bereich zugute gehalten werden, dass trotz der wenig hinterfragten Studienergebnisse die Intention sichtbar wird, die Menschen für mediale Einflüsse zu sensibilisieren und diese einzubeziehen, wenn es um die Ursachen für Verhaltensveränderungen geht. Die prinzipielle Vorgehensweise bei ersten Studien mit medienpsychologischem Bezug bestand darin, „die Mediennutzung mit verschiedenen individuellen Variablen in Zusammenhang [zu bringen] [...], etwa [...] auf die Soziodemografie [...] bezogen“ (Trepte 2004: 4). Es lässt sich deuten, dass versucht wurde, Abhängigkeiten einzubeziehen, welche durch die Mediennutzung beeinträchtigt werden. Schließlich handelte es sich um einen neuen Einfluss, der auf die Menschen wirkte und mit dem sie viel Zeit verbrachten. In einer Anreihung von Argumenten, die Winterhoff-Spurk für die Daseinsberechtigung der Medienpsychologie als Teildisziplin anführt, ist das Zeitargument ein wichtiger Bestandteil seiner Auflistung. Dort erläutert er, dass die Nutzung von Medien ungefähr sechseinhalb Stunden pro Tag in Anspruch nimmt und damit neben dem Schlaf und der Arbeit als drittgrößte zeitliche Beanspruchung eingeordnet werden kann (vgl. Winterhoff-Spurk 1991: 69). Wegen dieser zeitlich großen Beschäftigung mit den Medien entwickelte sich früh das Interesse, die Auswirkungen der Mediennutzung kalkulieren zu können. In diesem Zusammenhang lassen sich die KIM- und JIM-Studien anführen, in welchen der medienpädagogische Forschungsverbund Südwest den Medienumgang von Heranwachsenden untersucht. Die KIM-Studien werden seit 1999 regelmäßig durchgeführt und beziehen sich auf sechs bis 13-Jährige (vgl. Mpfs KIM 2022: 2). Es werden knapp über 1.200 Kinder computergestützt persönlich befragt. Hinzu kommt die Befragung der Haupterziehenden mit einem Fragebogen (vgl. ebd.).

Die JIM-Studien werden seit 1998 jährlich durchgeführt und untersuchen den Medienumgang der Zwölf bis 19-Jährigen in Deutschland (vgl. Mpfs JIM 2021: 2 f.). Dazu werden für jede Studie 1.200 Jugendliche telefonisch befragt (Mpfs JIM 2019: 3). Seit 2020 erfolgt die Befragung telefonisch oder online (vgl. Mpfs JIM 2020: 3). Der Entwicklungsprozess der Heranwachsenden wird über die Jahre immer stärker von Medien beeinflusst, und die Auswirkungen dieses Einflusses werden somit regelmäßig untersucht. An dieser Stelle werden die wichtigsten Erkenntnisse der Studie in einem fünfjährigen Rhythmus zusammengefasst, beginnend mit den Untersuchungen aus dem Jahr 1998. Hierbei wird geprüft, was sich hinsichtlich des Medienumgangs der Jugendlichen bis heute verändert hat. Geschlossen wird diese Darstellung mit der bisher aktuellsten JIM-Studie aus dem Jahr 2022. Es wird darauf verzichtet, den Verlauf der Ergebnisse der KIM-Studie darzustellen, da für den Rahmen dieser Dissertation der Medienumgang der Jugendlichen relevanter ist. Schließlich werden im Rahmen der zu untersuchenden Leitfrage praktizierende Deutschlehrkräfte an Gymnasien befragt, welche im Schnitt SchülerInnen im Alter von zehn bis 18 Jahren unterrichten.

Im Jahr 1998 war das beliebteste Medium der Fernseher. Der Computer war zu diesem Zeitpunkt weitaus weniger beliebt. Dies wurde auf die unkomplizierte Zugänglichkeit des Fernsehers zurückgeführt (vgl. Mpfs JIM 1998: 59). Dennoch wurde der Computer eingesetzt, um Mal- oder Spielprogramme zu nutzen. Auch zum Verfassen digitaler Texte wurde von Jugendlichen im Jahr 1998 auf den PC zurückgegriffen. Dieser Trend zeichnete sich jedoch eher bei älteren Befragten ab (vgl. ebd.: 59 f.). Teilweise wurde der PC zur internetgebundenen Kommunikation mit anderen Menschen verwendet. Jedoch traf dies nur auf jeden Zehnten zu (vgl. ebd.). Insgesamt wurde der Computer von jedem zweiten Jugendlichen mehrmals in der Woche genutzt (vgl. ebd.: 22). Darüber hinaus stellte das Radio ein zentrales Medium dar. Es hörten 85 Prozent mehr als einmal in der Woche Radio (vgl. ebd.: 13).

Während der PC und die damit verbundene Internetnutzung fünf Jahre zuvor noch eher eine Randerscheinung bei den Heranwachsenden darstellte, schien sich dies 2003 zu wandeln. Die Zahl der Jugendlichen, die den Computer nutzten, stieg auf 93 Prozent (Mpfs JIM 2003: 22). Der Fernseher war laut der Studie zwar weiterhin das beliebteste Medium, jedoch lag der Computer nur noch knapp dahinter (vgl. ebd.: 63). Das Radio schien in den Hintergrund gerückt zu sein, da dies in der Studie nicht mehr näher ausgeführt wird. Der Fokus der Studie liegt auf der Nutzung des Internets, wobei zwischen der (schulbezogenen) Recherche und der Kommunikation unterschieden wird (vgl. ebd.: 2). Auch das Handy spielte eine größere Rolle. 1998 gaben nur acht Prozent der zwölf und dreizehnjährigen der Befragten an, im

Besitz eines Handys zu sein (vgl. ebd.: 51). Auch dieser Wert ist 2003 auf 86 Prozent angestiegen. Die Anzahl der täglichen im Durchschnitt über das Handy versendeten Kurznachrichten lag bei 4,5 SMS pro Heranwachsenden (vgl. ebd.: 52).

Fünf Jahre später zeigt sich, dass mehr Jugendliche über einen Computer als über einen Fernseher verfügten. Außerdem hatten mehr als 50 Prozent einen eigenen Zugang zum Internet. Handys waren seitdem fester Bestandteil der Ausstattung der Heranwachsenden und wurden das drittbeliebteste Medium (vgl. Mpfs JIM 2008: 67).

Im Jahr 2013 besaßen 96 Prozent ein Handy, während knapp 90 Prozent der Jugendlichen über einen eigenen Internetzugang verfügten (vgl. Mpfs JIM 2013: 59). Die Möglichkeiten des Handys waren größer geworden, da sowohl das Spielen und Kommunizieren als auch das Recherchieren problemlos möglich war. Dies erschwerte die Kontrolle der Erziehungsberechtigten hinsichtlich der Inhalte, mit welchen sich die Jugendlichen auseinandersetzten (vgl. ebd.: 62). Vier von Fünf Jugendlichen waren im Besitz eines eigenen Computers und 14 Prozent verfügten sogar über einen Tablet-PC (vgl. ebd.: 59). In der Studie wird betont, dass der Umgang mit den Medien unterstützt werden muss, und die Förderung der Medienkompetenz der Heranwachsenden immer relevanter wird (vgl. ebd.: 62).

In der Studie des Jahres 2018 wurden die Ergebnisse damit zusammengefasst, dass in „praktisch allen Familien [...] Smartphones, Computer/Laptop und Internetzugang vorhanden“ (Mpfs JIM 2018: 72) waren. 97 Prozent verfügten über ein eigenes Smartphone und 71 Prozent über einen PC oder ein Laptop. Im Besitz eines eigenen Tablets waren 26 Prozent der Heranwachsenden (vgl. ebd.). Zu den am stärksten verbreiteten Kommunikationsplattformen gehörte WhatsApp mit 95 Prozent (vgl. ebd.: 73). Die Anzahl der erhaltenen täglichen Nachrichten auf dieser Plattform betrug 36 pro Jugendlichem. Auch YouTube gewann an Relevanz, da 90 Prozent der Heranwachsenden mehrmals in der Woche darauf zugriffen (vgl. ebd.: 74). Ungefähr 40 Prozent der Jugendlichen spielten regelmäßig Spiele auf dem Handy (vgl. ebd.).

Ergänzen lassen sich die bisher dargestellten Ergebnisse durch die bisher aktuellste JIM-Studie aus dem Jahr 2022. Die Kommunikation der Heranwachsenden findet häufig online statt (vgl. Mpfs JIM 2022: 58). Hierzu wird mit weiterhin größter Beliebtheit WhatsApp genutzt, nämlich von 93 Prozent der Heranwachsenden (vgl. ebd.: 60). Auch Instagram gehört zu regelmäßig aufgerufenen Plattformen und wird von 62 Prozent genutzt. Drei Viertel der Befragten spielen häufig pro Woche digitale Spiele, schauen Sendungen auf dem Fernseher oder über Streaming-Dienste (vgl. ebd. 59).

Es wird sichtbar, dass der Anteil an Heranwachsenden, die mit digitalen Medien Zeit verbringen, rasant steigt. Es gehört zum Heranwachsen dazu, über etliche Geräte zu verfügen, um letztlich am gesellschaftlichen Leben teilnehmen zu können. Die Pandemie scheint den rasanten Anstieg in den letzten Jahren ebenfalls bedingt zu haben und führt dazu, dass sich das Leben der Jugendlichen zunehmend in der digitalen Welt abspielt.

Schon ab 1960 wurden Aufsätze publiziert, welche aus psychologischer Perspektive die Massenkommunikation und das Fernsehen beleuchtet haben (Unz / Schwab 2006: 177). Man kann Film, Fernsehen und Radio als drei Medien herausarbeiten, die im 20. Jahrhundert besonders intensiv von ForscherInnen mit medienpsychologischem Bezug untersucht wurden. Hierbei wird die Forschung zu Filmen von Beginn bis Mitte des 20. Jahrhunderts datiert, während das Radio von 1930 bis 1950 genauer untersucht wurde. Das Fernsehen rückte 1950 bis 1970 in den Forschungsmittelpunkt (vgl. Trepte 2004: 5).

Mit Beginn der 1980er Jahre wurden Untersuchungen zur qualitativen Medienpsychologie wichtiger, obwohl die Forschungen zur quantitativen Medienpsychologie noch immer überwogen. Die qualitative Medienpsychologie geht davon aus, dass die „Rezipient/innen sich aktiv mit Medienprodukten auseinandersetzen" (Odağ / Schreier 2020: 463). Es geht darum, wie die Medien erlebt und wahrgenommen werden und inwiefern die Medien die Lebensbewältigung beeinflussen (vgl. ebd.).

Seit 1990 gewannen Fragen zum Internet und den damit einhergehenden Kommunikationsmöglichkeiten an Bedeutung. Auch Computerspiele und generelle Fragen zur Rezeption dieser medialen Einwirkungen wurden zum Mittelpunkt der Medienpsychologie (vgl. ebd.). Daran lässt sich erkennen, dass bereits ein spezifischeres Forschungsinteresse an der Medienpsychologie bestand, welches über die Jahrzehnte stetig anstieg und den Weg für die Medienpsychologie als Teilwissenschaft ebnete.

1989 erfolgte eine fünfjährige Studie zum Thema „Einfluß [sic!] des Fernsehens auf die Entwicklung von Sprach- und Lesekompetenz" (Schneider, et al. 1999: 56) von Kindern, die in den Kindergarten gingen, und von GrundschülerInnen aus der zweiten Klasse. Es wurde im Kontext der Lesesozialisation untersucht, inwieweit das Fernsehen das Lesen verdrängt, die Konzentration durch die vielen Bilder nachlässt und das Lesen im Gegensatz zum Fernsehen als weniger unterhaltsam betrachtet wird. Die personenbezogenen und sozialen Hintergründe wurden dabei mit der Intensität des Fernsehens und der Sprach- und Lesefähigkeit der TeilnehmerInnen in Zusammenhang gebracht (vgl. Thrien 2001: 52). Ein eindeutiges Ergebnis zur Bestätigung oder Widerlegung der Hypothesen gab es nach Abschluss der Studie nicht. Es ließe sich nur festhalten, dass die absoluten Formulierungen zu keinem Ergebnis führen würden (vgl. Schneider, et al. 1999: 57). Es kann somit nicht von einem grundsätzlich negativen Einfluss des Fernsehverhaltens auf die Lesefähigkeit geschlossen werden (vgl. ebd.).

Während erste Gedanken und Verschriftlichungen zur Medienpsychologie schon zu Beginn des 20. Jahrhunderts erfolgten, ist die Medienpsychologie als Wissenschaftsgebiet noch sehr jung (vgl. Unz / Schwab 2006: 177). Die genannten Aufsätze, Studien und Fragestellungen begannen zwar schon zu Beginn des 20. Jahrhunderts, allerdings ist der Begriff der Medienpsychologie und die entsprechende wissenschaftliche Bedeutungsebene erst spät etabliert worden (vgl. ebd.). Dass das Forschungsinteresse erst spät an Relevanz gewann, lag nicht zuletzt daran, dass die Medien für die Gesellschaft noch nicht sehr zentral waren. Berufs- und Schulalltag wurden kaum von digitalen Medien beeinflusst, und folglich waren die Betrachtungsmöglichkeiten auf wissenschaftlicher Ebene begrenzt (vgl. Trepte 2004: 4).

Die „Theorie der Erregungsübertragung (‚excitation-transfer‘,Zillmann, 1996), die die Emotionsauslösung durch Filme erklärt“ (Renner 2008: 79), sollte an dieser Stelle noch genannt werden, da diese von vornherein spezifisch im Zusammenhang mit der Medienpsychologie erarbeitet wurde und die steigende Relevanz der Medienpsychologie widerspiegelt (vgl. ebd.). In dieser Theorie der Erregungsübertragung wurde herausgefunden, dass die durch einen Film ausgelösten Emotionen in beispielsweise einer besonders traurigen Szene auf darauffolgende Szenen übertragen werden. Wenn in einem Film eine Szene besonders emotional ist, wird eine darauffolgende Szene ohne viele Emotionen trotzdem drastischer wahrgenommen, da sich die hormonell bedingte Anpassung der Erregung körperlich nicht in der Geschwindigkeit abbauen lässt, in der der Film die Szenen wechselt. Gleiches ließ sich auf Computerspiele übertragen, bei denen vor allem viele Gewaltinhalte zu dem Aufbau von Aggressionen führten, die sich auch erst nach dem Spiel regulierten (vgl. ebd.: 90 f.). Interessant ist, dass der Alleinstellungswert der Medienpsychologie als eigene Disziplin in solchen Untersuchungen bereits erkannt wurde, da die hier auftretenden Phänomene speziell durch die Wirkung der Medien bedingt wurden. Die teilweise realistische Darstellungsweise bietet scheinbar bei medial vermittelten Inhalten eine andere Intensität an Empathie.

Begründend für den eigenen Stellenwert der Medienpsychologie war das Erscheinen der Zeitschrift „Medienpsychologie“ (vgl. Unz / Schwab 2006: 177), welche es seit 1989 gab und welche ab 2001 unter dem Namen „Zeitschrift für Medienpsychologie“ (ebd.) zu finden war. Seit 2008 erscheint die Zeitschrift mit englischem Titel und in englischer Sprache bis heute weiterhin viermal pro Jahr unter dem Titel „*Journal of Media Psychology: Theories, Methods, and Applications*. [Hervorheb. im Orig.]“ (Schreier 2008: 1). Inhaltlich wurden unter anderem Themen wie das Lernen mit Laptops in der Schule (vgl. Schaumburg 2001: 11), die Wirkung des Fernsehkonsums in Bezug auf die „Entwicklung von Sprach- und Lesekompetenzen im Grundschulalter in Abhängigkeit von der Intelligenz“ (Schiffer et al. 2002: 2), „Nutzung der Medienspiele [...]“ (Hefner / Bartels 2002: 84), Wahrnehmung von Musikvideos (Preston, Joan, M. / Eden, Michael 2002: 69), Kommunikation mittels SMS (vgl. Döring 2002: 118), erste Ansätze zu E-Learning-Systemen (vgl. Baeßler et al. 2003: 13), Bereitstellung medizinischer Fachinfos im Internet (vgl. Wittwer et al. 2004: 48), Gewalt, die durch Medien bedingt ist (vgl. Hopf 2004: 99), „Die Zuschnitte von Werbung auf die Zielgruppe älterer Menschen“ (Bieri et al. 2006: 19), Cybermobbing (vgl. Katzer et al. 2009: 25), Emotionsregulierung bei Filmszenen in Abhängigkeit des Alters (vgl. Hofer et al. 2015: 47), die Beziehung zwischen der Nutzung sozialer Netzwerke und dem eigenen Wohlbefinden (vgl. Utz / Breuer 2017: 115), der Effekt von Smartphones bezüglich der Benachrichtigungen und deren verursachte Reaktionshemmung (vgl. Johannes et al. 2019: 214) und der passiven Nutzung von Facebook, welche zu Depressionen führt (vgl. Tosun / Kaşdarma 2020: 165) behandelt.

Im Jahr 2000 etablierte sich die „Fachgruppe Medienpsychologie in der Deutschen Gesellschaft für Psychologie“ (Unz / Schwab 2006: 177 f.), welche die Zeitschrift herausgegeben und die Inhalte bestimmt hat. Da die Interessen und Fragen im Zusammenhang mit der Medienpsychologie stetig relevanter wurden, ergab sich diese Fachgruppe als Konsequenz für ein neues noch zu bearbeitendes Forschungsfeld (vgl. ebd.: 178). Eine systematische Betrachtung dieser Zeitschrift der Medienpsychologie und der Ergebnisse der Fachgruppe, welche auch in der Zeitschrift zu finden sind, erfolgt im nächsten Kapitel, da dort die Entwicklung des Forschungsgebietes der Medienpsychologie unter Einbeziehung der digitalen Lehre behandelt wird.

Die hier herausgegriffenen Themenbereiche der jeweiligen Zeitschriften wurden von 2001 bis heute stichprobenartig hier aufgezählt und dienen einem ersten Einblick in die inhaltliche Aufbereitung der Fachzeitschrift. Anhand der hier präsentierten Themen wird deutlich, dass die Medienpsychologie durch die zunehmende Digitalisierung immer spezifischere Fragestellungen und Inhalte aufgreift, welche die Menschen bewegen, bereichern und beeinflussen. Vor allem aber wird klar, dass die Folgen der Mediennutzung von Beginn an kritisch gesehen wurden und die Beeinträchtigung anderer Lebensbereiche hinterfragt wurde.

2.5 Entwicklung des Forschungsgebietes der Medienpsychologie unter Einbezug der digitalen Lehre

Die im vorherigen Kapitel bereits kurz beschriebene Fachzeitschrift für Medienpsychologie, welche auch Beiträge der Fachgruppe Medienpsychologie enthält, wird in diesem Kapitel genauer skizziert. Denn für die vollständige Etablierung der Medienpsychologie wurden wichtige Meilensteine gesetzt, die unter anderem in den Beiträgen der Fachgruppe angekündigt und erläutert wurden. Des Weiteren sollen vor allem auch Kapitel und Themen betrachtet werden, welche die digitale Lehre betreffen und vorangetrieben haben. Dies soll dazu beitragen, dass unter anderem anfängliche Einbindungen digitaler Medien im Unterricht dargestellt und daraus resultierende Ergebnisse der Medienpsychologie hinsichtlich der Wirkung jener Medien erläutert werden. Schließlich lassen sich dort bereits zentrale Ergebnisse finden, welche noch heute im Hinblick auf den Einsatz digitaler Medien in Schulen relevant sind.

Es erfolgt eine genauere Betrachtung der ‚Zeitschrift für Medienpsychologie' seit dem Jahr 2001 bis heute. Zwar gab es zuvor schon die Zeitschrift ‚Medienpsychologie', jedoch sind sowohl der Anspruch, intensiver an dem Wissenschaftsfeld der Psychologie zu arbeiten als auch die Beiträge der Fachgruppe der Medienpsychologie mit dem neuen Titel hinzugekommen und daher für diese Arbeit relevant (vgl. Vorderer 2001: 1). Schon im ersten Editorial wird festgehalten, dass die Forschung in der Medienpsychologie ohne Interdisziplinarität nicht mehr denkbar ist (vgl. ebd.). Des Weiteren wird schon im Jahr 2001 von einem rasant wachsenden Lehrangebot an Fachhochschulen gesprochen, auch wenn noch ein Theoriemangel in dieser Disziplin bedauert wird (vgl. Winterhoff-Spurk 2001: 3). Die zwei Wissenschaftsfelder der Medienpsychologie werden von Herrmann 1987 in Grundlagenwissenschaft und technologische Forschung unterteilt, wozu die Anwendung der Forschungsergebnisse in der Praxis kontrastiert wird (vgl. ebd.: 4). Zur Grundlagenforschung wird beispielsweise die genaue Untersuchung von Menschen gezählt, die viele Stunden am Tag fernsehen, während bei der technologischen Forschung unter anderem die Optimierung von Fernsehsendungen im Fokus steht. Werden diese gesammelten Forschungsergebnisse dann zu anderen Zwecken verwendet, befindet man sich in der Praxis der Medienpsychologie (vgl. ebd.). Aus diesem Grund wird – wie in Unterpunkt 2.3 bereits erläutert – der Medienpsychologie auch eine Transdisziplinarität zugeschrieben, da Forschungsergebnisse auch zu anderen Zwecken verwendet werden (vgl. Böhme-Dürr 2003: 283). Insgesamt gab es in Deutschland 2001 knapp 20 Universitäten und Hochschulen mit Lehrangeboten und Abteilungen der

Medienpsychologie. Das wird vom Autor als zu gering eingestuft (vgl. Winterhoff-Spurk 2001: 5). Prinzipiell ist anzumerken, dass wahrscheinlich vor allem der angesprochene Theoriemangel dazu führte, dass für zahlreichere Lehrangebote im Bereich der Medienpsychologie noch Inhalt und genaue Strukturierung fehlte. Zudem ist die Interdisziplinarität zwar einerseits gewinnbringend und elementarer Bestandteil der Medienpsychologie, andererseits führte dies eventuell aber auch zu anfänglichen Schwierigkeiten hinsichtlich der Abgrenzung dieses Wissenschaftsgebietes.

Zum Thema der digitalen Lehre wurde auch schon sehr früh über die Einbindung von Laptops an Schulen nachgedacht. In Untersuchungen zu dem Einfluss auf die Schulleistungen, stellte sich heraus, dass ein positiver Effekt zu erkennen war, wenn SchülerInnen in der Schule mit PCs gearbeitet haben. Des Weiteren war die Motivation der SchülerInnen höher, wenn mit Computern im Unterricht gelernt wurde (vgl. Schaumburg 2001: 11 f.). Auch wenn die Bereitschaft mancher LehrerInnen gegeben war, dieses digitale Medium in den Unterricht einzubinden, wurde ebenfalls kritisiert, dass die Schulen häufig nicht mit der Zeit gehen und die gesellschaftlichen Ansprüche nicht in den Schulalltag einbeziehen (vgl. ebd.). Eine Problematik, die der noch sehr alten und behäbigen Technik geschuldet ist, waren die Computerräume. Es musste geplant und mit anderen Lehrern abgesprochen werden, wann die Räumlichkeiten genutzt werden können (vgl. ebd.: 12). Diese Komplikation hätte durch Laptops für alle SchülerInnen aus dem Weg geräumt werden können (vgl. ebd.). Neben dem Vorteil der Tragbarkeit der Laptops wurde von Schaumburg auch das Argument genannt, beiden Geschlechtern den gleichen Zugang zu diesen Medien zu ermöglichen (vgl. Schaumburg 2004: 142). Mädchen würden oft zu vorsichtigerem Verhalten mit Laptops neigen, da ihnen der Zugang häufig fehlt. Jungen hingegen tendieren zu einem spielerischen Umgang mit dem Laptop und zeigten weniger Berührungsängste. Durch die Einbindung von Laptops an der Schule würden auch Mädchen einen spielerischeren Umgang zu diesen Medien bekommen (vgl. ebd.: 152 f.).

Jedoch wurde diese Wunschvorstellung der Integration von Laptops an Schulen für möglichst alle SchülerInnen bis heute an den meisten Schulen nicht umgesetzt – auch wenn es heutzutage wahrscheinlich eher um den Einsatz von Tablets als von Laptops geht. Albion kritisierte 1999 bereits, dass die Informationen und Prognosen hinsichtlich eines Laptops für alle SchülerInnen unzureichend geprüft worden wären. Folglich wären die immensen Kosten lediglich durch die Ableitung belegt, dass Computerräume positive Auswirkungen auf das Lernverhalten hatten. Dies spräche für die Einbindung von Laptops im Klassenzimmer (vgl. Schaumburg 2001: 12). Obwohl in Deutschland diverse Pilotprojekte seit Mitte der 1990er Jahre bis 2000 stattfanden, in denen Laptops an Schulen integriert wurden, war innerhalb dieser Projekte nicht festgelegt, wie die Laptops konkret in den Unterricht eingebunden werden sollen. Es fehlten didaktische Konzepte (vgl. ebd.: 13 f.).

Interessant ist, dass Evaluationsstudien zu den damaligen Pilotprojekten bereits ergaben, dass die Nutzung von Computern in- und außerhalb der Schule zwar zugenommen hatte und die LehrerInnen auch von einem Mehrwert der Endgeräte für die SchülerInnen ausgingen, jedoch diesen Argumenten ein hoher Planungsaufwand und entsprechende zu absolvierende Weiterbildungen entgegenstanden. Auch fehlende Lernprogramme werden seitens der Lehrkräfte bemängelt (vgl. ebd.). Diese Ergebnisse sind deshalb interessant, weil sich dort bereits zeigte, dass der Einsatz digitaler Medien an Schulen insofern befürwortet wurde, als dass die positiven Auswirkungen auf den Lerneffekt, die neuen Möglichkeiten für den Unterricht und die fortschrittliche Einbindung der Technik gefördert wird. Dem widersprach allerdings bereits zu diesem Zeitpunkt die fehlende technische Kompetenz des Lehrpersonals. Dass dieses Problem noch heute relevant ist, lässt sich an dem Beitrag belegen, in dem 2018 in Bezug auf Hochschullehrende geäußert wurde, diese müssten digital in dem Maße kompetent werden, dass sie diese Kompetenz an Studierende weitergeben können (vgl. Eichhorn 2018: 12). Somit wird deutlich, dass der digitale Fortschritt sich immer noch rasanter entwickelt als die Urteilskraft der Menschen über diesen.

Im Kontext der Einführung von Laptops für alle SchülerInnen sollte auch kurz die Wirkung von Computerspielen in den Blick genommen werden. Schließlich ist nicht zu vergessen, dass die Computerspielsucht ein beinahe zeitloses Thema ist, welches erheblichen Einfluss auf Schulleistungen nehmen kann und im Zusammenhang mit zunehmender Digitalisierung in Bildungseinrichtungen zumindest genannt werden sollte.

Bereits um die 2000er geriet die Wirkung von Computerspielen in kritischen Blick. Die Besonderheit dieser Spiele lag und liegt an verschiedenen Faktoren. Verantwortlich für einen sogenannten „‚Flow'“ (Klimmt 2001: 29 f.) ist die Balance zwischen der Schwierigkeit des Spiels und den entsprechenden Fähigkeiten des Computerspielenden. Mit dem Flow ist hier gemeint, dass man in dem Spiel aufgeht und sich fokussiert. Zudem ermöglichen PC-Spiele durch wechselnde Szenarien die Notwendigkeit immer anderer Anforderungsbereiche bei dem Spielenden, wodurch der Flow fortbesteht (vgl. ebd.). Auch die unmittelbare Rückmeldung der erbrachten Leistung unterstützt die Begeisterungsfähigkeit der Spielenden (vgl. ebd.).

An dieser Stelle bleibt Folgendes fraglich: Tritt man diesen Risiken einer daraus möglichen resultierenden Sucht skeptisch gegenüber oder nutzt man die Möglichkeiten des Flows für den Unterrichtskontext? Sicherlich wäre diese Frage zu Beginn der 2000er noch zu früh gewesen, aber übertragen auf das Jahr 2021 sollte man diese Überlegung durchaus weiterführen – was im weiteren Verlauf dieser Arbeit auch noch geschehen wird.

Ein wichtiger Schritt für die Medienpsychologie bestand in der neuen Methodik zur Durchführung von Online -Befragungen mittels ‚Online-Panels' (vgl. Batinic / Moser 2001: 45). Die Besonderheit dieser Panels lag in der genauen Überprüfbarkeit der Abbruchquote. Zudem bestand die Zielgruppe der Befragten aus Personen, die unter Angabe ihrer Daten und einer Einwilligung zugestimmt haben, bei Online-Umfragen mitzumachen (vgl. ebd.). Die nachhaltige Teilnahmebereitschaft wurde durch die „Incentivierung" (ebd.) belohnt. Mit der Incentivierung ist die Vergabe von materiellen Gegenständen, Rabatten oder Gutscheinen gemeint (vgl. Bub 2011: 155 ff.). Durch Kontaktaufnahmen über E-Mails, Telefonate oder postalisch zugestellte Briefe wurde die angegebene Identität der TeilnehmerInnen geprüft (vgl. Batinic / Moser 2001: 45). Vorteil dieser Online-Panels ist somit die hohe Anzahl an TeilnehmerInnen, die freiwillig mitmachen und deren genauere Überprüfbarkeit im Gegensatz zu normalen Online-Umfragen (vgl. ebd.). Vor allem für medienpsychologische Befragungen sind Online-Panels ertragreich, da eine hohe „Ausschöpfungsquote" (ebd.: 48) ein Merkmal dieser Panels ist, das zur größeren Repräsentativität der Befragungsergebnisse führt (vgl. ebd.).

In der Fachgruppe Medienpsychologie wurde zur zweiten Tagung 2001 festgehalten, dass die Relevanz, Komplexität und Entwicklung der Medien stetig steigt und folglich für eine größere Bedeutung und Wichtigkeit der Medienpsychologie sorgt. Mit den eben genannten Medien sind vor allem die neueren wie der PC und das Internet gemeint (vgl. Six et al. 2001: 59).

Auch die virtuelle Realität (VR) wurde auf medienpsychologischer Ebene schon früh untersucht. Ein Nutzen der virtuellen Realität ist, dass körperliche Fähigkeiten ausgebildet werden können, um im realen Kontext angewendet zu werden. Als Beispiel wird die Ausbildung von Piloten genannt (vgl. Petersen / Bente 2001: 138 f.). Hinzu kommt die Wahrnehmung virtueller Welten und Umgebungen, welche als real rezipiert werden (vgl. ebd.). Es ist schwierig für die Medienpsychologie herauszuarbeiten, welche „Faktoren [...] für die Wahrnehmung und Wirkung virtueller Welten zentral sind" (ebd. 139). Dies könnte unter anderem daran liegen, dass bei der virtuellen Realität viele verschiedene Bereiche simultan angesprochen und beansprucht werden und es sich somit eventuell als komplex herausstellt, einzelne Wahrnehmungs- und Wirkungsfaktoren zu extrahieren.

Anknüpfend daran folgt nun der Begriff der Immersion, der im Zusammenhang mit der Wirkung und Wahrnehmung der virtuellen Realität häufig fällt. Dieser impliziert, dass die Sinneseindrücke – bestenfalls alle – von der virtuellen Umgebung bestimmt werden und die reale Umwelt für den Zeitraum des virtuellen Realitätserlebnisses durch die virtuelle Umwelt ersetzt wird (vgl. ebd.). Wie stark die Immersion ist, hängt dabei von der „'Lebendigkeit' [...] und der 'Interaktivität' " (ebd.: 140) ab. Zu der Lebendigkeit zählt die Zahl der einbezogenen Sinne in die virtuelle Welt und deren Differenziertheit, während zu der Interaktivität der Umfang und die Schnelligkeit der Informationsaufnahmen des jeweiligen Geräts zählen. Daneben umfasst die Interaktivität noch die Diversität an Möglichkeiten des BenutzerInnenverhaltens und die Adaption des Gerätes hinsichtlich des Handelns der Person (vgl. ebd.).

Die weitreichenden Bereiche der Medienpsychologie führten in der Tagung der Fachgruppe 1999 zu der Erstellung einer Gruppe, die sich lediglich mit der Erstellung eines Curriculums der Medienpsychologie beschäftigen sollte. Dieses Curriculum sollte vor allem den Weg hin zu einem eigenen Studiengang der Medienpsychologie ebnen. Damit sollte auch ermöglicht werden, die Medienpsychologie als Studienteil anderer Fächer belegen zu können (vgl. Gleich et al. 2001: 160). Im Jahr 2000 wurden daher Interviews mit Hochschullehrenden durchgeführt, welche den Ist-Zustand des Faches Medienpsychologie am eigenen Institut einschätzen sollten (vgl. ebd.).

Es handelte sich bei den Befragungen um ProfessorInnen, die an Instituten der Psychologie, Kommunikations- und Medienwissenschaft beschäftigt waren (vgl. ebd.). Bei der Auswertung der Interviews stellte sich heraus, dass das Fach der Medienpsychologie bis dato an keiner der befragten Universitäten als eigenes Fach existierte. Der Weg zur Etablierung eines eigenen Studiengangs war daher zwar schon diskutiert worden, lag aber hinsichtlich konkreter Handlungsvorschläge noch weit in der Zukunft. Eine Ungewissheit, welche diese Etablierung erschwerte, bestand in den beruflichen Perspektiven nach einem solchen möglichen Studium (vgl. ebd.: 160 f.).

Ein Entwurf für ein medienpsychologisches Curriculum als Teilfach des Psychologiestudiums wurde 2001 erstellt und beinhaltete bereits grobe schematische Vorgaben hinsichtlich der Tatsache, dass das Einführungsmodul obligatorisch für alle StudentInnen zu belegen sei und innerhalb der Module eine Auswahl getroffen werden könne (vgl. ebd. 161). Bei Betrachtung dieses Entwurfs fällt auf, dass in der Einführung des Teilfaches der Alleinstellungswert und die Berührung zu anderen Fachrichtungen enthalten ist. Die Massenkommunikation ist neben der Medienlehre ebenfalls Bestandteil. Innerhalb der vier Module werden medienpsychologische Theorie, Zielgruppen bestimmter Medien, Gewaltforschung, das Lernen mit Medien, die Wirkung von Werbung, Forschung von Fernseher, Film und Computer sowie Methoden innerhalb der Medienpsychologie und Praxiserfahrungen behandelt. Die zunehmende Entwicklung und Eigenständigkeit der Medienpsychologie werden hierbei immer wieder betont (vgl. ebd.: 161 f.).

Der Einfluss auf das Sozialverhalten durch digitale Medien wird ebenfalls in der Zeitschrift für Medienpsychologie thematisiert. Dabei wird vor allem geprüft, inwieweit zwischenmenschliche Beziehungen Einfluss auf gesellschaftliches Verhalten haben (vgl. Utz / Jonas 2002: 53). Im Zusammenhang mit sozialen Kontakten, welche sich in „virtuellen Gemeinschaften" (ebd.) entwickeln, gibt es zwei verschiedene Grundannahmen, wie diese sich auf das gesellschaftliche Leben auswirken. Es gibt kulturpessimistische und kulturoptimistische Annahmen. Während Erstere davon ausgeht, dass Menschen nur eine begrenzte Zahl an sozialen Kontakten pflegen können und folglich virtuelle Beziehungen zu anderen Menschen die Beziehungen zu Menschen aus dem realen Leben ersetzen, folgt Letztere der Idee der Erweiterung oder Ergänzung sozialer Kontakte. Hierbei wurden Studienergebnisse herangezogen, die eine Entwicklung von virtuellen Kontakten zu ‚echten' Kontakten zeigte. Echt deshalb, weil diese – laut der Studien – zu Kontakten außerhalb der virtuellen Welt werden und teilweise auch reale Treffen stattfinden (vgl. ebd.). Diese hier angesprochenen virtuellen Kontakte finden sich häufig in sogenannten „multi-user-dungeons, MUDs" (ebd.: 52). Dabei handelt es sich um Abenteuerrollenspiele, in denen man parallel mit anderen SpielerInnen in Kontakt treten kann (vgl. ebd.: 54). Neben Kontakten zu Einzelpersonen ist man auch ein Gruppenmitglied und kann sich dort sozial engagieren (vgl. ebd.: 53).

Aus Ergebnissen zu einer Befragung, die 1998 online gestartet wurde und MUD-SpielerInnen und Nicht-MUD-SpielerInnen zu verschiedenen Aspekten, wie der Zugehörigkeit und Teilhabe an der sozialen Gesellschaft verglich, konnte Folgendes festgehalten werden: „MUDder" (ebd.: 57) empfinden individualistische Werte als wichtiger als Nicht-MUDder. Jedoch zeigt sich eine geringe Anteilnahme weder im politischen noch im Vereinsengagement – so wie dies erst von Kulturpessimisten vermutet wurde. Im Gegenteil, in Vereinen sind MUDder häufig sogar aktiver als Nicht-MUDder (vgl. ebd.). Summa summarum gab es keine signifikanten Unterschiede zwischen MUDdern und Nicht-MUDdern. Somit greift weder die kulturoptimistische noch die kulturpessimistische Annahme. An dieser Stelle werden dennoch fehlende Längsschnittstudien in diesem Bereich angemerkt, welche die hier erzielten Ergebnisse nochmal ausführlicher über längere Zeiträume prüfen sollten (vgl. ebd.).

In einem Interview mit Dolf Zillmann, Professor der Informationswissenschaft, Kommunikation und Psychologie, erläutert dieser, dass die Theorie des „*Excitation Transfer* [Hervorheb. im Orig.]" (Schramm 2002: 90) für die

Medienpsychologie die interessanteste Theorie ist (vgl. ebd.). Dies begründet er damit, dass diese Theorie einen klaren Mechanismus mit eindeutig definierten messbaren Variablen enthält, wodurch sich Effekte vorhersagen lassen und Auswirkungen ermitteln lassen. Zudem würden „media emotions in a most particular, unique way“ (ebd.) einbezogen werden, wodurch eine universelle Anwendbarkeit möglich sei (vgl. ebd.). Es ist wichtig festzuhalten, dass hier von Medienemotionen gesprochen wird. Die spezielle Aufbereitung und Darbietung der Medien beeinflussen schließlich auch auf spezielle Art und Weise die dadurch ausgelösten Emotionen. Die zu Deutsch „Theorie der Erregungsübertragung“ (Renner 2008: 79) wird in Unterpunkt 2.4 bei den Ursprüngen der Medienpsychologie genauer erläutert.

In einer Längsschnittstudie zur „Motivation und Kommunikation beim netzbasierten Lernen in einem virtuellen Seminar“ (Konradt et al. 2002: 109) wurde verglichen, inwieweit die virtuelle Kommunikation über den Computer (CMC) motivierend und positiv auf die TeilnehmerInnen des Seminars wirkte (vgl. ebd.). Hinsichtlich der Kommunikation zwischen den StudentInnen wurde der „Face-to-Face-Kommunikation (FFC)“ (ebd.) ein höherer Stellenwert eingeräumt als der CMC. Die Korrespondenz mit DozentInnnen wurde über CMC jedoch nicht als qualitätsmindernd eingestuft (vgl. ebd.). Als Vorteile dieser neuen virtuellen Kommunikationsmöglichkeit werden vor allem die Unabhängigkeit und Individualität hervorgehoben, da es möglich ist, Aufgaben im eigenen Lerntempo zu bearbeiten und eine zeitliche und räumliche Flexibilität besteht (vgl. ebd.). Als Nachteile wurden schon in vorherigen Studien technische Probleme und lange Wartezeiten aufgezählt, die mit Problemen in der Organisation einhergehen. Nicht zuletzt sei auch das Thema des Feedbacks ein Problem, da durch die asynchronen Lerneinheiten verzögerte Rückmeldungen kämen, die wiederum keine eindeutigen Anweisungen enthielten (vgl. ebd.: 110).

Bei dem hier angesprochenen virtuellen Seminar ist nicht implizit gemeint, dass der Ablauf des Seminars ausschließlich über das Internet stattfindet. Präsenssitzungen können ebenfalls integriert werden. Allerdings findet der überwiegende Anteil virtuell statt (vgl. ebd.). Die veränderte Kommunikationsform, welche ein solches virtuelles Seminar mit sich bringt, ist durch Schriftsprachlichkeit, asynchrones Kommunizieren und durch Überprüfbarkeit der Inhalte im Nachhinein gekennzeichnet. Die veränderten Rahmenbedingungen der Interaktion miteinander verursachen auch eine Veränderung der Inhalte (vgl. ebd.).

Als Beispiel könnte man anführen, dass Fristen und Vorgaben, welche seitens der DozentInnen gesetzt werden, besser überprüft und nachvollzogen werden können. Bei Fragen zur inhaltlichen Umsetzung oder individuellen

Schwierigkeiten der Aufgabenbearbeitung können aber auch Missverständnisse und zu lange Wartezeiten auf Antworten Problematiken mit sich bringen. Spezielle Fragen werden eventuell nicht so ungezwungen und direkt gestellt, wie dies bei einem mündlichen Austausch gemacht würde, sondern es wird die Form und Darstellungsweise gegebenenfalls gegenüber dem Inhalt priorisiert und führt zu Komplikationen in der Verständlichkeit.

Um bei Lernenden die intrinsische Motivation bei der Wahrnehmung und Bearbeitung von Aufgaben zu erhalten, haben Hackman und Oldham ein Modell entwickelt (vgl. ebd.: 111). Essentiell für die Aufrechterhaltung der intrinsischen Motivation sind die

> „Psychologischen Erlebenszustände [...] [der] erlebte[n] Bedeutsamkeit der Arbeit, [...] [der] erlebte[n] Verantwortung für die Arbeitsergebnisse und das Wissen um die Ergebnisse der Arbeit" (ebd.).

Es wird deutlich, dass die Forderung nach einer Aufgabentransparenz wichtig für die Motivation ist. Auch eine Überprüfung der eigenen Leistung mit den Ergebnissen scheint von Bedeutung zu sein, um die eigene Herangehensweise an eine Aufgabe verorten und vergleichen zu können.

An der hier erwähnten Längsschnittstudie nahmen 54 PsychologiestudentInnen teil, die im Schnitt 26 Jahre alt waren. Es handelte sich um Studierende aus dem fünften bis elften Semester des Diplomstudiengangs (vgl. ebd.: 111 f.). Das Seminar enthielt Bereiche aus der Theorie, Empirie und Praxis. Für die erfolgreiche Absolvierung des Seminars sollten virtuelle Sitzungen übernommen, Diskussionen geleitet und Fragen formuliert werden. Auch die Teilnahme an Präsenzsitzungen war obligatorisch. Es gab 15 Sitzungen, wovon 5 in Präsenz abgehalten wurden und 10 virtuell (vgl. ebd.: 112).

Mittels eines Computerprogramms wurden die intrinsische Motivation und die Grundbestandteile der Aufgaben während des virtuellen Seminars festgehalten. Das Programm erfasste auch die eben angesprochenen Erlebniszustände (vgl. ebd.). Die Kommunikation wurde mittels eines Fragebogens durch die SeminarteilnehmerInnen eingeschätzt, während die Medienkompetenz mit Angaben auf einer Skala ermittelt wurde. Hier waren vor allem das Vorwissen sowie die Sicherheit in der Bedienung des Computers und des Internets relevant (vgl. ebd.).

Die Ergebnisse ergaben Sicherheit im Umgang mit Mails und dem Internet. Die Korrespondenz mit E-Mails zwischen den TeilnehmerInnen belief sich auf eine Gesamtzahl von 468 versendeten Mails. Mehr als die Hälfte der TeilnehmerInnen schauten auch mehr als einmal pro Woche in ihr E-Mail-Postfach. Die anderen haben einmal pro Woche oder gar nicht jede Woche das Mail-postfach geprüft. Prinzipiell wurde die Kommunikationsform der E-Mails jedoch als positiv aufgefasst (vgl. ebd.: 113).

Qualität und Bedeutung der Präsenzsitzung wurden gegenüber den virtuellen Sitzungen priorisiert (vgl. ebd.). Dies trifft auch auf die Motivation zu, welche in den Präsenzsitzungen vergleichsweise höher ist (vgl. ebd.: 114). Der Aspekt der Autonomie wurde besonders hoch bewertet, während die Aufgabenvielfalt am niedrigsten eingestuft wurde (vgl. ebd.). Die drei psychologischen Erlebniszustände wurden in der Form bewertet, dass die Verantwortung für die Ergebnisse am höchsten eingeschätzt wurde, während die Bedeutsamkeit der Aufgaben und das Wissen um die Erlebnisse etwas niedriger, aber immer noch überdurchschnittlich hoch bewertet wurden (vgl. ebd.).

Die Computerkommunikation wurde während des virtuellen Seminars positiv bewertet. Sowohl die intensive Nutzung der E-Mails als auch der häufige Zugriff auf den Internetserver des virtuellen Seminars untermauern dieses Ergebnis (vgl. ebd.: 115). Die Kommunikation zwischen den StudentInnen wird in Präsenzsitzungen jedoch positiver bewertet als in virtuellen Sitzungen, in denen diese via E-Mail oder in speziellen Chaträumen stattfand. Hingegen sind keine Kommunikationsunterschiede mit der Lehrperson festgestellt worden. Dies wird in diesem Beitrag damit begründet, dass der Kontakt zu DozentInnen häufig eher zur Klärung spezieller Fragen aufgenommen wird und diese auch per Mail zuverlässig erreichbar sind, während KommilitonInnen für Diskussionen und den intensiven Austausch über die Zusammenarbeit bei der Bearbeitung von Aufgaben kontaktiert werden. Auch das Kennenlernen fällt durch den virtuellen Kontakt weitestgehend weg. Insgesamt wird die Face-to-Face-Kommunikation jedoch präferiert (vgl. ebd.). Auch wenn die Selbstständigkeit bei virtuellen Sitzungen positiv hervorgehoben wurde, bestand noch Handlungsbedarf in den Möglichkeiten der Vergabe von Feedback und in der Interaktion miteinander (vgl. ebd.: 116).

Prinzipiell ist interessant, dass das Potenzial und auch die Vorteile trotz der technisch rudimentären Ausstattung zum damaligen Zeitpunkt wahrgenommen wurden. Auch wenn der vollständige Ersatz der Präsenzlehre dadurch nicht ohne Verzicht auf einen Großteil der sozialen Interaktion und inhaltlichen Diskurse möglich ist.

Ein Studiengang, der in engem Zusammenhang mit der Medienpsychologie steht, heißt Informationsdesign (vgl. Mangold 2002: 136). Dieser kann seit 2001 als Bachelor-Studiengang an der Medienhochschule in Stuttgart studiert werden und umfasst sieben Semester, wovon eines ein Praxissemester ist (vgl. ebd.). Die Aufgabenbereiche der InformationsdesignerInnen liegen in der Erstellung von Bedienungsanleitungen, dem Einrichten von Lehrprogrammen für CDs oder beispielsweise in der Konzeption von Flugblättern (vgl.

ebd.). Der Zusammenhang zur Medienpsychologie besteht in der Beschäftigung mit der Auswirkung von Medien auf Menschen, der Nutzung der Medien durch Menschen, wenn diese kommunizieren wollen oder bestimmte Informationen brauchen und mit der Frage nach einer zugänglichen und benutzerfreundlichen Gestaltung der Medien (vgl. ebd.).

Allerdings werden durch derartige neue Bereiche, die in Zusammenhang mit der Medienpsychologie stehen, keine vorher unbesetzten Felder gefüllt. Viel mehr werden Menschen durch einen solchen Studiengang für einen Bereich spezialisiert und optimieren diesen durch den Einbezug der medienpsychologischen Perspektive. Zudem macht die Etablierung solcher Studiengänge deutlich, dass die Medienpsychologie sich mehr und mehr abgrenzt und zu einem eigenen Fachbereich entwickelt, welcher gewisse Forschungsbereiche, die in engem Zusammenhang mit der Interaktion von Menschen und Medien stehen, für sich beansprucht.

Ein tatsächliches E-Learning-System, welches einen Fortschritt hinsichtlich der digitalen Lehre ergab, wurde 2003 vorgestellt. Beim E-Learning sollen „rezeptive und kreative Formen des Lernens untersch[ieden] werden" (Baeßler et al. 2003: 14). Diesem Anspruch soll das „‚CLIC-Projekt'" (ebd.) gerecht werden. Ausformuliert bedeutet das „‚Computer-based Learning: Introduction to Communications'" (ebd.). Elementare Bestandteile dieses Programms begründeten sich durch einschlägige Forschungsergebnisse aus der Pädagogik und Psychologie. Dazu zählte die Tatsache, dass die Aufmerksamkeit und Aufnahmefähigkeit durch ein multimodales Angebot auf verschiedenen Ebenen der Sinne gefördert werden. Zudem spielte der Begriff der Interaktivität und das Feedback eine wichtige Rolle, um zu motivieren (vgl. ebd.). Es darf im Zusammenhang mit E-Learning jedoch nicht der Fehlschluss erfolgen, dass Lerninhalte schon dadurch zum Lernerfolg beitragen, dass sie online dargeboten werden. Denn es kann sein, dass die Informationen nicht angemessen verstanden und verarbeitet werden. Zudem ist die Bereitstellung hypermedialer Lernangebote für schwache und starke LernerInnen von Bedeutung, da sie mithilfe derer von klaren Vorgaben und Strukturen hin zu wenig Struktur und offenen Formaten eine individuellere Abdeckung der Bedürfnisse erfahren (vgl. ebd.). Trotz dieser Angaben steht die Didaktisierung der Lerninhalte an erster Stelle, um die Lernenden für das dargebotene Material zu begeistern (vgl. ebd.: 14 f.).

Das hier vorgestellte Programm ist in den Kommunikationswissenschaften zum Einsatz gekommen und sollte dort Basiswissen vermitteln. Trotz der Möglichkeiten zur Präsentation der Lerninhalte ist die Kommunikation mit anderen Studierenden und der Lehrperson sowie das Einbeziehen von Präsenzsitzungen konstitutiv für den vollständigen Lernprozess (vgl. ebd.: 16 f.).

Hinsichtlich der Präsenzsitzungen wurde hervorgehoben, dass diese einen „sozio-emotionalen Rückhalt gewährleisten“ (ebd.: 17). Wie auch schon bei der Längsschnittstudie des internetbasierten virtuellen Seminars wird deutlich, dass sich nicht alle Aspekte der Präsenzlehre durch digitales Lernen ersetzen lassen. Das Programm sollte in drei Wochen drei Lerneinheiten ersetzen, die online erarbeitet werden mussten. Dies wurde durch Präsenztutorien ergänzt, welche auch die Online-Inhalte thematisierten. Am Ende der Vorlesung wurde eine Klausur geschrieben (vgl. ebd.: 18).

Ergebnisse zu Befragungen von 97 StudentInnen und 21 DozentInnen ergaben eine positive Rückmeldung. Die Möglichkeit der eigenen Arbeitseinteilung hoben mehr als 90 Prozent der StudentInnen hervor (vgl. ebd.: 18 f.). Die verbrachte Zeit vor dem Computerbildschirm wurde von mehr als der Hälfte als anstrengend empfunden. Auch die Vorbereitung des eigenen Computers, auf dem Programme zur Nutzung dieses E-Learning-Systems installiert werden mussten, fanden ein Drittel aller TeilnehmerInnen hinderlich (vgl. ebd.: 19). Die Übersichtlichkeit und Aufbereitung der Lerninhalte wurde als positiv betrachtet (vgl. ebd.). Der interaktive Anteil, in dem mithilfe von sogenannten Checks der erlernte Lernstoff überprüft werden konnte wurden auch als sehr hilfreich erachtet. Die Kritik lag lediglich in teilweise missverständlichen Fragestellungen und der nicht vorhandenen Lösungsanzeige nach absolvierten Checks (vgl. ebd.). Es ließ sich zusammenfassend feststellen, dass die Grundlagen eines Faches mit dem CLIC-System angemessen vermittelt werden können. Nicht zuletzt haben die intuitive Bedienung des Systems und die Kommunikationsmöglichkeiten dazu beigetragen (vgl. ebd.: 21 f.).

Ein interessanter Aspekt, der für virtuelle Lern- oder Arbeitsumgebungen eine nicht zu unterschätzende Rolle spielt, ist der „Einfluss nonverbaler Signale auf den Kommunikationsprozess in einer kollaborativen virtuellen Umgebung“ (Müller et al. 2003: 24). Nonverbale Zeichen unterstützen in einem Kommunikationsprozess die Signalisierung von Rückmeldungen, Emotionen und eigene Positionen (vgl. ebd.). Ein besonders wichtiger Bestandteil der nonverbalen Kommunikation liegt in der gemeinsamen Wissensbasis oder dem „*common ground* [Hervorheb. im Orig.]“ (ebd.: 25). Dieser verhilft beispielsweise dazu, zu beurteilen, ob es für die gemeinsame Verständigung nötig ist, detaillierter auf ein Thema einzugehen oder ob eine kurze Erwähnung reicht (vgl. ebd.). In einer Untersuchung zu Unterschieden in Kommunikationsprozessen, bei denen sich die TeilnehmerInnen nur gehört haben, konnte herausgestellt werden, dass das sonst übliche Kopfnicken zur Bestätigung getätigter Aussagen des Gegenübers bei audiobasierten Gesprächen durch häufigeres Nachfragen ersetzt wurde. Folglich fehlte dem Vortragenden das nonverbale Feedback seines Gegenübers, wodurch dieser sich dieses Feedback verbal einholte (vgl. ebd.: 26). Aus diesem Grund existieren diese kollaborativen virtuellen Umgebungen kurz „CVE“ (ebd.: 24). Dort werden die TeilnehmerInnen einer solchen Umgebung als Avatare präsentiert, welche als virtueller StellvertreterInnen der realen Personen gelten (vgl. ebd.: 24 f.). In dieser dreidimensionalen Umgebung für den Computer gibt es verschiedene Mittel zur nonverbalen Kommunikation. Neben Gesten wie dem Handheben, der Pfeilnutzung, dem Kopfschütteln und -nicken oder dem Fragezeichen, welches dann über dem Kopf des jeweiligen Avatars erscheint, stehen auch ein Sprachchat und ein Textchat in dem Programm zu Verfügung (vgl. ebd.: 26). Die Avatare sitzen an einem Tisch, auf dem eine Präsentation eingeblendet werden kann. Diese kann mit dem Referenzpfeil akzentuiert werden, und innerhalb dieser Präsentation kann vor- und zurückgeblättert werden (vgl. ebd.: 26 f.).

In einer Untersuchung von 111 StudentInnen mit einem Altersdurchschnitt von 23 Jahren wurde geprüft, wie stark die nonverbalen Zeichen genutzt wurden und ob die Nutzung zu einer höheren intrinsischen Motivation führt. Jeder der TeilnehmerInnen verfügte über Computerkenntnisse. Die Gruppengröße für die Untersuchung betrug immer drei Personen desselben Geschlechts und es gab die Vergleichsgruppen ohne verfügbare nonverbale Zeichen (vgl. ebd.: 27). Bei den Aufgaben ging es neben Multiple-Choice-Formaten auch um das gemeinschaftliche Lösen eines fiktiven Mordfalls, bei dem alle TeilnehmerInnen neben gemeinsamen Infos auch Informationen hatten, die nur ihnen vorgelegt wurden. Zur Vorbereitung auf die Gruppeninteraktion mussten alle den ihnen vorgelegten Text lesen und sich anschließend gemeinschaftlich darüber austauschen, um auf die Lösung zu kommen (vgl. ebd.: 28).

Zur Kommunikation wurde am ehesten der Sprachkanal genutzt. Bei den nonverbalen Möglichkeiten ist mit großem Abstand der Referenzpfeil am häufigsten genutzt worden. Damit verwiesen TeilnehmerInnen auf Ergebnisse, die ihnen am plausibelsten oder wahrscheinlichsten erschienen (vgl. ebd.). Nonverbale Zeichen wie das Kopfnicken, Handheben oder auch das Fragezeichen wurden fast gleich häufig genutzt (vgl. ebd.). Dass der Sprachkanal am häufigsten genutzt wurde, liegt an der geringsten Umständlichkeit, eine gemeinsame Wissensbasis zu schaffen. Bei Abstimmungen zu den Themen wurden der Textchat und nonverbale Zeichen bevorzugt, da zeitgleich eine schnelle Einschätzung jedes Gruppenmitglieds erfolgen kann (vgl. ebd.: 30). Die Nutzung der nonverbalen Zeichen wurde von den GruppenteilnehmerInnen auch als eine Unterbrechung wahrgenommen und störte die Kommunikation und Interaktion. Die Gruppe ohne verfügbare nonverbale Zeichen fühlte sich deutlich weniger unterbrochen. Jedoch war die Länge der verbalen

Äußerungen bei der Verfügbarkeit von nonverbalen Zeichen kürzer als bei den audiobasierten Gruppen (vgl. ebd.: 30 f.). Vor allem der Pfeil überzeugte durch die unmittelbare Übersichtlichkeit gegenüber Nachrichten, die in den Chat geschrieben wurden. Die Kommunikation erwies sich bei Gruppen mit nonverbalen Möglichkeiten außerdem als unmissverständlicher (vgl. ebd.: 31). Die nonverbalen Zeichen sorgen auch für eine stärkere intrinsische Motivation. Vor allem hinsichtlich des E-Learnings ist dies elementar (vgl. ebd.). Diese durchgeführte Untersuchung sollte allerdings in einem detaillierteren Umfang mit mehr Klassifizierungen und Abstufungen nochmal genauer durchgeführt werden (vgl. ebd.: 30 f.).

In den Nachrichten aus der Fachgruppe im Jahr 2005 wurde festgehalten, dass die Medienpsychologie sich nun zu einem eigenständigen Fach etabliert hat (vgl. Suckfüll et al. 2005: 38). Die Zahl der Mitglieder in der Fachgruppe der Medienpsychologie sei um 26 Prozent angestiegen (vgl. ebd.). Für die weitere Ausführung und Entwicklung medienpsychologischer Theorien und Methoden sei aber auch die Interdisziplinarität zu anderen Fächern nicht unerheblich und soll folglich weiter gefördert werden (vgl. ebd.).

Erste „*Blended-Learning-Szenarien* [Hervorheb. im Orig.]" (Schwonke et al. 2005: 42) wurden bereits 2005 nach näherer Untersuchung dargestellt. Hier wurde unter Blended-Learning die Verbindung von Präsenzunterricht mit mediengestützten Lernformen verstanden (vgl. ebd.). Der Einsatz der Medien sollte hierbei unterstützend für die StudentInnen wirken. In dieser Untersuchung beschränkte sich der Einsatz der Medien auf ein digitales Lernprotokoll, welches als Nachbereitung von universitären Sitzungen genutzt werden sollte (vgl. ebd.). Zusammengestellt bildeten diese Protokolle schlussendlich ein Lerntagebuch. Für die Kooperation zwischen den StudentInnen wurden die wöchentlich erstellten Protokolle untereinander kommentiert (vgl. ebd.: 42 f.). Die Protokolle wurden mit dem Lernprogramm „eHELp" erstellt und untereinander kommentiert. Dieses Programm enthielt spezielle Funktionen und Möglichkeiten zur Umsetzung der Erstellung und Editierung von Lernprotokollen (vgl. ebd.: 43 f.). Das Programm wird als „kognitives Werkzeug" (ebd.: 51) beschrieben, das neben den eben genannten Funktionen auch Fragebögen zur Selbstanalyse enthielt (vgl. ebd.).

Insgesamt wurde durch eine Zusammenfassung der Ergebnisse der Untersuchung nach Einsatz des Lernprogramms festgestellt, dass der Schreibprozess und die Festigung des Lernstoffes durch die Nutzung dieses Programms positiv unterstützt wurde. Auch die Möglichkeit der Selbstanalyse wurde als förderlich und positiv wahrgenommen (vgl. ebd.: 51 f.).

2006 fand ein Workshop an der International University Bremen (IUB) statt, welcher der curricularen Umgestaltung der Medienpsychologie galt, um dadurch eine Integration medienpsychologischer Module in den Studiengang der Psychologie zu ermöglichen (vgl. Unz et al. 2006: 141). Durch diese Verbindung würden Vorteile der Psychologie – wie die „Vermittlung von Grundlagen- und Theoriewissen, von Statistik- und Methodenkenntnissen sowie [...] analytische[m] und strukturierte[m] Denken [...]" (ebd.) – mit Anwendungsbereichen aus der Medienpsychologie verbunden werden. Die stärker werdende Relevanz des Faches Informatik bedingt beispielsweise auch eine ansteigende Relevanz des Faches der Medienpsychologie, da sich Berufsfelder der Informatik auch in medienpsychologischen Feldern wiederfinden (vgl. ebd.). Zudem gilt es weiterhin, die Interdisziplinarität der Medienpsychologie zu fördern und Bereiche anderer Wissenschaften damit zu verknüpfen (vgl. ebd.).

Dass die Medienpsychologie vor allem auch durch andere Disziplinen – wie beispielsweise die Informatik – relevanter wird, ist ein interessanter und ebenso eindeutiger Punkt. Denn die Fortschritte in der Informatik beziehen sich vor allem auf technische Bereiche, die hinsichtlich medienpsychologischer Themenfelder jedoch nicht näher beleuchtet werden, sondern häufig auch in technischen Fragen enden, die vornehmlich die Umsetzbarkeit betreffen. Folglich muss die Medienpsychologie nach den Auswirkungen und Wirkungen dieser technischen Errungenschaften fragen und die Wechselwirkung zwischen Mensch und Technik beleuchten. Genau hier lässt sich auch die immer wieder angesprochene Interdisziplinarität der Medienpsychologie erkennen. Denn gerade durch die Fortschritte und das wissenschaftliche Wachstum in anderen Disziplinen ergibt sich ein stetig aktuell werdender Handlungsbedarf der Medienpsychologie, dessen Schwerpunkt nicht zuletzt darin liegt, die Produkte und Erkenntnisse anderer Wissenschaften kritisch zu reflektieren und auf die menschliche Verarbeitung zu beziehen.

Im Kontext der Medienpsychologie spielen soziale Netzwerke eine große Rolle. In diesem Zusammenhang hat vor allem Facebook großen Einfluss auf das Gesellschaftsleben genommen. Bereits 2007 konnte eine Mitgliederzahl von 21 Millionen Menschen gezählt werden (vgl. Horn 2007: 126). Die Begeisterung und Funktion dieser sozialen Netzwerke liegen vor allem darin zu wissen, was in dem Leben der Mitmenschen passiert und womöglich auch, das eigene Leben darzustellen. Die Menschen haben folglich am Leben anderer Menschen teil und können auf virtueller Basis Kontakte knüpfen und pflegen (vgl. ebd.: 127). Einer der negativen Aspekte besteht darin, andere Menschen dauerhaft kontrollieren zu können, indem man die Aktivitäten dieser Person über Facebook überprüft. Dies übersteigt das Interesse einer Privatperson an einer anderen in dem Maße, als dass auch Arbeitgeber die Überprüfung der Profile von BewerberInnen vornehmen, um anhand dieser die BewerberInnen auszuwählen (vgl. ebd.). Facebook dient des Weiteren dazu, der eigenen Selbstdarstellung nachzugehen und anderen Personen ein gewisses Bild der eigenen Person zu vermitteln (vgl. ebd.: 128). Die Medienpsychologie muss hinsichtlich der sozialen Netzwerke der Aufgabe nachkommen, die Nutzung, Wirkung sowie die Auswirkungen auf die zwischenmenschlichen Beziehungen zu hinterfragen. Angemerkt wird hier, dass die Medienpsychologie die immer stärker aufkommenden sozialen Netzwerke nicht annähernd so schnell untersuchen und erforschen kann wie diese sich entwickeln (vgl. ebd.).

Die sozialen Netzwerke sind mittlerweile omnipräsent und haben in Zeiten des Distanzunterrichts teilweise auch verstärkt zum schulbezogenen Austausch beigetragen. Dennoch erleichtert die stärker werdende Abhängigkeit der sozialen Medien auch gezieltes Mobbing von MitschülerInnen oder die Verbreitung von Hassnachrichten und Fake News. Die JIMplus-Studie hat sich konkret mit „Fake News und Hatespeech" (Mpfs JIMplus 2022: 1) auseinandergesetzt. Ein Drittel der befragten Heranwachsenden gaben an, die eigene Meinung nicht mehr öffentlich in den sozialen Medien zu verbreiten, da sie Angst vor negativen Reaktionen haben (vgl. ebd.: 46). 41 Prozent der Befragten vertreten die Meinung, das Hassreden durch Fake News verstärkt werden können (vgl. ebd.: 45).

Während die virtuelle Realität schon früh beleuchtet wurde, kamen verschiedene Wirkungsbereiche erst später hinzu. Beispielsweise wurde das Aufsetzen einer VR-Brille genutzt, um Menschen von ihren Phobien zu heilen. Um das Verlangen nach Alkohol oder Nikotin kontrollieren zu können, ist die virtuelle Realität ebenfalls eine brauchbare Hilfe (vgl. Fox et al. 2009: 100). Die virtuelle Realität wird hierbei als Ort beschrieben, an dem die Menschen in andere Welten abtauchen können. Es handelt sich folglich um eine andere Realität, in der mit der Umwelt interagiert werden kann. Zur Realisierung des Abtauchens in eine andere Welt müssen die Menschen häufig eine technische Ausrüstung am ganzen Körper tragen, damit Bewegungen und Aktionen in die virtuelle Welt übertragen werden können und eine dortige Interaktion möglich ist (vgl. ebd.: 95 f.). Diese Interaktion in einer virtuellen Welt ermöglicht auch das Einüben neuer medizinischer Prozeduren für Ärzte, die zum Beispiel neue Ausstattungen für eine OP kennenlernen können (vgl. ebd.: 98). Auch die Umsetzung sozialwissenschaftlicher Studien wird ermöglicht, in denen virtuelle Szenarien implementiert werden können, die bei einem realen Experiment zu teuer oder aufwendig gewesen wären. Die Reaktion auf nonverbale Signale konnte damit beispielsweise geprüft werden genau wie stereotypes Verhalten (vgl. ebd.). Die virtuelle Realität kann Schlaganfallpatienten sogar dazu verhelfen, das eigene Gleichgewicht beim Laufen wieder halten zu können (vgl. ebd.: 100).

Ein wesentlicher Aspekt, der für den Rahmen dieser Arbeit interessant ist, ist die Erschaffung virtueller Klassenräume. Denn die unbegrenzten Möglichkeiten spiegeln sich auch dort wider. Exemplarisch wird in dem Text davon gesprochen, dass in einer Unterrichtsstunde ein Dinosaurier neben den SchülerInnen erscheinen könnte, der die Erklärungen, wie den anatomischen Aufbau beispielsweise, erleichtert und auf einer anderen Ebene ermöglicht. Zusammengefasst wäre die Erschaffung einer optimalen Lernumgebung möglich (vgl. ebd.: 101). Der Grund für den vielseitigen Einsatz der virtuellen Realität liegt darin, dass es kostengünstiger und weniger riskant ist, sie einzusetzen, und dass sie mehr Möglichkeiten bietet (vgl. ebd.).

Zum Thema virtuelle Klassenräume lässt sich erweiternd ein anderer Entwicklungsschritt nennen, der für die Medienpsychologie ebenso relevant ist wie für die digitale Lehre. Es handelt sich um „Pedagogical Agents" (Krämer 2010: 47). Im Gegensatz zu anderen bestehenden virtuellen AgentInnen wie Chatbots auf Internetseiten, virtuellen TrainerInnen oder virtuellen AgentInnen in Navigationssystemen, gibt es auch virtuelle LehrerInnen oder TutorInnen (vgl. ebd.). Diese pädagogischen AgentInnen sollten die Vorteile eines echten Lehrenden auf das computerbasierte Lernen übertragen und in E-Learning Umgebungen individuelles Lernen oder Kleingruppen unterstützen und die Lernenden motivieren (vgl. ebd.: 48). Dadurch sollen positive Lerneffekte gewährleistet werden können. Für diese Ansprüche sind diverse Bestandteile der pädagogischen AgentInnen wichtig. Dazu zählt das Verhalten hinsichtlich der Dialogführung, didaktische Fähigkeiten und nonverbales Verhalten. Auch das Erscheinungsbild ist nicht irrelevant. Hierbei spielen vor allem realistisches Aussehen und Attraktivität eine Rolle (vgl. ebd.: 48 f.). Wiederum müssen die AgentInnen auf die RezipientInnen zugeschnitten sein, indem auf eine adressatengerechte Ausdrucksweise geachtet wird und die jeweilige Fähigkeit der Computerbedienung des Lernenden berücksichtigt wird. Auch der zu vermittelnde Inhalt ist nicht unerheblich. Hier ist vor allem die Frage relevant, ob es beispielsweise um die zu erbringende Leistung des Erinnerns, Übertragens oder Problemlösens geht (vgl. ebd.).

Inwiefern pädagogische AgentInnen einen Einfluss auf das Lernverhalten nehmen, wurde in einer Vergleichsstudie geprüft. Drei Vergleichsgruppen von StudentInnen sollten etwas zur elektrischen Schaltungsanalyse lernen. Bei den StudentInnen handelte es sich um AnfängerInnen auf diesem Gebiet. Eine Studie betrachtete drei Gruppen. Die erste Gruppe erlernte mithilfe eines pädagogischen Agenten die Thematik. Eine Vergleichsgruppe lernte zwar ohne AgentInnen, dafür aber mit einem animierten Pfeil, der auf Diagramme und Graphiken verwies. Die letzte Vergleichsgruppe lernte ohne angeleitete visuelle Unterstützungsmethoden (vgl. Moreno et al. 2010: 52).

Die Studie endete mit einem Test für alle drei Gruppen. Dieser zeigte, dass die Gruppe mit dem pädagogischen Agenten am besten abschnitt und dem Test im Anschluss eine geringere Schwierigkeitsstufe zuordnete als die anderen beiden Gruppen (vgl. ebd.). Zwischen der Gruppe mit dem animierten Pfeil als Unterstützungsmedium und der Gruppe ohne jegliche Unterstützungsmittel gab es keine Unterschiede bei den Testergebnissen oder der Abschlussbewertung hinsichtlich der Einordung des Schwierigkeitsgrades des Tests (vgl. ebd.: 57). Der Grund dafür könnte unter anderem darin liegen, dass der Agent größer und auffälliger war als der Pfeil. Auch die menschlichen Züge des Agenten können für mehr Aufmerksamkeit und Verständnis gesorgt haben (vgl. ebd.). Künftige Studien sollten dennoch – nach Angaben der Autoren – detaillierter vorgehen und beispielsweise die Verfolgung der Blicke genauer untersuchen (vgl. ebd.: 58).

In einer weiteren detaillierteren Studie mit ähnlichen Bedingungen wie bei der vorherigen (mit vier statt drei Vergleichsgruppen, einem zu lernenden Thema und einem abschließenden Test) wurde herausgefunden, dass statische AgentInnen sich gegenüber drei anderen AgentInnen als nützlichste Variante erwiesen. Bei den drei weiteren AgentInnen handelte es sich um deiktischen AgentInnen, die (non)verbalen Bezug auf die zu erklärenden Gegenstände und die Umgebung nehmen, AgentInnen mit Gesichtsausdrücken und solche, die sowohl über die Bezugnahme als auch über Gesichtsausdrücke verfügen (vgl. Frechette 2010: 61; 69). Die Gruppe mit dem statischen Agenten schnitt in dem Test am besten ab, die Gruppe mit dem Agenten, der über Gesichtsausdrücke verfügte, am zweitbesten. Die anderen Gruppen schnitten ähnlich ab und lagen hinter diesen beiden Gruppen (vgl. ebd.). Daraus könnte man ableiten, dass animierte AgentInnen unrealistisch wirken und als unnatürlich wahrgenommen werden (vgl. ebd.: 69). Prinzipiell scheint die Anwesenheit von virtuellen AgentInnen auf bestimmte Art und Weise hilfreich zu sein. Dennoch ist an dieser Stelle zentral, in welchen Kontexten und für welche Zielgruppen diese sich vornehmlich eignen. Außerdem sollte bei Verstehens- und Transferleistungen eine nicht virtuelle Kontrollinstanz prüfen, ob sich an manchen Stellen keine Verständnisfehler oder falschen Ableitungen bei den RezipientInnen manifestieren, die sich hinderlich auf den Lernprozess auswirken.

Während die Ausgestaltung und das Potenzial medialer und virtueller Umgebungen stetig erforscht und erweitert wird, ist auch die Frage nach Auswirkungen medialer Einflüsse auf kognitive Leistungen zentral. Dazu wurde in einer Studie geprüft, wie sich kurzfristige Effekte auf die Gedächtnisleistung auswirken und welche Auswirkungen sich für die Konzentrationsfähigkeit ergeben (vgl. Maass et al. 2011: 65). Dies wurde anhand von Filmen und Computerspielen getestet (vgl. ebd.: 68). Hierbei wurde zwischen hocherregenden und schwach erregenden Inhalten unterschieden. Es gab ein Computerspiel mit passendem Film, in dem es um Horror- und Actionszenen ging und es gab ein schwach erregendes Tennisspiel, welches einmal interaktiv als Tennisfigur gespielt wurde und einmal als Tennismatch im Fernseher betrachtet wurde (vgl. ebd.).

An der Studie nahmen 117 StudentInnen einer deutschen Universität teil. Das Durchschnittsalter lag bei 22 Jahren und alle TeilnehmerInnen waren zudem mit Computerspielen vertraut. Der eine Test zur Messung der Gedächtnisleistung bestand aus einem Blatt mit 20 deutschen Wörtern, die auf Türkisch übersetzt waren. Diese mussten in 90 Sekunden von den ProbandInnen gelernt werden. Der zweite Test beinhaltete einen kurzen Informationstext, der viele Details zur Planung einer Bibliothek enthielt (vgl. ebd.: 69). Der Text sollte ebenfalls innerhalb von 90 Sekunden gelesen und möglichst viele Informationen behalten werden. Nach 30 Minuten Mediennutzung sollten die türkischen Bedeutungen der deutschen Wörter in einem Multiple-Choice Test richtig angekreuzt werden, während bei dem Test mit dem Informationstext auf 24 offene Fragen mit einem Wort oder einer Zahl geantwortet werden sollte (vgl. ebd.). Hinsichtlich der Konzentrationsleistung wurden die StudentInnen gebeten, in 14 Reihen spezielle Symbole zu markieren, wobei diverse Symbole enthalten waren, die ähnlich aussahen und leicht mit den Zielsymbolen zu verwechseln waren. Für jede Reihe hatten die StudentInnen 20 Sekunden Zeit. Die Gesamtzeit für alle Reihen betrug 4:40 Minuten (vgl. ebd.). Auch die allgemeine Intelligenz wurde mit dem Test „Advanced Progressive Matrices“ (ebd.) gemessen. Dort geht es um das Komplettieren von Mustern, indem eine von acht verschiedenen Möglichkeiten pro Muster gewählt wird. Auch der Stress der StudentInnen wurde während der Mediennutzung mittels eines Fragebogens gemessen. Dort wurden Ankreuzmöglichkeiten zu 16 Aussagen gegeben, bei denen man den Stärkegrad der Zustimmung angeben konnte (vgl. ebd.).

Die Ergebnisse zeigten, dass bei dem actionreichen Film und Spiel mehr Stress empfunden wurde als bei dem Tennisspiel und -match (vgl. ebd.:70). Jedoch war jeweils zwischen Film und Spiel der gleichen Kategorie hinsichtlich des Stresses kein Unterschied zu finden (vgl. ebd.). Die hocherregenden Medieneinflüsse zeigten auch eine schlechtere Verarbeitung der Informationen und eine beeinträchtigte kognitive Leistung hinsichtlich der Erinnerungs- und Konzentrationsfähigkeit unmittelbar nach der Mediennutzung (vgl. ebd.: 71). Hier war auch ein Unterschied zwischen Film und Spiel festzumachen.

Das hocherregende Computerspiel sorgte für eine anschließende geringste kognitive Leistung, gefolgt von dem actionreichen Film. Auch bei dem Tennisspiel war eine etwas geringere kognitive Leistung als bei dem Tennismatch zu erkennen (vgl. ebd.). An dieser Stelle wurde herausgearbeitet, dass es unerheblich ist, ob man häufig in seiner Freizeit mit Computerspielen oder Filmen beschäftigt ist. Ebenso wenig ist es für den empfundenen Stress relevant, ob man sich eher mit hocherregenden oder kaum erregenden medialen Inhalten beschäftigt hat (vgl. ebd.: 73).

Der Einfluss auf die kognitiven Leistungen ist somit erkennbar. Es scheint keine ‚Gewöhnungssache' zu sein, sondern Menschen werden unabhängig von der (nicht) vorhandenen medialen Präsenz in der Freizeit hinsichtlich der kognitiven Leistungen beeinflusst. Ob dies jedoch nur für den unmittelbaren Zeitpunkt nach dem Medieneinfluss gilt oder ob sich Langzeitauswirkungen festmachen lassen, wurde durch die Studie nicht beantwortet.

Wenn Leute heutzutage etwas lernen oder wissen möchten, sind Video-Tutorials sehr beliebt. Diese Erklärvideos sind in „Massive Open Online Courses (MOOCs)" (van der Zee et al. 2017: 18) die am weitesten verbreitete Methode, um sich etwas anzueignen. Mit dieser frei zugänglichen Methode der Weiterbildungsmöglichkeit in verschiedensten Bereichen können Menschen aus aller Welt standortunabhängig auf derartige Videos im Internet zugreifen. Da die meisten dieser Videos in englischer Sprache verfasst sind, gibt es für viele verschiedene Sprachen Untertitel, um den Informationszuwachs für die Allgemeinheit durch die Sprachbarriere nicht zu behindern (vgl. ebd.). Doch die gleichzeitige Frage ist, ob die Untertitel selbst den Lernzuwachs nicht beeinträchtigen (vgl. ebd.). Obwohl man eventuell dazu tendiert, den Untertiteln eine generelle förderliche oder störende Funktion zuzuschreiben, gibt es diese Tendenz tatsächlich nicht, sofern ein inhaltsbasiertes Video angeschaut wird (vgl. ebd.: 26). Die Untertitel fördern lediglich beim Erlernen einer Sprache über ein Video das Verständnis (vgl. ebd.). Dennoch ist bemerkenswert, dass das Lernen mit Erklärvideos so relevant geworden ist. Obwohl sich nahezu alles auch nachlesen lässt, scheint das Videoformat präferiert zu werden.

Ein allgegenwärtiger Begleiter, der sich beinahe in jeder Hosen- oder Handtasche finden lässt, ist das Smartphone. Die ständige Erreichbarkeit und Verbindung zu anderen Menschen sind alltäglich geworden (vgl. Johannes 2019: 214). Dies wird in dem hier zitierten Beitrag „*smartphone vigilance* [Hervorheb. im Orig.]" (ebd.) genannt. Gemeint ist damit das Bewusstsein darüber, dauerhaft erreichbar zu sein – wörtlich ‚wachsam' zu sein – und immer bereit zu sein auf eingehende Nachrichten zu antworten (vgl. ebd.).

In einem Experiment wurde dazu geprüft, inwiefern StudentInnen auf die Benachrichtigungen ihres Smartphones reagieren. Das Experiment wurde mit 178 StudentInnen einer Universität der Niederlande durchgeführt. 84 Prozent von ihnen gaben an, das Smartphone 20 Mal oder häufiger am Tag auf Nachrichten zu überprüfen (vgl. ebd.: 216). In einer „Stop-Signal Task (SST)" (ebd.: 215) sollten die TeilnehmerInnen die Richtung von Pfeilen angeben, bis sie ein Stoppsignal hören oder sehen. Je nach dem wie schnell diese auf das Signal reagieren, passt sich der Zeitpunkt des Stoppsignals an. Das Stoppsignal ertönt früher, wenn die TeilnehmerInnen es nicht schaffen, rechtzeitig zu stoppen und wird später eingesetzt, wenn die StudentInnen erfolgreich stoppen. Dadurch lässt sich eine Reaktionshemmung messen (vgl. ebd.: 215 f.). In diesem Experiment sollte getestet werden, inwiefern die Sichtbarkeit des Smartphones und dessen Benachrichtigungen die Ausführungsfunktion der TeilnehmerInnen beeinflussen (vgl. ebd.: 216). Es gab drei Vergleichsgruppen. Eine Gruppe hat das eigene Smartphone nicht gesehen und folglich auch keine Benachrichtigungen wahrgenommen. Die zweite Gruppe hat das Handy zwar gesehen, aber während des Experiments keine Benachrichtigungen erhalten und die dritte Gruppe hat das Smartphone gesehen und auch Benachrichtigungen bekommen (vgl. ebd.: 217). Den TeilnehmerInnen wurde mitgeteilt, dass das Experiment zum Thema kognitive Performance und Smartphones ist (vgl. ebd.). Es wurde ebenfalls mitgeteilt, dass das Handy in einen stillen oder Vibrationsmodus geschaltet wird. Dabei wurde es allerdings so eingestellt, dass entweder bedingt durch den Flugmodus keine Nachrichten empfangen werden konnten oder es wurden extra Nachrichten an das Handy gesendet (vgl. ebd.). Nach dem Experiment sollten die StudentInnen Fragen beantworten, die sich auf die Wachsamkeit hinsichtlich ihres Smartphones bezogen haben (vgl. ebd.: 218).

Ergebnis war, dass die Wachsamkeit der StudentInnen in Bezug auf das Smartphone höher war, wenn sie Benachrichtigungen bekamen, diese aber nicht prüfen konnten. Sie gaben an, einen Drang zu haben, ihr Smartphone zu überprüfen und gedanklich bei dem Handy zu sein (vgl. ebd.: 221). Dennoch konnte kein direkter Zusammenhang zwischen der Smartphone-Wachsamkeit und der Reaktionshemmung festgemacht werden (vgl. ebd.). Dies könnte damit begründet werden, dass die TeilnehmerInnen ahnten, dass ihr Smartphone sie ablenken sollte. Folglich haben sie zwar in den Werten angegeben, dass sie ein hohes Maß an Wachsamkeit empfanden, taten dies aber eventuell gar nicht (vgl. ebd.). Auch die Tatsache, dass das Smartphone während des Experiments nicht berührt werden durfte, kann zu einer erhöhten Aufmerksamkeit bei der Erfüllung der Aufgabe geführt haben (vgl. ebd.: 222). Ebenfalls können die TeilnehmerInnen dauerhaft einen gewissen Grad der

Wachsamkeit haben, der die Ausführung von Aufgaben nicht mehr beeinflusst. Die Smartphone-Wachsamkeit könnte folglich automatisiert sein (vgl. ebd.). An dieser Stelle wird jedoch darauf verwiesen, dass noch genauere Forschungen betrieben werden müssen, um diese Wachsamkeit in Bezug auf das Smartphone besser rekonstruieren und verstehen zu können (vgl. ebd.).

Die Frage ist, ob wir mithilfe des Smartphones alles kontrollieren können oder ob wir von dem Smartphone viel mehr kontrolliert werden. Schließlich handelt es sich bei dem Smartphone um ein alltäglich begleitendes Medium. Es ist kaum mehr wegzudenken. Die Erwartungshaltung, alle Menschen zu jeder Zeit erreichen zu können, steigt dementsprechend. Umgekehrt sollte man selbst bestenfalls auch immer erreichbar sein. Dies führt – übertrieben formuliert – dazu, dass man das Smartphone als Kommunikationsmedium beinahe über den Zweck der Kommunikation stellt, da es durch die in dem vorherigen Text beschriebene Wachsamkeit fast vorwiegend darum geht, das Smartphone zu benutzen, statt den Zweck einer Kommunikationshandlung zu erfüllen.

In einer Studie zu dargestellten Stereotypen im Fernsehen und deren Auswirkungen auf die Zuschauerschaft wurde geprüft, wie das Fernsehen stereotypische Meinungen der Zuschauerschaft beeinflussen kann (vgl. Joyce et al. 2020: 62). Dazu wurden junge Erwachsene im Alter von 18 bis 27 Jahren gebeten, einen Vortest online auszufüllen, in dem sie die Fahrfähigkeiten älterer Erwachsener einschätzen sollten. Bei den jungen Erwachsenen handelte es sich um StudentInnen einer amerikanischen Universität (vgl. ebd.). Eine Woche später wurde ihnen online ein Link zugesendet, der zu einem von drei Videos führte. Welcher Link zu welchem Video führte war Zufall. Alle drei Videos zeigten einen von drei Videoausschnitten aus der Fernsehserie ‚Top Gear USA', in der eine ältere Frau einen teuren Sportwagen fährt. Es wurde entweder sehr stereotypisches Fahrverhalten eines älteren Erwachsenen dargestellt, antistereotypisches Verhalten oder sehr antistereotypisches Verhalten. Jeder der drei Videoausschnitte zeigte eine ältere Frau, welche möglichst schnell ein Rennen in einem Sportwagen ablegen sollte. Begleitet wurde die Frau von einem jungen Beifahrer. Bei dem stereotypischen Verhalten der Frau fuhr diese langsam und bremste häufig. Bevor die Frau losfuhr, sah man diese auf einem Elektromobil, womit die Behäbigkeit aufgrund ihres Alters unterstrichen werden sollte. Letzten Endes belegte die Frau den letzten Platz in dem Rennen und nahm das Vorhaben insgesamt als schlechte Idee wahr (vgl. ebd.: 62 f.). Bei dem antistereotypischen Verhalten wies die Fahrerin ein besseres Fahrverhalten auf, indem diese das Auto besser kontrollierte und mit höherer Geschwindigkeit fuhr. Jedoch zeigte sich die Fahrerin immer noch vorsichtig. Hierbei absolvierte diese das Rennen in derselben Zeit wie ihr junger Beifahrer, jedoch ohne sehr überzeugt davon zu sein (vgl. ebd.). In dem Beispiel mit dem sehr antistereotypischen Verhalten wurde gezeigt, dass die ältere Frau sehr schnell fuhr und überzeugt und erfolgreich das Rennen bestritt. Sie schaffte das Rennen in kurzer Zeit und driftete sogar in engen Kurven. Die Fahrerin schnitt in diesem Beispiel als Zweitbeste des gesamten Rennens ab und empfand das Erlebnis als Gefühl der Lebendigkeit. Zudem kaufte sie sich im Anschluss sogar ein altes Rennauto, um an weiteren Rennen teilnehmen zu können (vgl. ebd.). Direkt nachdem die TeilnehmerInnen der Studie das Video angeschaut haben, sollten diese einen Posttest ausfüllen, in dem sie einschätzen sollten, inwiefern das gezeigte Fahrverhalten typisch für einen älteren Autofahrer war und die wahrgenommene Fahrfähigkeit von älteren Erwachsenen im Allgemeinen. Letzteres deckt sich mit Fragen aus dem Vortest (vgl. ebd.).

Die Ergebnisse in den Fragebögen zeigten, dass es einen sogenannten „sweet spot" (ebd.: 64) gibt, bei dem die bisherigen Stereotypen reflektiert werden, da einige Informationen über eine Person von den stereotypischen Merkmalen, die man mit dieser Person in Verbindung bringt, abweichen. Dennoch ist der Grad der Abweichung nicht so hoch, als dass diese vorgestellte Person nicht mehr repräsentativ für den erwarteten Stereotypen wirkt. Auf dieses Experiment übertragen bedeutet das, dass die ältere Fahrerin, welche antistereotypisches Verhalten aufwies, aber dennoch nicht das komplette Gegenteil ihres Stereotypens repräsentierte, für die größte positive Überzeugung älterer AutofahrerInnen sorgte. Es gibt dieser Studie zufolge somit keinen linearen Anstieg, bei dem eine immer stärkere Abweichung des stereotypischen Verhaltens zu einem immer positiveren Bild dieser Personen führt, sondern es gibt einen Grad an untypischem Verhalten, der nicht überstiegen werden darf, da dadurch die Glaubhaftigkeit sinkt (vgl. ebd.). Stereotypische Abweichungen, welche einen gewissen Rahmen an Unglaubwürdigkeit nicht übersteigen, führen zu einer Verschiebung der stereotypischen Wahrnehmung (vgl. ebd.: 66). In diesem Beitrag wurde kritisiert, dass im Fernsehen vorwiegend Stereotypen oder extreme Antistereotypen präsentiert werden, welche beide nicht zur Reduzierung von Vorurteilen beitragen. Die Mitte oder der sogenannte ‚Sweet Spot' dessen bliebe zu häufig unberücksichtigt. Dadurch werden Vorurteile und Stereotypen noch zu selten reflektiert und überdacht. Nur wenige Beispiele im Fernsehen setzen diesen ‚Sweet Spot' um. Ein Beispiel dafür ist Jay Pritchett aus der Sitcom-Serie ‚Modern Family' (vgl. ebd.: 66).

Interessant ist, dass Vorurteile durch ein zugespitztes Gegenbespiel nicht reflektiert werden, sondern eventuell sogar forciert. Überträgt man diese Überlegungen und diese Studie auf den Schulkontext, sollte beachtet werden, dass Film- und Videoausschnitte derartige Stereotypen oder extreme Gegenbeispiele dieser Stereotypen nicht kommentarlos gezeigt werden sollten, nach Möglichkeit eventuell sogar vermieden werden sollten. Vor allem in Bezug auf Geschlechterrollen kann dies Problematiken hervorrufen oder bestehende Problematiken festigen. Doch auch im Hinblick auf den privaten Fernsehkonsum von SchülerInnen sollte dieses Thema gedanklich einbezogen werden, und SchülerInnen sollten sensibilisiert werden.

Werbung ist neben Stereotypen und Vorurteilen ein weiterer Bereich, mit dem junge Menschen konfrontiert werden und der sie beeinflusst. In einer Studie wurde dazu an einer Schule geprüft, inwiefern SchülerInnen befähigt werden können, Bewältigungsstrategien für den Umgang mit Werbung zu entwickeln. Dabei wurden Kurzzeiteffekte, unmittelbar nach der Intervention, und Langzeiteffekte nach drei Monaten untersucht (vgl. Rozendaal / Figner 2020: 107). Anlass zu dieser Untersuchung gaben vorherige Studien, die gezeigt haben, dass Werbung bei Kindern Einfluss auf das Wohlbefinden haben und zu Materialismus führen kann. Vor allem bei Kindern ist dies hervorzuheben und problematisch, da sich der Umgang mit Werbung und das Verstehen von werbebezogenen Inhalten erst noch entwickeln muss (vgl. ebd.). Die hier vorgestellte Studie wurde mit acht- bis elfjährigen Kindern durchgeführt. In diesem Alter haben Kinder große Schwierigkeiten, mit Werbung umzugehen und Bewältigungsstrategien gegen Werbung zu entwickeln. Dennoch verfügen sie bereits über die soziokognitiven Fähigkeiten, um an diesem Interventionsprogramm teilnehmen zu können (vgl. ebd.: 108). Da Selbstüberzeugung die intrinsische Motivation erhöht, etwas zu verändern, stellt diese auch eine starke Möglichkeit dar, um gegen kognitive Dissonanzen vorzugehen (vgl. ebd.). Damit soll in dieser Studie operiert werden, um die Motivation von Kindern zu steigern, Bewältigungsstrategien gegen Werbung zu entwickeln und einzusetzen (vgl. ebd.). Um mit Werbung umzugehen, müssen Kinder folglich die emotionalen Reaktionen auf Werbung kontrollieren und erlernen, diese aufzuhalten. Dieser Ablauf wird auch „*stop-and-think response* [Hervorheb. im Orig.] (Rozendaal et al., 2011)“ genannt (ebd.). Damit ist konkret gemeint, dass Kinder ihre emotionalen Reaktionen auf Werbung kontrollieren und folglich stoppen, damit dann eine Bewältigungsstrategie gegen die Werbung eingesetzt werden kann (vgl. ebd.). Eine mögliche Technik, Werbung bewusst zu bewältigen, sind beispielsweise ‚wenn...dann‘-Sätze, in denen Ziele formuliert werden, die in bestimmten Situationen Anwendung finden (vgl. ebd.: 109). Eine beispielhafte Formulierung wäre „‚If situation X occurs, then I will respond in this way‘ ; Gollwitzer, 1999“ (ebd.: 109). Damit kann das eigene Verhalten verändert werden, bis es sich schließlich automatisiert (vgl. ebd.).

An der Studie nahmen 15 Schulen teil, die in verschiedenen Städten der Niederlande liegen. Insgesamt waren 704 Kinder Teil der Studie. Davon befanden sich 399 SchülerInnen in der Interventions- und 305 in der Kontrollgruppe (vgl. Rozendaal / Figner 2020: 110). Entweder gehörte eine Schule der „Ad Masters intervention [oder der] wait-list control condition“ (ebd.: 109) an. SchülerInnen der Kontrollgruppe behielten vorerst normalen Schulunterricht und nahmen erst nach der Messung des Posttests an der Intervention teil. In beiden Gruppen von Kindern wurden Fragebögen beantwortet, welche Vor- und Nachtest-Messungen implizierten. Einmal Stunden vor und nach der Intervention und zur Messung der Langzeiteffekte drei Monate nach Beendigung der Intervention (vgl. ebd.: 109).

Diese Studie der „Ad Masters intervention“ (ebd.: 110) war wie folgt aufgebaut: Die ersten drei sechzigminütigen Unterrichtsstunden sollten die Werbekompetenz der SchülerInnen erhöhen, indem Strategien und Vorgehensweisen von Werbung besprochen wurden (vgl. ebd.). Die vierte Sitzung beinhaltet erste Bewältigungsstrategien, welche jedoch vornehmlich auf den ‚stop‘-Teil der ‚stop-and-think response‘ abzielen. Die Kinder lernen mithilfe der Technik Emotionskennzeichnungen, sich einer Sache bewusst zu werden und die eigenen Emotionen zu kontrollieren (vgl. ebd.). In der fünften Sitzung wird der Teil des Denkens in den Mittelpunkt gerückt und die SchülerInnen lernen, die präferierte Bewältigungsstrategie tatsächlich anzuwenden. Mit der letzten Sitzung sollte die Motivation gefestigt werden, diese Bewältigungsstrategien zu nutzen, indem die Technik der Selbstüberzeugung eingeübt wurde (vgl. ebd.).

Die Anfälligkeit für Werbeeffekte wurde bei den Kindern an dem Verlangen der Kinder nach dem jeweiligen Werbeprodukt gemessen und an der Produktauswahl, die nach dem Anschauen der Werbung getroffen wurde (vgl. ebd.). Die drei verschiedenen Formen der Werbung, welche den Kindern gezeigt wurden, war einmal das sogenannte „‚unboxing‘“ (Rozendaal / Figner 2020: 110) auf YouTube. Hierbei handelt es sich um das Öffnen, Vorstellen und Zeigen eines Produkts, welches einem YouTuber zugesendet wurde. Die zweite Form der Werbung war eine kommerzielle Werbeanzeige, und bei der dritten handelte es sich um eine – unter Kindern dieses Alters beliebte – Marke, die in einem Vlog auf YouTube zu sehen war (vgl. ebd.: 111). Bei der kommerziellen Werbung wurde in dem Artikel dieser Studie nicht näher erläutert, um welches genaue Format es sich handelt (im Fernsehen, als Werbeanzeige auf einer Website oder in einer Zeitschrift, etc.). Ein Vlog ist ein Videotagebuch, in dem häufig Gegenstände im Hintergrund zu sehen sind, von denen der Hauptakteur des Vlogs gesponsert wird. Beispiele dafür sind Getränke, Kleidung, technische Ausstattung oder auch Essensprodukte.

Es wurden auch zwei Videoausschnitte gezeigt, die keine Werbung beinhalteten (ein Vlog ohne zu erkennende Marken und ein Ausschnitt einer Fernsehsendung) (vgl. ebd.). Aus einer Liste mit Produkten, die in den eben genannten Formaten beworben wurden und mit Produkten, die nicht beworben wurden, sollten die Kinder im Anschluss eine Liste von Dingen erstellen, die sie haben wollen. In dieser Studie wird davon berichtet, dass 20 Essensprodukte auf der Liste zur Auswahl standen, wovon drei aus den gezeigten Werbungen stammen und die restlichen als sogenannte Füller genutzt wurden (vgl. ebd.). Von null bis drei wurde gemessen, wie viele der beworbenen Produkte von den Kindern ausgewählt wurden. Darauffolgend sollten die SchülerInnen ebenfalls angeben, wie sehr sie jedes einzelne der acht verschiedenen vorgegebenen Produkte besitzen wollen. Darunter waren ebenfalls die drei beworbenen Produkte und fünf Füllprodukte. Nach den getätigten Angaben der TeilnehmerInnen wurden diese gefragt, wie oft sie die erlernten Bewältigungsstrategien in den letzten Wochen angewendet haben (vgl. ebd.).

Aus den Ergebnissen der Studie ließen sich fünf wichtige Schlussfolgerungen ziehen. Das Verständnis der Kinder hinsichtlich der Werbestrategien und -taktiken wurde verbessert und zeigte einen positiven Langzeiteffekt (vgl. Rozendaal / Figner 2020: 114). Demzufolge wurde die Werbekompetenz der TeilnehmerInnen gesteigert, wodurch ein tieferes Verständnis für die Herangehensweise und Funktion von Werbung existiert. Auch das skeptische Überdenken der Werbung wurde gefördert (vgl. ebd.). In der zweiten Schlussfolgerung wird festgehalten, dass die Intervention keine expliziten Auswirkungen auf die Motivation hat, Bewältigungsstrategien gegen Werbung zu nutzen. Die Ursache dafür könnte darin liegen, dass nur in drei der sechs Sitzungen die Fähigkeit der Kinder eingeübt wurde, solche Bewältigungsstrategien anzuwenden. Eine weitere Begründung könnte in der Art der Vermittlung gelegen haben. Schließlich wurden die Kinder klassisch frontal unterrichtet und bekamen alle dieselben Informationen auf dieselbe Art und Weise. Eventuell hätten die verschiedenen Lerntypen mehr berücksichtigt werden sollen (vgl. ebd.: 114 f.). Die dritte Kernaussage beinhaltet, dass das Wissen über die Werbestrategien nicht automatisch dazu führt, dass mehr und häufiger Bewältigungsstrategien angewendet werden. Folglich kann die Werbung trotzdem dazu führen, dass Kinder danach das beworbene Produkt haben möchten (vgl. ebd.: 115). Die vierte Schlussfolgerung besagt, dass Kinder, die motivierter und fähiger sind, Bewältigungsstrategien zu nutzen, diese auch tatsächlich häufiger anwenden. In der letzten Konklusion steckt die Aussage, dass die Nutzung von Bewältigungsstrategien gegen Werbung nicht unmittelbar das Verlangen oder die Entscheidung für ein beworbenes Produkt beeinflusst. Jedoch kann dies auch an dem Messinstrument gelegen haben.

Schließlich wurde zur Einschätzung des eben genannten Zusammenhangs ein Selbsteinschätzungsbericht von den Kindern ausgefüllt (vgl. ebd.).

Insgesamt lässt sich allerdings ableiten, dass der Einfluss von Werbung auf die darauffolgenden Entscheidungen immens ist und vor allem Kinder noch kein ausgeprägtes und bewusstes Verständnis für die Absichten derartiger Werbeangebote haben. Hier sind vornehmlich die neuen Formate problematisch, in denen Formen der Schleich- oder vermeintlich osmotischen Werbung betrieben werden. Denn das Internet bietet zahlreiche Vorbilder und Idole, die Einfluss auf Heranwachsende nehmen und eventuell nachgeahmt werden. Hier sollte vor allem die Institution Schule neben traditionellen Werbeformaten auch jene behandeln, die auf YouTube, Instagram, Twitch und vielen weiteren Online-Plattformen zu finden sind und mehr und mehr in den Lebensmittelpunkt der SchülerInnen rücken.

In dem Artikel zu Facebook wurde von Horn 2007 das soziale Netzwerk vorgestellt und es wurde festgehalten, dass die Medienpsychologie die Auswirkung solcher sozialen Netzwerke nicht so schnell untersuchen kann, wie diese sich entwickeln (vgl. Horn 2007: 126 ff.). 2020 wurde herausgearbeitet, inwiefern Facebook zur Depression führen kann (vgl. Tosun / Kaşdarma 2020: 165). Es gibt sowohl positive als auch negative Effekte, die in vorherigen Studien herausgestellt wurden. Zwar schafft Facebook einerseits Verbindungen zwischen Menschen, soziale Unterstützung und soll Stress reduzieren, andererseits führt die Nutzung zu Einsamkeit, geringerem Selbstbewusstsein, Angst und negativer Stimmung (vgl. ebd.). Hierbei kann man zwischen der aktiven und passiven Nutzung von Facebook unterscheiden, wobei die aktive Nutzung eher zu positiven Effekten führt, während die passive Nutzung eher zu negativen Effekten und zur Depression führen kann (vgl. ebd.). Mit der aktiven Nutzung ist das Posten von Beiträgen, Videos und Fotos gemeint. Auch das Verlinken, Kommentieren oder Kommunizieren kann darunterfallen. Bei der passiven Nutzung hingegen werden vornehmlich Beiträge der Facebook-Freunde verfolgt und eventuell mit ‚Likes' beziehungsweise dem Drücken des ‚Gefällt mir-Buttons' positiv bewertet.

Es gilt hinzuzufügen, dass vor allem Aufwärtsvergleiche mit Leuten, denen es auf Facebook augenscheinlich besser geht und die mehr Aufmerksamkeit und Ansehen bekommen, zu negativen Gefühlen und Depressionen oder zu Inspiration und Optimismus führen kann (vgl. ebd.: 166). In dieser Studie wurde untersucht, ob Aufwärtsvergleiche bei der passiven Nutzung von Facebook mit einer Verstärkung oder Verringerung eines Depressionsgefühls in Verbindung gebracht wird. Die Problematik bei Vergleichen in den sozialen Netzwerken gegenüber Vergleichen im echten Leben liegt darin, dass es online mehr Möglichkeiten gibt, sich zu vergleichen. Man findet mehr Menschen im gleichen Alter und findet folglich auch mehr Menschen, die scheinbar ein glücklicheres Leben führen (vgl. ebd.). In einer Studie von 2012 wurde festgestellt, je häufiger Facebook genutzt wird, desto stärker sind die NutzerInnen überzeugt, dass andere Menschen ein glücklicheres Leben führen als sie selbst (vgl. Chou / Edge 2012 in Tosun / Kaşdarma 2020: 166). In einer anderen Studie wurden Zusammenhänge gefunden zwischen der Häufigkeit des täglichen Anmeldens bei Facebook und depressiven Symptomen (vgl. Steers et al. 2014 in ebd.). Mit der ständigen passiven Nutzung von Facebook und Aufwärtsvergleichen kommt dann ein Gefühl des Neids auf (vgl. Tosun / Kaşdarma 2020: 166). Es kann auch durch Vergleiche zu Personen, die man mag und mit denen man engen Kontakt hat, zu einem Gefühl der Freude kommen, wenn diese positive Neuigkeiten auf sozialen Plattformen wie Facebook oder Instagram teilen (vgl. Lin / Utz 2015 in Tosun / Kaşdarma 2020: 166 f.). Bei bekannten Personen hingegen ist das Depressionsgefühl potentiell höher, sofern diese als Vergleich zur eigenen Person herangezogen werden (vgl. Tosun / Kaşdarma 2020: 172).

Insgesamt verbringen sehr viele Menschen Zeit in sozialen Netzwerken wie Facebook. Dies kann zu depressiven oder positiven Gefühlen führen (vgl. ebd.: 173). Ein direkter Zusammenhang zwischen der Nutzung von Facebook und einer Depression kann nicht hergestellt werden (vgl. ebd.: 172). Allerdings nimmt die hervorgerufene Emotion bei der passiven Nutzung von Facebook erheblichen Einfluss darauf, ob eine Depression erhöht oder gehemmt wird. Entscheidend ist hierbei jedoch auch der Vergleich zwischen den Personen. Es ist somit relevant, ob man der Person nahesteht oder eine oberflächliche Bekanntschaft pflegt, mit der man sich vergleicht (vgl. ebd.: 173).

Zusammenfassend lässt sich festhalten, dass soziale Netzwerke den Menschen Einblicke in das Leben anderer gewähren, die ohne soziale Netzwerke nicht gegeben wären. Folglich können bearbeitete Bilder, welche beispielsweise Schönheitsmakel retuschieren, oder dargestellte Lebenssituationen dazu führen, dass der Eindruck eines augenscheinlichen perfekten Lebens der anderen Person vermittelt wird. Vor allem Heranwachsende können ähnlich wie bei der Werbung kaum nachvollziehen und reflektieren, wie derartige, angeblich perfekte Lebensweisen möglich sind und halten diese für unerreichbar. Unabhängig von den dargestellten Reisen, Beziehungen oder Erlebnissen wirken die Personen selbst makellos und unerreichbar. Vermeintlich perfekte Körper, Haare, Gesichter und Schönheitsideale erwecken den Eindruck, dass der eigene Körper voller Makel sei. Dies wiederum kann zu Identitätsproblemen oder Depressionen führen und eventuell eine falsche Wahrnehmung der eigenen Person hervorrufen. An dieser Stelle sollten Lehrkräfte in der Schule für mehr Transparenz hinsichtlich der sozialen Medien sorgen. Par exemplum könnten vorher- nachher- Bilder von Menschen gezeigt werden, die mit Make-Up und Filtern bearbeitete Bilder hochladen. Auch der partielle Einblick in das Leben anderer sollte thematisiert werden, da zwar einerseits sehr viele Informationen preisgegeben werden, diese jedoch häufig einseitig perfekt dargestellt werden, während negative Erfahrungen und Geschehnisse vorenthalten werden.

Neben Negativeinflüssen, die von Werbung oder sozialen Medien ausgehen können, gibt es aber auch digitale Bereiche mit Potenzial und Unterstützungsmöglichkeiten für Heranwachsende. Dies zeigt eine Studie, die sich mit virtuellen Umgebungen befasst, welche die Kreativität von Kindern fördern können (vgl. Guegan et al. 2021: 28). Computerspiele tragen zur Förderung der Kreativität bei und verhelfen bei der Bewältigung kreativer Aufgaben (vgl. Jackson et al. 2012 in: Guegan et al. 2021: 29). Die hier vorgestellten virtuellen Umgebungen sollen ebenfalls eine spielerische und damit förderliche Bedingung zur Entfaltung der Kreativität schaffen. Beispielsweise kann das kreative Schreiben dadurch gefördert werden. Mit diesen virtuellen Umgebungen sind künstlich erschaffene Umgebungen gemeint, welche die NutzerInnen in diese künstliche Umwelt hineinziehen (vgl. Guegan et al. 2021: 29). Diese können dort in Echtzeit mit Gegenständen in der virtuellen Umgebung interagieren. Hierzu kann sowohl die virtuelle Realität zählen, in der eine VR-Brille aufgesetzt wird, welche die virtuelle Umgebung zeigt und den Eindruck vermittelt, sich tatsächlich in dieser künstlichen Umgebung zu befinden. Aber auch Computerbildschirme, die eine Umgebung auf dem Monitor zeigen und nur mittels Tastatur und Maus betätigt werden können, sind damit gemeint (vgl. ebd.).

Insgesamt 96 Kinder im Alter von sieben bis elf Jahren haben an der Studie teilgenommen. Alle Kinder gingen auf eine Grundschule in der Nähe von Paris (vgl. ebd.: 30). Zur Durchführung des Experiments wurde immer jeweils ein Kind in einem Klassenraum an einen Computer gesetzt, der Internetzugriff hatte. Zur Beaufsichtigung war ein Experimentator mit in dem Raum, intervenierte jedoch nicht. Die Aufgabe bestand darin, für zehn Minuten eine Kartonboxaufgabe zu bewältigen. Diese Aufgabe stammt von dem „Torrance Test [...] of Creative Thinking for young Children (Torrance, 1966)" (ebd.). Dieser Test impliziert mehrere kleine Tests, welche die verbale und figurale Kreativität bewerten. Dieser Test zählt zu den verbreitetesten, um die Kreativität von Kindern einzuschätzen (vgl. ebd.). Die virtuelle Umgebung wird in der Egoperspektive dargeboten. Mit Maus und Tastatur war es den Kindern möglich, sich virtuell zu bewegen und die Umgebung zu erkunden. Die aufkommenden Ideen konnten die Kinder mündlich mitteilen, um sich auf die virtuelle Umgebung konzentrieren zu können. Es war auch möglich, zusätzlich einzelne Ideen aufzuschreiben. Entscheidend war nur, die virtuelle Umgebung währenddessen überwiegend zu fokussieren. Mit einem Aufnahmegerät wurden die mündlichen Beiträge aufgezeichnet. Die drei virtuellen Umgebungen, welche für das Experiment genutzt wurden, bestanden aus zwei realistischen und einer unrealistischen Umgebung. Zu den realistischen Umgebungen zählten das Büro der Schulleiterin und der Schulhof (vgl. Guegan et al. 2021: 31). Diese beiden Umgebungen waren statisch und repräsentierten die Örtlichkeiten der Schule, an der die Studie stattfand, sodass diese für die Kinder bekannt waren. Die dritte Umgebung war unrealistisch und ähnelte einer spielerischen Traumwelt. Diese Umgebung war auch weitestgehend statisch, bis auf zwei darin befindliche Objekte, nämlich ein fliegender Drache und ein Wasserfall (vgl. ebd.).

Bevor diese Umgebungen für die hier durchgeführte Studie genutzt wurden, sind diese in einem vorherigen Experiment mit anderen Kindern getestet und bewertet worden. Dort sollten die Kinder angeben, wie hinderlich oder förderlich die jeweiligen Umgebungen auf sie wirkten, indem sie Aussagen auswählen sollten wie „ 'I could come here to make up some stories' or 'I feel like I have to follow the rules here' " (ebd.). Am positivsten für die Entfaltung kreativer Gedanken wurde die Traumumgebung wahrgenommen, gefolgt von dem Schulhof, der vor dem Direktorbüro eingeordnet wurde. Es stellte sich in diesem Vorabtest mit den anderen Kindern heraus, dass die Umgebung Einfluss darauf nimmt, wie frei die Kinder sich fühlen, das zu tun was sie möchten (vgl. Guegan et al. 2021: 32).

In den Ergebnissen der durchgeführten Studie stellte sich heraus, dass Kinder mehr kreative Ideen entwickeln, wenn sie sich in einer Umgebung befinden, die Träumen ähnelt und spielerisch aufgebaut ist (vgl. ebd.: 36). Gehemmt wird die Kreativität bei Umgebungen, welche mit der Befolgung von Regeln in Verbindung gebracht werden. Die virtuelle Umgebung wird folglich als Quelle der Entwicklung kreativer Ideen genutzt und verhilft zur Kategorisierung von Ideen (vgl. ebd.). Zudem werden die zu bildenden Kategorien der Kinder für die Aufgabe, in der die Ideen entwickelt werden sollen, von den Inhalten der virtuellen Umgebungen beeinflusst. Es kann somit davon gesprochen werden, dass die Wissensstrukturen durch die jeweilige Situation, welche die virtuelle Umgebung schafft, aktiviert werden (vgl. Bargh et al. 1996 in Guegan et al. 2021: 35). Demzufolge wird durch die virtuelle Umgebung des DirektorInnenbüros eine kreative Wissensstruktur gehemmt, und es werden vorwiegend regelkonforme Denkweisen aktiviert. Der Schulhof und die Traumwelt enthalten hingegen Hinweise und Orientierungen, welche eher zur Entwicklung von kreativen Ideen genutzt werden können (vgl. Guegan et al. 2021: 35). An dieser Stelle soll dennoch zwischen der Aktivierung von Wissensstrukturen und kreativen Denkansätzen und der ausschließlichen Kopie oder Wiederverwendung von wahrgenommenen Gegenständen unterschieden werden. Es wurde darauf hingewiesen, dass dies in künftigen Studien stärker berücksichtigt werden sollte, um virtuelle Umgebungen zur Förderung kreativer Gedanken und Ideen zu optimieren (vgl. ebd.: 36).

Die Vorteile, die die Technik mit sich bringt, um im Bildungskontext die kognitive Entwicklung und Förderung zu unterstützen, sollte nicht unbeachtet und ungenutzt bleiben. Es gilt, diese Vorteile auf professionelle Art und Weise einzubinden. Dennoch sollte dies unter Berücksichtigung eines pädagogischen Mehrwerts stattfinden und nicht, um technische Ressourcen an sich einzubinden. Es sind an dieser Stelle wahrscheinlich weitere Studien und differenziertere Ergebnisse nötig, um einen derartigen Nutzen zu verifizieren.

In Bezug auf zu lernende Inhalte wurde geprüft, inwiefern digitale informelle Abzeichen und Belohnungsabzeichen die extrinsische Motivation fördern können. Hierzu wurde 215 StudentInnen eine Aufgabe gegeben, bei der es um das Wassersparen ging. Mit „gamification“ (Cheema / Velez 2021: 94), die in dieser Studie angewendet wurde, wurde versucht, Menschen zu motivieren, Ziele erreichen zu wollen und diese zielstrebig zu verfolgen. Die Abzeichen und Belohnungen werden bei der Gamifikation eingesetzt, um die Erfolge bei der Bewältigung der Aufgabe für die TeilnehmerInnen sichtbar zu machen. Während informelle Abzeichen zur Förderung der intrinsischen Motivation beitragen können, senken Belohnungsabzeichen teilweise die Motivation (vgl. ebd.). Die TeilnehmerInnen wurden zufällig den informellen- oder Belohnungsabzeichen zugeordnet. Somit bekamen sie für ihre Leistungen entweder die einen oder die anderen Abzeichen. Während die TeilnehmerInnen Teile der Aufgabe absolvierten, in der sie sich damit beschäftigten, wie das Sparen von Wasser der Umwelt hilft, bekamen sie eines der beiden Abzeichen. Danach sollten sie bei einer Online-Umfrage Gründe für ihre Intentionen angeben, Wasser zu sparen (vgl. ebd.: 95). Heraus kam, dass TeilnehmerInnen, die kontrollorientierter sind, extrinsisch durch die Belohnungsabzeichen motiviert wurden. Dies lässt sich, laut der Studie, daraus herleiten, dass kontrollorientierte Menschen sich stärker an dem Ziel orientieren, die Aufgabe zu absolvieren. Das Erlangen der Belohnungsabzeichen wird als vordergründig anerkannt, während sie sich weniger daran orientieren, Spaß an der Aufgabe zu haben (vgl. ebd.: 97). Menschen, die autonom orientiert sind, haben Spaß an der Aufgabe selbst. Das wiederum macht es ihnen möglich, sich mehr auf die Aufgabe und das spezielle Thema der Aufgabe zu konzentrieren, als auf das ausschließliche Absolvieren zur Erlangung der Belohnungen. Die Konklusion dieser Studie beinhaltet, dass extrinsische Motivation zwar die Freude an der Bearbeitung einer Aufgabe verringern kann, jedoch das themenspezifische Verhalten außerhalb der Aufgabe über die Verinnerlichung der Aufgabenziele gefördert werden kann (vgl. Cheema / Velez 2021: 98).

An diesen Elementen der Gamifikation wird sichtbar, dass zwar einerseits die extrinsische Motivation gefördert wird, indem Belohnungen bevorstehen, andererseits allerdings die Gefahr besteht, dass Gedanken und Überlegungen in Zusammenhang mit der Aufgabe nur noch zweckorientiert erfolgen. An dieser Stelle sollte sowohl die Art der Belohnung berücksichtigt werden als auch die Häufigkeit und die Aufgaben, bei denen dies erfolgt. Somit eignet sich eine Form der Gamifikation bei Wiederholungs- oder Merkaufgaben eher als bei Aufgaben, in denen Transferleistungen erbracht werden sollen. Schließlich sollen Lerninhalte, welche mittels Aufgaben vermittelt werden, nicht nur als Mittel zum Zweck bearbeitet werden, sondern zum autonomen Denken anregen und einen Selbstzweck verfolgen.

2.6 Relevante Theorien der Medienpsychologie

Die im vorigen Kapitel ausführlich beschriebene Entwicklung und Etablierung der Medienpsychologie hat die steigende Relevanz und Notwendigkeit dieses Wissenschaftsgebietes gezeigt. Dennoch sollen in diesem Kapitel in einem kurzen Umfang wichtige Theorien der Medienpsychologie genannt werden, die vornehmlich im Zusammenhang mit der digitalen Lehre eine Rolle spielen.

Eine zentrale Theorie ist die „*Agenda-setting-Hypothese* [Hervorheb. im Orig.]“ (Schmidt 2006: 78). Diese beinhaltet, dass es in jeder Gesellschaft eine Rangfolge von Themengebieten gibt, die durch die Medien präsentiert werden. Bei der Agenda handelt es sich um eine Sammlung an Themen, die in den Massenmedien dargestellt werden. Für die Veröffentlichung eines Themas in den Medien spielt die Größe der Medienorganisation eine Rolle, sowie der zeitliche Druck, der verfügbare Platz und die Eignung des Mediums für den zu präsentierenden Inhalt (vgl. ebd.). Manche Problematiken werden von der Allgemeinheit kaum oder gar nicht wahrgenommen, da die Massenmedien diese nicht präsentieren. Dies wirkt daher auf die Politik ein (vgl. ebd.).

Das „*Konzept der Aufmerksamkeitsleistung* [Hervorheb. im Orig.]“ (ebd.: 79 f.) thematisiert den Zusammenhang der Aufmerksamkeit und der behaltenen Informationen. Je nach Intensität, mit der sich eine Person einem Medium zuwendet, erhält sie nur bestimmte, umfassende oder detailliertere Informationen zu einem Thema. Wird das Medium des Fernsehers beispielsweise als komplexes Medium wahrgenommen, lernen RezipientInnen tendenziell mehr beim Schauen eines Fernsehprogramms als Menschen, die den Fernseher als wenig komplexes Medium wahrnehmen (vgl. ebd.: 80). Mit anderen Worten ist die Einstellung einer Person gegenüber einem Medium ausschlaggebend für die Wahrnehmung der Inhalte, die auf oder in diesem Medium präsentiert werden.

Auch die „Wissensklufthypothese" (ebd.: 81) ist elementar für die Medienpsychologie. Hierbei wird davon ausgegangen, dass Menschen – je nach sozioökonomischem Status – einen starken oder schwachen Informationszuwachs bei dem Konsum von medialen Inhalten erfahren. Gebildetere Menschen erlangen somit einen höheren Informationszuwachs als weniger gebildete Menschen (vgl. ebd.). Diese Hypothese bezieht sich nur auf Themen wie die Politik und damit zusammenhängende Bereiche, die das öffentliche Leben betreffen, und auf Themen der Wissenschaft (vgl. ebd.). Als weitere Ursachen für diese Wissenskluft werden die Medienkompetenz, das Vorwissen, das Medium selbst und das Motiv der Zuwendung zu diesem Medium angegeben (vgl. ebd.: 82).

Die „sozial-kognitive Theorie der Massenkommunikation" (Bandura 2000: 153) basiert auf der Theorie des Modelllernens Albert Banduras (vgl. ebd). Demnach lernen Menschen durch Beobachten und Nachahmen (vgl. Schmidt 2006: 82 f.). Bei der sozial-kognitiven Theorie wird additiv zum Modelllernen davon ausgegangen, dass das menschliche Verhalten sowie die Menschen und die Einflüsse aus der Umwelt einander gegenseitig beeinflussen (vgl. ebd.). Neben der Fähigkeit, Aufmerksamkeit auf ein Modell richten zu können, spielt auch die Speicherung der aufgenommenen Informationen im Gedächtnis eine Rolle. Zudem muss über die motorische Fähigkeit verfügt werden, wahrgenommene Abläufe umsetzen zu können, und die Motivation dazu muss gegeben sein (vgl. ebd.: 83). Neben dem praktischen Lernen am Modell ist auch das abstrakte Lernen möglich. Hier werden nur Regeln wahrgenommen, welche die eigenen Denkfertigkeiten erweitern können (vgl. ebd.).

Die Kultivierungshypothese beinhaltet die zentrale Aussage, dass der starke Konsum des Massenmediums Fernsehen zu der Imagination führt, dass die Wirklichkeit tatsächlich der im Fernseher dargestellten Art und Weise entspricht (vgl. Schmidt 2006: 86). Diese Hypothese ließ sich in einer Vergleichsstudie zweier Gruppen (Vielseher und Wenigseher) belegen. Demnach haben Vielseher mehr Angst vor der realen Welt, da die Medien viele gewalthaltige Inhalte darstellen (vgl. ebd.: 87). Zudem haben Vielseher laut der Ergebnisse der Studie ein niedrigeres Selbstwertgefühl und ein höheres Entfremdungsgefühl (vgl. ebd.).

In der hier zuletzt dargestellten Simulationstheorie wird thematisiert, dass die Realität durch die Medien in der Form konstruiert wird, dass keine Unterscheidungen zwischen Wirklichkeit und Fiktion festgemacht werden können (vgl. ebd.). Virtuelle Realität und innovative neue technische Möglichkeiten tragen zu diesem Bild bei (vgl. ebd.). Wie Empfänger solcher medialen Inhalte diese letzten Endes hinsichtlich ihres Wahrheitsgehaltes einschätzen, hängt unter anderem von der Ausprägung des Wissens über die Welt und die Medien ab sowie von den persönlichen Einstellungen zum Medium (vgl. ebd.: 88).

3. Didaktik

Das Wort ‚Didaktik' kommt aus dem Griechischen und stammt von dem Wort „‚*didaskein*' [Hervorheb. im Orig.] " (Raithel et al. 2007: 74). Das wird übersetzt mit „lehren [...] unterrichten, [...] lernen und belehrt werden" (ebd.). Die allgemeine Didaktik beschäftigt sich damit, wie das Lehren und Lernen gelingt (vgl. Roth 2021: 281). Es geht folglich um fachunabhängige Lehr- und Lernmöglichkeiten (vgl. ebd.: 280). Die „*Bildung des Menschen im Ganzen*" (ebd.: 282) ist ein wesentlicher Aspekt, dem sich die Didaktik zuwendet. Da neben den zu vermittelnden Bildungsinhalten auch die Persönlichkeitsbildung eine wichtige Rolle spielt, wird diese im Folgenden näher untersucht.

Es werden die Neurodidaktik, neurobiologische Grundlagen des Lehrens und Lernens und die Mediendidaktik dargestellt. In dem Kapitel der Neurodidaktik und der Grundlagen des Lehrens und Lernens wird erläutert, inwiefern die Persönlichkeitsbildung elementarer Bestandteil der schulischen Bildung ist. Hierzu wird unter anderem der Einfluss der Lehrpersonen auf das Lernverhalten der SchülerInnen in den Blick genommen. Repräsentant und damit einziger erwähnter Autor der Neurodidaktik ist für diese Arbeit Gerhard Roth. Dies lässt sich damit begründen, dass er seine zentralen Erkenntnisse auf das Homeschooling und den Einsatz digitaler Medien bezieht. Für den Forschungsschwerpunkt der Dissertation ist dieser Bezug relevant. Darüber hinaus wird der Einfluss der Persönlichkeit der Lehrkraft auf die Lernenden aus neurodidaktischer Perspektive in den Mittelpunkt gerückt. Da die Perspektive der Lehrpersonen hauptsächlich betrachtet wird, ermöglicht dies eine Zusammenführung der Ergebnisse der qualitativen Interviews mit den Erkenntnissen aus der Neurodidaktik.

Das Kapitel der Mediendidaktik umfasst die Forschungsbereiche der Mediendidaktik, entstandene Eindrücke der Lernenden während des digitalen Lernens, bedingt durch die Coronapandemie, die Mediendidaktik im Fach Deutsch sowie die Medienpolitik.

3.1 Neurodidaktik und neurobiologische Grundlagen des Lehrens und Lernens

Unterschieden wird hier zwischen der pädagogischen Neurobiologie, in der Neurobiologen Ratschläge für die Pädagogik und die Didaktik formulieren, und zwischen neurodidaktischen Konzepten, die unter anderem von Didaktikern entwickelt werden (vgl. Roth 2021: 295).

3.1.1 Erläuterung der pädagogischen Neurobiologie und Neurodidaktik

Da die Neurodidaktik nicht direkt auf fundierten neurobiologischen Erkenntnissen aufbaut, jedoch der Vollständigkeit halber vorgestellt wird, erfolgt an dieser Stelle eine kurze Darstellung der pädagogischen Neurobiologie und daraufhin die der Neurodidaktik.

Die pädagogische Neurobiologie folgt dem Leitsatz „‚Lernen ist Gegenstand der Gehirnforschung; daher wird ein Lehrer, der weiß, wie das Gehirn funktioniert, besser lehren können'" (Spitzer 2003 in Roth 2021: 296). Untersucht werden in der pädagogischen Neurobiologie die Gründe dafür, dass manche Methoden des Lehrens und Lernens erfolgreich sind und manche nicht (vgl. Roth 2021: 297). Ausgangspunkt dieser Untersuchung sind kognitive und emotionale Faktoren (vgl. ebd.: 296 f.).

Der Begriff der Neurodidaktik wurde von Didaktikern geprägt und umfasst unter anderem die vielschichtige Verbindung der Neurobiologie und der Didaktik (vgl. ebd.: 298). Dennoch sind einige für den Unterricht herausgearbeitete Ableitungen sehr allgemein gehalten und zum Teil nicht empirisch bewiesen (vgl. ebd.: 299). Es gibt allerdings relevante und in den nächsten Unterkapiteln ausführlich erläuterte Informationen zu „psychologisch-neurowissenschaftliche[n] Erkenntnisse[n] über die Bedeutung der Lehrer- und Schülerpersönlichkeit für einen erfolgreichen Unterricht" (ebd.: 300). Diese sind zum Teil sehr handlungsorientiert formuliert, sodass unmittelbare Anwendungsmöglichkeiten im Unterricht aufgezeigt werden.

Durch den Titel ‚Didaktik' des dritten Kapitels soll keinesfalls der Eindruck vermittelt werden, es handele sich bei den im Folgenden vorgestellten neuropsychologischen und neurobiologischen Erkenntnissen um eine Didaktik. Dieser Titel wurde gewählt, da die Erkenntnisse an den Schulunterricht – und die beteiligten Personen für gelingendes Lehren und Lernen – anknüpfen und das Wissen darum gewinnbringend für die Unterrichtsgestaltung ist.

3.1.2 Persönlichkeitsbildung als Teilaufgabe der Institution Schule

In der Schule werden die SchülerInnen auf das Leben vorbereitet, indem ihnen Wissen, Fähigkeiten und Fertigkeiten vermittelt werden (vgl. Roth 2021: 35). Hierzu zählen sowohl wissenschaftliche Kenntnisse als auch Wissen zu der jeweiligen Gesellschaft, in der gelebt und unterrichtet wird. Zusätzlich wird die Persönlichkeit der Lernenden ausgebildet (vgl. ebd.). Es ist jedoch bei der Ausbildung der Persönlichkeit schwieriger festzulegen, wie die Schule die Lernenden explizit darin fördern soll (vgl. ebd.: 36). Dies geschieht bisher nicht einheitlich, da Lehrpersonen teilweise nicht ausreichend informiert sind, wie dies geschehen kann, und zudem sehr individuell unterrichten (vgl. ebd.). Laut Roth ist jedoch unbestreitbar, dass

> „die kognitive Entwicklung der Kinder und Jugendlichen als Grundlage des Erwerbs von Wissen aufs Engste mit ihrer emotional-motivationalen Entwicklung verbunden" (ebd.) ist.

Folglich lässt sich ableiten, dass das Wissen um diesen Zusammenhang und die Berücksichtigung dessen wichtig ist, um die SchülerInnen umfassend in ihrer Entwicklung zu unterstützen. Auch die Persönlichkeit der Lehrpersonen muss dafür angepasst werden, zumindest hinsichtlich der fachlichen und didaktischen Kompetenz (vgl. ebd.: 37). Konkret nennt Roth das Selbstvertrauen, die Motivation der eigenen Person und der SchülerInnen sowie Feinfühligkeit und Stressmanagement als zu ändernde Kriterien der Persönlichkeit der Lehrperson. Die Entwicklung der Persönlichkeit in der Schule zu begleiten ist deshalb so wichtig, weil es viele Kinder mit schwierigen familiären Bedingungen gibt, für die die Schule daher einen wichtigen Ort zur Entwicklung und Formung der Persönlichkeit darstellt. Schließlich haben 20 Prozent der Kinder starke psychische Probleme (vgl. Roth 2021: 38). Umso wichtiger ist es, dass der Bildungsauftrag, die Heranwachsenden zu mündigen BürgerInnen auszubilden, in der Schule insofern umgesetzt wird, dass die Persönlichkeitsbildung eine größere Rolle spielt (vgl. ebd.). Neben der Schule sind auch Freundschaften ein wichtiger Aspekt, um die Persönlichkeit auszureifen. Diese sind – wenn nicht vorhanden – ein wichtiges Indiz, um Auffälligkeiten bei Heranwachsenden festzustellen (vgl. ebd.: 39). Zeitgleich ist der Wunsch nach Gruppenzugehörigkeit ein Risikofaktor der psychischen Entwicklung, weil bestimmte Freundeskreise auch zur negativen Entwicklung beitragen können (vgl. ebd.). Um die SchülerInnen auf dem Weg ihrer Persönlichkeitsentwicklung zu begleiten, ist es ebenfalls wichtig, in Maßen Stresssituationen herbeizuführen, die bewältigt werden müssen. Außerdem stellen, Roth zufolge, Intelligenz, Motivation und Fleiß die drei zentralen Faktoren dar, die das Gehirn vernünftig lernen lassen. Hierbei ist der Sinn des Lernens sowie eine erwartbare Belohnung wichtig (vgl. ebd.: 40). Additiv dazu ist die Persönlichkeit des Lehrenden und des Lernenden ausschlaggebend dafür, wie gelehrt und gelernt wird (vgl. Roth 2021: 41). Stellt man sich nun vor, diese motivationalen Faktoren und die Konstruktion bestimmter Situationen durch die Lehrkraft sollen in das Homeschooling ausgelagert werden, wird sichtbar, dass dies nicht in gleichem Maße erfolgen kann und zu Verlusten führen wird. Schließlich ist der synchrone Austausch im Präsenzunterricht kein Vergleich zu kaum kontrollierbaren digitalen Sitzungen, in denen durch ausgeschaltete Kameras oder fehlenden Blickkontakt zwischen Lehrperson und Lernendem die Basis für motivational geprägten Unterricht fehlt. Noch gravierender scheint dieser Aspekt bei Kindern zu sein, die unter psychischen Problemen leiden und ein instabiles Zuhause haben. Denn vor allem dort kann die räumliche Distanz einen nicht unerheblichen Unterschied für die Aneignung neuen Lernstoffs machen.

3.1.2.1 Modell der Persönlichkeit

Im Folgenden wird die Persönlichkeitsbildung und -entwicklung aus Sicht der Neurobiologie dargestellt. Es wird erläutert, welche Faktoren zur Persönlichkeitsentwicklung beitragen und in welchen Bereichen des Gehirns die Persönlichkeit beeinflusst und geformt wird. Um die Frage zu klären, inwiefern dies zur Klärung der Forschungsfrage dieser Arbeit beiträgt, lässt sich festhalten, dass die Persönlichkeit durch die Umwelt beeinflusst wird (vgl. Roth 2021: 48). Dies wiederum spielt eine große Rolle für das Lehren und Lernen (vgl. ebd.: 41). Daher wird der Distanzunterricht an dieser Stelle ebenfalls Einfluss genommen haben, da sich die Vermittlung der Inhalte des Deutschunterrichts, aber auch des Unterrichts im Allgemeinen drastisch geändert hat. Doch auch die Wahrnehmung der SchülerInnen durch die Lehrkraft und umgekehrt wird sich demzufolge einem Wandel unterzogen haben. Wenn im vorherigen Kapitel von der maßgeblichen Bedeutung der Persönlichkeit der Lehrkraft gesprochen wurde, entstehen auch hier durch das Homeschooling Veränderungen, welche nicht zugunsten der Lernenden ausfallen. Die Beobachtungen einer Person und folglich auch die der Persönlichkeit finden eingeschränkter und teilweise wahrscheinlich sogar verzerrt statt, da Einblicke in Mimik und Gestik fehlen sowie verzögerte Reaktionen erschwerend hinzukommen (vgl. ebd.: 341).

Um die Faktoren der Persönlichkeitsentwicklung im Körper zu lokalisieren, wird vorerst der neurobiologische Ablauf erklärt, wie es unter anderem zu Genveränderungen durch Umwelteinflüsse kommen kann. Es gibt fünf Faktoren, die für die Persönlichkeitsentwicklung verantwortlich sind (vgl. Roth 2021: 48): Es zählen

> „(1) der individuelle codierende Gen-Satz, (2) die epigenetischen Regulationsmechanismen, (3) vorgeburtliche Einflüsse des Gehirns und des Körpers der Mutter auf den Fötus, (4) die früh-nachgeburtliche Bindungserfahrung und (5) die weiteren Sozialisationsprozesse und individuellen Erfahrungen“ (ebd.: 48 f.) dazu.

Dies zeigt, dass schon zu einem sehr frühen Zeitpunkt äußere Einflüsse für die Entwicklung der Persönlichkeit eine wichtige Rolle spielen. Die Gene können insofern durch die Umwelt beeinflusst werden, als dass sie aus Nucleotiden bestehen, die in einer bestimmten Anordnung angelegt sind, die Sequenz genannt wird (vgl. Roth 2021:49). Die Enzyme werden durch die Sequenz bestimmt und sind „Signal- und Regulationsstoffe für die Prozesse, die unser Körper [...] benötigt" (ebd.). Die Enzymproduktion wird in den Genen durch die Promotorregion gestartet (vgl. ebd.). Diese Promotorregion besteht aus einer Nucleotidsequenz und legt die Aktivität einer Gensequenz fest. Dieser Prozess wird als Epigenetik bezeichnet (vgl. ebd.). Die Veränderung eines Gens kann durch unterschiedliche Prozesse erfolgen. Hierzu zählen die Mutation innerhalb der Nucleotidsequenz, die Blockade einzelner Nucleotide, das Freigeben blockierter Abschnitte, zufällige Änderungen der Promotorregion oder auch Veränderungen durch Umwelteinflüsse, welche den Körper und die Psyche betreffen (vgl. ebd.). Dass diese Veränderungen durch die Umwelt eingeleitet werden können, ist besonders interessant, da dies die Vorbestimmtheit durch Vererbung nicht zum einzigen Kriterium der Persönlichkeitsentwicklung macht. Jene Veränderungen in der Promotorregion können ebenfalls vererbt werden, sofern diese in den Ei- oder Samenzellen liegen (vgl. Roth 2021: 50).

Die Persönlichkeit wird vorwiegend durch das limbische System des Gehirns geformt. Dort wird das „individuell-egoistische [...] [und das] soziale [...] Handeln bestimmt" (ebd.). Diese Zentren befinden sich im Inneren des Gehirns, wodurch sie nicht für das Bewusstsein zugänglich sind (vgl. ebd.). Zugänglichere Teile des Gehirns können bewusster wahrgenommen werden. Beispielsweise Teile des Cortex, in dem die Emotionen und die Motivation angelegt sind (vgl. ebd.). Zusätzlich zum limbischen System gibt es das kognitive System, in welchem Prozesse wie das „Wahrnehmen, Erkennen, Denken, Intelligenz, Vorstellen, Erinnern und Handlungsplanung" (Roth 2021: 51) angelegt sind. Auch die Wechselwirkung zwischen dem limbischen und dem kognitiven System beeinflussen die Persönlichkeit (vgl. ebd.). Die vegetativ-affektive Ebene ist verantwortlich für affektives Verhalten oder Empfinden wie Angriff, Verteidigung, Flucht, Erstarren, Aggression, Wut und Sexualverhalten (vgl. ebd.). Jene angelegten Verhaltensweisen sind genetisch festgelegt, können jedoch pränatal oder durch epigenetische Faktoren beeinflusst werden (vgl. ebd.). Die eben genannten Verhaltensweisen und Empfindungen sind im weiteren Verlauf des Lebens kaum veränderbar. Sie bestimmen das Temperament, mit welchem ein Säugling auf die Welt kommt. Es wird dadurch festgelegt, ob jemand „neugierig-draufgängerisch [...] [,] vorsichtig [...], kommunikativ [...] [,] wortkarg, mutig oder ängstlich" (Roth 2021:

52 f.) ist. Über der vegetativ-affektiven Ebene liegt die Ebene, in welcher das individuell emotionale Lernen stattfindet, sowie die emotionale Konditionierung (vgl. ebd.: 53). Dies erfolgt in der Sozialisation durch die Bezugspersonen in der Familie. Hier werden die Gefühle der „Furcht, Angst, Abwehr und Überraschung“ (ebd.) konditioniert, folglich vorwiegend negative Eindrücke, jedoch auch positive. Außerdem erfolgt das Erkennen der nonverbalen Kommunikation sowie der sprachlichen Intonation auf dieser Ebene (vgl. ebd.). Dem steht das mesolimbische System gegenüber. Hier werden hauptsächlich natürliche Belohnungsereignisse verarbeitet und bestimmte Stoffe ausgeschüttet, um Befriedigung, Lust und Freude hervorzurufen (vgl. ebd.). In diesem System liegt auch das Motivationssystem. Für ein zu erbringendes Verhalten wird Dopamin angekündigt (vgl. ebd.). Die hier erläuterte Ebene wird ebenfalls teilweise pränatal und stärker kurz nach der Geburt geprägt (vgl. Roth 2021: 54). Folglich sind die unmittelbaren Bezugspersonen, die Eltern, prägend. Schließlich geben sie „ihre emotionalen und kognitiven Grundstrukturen“ (ebd.) weiter. Kinder erlernen in dieser Zeit ein Verhältnis zu sich selbst und zu anderen zu entwickeln (vgl. ebd.). Im späteren Verlauf des Lebens nehmen die hier angelegten Strukturen Einfluss auf zwischenmenschliche Beziehungen (vgl. ebd.). Zu der dritten Ebene gehört unter anderem der orbitofrontale Cortex und der ventromediale frontale Cortex (vgl. ebd.: 55). In dem orbitofrontalen Cortex ist das moralische und ethische Verhalten angelegt sowie die zu erhaltende Anerkennung von Mitmenschen (vgl. ebd.). Dieser Teil des Gehirns benötigt die meiste Entwicklungszeit, ungefähr 16 bis 20 Jahre (vgl. ebd.: 56). Da die Entwicklung des orbitofrontalen Cortex zu einem erheblichen Teil in der Schulzeit stattfindet, kommt der in Präsenz angelegten Begleitung dieses Entwicklungsprozesses eine nicht in den Distanzunterricht auslagerbare Funktion zu. Schließlich verschiebt sich vor allem die wahrgenommene Anerkennung durch MitschülerInnen oder Lehrkräfte. Denn die bereits dargestellten Bedingungen des fehlenden Blickkontakts oder die ausgeschalteten Kameras während der Videokonferenzen beeinträchtigen diesen Aspekt erheblich. Auch wenn die Anerkennung in den online stattfindenden Videokonferenzen stark eingeschränkt wahrgenommen werden kann, ist sie dennoch vorhanden. Beinahe gänzlich fehlt dies bei der asynchronen eigenständigen Bearbeitung von Aufgaben. Hier kann weder auf eine Rückversicherung der Lehrperson noch auf unmittelbare Anerkennung zurückgegriffen werden. Diese erfolgt – wenn überhaupt – erst sehr verzögert und zumeist durch eine schriftliche Rückmeldung. Dies wird in den Ergebnissen der qualitativen Interviews mit den Lehrkräften stärker thematisiert.

In dem orbitofrontalen und in dem ventromedialen Cortex werden Funktionen angelegt, welche „zügelnd [...] [und] impulshemmend [...]" (Roth 2021: 56) wirken. Diese basieren auf sozial erlernten Eindrücken und Erlebnissen (vgl. ebd.). Dort lässt sich außerdem das sozial vermittelte Ich lokalisieren (vgl. ebd.). Die sich im sechsschichtigen Isocortex der Großhirnrinde befindende kognitiv-sprachliche Ebene lässt sich den drei limbischen Ebenen entgegenstellen (vgl. ebd.). Dort liegen „handlungsvorbereitende Areale [...] [und das dazugehörige] Sprachareal" (ebd.) Das handlungsvorbereitende Areal, der dorsolaterale präfrontale Cortex, steht in Verbindung mit dem Arbeitsgedächtnis, der innengeleiteten Aufmerksamkeit, der Zeit-Raum-Struktur von Sinneswahrnehmungen sowie der Sprache und Zielvorstellungen (vgl. ebd.). In der kognitiv-sprachlichen Ebene ist auch das rationale Ich, der Verstand und die Intelligenz inbegriffen (vgl. ebd.). Hier wird die eigene Person vor anderen und vor sich selbst dargestellt und gerechtfertigt (vgl. ebd.). Zu beachten ist, dass der dorsolaterale präfrontale Cortex den orbitofrontalen Cortex kaum beeinflussen kann, während dies umgekehrt in sehr hohem Maße möglich ist (vgl. ebd.: 57). Die kognitiv-sprachliche Ebene, welche den rationalen Teil beinhaltet, nimmt folglich kaum Einfluss auf das moralisch-ethische Verhalten (vgl. ebd.). Dies ermöglicht es Menschen, auf rationaler Ebene Handlungsmöglichkeiten und -alternativen zu entwickeln, welche jedoch nicht unmittelbar in die Tat umgesetzt werden. Denn dies erfolgt erst durch den orbitofrontalen Cortex (vgl. ebd.). Diese zwei Ebenen voneinander trennen zu können, oder eben auch nicht, beeinträchtigt die Persönlichkeit ebenfalls. Die Ausprägung dieser Eigenschaft steht in engem Zusammengang mit gemachten Erfahrungen (vgl. ebd.: 58). Die Darstellung der eigenen Person gegenüber Mitmenschen kann dadurch festgelegt werden. Ob beispielsweise eine ehrliche oder eine auf Lügen basierende eigene Darstellung erfolgt, obliegt dem Zusammenspiel oder der eventuell bewussten Auseinanderhaltung der zwei Ebenen, dem unteren und dem oberen Stirnhirn (vgl. ebd.). An dieser Stelle können Erfahrungen in Bezug darauf berücksichtigt werden, ob andere Menschen eine Person stärker anerkennen oder auch nicht. Folglich kann bewusst entschieden werden, ob eine Lüge oder beispielsweise die Wahrheit die bessere Wahl ist (vgl. ebd.).

Es wird deutlich, wie vielschichtig, einflussreich und komplex die Entwicklung der Persönlichkeit ist. Umso wichtiger ist es, diese in den schulischen Alltag und die dortige Ausbildung einzubeziehen. Die Vermittlung bestimmter Werte nimmt folglich weitaus mehr Einfluss, als einen Erziehungsauftrag zu erfüllen und Benimmregeln in die Tat umzusetzen. Es werden Grundsteine für den Charakter vieler Heranwachsender gelegt, welche noch Erfahrungen sammeln müssen, um zu wissen, was richtig und falsch ist – vor allem, um bewusst entscheiden zu können, was richtig und falsch ist. In dem Schlusskapitel dieser Dissertation werden die hier gewonnenen Erkenntnisse auf die in der empirischen Forschung ermittelten Ergebnisse angewendet und entsprechende Schlüsse gezogen. Die insgesamt eher negativ bilanzierten Folgen des Homeschoolings kommen unter anderem zustande, weil ein maßgeblicher Einfluss des Lernerfolgs durch die Lehrerpersönlichkeit und die dadurch entstehende Beziehung zwischen Lehrkraft und SchülerInnen entsteht (vgl. Roth 2021: 314 f.). Diese kann im Distanzunterricht allerdings nicht in derselben Form aufgebaut werden, wie dies im Präsenzunterricht möglich ist. Vor allem nicht, wenn bedacht wird, dass es Kurse gibt, in denen die Kameras überwiegend ausgeschaltet bleiben, sodass die Lehrperson „auf schwarze Kacheln" (Interview J: 5) schaut. Auch die Interaktion der Lernenden untereinander wird stark eingeschränkt oder fehlt ganz, da die Lernumgebung mit bestimmten SitznachbarInnen entfällt und auch die Lernatmosphäre nicht gleichermaßen für alle Lernenden geschaffen werden kann (vgl. Interview H: 3). Folglich wird die Persönlichkeitsbildung der Lernenden durch das Homeschooling stark eingeschränkt, da auch der dazu benötigte Einfluss der Lehrerpersönlichkeit durch die lediglich digitale Wissensvermittlung stark reduziert wird.

3.1.3 Lehren und Lernen – Einfluss der Lehrperson auf das Lernverhalten der SchülerInnen

Da die Schule ein Ort ist, an dem intensiv gelernt wird und auch das Lernen gelernt wird, erfolgt an dieser Stelle eine Erläuterung des Lernens und Lehrens. Dies wird nach den durchgeführten qualitativen Interviews mit den daraus gewonnenen Erkenntnissen verknüpft, sodass in Teilen geprüft werden kann, inwiefern digitale Unterrichtsformen lernförderlich oder lernhemmend sein können.

3.1.3.1 Formen des Lernens

Neben der bekannten Möglichkeit des Austestens durch Versuch und Irrtum können Menschen ihr Wissen und ihre Erfahrungen durch Lehren bewusst an andere weitergeben. Es handelt sich bei der Weitergabe gemachter Erfahrungen um eine soziale Handlung, und dies bildet zugleich die Basis einer kulturellen Gemeinschaft (vgl. Roth 2021: 106). Die „‚primäre Sozialisation' [findet] in der Familie [statt] und [...] [die] ‚sekundäre[...] Sozialisation' im Rahmen von Bildungsanstalten" (ebd.: 107). Das Lehren findet nur bei Menschen und Schimpansen statt, weshalb innerhalb der Forschung ein größerer Fokus auf dem Lernen liegt (vgl. ebd.).

Es gibt sowohl das assoziative Lernen als auch das nicht assoziative Lernen. Außerdem existieren komplexe Lernformen, zu denen die Imitation und das Einsichtslernen zählen. Das assoziative Lernen beinhaltet die klassische, operante und instrumentelle Konditionierung. Die Habituation und die Sensitivierung sind dem nichtassoziativen Lernen zugeordnet (vgl. Roth 2021: 108).

Im Folgenden wird zuerst das nichtassoziative Lernen dargestellt. Das Gehirn erfasst beim Lernen, welche wahrgenommenen Aspekte und Situationen relevant sind. Dies geschieht, indem von den Vorerfahrungen und dem daraus konstruierten Erwartungsbild abweichende Momente als relevant herausgefiltert werden (vgl. ebd.). Diese abweichenden Situationen können eine nicht den Erwartungen entsprechende Reizung der Sinne umfassen, beispielsweise einen Knall. Sofern mit diesem unerwarteten Geräusch keine für die Person relevante Folge einhergeht, gewöhnt sich das Gehirn daran und nimmt dies bei Wiederholung immer weniger wahr (vgl. ebd.). Daraufhin ändert sich das bisherige Erwartungsbild. Es wird von einer Habituation gesprochen (vgl. ebd.: 109). Dem steht die Sensitivierung entgegen, bei welcher zuvor unauffällige Reize als relevant empfunden werden. Die Sensibilität gegenüber diesem Reiz steigt folglich (vgl. ebd.). Ein bestimmtes Berufsfeld kann die Wahrnehmung einzelner Reize beispielsweise erhöhen, indem wichtige Geräusche oder optische Veränderungen schneller identifiziert werden (vgl. ebd.). Das Gehirn strukturiert sich bei der Habituation und der Sensitivierung neu (vgl. ebd.: 110).

Neben diesen nichtassoziativen Lernformen wird nun das assoziative Lernen vorgestellt. Die klassische Konditionierung ist ein berühmtes Beispiel der assoziativen Lernformen. Die Tatsache, dass Beziehungen zwischen der Abfolge von Ereignissen bestehen, ist die Grundlage des assoziativen Lernens und kann bewusst genutzt und eingesetzt werden (vgl. ebd.). Eine spontane Reaktion, die auf einen Reiz folgt, wird hier zusammen mit einem neuen Reiz kombiniert, sodass ein Lernvorgang entsteht. Ein unbedingter Reiz, beispielsweise der Speichelfluss bei dem Geruch leckeren Essens, wird kombiniert mit einem Ton. Tritt dieser Geruch immer wieder zusammen mit dem Ton auf, reicht nach gewisser Zeit der Ton aus, um Speichelfluss zu erwirken (vgl. ebd.: 111). Dieser Ton wird neutraler Reiz genannt. Die zeitliche und räumliche Abfolge von Reizen wird von dem Gehirn erlernt (vgl. ebd.). Da dieses Erlernen unbewusst erfolgt, kann es beispielsweise von Werbung genutzt werden, um Menschen unbewusst zu konditionieren (vgl. ebd.: 112). Übertragen lässt sich diese Konditionierung auch auf einen Kontext. Folglich kann eine Situation oder ein Ort mit positiven oder negativen Erinnerungen in Verbindungen gebracht werden und eine entsprechende Reaktion, wie beispielsweise ein bestimmtes Gefühl, hervorrufen (vgl. Roth 2021: 112 f.). Eine weitere Konditionierung stellt die der operanten Konditionierung dar. Hier wird ein Verhalten neu beigebracht (vgl. ebd.: 114). Im Gegensatz zu einer Reaktion, wie bei der klassischen Konditionierung, muss folglich ein Verhalten gezeigt werden. Benötigt wird hierfür eine Motivation, beispielsweise eine Belohnung oder das Unterdrücken einer Bestrafung und das Vorhandensein des Verhaltens bei dem Individuum, sodass daran angeknüpft werden kann (vgl. ebd.: 115).

Zwei weitere Lernformen sind die des Imitierens und des Lernens durch Einsicht (vgl. ebd.: 116). Bei dem Imitieren geht es um Nachahmung bestimmter Verhaltensweisen oder Handlungen. Es ist hierfür entscheidend, eine „Aufgabe in mehr oder weniger derselben Weisen [...] [zu lösen] wie der Beobachtete" (ebd.:117). Den Sinn der Handlung zu verstehen ist hierfür unerheblich (vgl. ebd.). Das Lernen durch Einsicht erfordert Einsicht in ein Prinzip, sodass dieses in abgeänderter Form genutzt werden kann, ohne den exakten Handlungsablauf nachzuahmen. Ein Beispiel ist die Nutzung von Werkzeugen (vgl. ebd.: 118). In der Schule sind all diese Lernformen essentiell und werden möglichst bewusst durch die Lehrperson angewendet und kontrolliert (vgl. ebd.: 118 f.). Um den Lernenden Fähigkeiten, Fertigkeiten, Wissen und Kompetenzen vermitteln zu können, muss das Gedächtnis der Lernenden entsprechend angeregt werden. Wird bedacht, dass das Schulcurriculum darauf ausgelegt ist, zu vermittelnde Kompetenzen sukzessive von Jahrgangsstufe zu Jahrgangsstufe zu erweitern, ist eine Verzahnung der Lerninhalte im Gedächtnis umso wichtiger.

Denkt man bei dem Imitieren als ebenfalls relevante Lernform für den Deutschunterricht konkret an das Vorlesen als Prozess durch die Lehrkraft, das vor allem bei ungeübteren Lesenden dazu beiträgt, Aussprache und Betonung zu verbessern, ist auch hier die Verlagerung in eine Videokonferenz schwer vorstellbar (vgl. Belgrad / Schünemann 2011: 145 f.). Nicht nur die teilweise verzögerte Übertragung oder die Verschlechterung der Audioverbindung aufgrund einer überlasteten oder instabilen Internetleitung behindern den Prozess des Vorlesens und Zuhörens, sondern auch die eventuell fehlende ruhige Hintergrundkulisse wegen mangelnder räumlicher Kapazität im häuslichen Umfeld. Folglich scheint auch hier die Anwendung unterschiedlicher Lernformen nicht uneingeschränkt für alle SchülerInnen möglich zu sein.

3.1.3.2 DARSTELLUNG DES GEDÄCHTNISSES UND MÖGLICHKEITEN DER AKTIVIERUNG

Um zu erläutern, wie Lerninhalte ins Langzeitgedächtnis gelangen und dort zugänglich bleiben, erfolgt zuerst eine kurze Erklärung der unterschiedlichen Gedächtnisformen. Daraufhin wird erklärt, wie Informationen im Langzeitgedächtnis abgespeichert und auch wieder abgerufen werden können.

Es gibt drei Gedächtnisformen. Hierzu zählen das deklarative, das prozedurale und das emotionale Gedächtnis (vgl. Roth 2021: 120 f.). Das deklarative Gedächtnis umfasst bewusste, sprachlich erläuterungsfähige Inhalte. Diese Gedächtnisform lässt sich weiter unterteilen in das episodische und das Fakten- oder Wissensgedächtnis (vgl. ebd.). Erlebnisse, die sich zeitlich und räumlich verorten lassen und sich auf die eigene Person oder nähere Personen aus dem Umfeld beziehen, sind im episodischen Gedächtnis angelegt. Das episodische Gedächtnis wird außerdem Kontextgedächtnis genannt, weil es das Wissen über etwas auch damit verknüpft, von welcher Person dieses Wissen vermittelt wurde (vgl. Roth 2021: 121). Wissen, das nicht an einen Kontext gebunden ist, sondern lediglich faktenbasiert, wird im Fakten- oder Wissensgedächtnis abgespeichert (vgl. ebd.).

Das prozedurale Gedächtnis bezieht sich im Gegensatz zum deklarativen Gedächtnis nicht auf Faktenwissen, das sich verbalisieren lässt. Hier sind Fertigkeiten angelegt, die sich auf kognitive oder auch auf motorische Fertigkeiten beziehen können. Auch das Entwickeln von Gewohnheiten gehört zum prozeduralen Gedächtnis. Das Auswendiglernen, das „*kategoriale* [Hervorheb. im Orig.] [...] *Lernen* [Hervorheb. im Orig,], d.h. das Klassifizieren anhand von Prototypen; [...] *klassische Konditionierung* [Hervorheb. im Orig.]; und (5) nicht*assoziatives Lernen* [Hervorheb. im Orig.], d.h. Gewöhnung und Sensitisierung“ (ebd.: 124) sind ebenfalls Bestandteil des prozeduralen Gedächtnisses. Das Bewusstsein wird vor allem bei zunehmend automatisierten (motorischen) Abläufen immer sekundärer und kann diese Abläufe sogar hemmen (vgl. ebd.: 125). Ähnliches gilt beim Auswendiglernen. Hierbei kann etwas automatisch aufgesagt werden, ohne dass der Inhalt dabei verstanden sein muss (vgl. ebd.).

Bei dem emotionalen Gedächtnis werden Erlebnisse oder Dinge mit einem emotionalen Zustand verknüpft (vgl. ebd.: 157). Diese werden im Langzeitgedächtnis gespeichert und werden bei der Erinnerung gemeinsam aktiviert. Folglich wird beispielsweise die Erinnerung an eine bestimmte Situation mit einem positiven oder negativen Gefühl assoziiert (vgl. ebd.). Eine solche Verknüpfung entsteht, wenn positive oder negative Erfahrungen sich wiederholen oder sehr früh gemacht wurden. Vor allem negative Erfahrungen lassen sich daraufhin schnell mit einer bestimmten Emotion verbinden (vgl. ebd.: 158). Wird versucht, das Ereignis von der Emotion zu trennen, ist dies nur sehr schwierig, teilweise auch gar nicht mehr möglich. Da im Präsenzunterricht die Atmosphäre im Klassenraum maßgeblich durch die Lehrkraft geschaffen wird, können auch hier – im besten Fall – positive Emotionen mit dem im Unterricht Erlebten assoziiert werden, sodass der Bezug zu dem Erlernten ebenfalls mit positiven Emotionen assoziiert wird. Eine solche Lernatmosphäre im Distanzunterricht herzustellen, scheint durch viele Barrikaden nicht möglich zu sein. Hierzu zählen die instabilen Internetverbindungen, keine gleichermaßen vorhandenen Rückzugsmöglichkeiten für die SchülerInnen sowie teilweise ausgeschaltete Kameras. Die langfristige Speicherung und Verzahnung erlernten Wissens durch die Begleitung positiver Emotionen scheint in dem Distanzunterricht kaum möglich zu sein (vgl. ebd.).

Nun wird erklärt, wie sich Informationen abspeichern lassen und greifbar bleiben. Die Sinnhaftigkeit einer abzuspeichernden Information ist ebenso wichtig wie die Assoziation mit bereits bekannten Inhalten, folglich der Aktivierung von Vorwissen, um sich verknüpfen zu lassen (vgl. Roth 2021: 161). Schließlich findet im Arbeitsgedächtnis das „schnelle […] ‚sinnstiftende […]' Denken und Assoziieren von Inhalten" (ebd.: 130) statt. Das Arbeitsgedächtnis selektiert hierbei diverse Informationen, sodass nur die als neu und bedeutend empfundenen Informationen im Arbeitsgedächtnis bestehen (vgl. ebd.: 135). Je relevanter eine Information dargestellt wird, desto höher ist die Wahrscheinlichkeit, dass diese in das Zwischengedächtnis weitergeleitet wird (vgl. ebd.). Um jenes abgespeicherte Wissen im Langzeitgedächtnis greifbar zu machen, muss es regelmäßig wiederholt werden (vgl. Roth 2021: 152). Zwei bis drei Wiederholung sollten mindestens mit zunehmenden Zeitabständen erfolgen, um auf neu erlangtes Wissen auch nach langer Zeit zugreifen zu können. Hierbei ist es förderlich, die Art des Wiederholens zu ändern, sodass die erlangten Informationen intensiviert werden (vgl. ebd.). Vor allem im schulischen Kontext ist es essentiell, erlangtes Wissen dauerhaft abrufbar zu machen. Dazu ist die Vermittlung von Wissen in einem bestimmten Kontext förderlich sowie der emotionale Erlebniszustand, welcher beim Lernen vorhanden ist (vgl. ebd.: 161). Auch wenn der Kontext mit zunehmendem Zeitabstand in den Hintergrund rückt, ist er dennoch entscheidend, um eine Information vorerst zu behalten und ins Langzeitgedächtnis zu verschieben (vgl. ebd.). Auch hier lassen sich hinsichtlich des Präsenzunterrichts Möglichkeiten festhalten, die im Distanzunterricht wegfallen oder schwieriger zu realisieren sind. Das Wiederholen bestimmter Lerninhalte kann beispielsweise durch aufgehängte Plakate oder sonstige Visualisierungsmöglichkeiten im Klassenraum unterstützt werden, um die Informationen im Langzeitgedächtnis nachhaltig anzulegen und abrufbar zu machen. Auch die Bewegung innerhalb des Klassenraums kann Wiederholungsprozesse abwechslungsreich gestalten und Assoziationen mit gelernten Informationen ermöglichen. Die Proxemik spielt somit eine wichtige Rolle, wenn es um die räumliche Positionierung und das dadurch entstehende Gruppengefüge der Lehrenden und Lernenden geht. Jene wird ebenfalls bei Gemeinschaftsprodukten, wie Plakaten, Wandbildern, oder gemeinsam geschaffenen Gegenständen relevant. Diese werden folglich Teil des gemeinsamen Klassen- und damit Lernraumes und beeinflussen diese Umgebung für die Beteiligten (vgl. Poggendorf 2008: 234 f.).

Ebenfalls zu bedenken sind nonverbale Hilfestellungen, welche die Lehrkraft in Präsenz geben kann, indem auf eine bestimmte Abbildung im Klassenraum gezeigt oder zustimmendes Nicken oder ablehnendes Kopfschütteln eingesetzt wird, um zu signalisieren, ob die erlernten Informationen korrekt wiedergegeben werden. Dies ist durch den fehlenden Blickkontakt und durch teilweise verzögerte Internetverbindungen kaum möglich oder kann eventuell eher fehlinterpretiert werden.

Ein ebenso wichtiger Faktor zum Behalten von Wissen ist die Aufmerksamkeit. Dies fordert ein hohes Maß an Konzentration. Daher ist es wichtig, dem Arbeitsgedächtnis nach ungefähr drei Minuten eine Pause zu ermöglichen, um neu Gelerntes zu verarbeiten (vgl. ebd.: 162). Dies soll im Schulunterricht unabhängig davon erfolgen, ob der Lehrperson zugehört wird, oder ob selbst aktiv gearbeitet wird (vgl. ebd.). Neben diesen kognitiven Rahmenbedingungen ist auch die emotionale und motivationale Ebene zu berücksichtigen. Diese wird im nächsten Kapitel genauer erläutert, jedoch gilt prinzipiell zu bedenken, dass die Basis einer funktionierenden Lehrkraft-SchülerInnen-Beziehung elementar ist, um Lernen zu können (vgl. ebd.: 163). Hinsichtlich der Aufmerksamkeit stellt der Distanzunterricht ebenfalls eine Problematik dar. Schließlich kann während einer Videokonferenz problemlos und unbeobachtet einer anderweitigen Tätigkeit am digitalen Endgerät nachgegangen werden. Zwar kann und soll auch im Präsenzunterricht keine dauerhafte Kontrolle aller SchülerInnen erfolgen, und auch dort besteht somit eine Ablenkungsmöglichkeit, jedoch ermöglicht die gezielte Positionierung im Klassenraum oder die Wahl der Sitzordnung der Lernenden einen stärkeren Einfluss auf die Aufmerksamkeit der SchülerInnen.

3.1.3.3 Vertrauen als Basis des schulischen Lernens

Zum Lernen sind folgende Eigenschaften essentiell:

> „allgemeine[...] Intelligenz[,] das Ausmaß an Offenheit gegenüber Neuem, [...] Stresstoleranz und Fähigkeit zur Selbstberuhigung, [...] Realitätssinn, Risikowahrnehmung, Selbstvertrauen, Bindungskompetenz, Veränderungsbereitschaft und Empathie“ (Roth 2021: 199).

Werden diese Eigenschaften mit dem schulischen Kontext verknüpft, wird deutlich, dass einiges von den Lernenden bereits mitgebracht werden muss, auch wenn diese von den Lehrkräften gefördert werden können. Maßgeblich beeinflusst wird die Einstellung zum Lernen durch die Haltung der Familie gegenüber Bildungseinrichtungen und dem Lernen (vgl. ebd.: 199 f.). Additiv kommt die Einstellung der Gesellschaft gegenüber der Schule hinzu, welche durch Erzählungen und durch die Medien wahrgenommen wird. Diese beeinflusst ebenfalls die Haltung der SchülerInnen (vgl. Roth 2021: 200). Auch die Ausstattung der Schule sowie die Arbeitsatmosphäre dort beeinflussen die emotionale Haltung des Lernenden insofern, als daran sichtbar wird, wieviel das Land in die Bildung des Nachwuchses investiert (vgl. ebd.). Auch die Stimmung innerhalb einer Bildungseinrichtung beeinflusst die Lernenden emotional (vgl. ebd.: 201). Ein weiterer zentraler Aspekt sind die zwischenmenschlichen Beziehungen zu MitschülerInnen und Lehrpersonen. Hierbei kann bereits die Sitzordnung den Lerneffekt stark beeinflussen (vgl. ebd.). An dieser Stelle ist die Lehrkraft dafür verantwortlich, eine angenehme Lernatmosphäre innerhalb der Klasse zu schaffen, frei von Gewalt, Mobbing und Konkurrenzkämpfen (vgl. ebd.). Um den Einfluss auf das Lernen weiter zu spezifizieren, ist wichtig zu betonen, dass Emotionen das Lernen und das Gedächtnis erheblich beeinflussen (vgl. ebd.: 202). Lerninhalte können besser behalten werden, wenn diese von Emotionen begleitet werden. Dabei ist der jeweilige Lerninhalt unerheblich. Dennoch dürfen die den Lernprozess begleitenden Gefühle nicht zu intensiv sein, da dies Gegenteiliges bewirken kann und den Erinnerungsprozess behindern kann (vgl. ebd.: 203). Es lässt sich hinzufügen, dass positive Gefühle den Erinnerungserfolg erhöhen und negative Emotionen sogar zu Blockaden des Erinnerns führen können (vgl. ebd.). Der zentralste Aspekt, um die Effektivität des Lernens zu steigern, ist das Vertrauen zur Lehrkraft. Lehrpersonen müssen ein Vertrauensverhältnis zu den SchülerInnen schaffen. Dieses sollte sich durch folgende Eigenschaften der Lehrkraft auszeichnen: „Sympathie, Kompetenz, Verlässlichkeit und Autorität“ (Roth 2021: 218). Eine zu distanzierte Haltung zu den Lernenden ist genauso hinderlich wie eine zu freundschaftliche Basis (vgl. ebd.). Auch der erste Eindruck auf beiden Seiten ist nicht unwichtig, da dieser die erste Sympathie oder Antipathie bestimmt. Dennoch lässt sich dieser erste Eindruck kognitiv überprüfen, indem Kompetenz, Verlässlichkeit und Autorität während der Zusammenarbeit innerlich bestätigt oder korrigiert werden (vgl. ebd.: 218 f.). Vor allem die Lehrkraft sollte sich des Effekts des ersten Eindrucks bewusst sein und diesen in die Bewertung einbeziehen, sodass keine Über- oder Unterschätzung aufgrund eines – eventuell nicht haltbaren – ersten Eindrucks erfolgt (vgl. ebd.). Dieser hier erwähnte erste Eindruck lässt sich beim ersten Kennenlernen in einer Videokonferenz ganz anders erleben. Schließlich ist durch die Kamera nur ein bestimmter Ausschnitt einer Person erkennbar, welcher häufig das Gesicht und eventuell die Schultern umfasst. Außerdem ist die Schärfe des Bildes stark abhängig von der Kameraqualität und der Internetverbindung. Auch die Stimme kann anders klingen als in Präsenz und den ersten Eindruck eventuell verfälschen. Zudem entfällt – je nach gezeigtem Kameraausschnitt – die Wahrnehmung der Gestik, da die Hand- und Armbewegungen nicht oder nur teilweise erkennbar sind. Die Statur, Größe und Körperhaltung einer Person lassen sich ebenfalls kaum einschätzen. Für die Lehrkraft ist es sehr schwierig, einen ersten Eindruck der SchülerInnen zu bekommen, vor allem aller SchülerInnen. Hierzu wäre die eingeschaltete Kamera aller Lernenden eine Voraussetzung sowie eine stabile Internetverbindung. Wenn einzelne SchülerInnen nur über die Stimme erkennbar sind und nicht über das Bild, können nur sehr vage Eindrücke gesammelt werden. Auch die Beobachtung des Verhaltens der Lernenden im Klassenraum entfällt ersatzlos. Häufig sind die SchülerInnen stummgeschaltet, wenn die Lehrkraft spricht, und das gleichzeitige Sprechen in einem Videokonferenzraum ist kaum möglich. Somit kann die Lehrkraft kaum einen realistischen ersten Eindruck aller Lernenden bekommen, wenn der Unterricht lediglich in Distanz stattfindet.

3.1.3.4 Verstehen von Lerninhalten

Neben dem Vertrauen zwischen Lehrperson und SchülerInnen als Grundlage eines gelingenden Lernprozesses ist die Vermittlung der Lerninhalte elementar. Es ist unabdingbar, dass die Lerninhalte von den Lernenden verstanden werden. Wie das gelingen kann und welche Schwierigkeiten es gibt, wird in diesem Kapitel erläutert. Zum einen ist es sehr wichtig, neue und bekannte Lerninhalte in einem Vortrag angemessen zu kombinieren. Zu viele neue Informationen sorgen für Überforderung bei den Lernenden (vgl. Roth 2021: 261). Da Lerninhalte – vor allem im Schulkontext – aufeinander aufbauen und mit steigender Jahrgangsstufe erweitert werden, ist es hierbei vor allem wichtig, in angepasstem Maße neue Lerninhalte beizubringen. Dies wiederum bedingt, dass „‚Verstehen' bedeutet, eine *zumindest vorläufig stabile Deutung von Zusammenhängen* [Hervorheb. im Orig.] [...] zu erlangen" (ebd.: 271). Übertragen auf den Deutschunterricht lassen sich zu Beginn, in den unteren und mittleren Jahrgangsstufen, nur Ansätze von Textinterpretationen vermitteln, da es sehr viele sprachliche und inhaltliche Ebenen gibt, welche berücksichtigt werden können. Um eine Überforderung und eventuelle Demotivation bei den Lernenden zu vermeiden, werden daher zunächst nur einfache und wenige sprachliche Mittel erlernt. Die Anzahl und auch die Interpretation der sprachlichen Mittel wird mit steigender Jahrgangsstufe erweitert, sodass für die Lernenden immer nur ein Zwischenstand des Verstehens oder eine vorläufige Deutung von Zusammenhängen erfolgt. Diese wird immer wieder überarbeitet, bis in der Oberstufe und schließlich im Abitur eine umfassende Analyse eines Textes vorgenommen werden kann, in der die Sprache und der Inhalt des Textes aufeinander bezogen gedeutet werden und die sprachlichen Mittel nur noch einen Teil dessen bilden.

Weiter ist zu bedenken, dass das Verstehen von Lerninhalten subjektiv und kontextabhängig ist (vgl. Roth 2021: 272). Sonst würden alle SchülerInnen einer Klasse nach einem Lehrervortrag, in dem das Metrum erklärt wurde, dasselbe Verständnis davon haben und der zu vermittelnde Lernstoff einer Jahrgangsstufe wäre in kurzer Zeit abgehandelt und für alle SchülerInnen gleichermaßen nachvollziehbar. Genetische und epigenetische Faktoren spielen bei dem Verstehensprozess ebenso eine Rolle wie die kognitiven und emotionalen Voraussetzungen und individuelle Erfahrungen, basierend auf Umwelteinflüssen (vgl. ebd.: 272 f.). Daraus lässt sich ableiten, dass es nicht „*die* Verständigung und *das* [Hervorheb. im Orig.] Verstehen" (ebd.: 274) gibt. Dies zeigt, dass es, wie im Kapitel zum Gedächtnis und den Möglichkeiten der Aktivierung erläutert, umso relevanter für eine Lehrkraft ist, eine ausreichende Wiederholung von Lerninhalten und eine Erklärung auf unterschiedlichen Wegen zu gewährleisten, um möglichst viele SchülerInnen zu erreichen. Es ist somit das individuelle Vorwissen, Weltwissen und Fachwissen der Lernenden relevant, um Lerninhalte zu verstehen (vgl. ebd.: 277).

3.1.3.5 Die Bedeutung der Lehrerpersönlichkeit

In den vorherigen Kapiteln wurde bereits an einigen Stellen deutlich, dass der Einfluss der Lehrperson auf den Lernerfolg der SchülerInnen groß ist. Wie umfassend der Einfluss der Lehrerpersönlichkeit tatsächlich ist und welche Aufgaben die Lehrkräfte über die Vermittlung von Lerninhalten hinaus haben, wird in diesem Kapitel dargestellt.

Der Lehr- und Lernerfolg wird zu 30 bis 40 Prozent durch die Lehrerpersönlichkeit bestimmt (vgl. Roth 2021: 313). Dies ist ein erheblicher Anteil. Sowohl auf kognitiver wie auf emotionaler Ebene für eine anregende Unterrichtsatmosphäre zu sorgen, ist elementar. Um diese Atmosphäre zu schaffen, sind Glaubwürdigkeit, Kompetenz, ein feinfühliger Umgang mit den SchülerInnen und ein klar strukturierter, organisierter Unterricht von großer Bedeutung (vgl. ebd.: 313 f.). Zur Glaubwürdigkeit zählt, wie in Kapitel 3.1.3.3 ausführlich erläutert, der erste Eindruck und das Vertrauen zur Lehrperson, um sich dem zu vermittelnden Unterrichtsstoff zu öffnen. Beim ersten Kennenlernen wird für den Lernenden deutlich, ob die Lehrkraft Motivation, Kompetenz und Identifikation mit den Lerninhalten verkörpert. Dieser Eindruck mit den genannten Komponenten wirkt bei den Lernenden lange nach. Es gilt anzumerken, dass eine Lehrperson auch eine Vorbildfunktion für die SchülerInnen hat (vgl. ebd.: 314 f.). Die fachliche Kompetenz ist zum einen zentral, um den Lernenden keine falschen Inhalte zu vermitteln, zum anderen aber auch wesentlicher Bestandteil der Lehrerpersönlichkeit, da sich fachliche Inkompetenz in Unsicherheit spiegeln kann, die sich wiederum auf die Beziehung zwischen Lehrkraft und SchülerInnen auswirkt (vgl. ebd.: 316). Wenn den SchülerInnen sogar bewusst wird, dass die vermittelten Inhalte falsch sind, kann dies „fatale Auswirkungen auf das Lehrerbild insgesamt“ (ebd.) haben. Da das vorhandene Fachwissen der Lehrkräfte durch wissenschaftliche Erkenntnisse falsifiziert und aktualisiert werden kann und als veraltetes Wissen an die SchülerInnen weitergegeben werden kann, sind stetige Fortbildungen der Lehrpersonen unabdingbar (vgl. ebd.). Auch die Feinfühligkeit und Kritikfähigkeit sind wichtige Bestandteile der Lehrerpersönlichkeit. Genauso wie die Lehrkraft den Leistungsstand an die Lernenden zurückmeldet, müssen die SchülerInnen auch der Lehrperson eine Rückmeldung geben dürfen. An dieser Stelle ist die Frustrationstoleranz der Lehrkraft wichtig, da die Rückmeldung konstruktiv angenommen werden sollte (vgl. Roth 2021: 317). Um solch eine konstruktive Basis zu schaffen, müssen Lehrkraft und SchülerInnen einander respektieren. Dazu ist auch die diagnostische Kompetenz der Lehrpersonen elementar. Schließlich sollte diese in der Lage sein zu erkennen, ob SchülerInnen Auffälligkeiten oder Lernschwierigkeiten zeigen. Auch ein unerwarteter Leistungsabfall eines Lernenden sollte durch die Lehrkraft ergründet werden können (vgl. ebd.). Um an dieser Stelle die diagnostische Kompetenz der Lehrpersonen zu verbessern und umgekehrt den Stress zu verringern, sollten auch hier regelmäßig Fortbildungen stattfinden, die das Erkennen der Ursache einer Auffälligkeit bei einzelnen SchülerInnen erleichtern (vgl. ebd.: 318). Schlussendlich spielt auch die Fähigkeit zur Motivation eine wesentliche Rolle, um SchülerInnen zum Lernen des Unterrichtsinhalt motivieren zu können. Möglichkeiten zur Motivation sind unter anderem – speziell für den Deutschunterricht geeignet – Theaterstücke einzuüben und aufzuführen oder auch Lesekreise (vgl. ebd.: 318 f.). Hierbei kann Abstand zur familiären Situation genommen werden und ein neues Umfeld kennengelernt werden. Je bildungsferner die Herkunftsfamilie, desto nötiger die Motivation durch die Lehrperson (vgl. ebd.). Mit dem Begriff ‚bildungsfern' ist hier allerdings nicht ausschließlich gemeint, dass das Elternhaus eine unzureichende oder keine Ausbildung hat, sondern dass die Haltung zur Bildung des Kindes desinteressiert oder ablehnend ist. Vor allem bei schwachen Leistungen der Lernenden ist die feinfühlige Rückmeldung und Ermutigung durch die Lehrpersonen wichtig, sodass die SchülerInnen wieder motiviert sind (vgl. ebd.). Insgesamt ist es umso wichtiger, dass die Lehrperson die höchstmögliche Anforderung an die Lernenden stellt, ohne dabei die Adaption der Inhalte an die Lerngruppe und jeden einzelnen Lernenden dieser Gruppe aus dem Blick zu verlieren, insbesondere die SchülerInnen dabei nicht zu überfordern (vgl. ebd.: 322).

3.1.3.6 Neurobiologisch optimierter Unterricht

Prinzipiell klingt die Erkenntnis, der Methoden-Mix sei besonders wirksam, um Unterricht zu gestalten, der das Hirn anregt, nicht neu oder besonders überraschend. Dennoch wird in diesem Kapitel aus Sicht der Neurobiologie begründet, warum genau diese Form der Unterrichtsgestaltung gewinnbringend ist und dauerhaft eingesetzt werden sollte. Eine sehr wichtige Aufgabe von Unterricht besteht darin, angeeignetes Wissen „im Kurzzeit- und Arbeitsgedächtnis bedeutungshaft aufzuarbeiten und möglichst viel davon ins Zwischengedächtnis [...] und schließlich [...] ins Langzeitgedächtnis" (Roth 2021: 324) zu bringen. Dort angekommen sollte dieses abgespeicherte Wissen greifbar bleiben, sodass bei Bedarf darauf zugegriffen werden kann (vgl. ebd.). Dass das Arbeitsgedächtnis nur eine beschränkte Aufnahmefähigkeit hat und auf Pausen angewiesen ist, muss ebenfalls berücksichtigt werden. Zu wichtigen Aspekten, die bei der Gestaltung des Unterrichts zu beachten sind, zählt unter anderem die Aufmerksamkeit. Die Hirnregionen, welche „*neue* [...], *wichtige* [Hervorheb. im Orig.] [...] belohnungsversprechende" (Roth 2021: 324) Informationen verarbeiten, arbeiten intensiver, wenn dem Lerngegenstand intern geleitete Aufmerksamkeit gewidmet wird. Wenn die Konzentration steigt, wird auch das Wissen mit mehr Details aufgenommen. Bei neuen und komplexen zu erlernenden Inhalten ist die Konzentration besonders hoch und braucht folglich schneller eine Pause (vgl. ebd.). Aus diesem Grund ist es wichtig, dass die Lehrkraft die zu vermittelnden Lerninhalte beim Vortragen unterteilt und jeweils einen Teil innerhalb von drei bis fünf Minuten vorstellt. Zur Unterstützung sollen Beispiele, Zusammenfassungen und lustige Bemerkungen beitragen, sodass die Aufmerksamkeit der SchülerInnen aufrechterhalten wird (vgl. ebd.: 324 f.). Die Lehrkraft muss den eigenen Unterricht immer wieder aus Sicht der Lernenden durchdenken und gestalten, um keine Überforderung auf Seiten der Lernenden hervorzurufen. Neben der Aufmerksamkeits- und Konzentrationsfähigkeit ist auch der Anschluss von neuen Inhalten an bestehendes Wissen zentral, um dauerhaft im Langzeitgedächtnis abgespeichert werden zu können. Bei neuen Lerninhalten hat die Lehrkraft die Aufgabe, eine Verknüpfung zum Weltwissen und zum Vorwissen der SchülerInnen herzustellen. Sofern das Vorwissen nicht ausreichend ist, muss zuvor erlernter und eventuell in Teilen bekannter Unterrichtsstoff wiederholt werden (vgl. ebd.: 325 f.). Die Adaption der Lerninhalte an die Lerngruppe ist daher unabdingbar, und es soll nicht unter Zeitdruck zu einer zu schnellen und überfordernden Vermittlung der Inhalte kommen (vgl. ebd.). Auch fest eingebaute Wiederholungsphasen sind ein wichtiges Merkmal guten Unterrichts. Ein Lerngegenstand sollte nicht nur häufig wiederholt, sondern auch unterschiedlich kontextualisiert und vermittelt werden, da dies das Erinnern erleichtert (vgl. ebd.: 327). Um möglichst viele verschiedene Kontexte herzustellen, bietet sich fächerübergreifender Unterricht an, in dem zeitgleich dasselbe Thema mit fachbezogenen Schwerpunkten unterrichtet wird. Bei der Wiederholung sollten außerdem zunehmend größer werdende Zeitabstände eingehalten werden (vgl. ebd.: 327 f.). Der eingangs erwähnte Methoden-Mix wird unter anderem aus neurobiologischer Sicht als passend für die Gestaltung von Unterricht empfunden, da unter anderem die unterschiedlichen Sozialformen – je nach Unterrichtsphase – unterschiedliches Potenzial haben (vgl. ebd.: 328 f.). Der Lehrervortrag ist effektiv, um neue Inhalte korrekt und in passenden Zusammenhängen zu erläutern. Außerdem kann dabei Rücksicht auf die Auslastung des Arbeitsgedächtnisses genommen werden. Hier gilt es, einen Vortrag nicht länger als 40 Minuten zu halten (vgl. Roth 2021: 329). In der Gruppenarbeit besteht der Vorteil nicht nur in der Vertiefung, sondern auch darin, dass sich die Lernenden mit unterschiedlichem Leistungsniveau gegenseitig unterstützen können. In der Einzelarbeit hingegen kann das individuelle Lerntempo berücksichtigt werden (vgl. ebd.). Die aufgezählten Bedingungen für einen aus neurobiologischer Sicht angemessenen und passenden Unterricht lassen sich nur schwierig mit dem Schulalltag an deutschen Schulen vereinbaren. Durch die überwiegend 45-minütigen Unterrichtsstunden und verschiedenen Schulfächer, die an einem Tag unterrichtet werden, können die genannte Vertiefung, Wiederholung und die Denkpausen kaum umgesetzt werden (vgl.

ebd.: 330). Aus diesem Grund sollen mehr Projekttage und -wochen mit gleicher Thematik in allen Fächern eingeführt werden (vgl. ebd.: 331). Der dargestellte Methoden-Mix, welcher unterschiedliche Vorteile beinhaltet, um den SchülerInnen Inhalte zu vermitteln, welche entsprechend abgespeichert werden, ist im Distanzunterricht grundsätzlich ebenfalls möglich. Jedoch gilt zu beachten, dass keine parallele Beobachtung aller SchülerInnen durch die Lehrkraft möglich ist. Bei einem Lehrervortrag können Kameras ausgeschaltet sein, sodass unklar ist, ob der Lehrkraft zugehört wird und ob eine ununterbrochen stabile Internetverbindung das Zuhören problemlos ermöglicht. In Gruppenarbeitsphasen werden die einzelnen Gruppen in separate Konferenzräume eingeteilt, sodass die Lehrperson auch hier gezielt einem Videokonferenzraum beitreten muss, um die Gruppe kontrollieren zu können. Im Klassenraum können die Lernenden an verschiedenen Gruppentischen zumindest beobachtet werden. Durch das Beitreten der Lehrkraft in einen Videokonferenzraum können die Lernenden unmittelbar das Gesprächsthema wechseln. Dies kann den Eindruck der Lehrkraft verfälschen. In Einzelarbeitsphasen kann zwar auch während des Homeschoolings das individuelle Lerntempo berücksichtigt werden, allerdings ist nicht transparent, ob die SchülerInnen allein oder mit der Unterstützung von Eltern und Geschwistern gearbeitet haben. Darüber hinaus können leistungsstarke Lernende bereits nach kurzer Zeit fertig sein, ohne dass die Lehrperson das wahrnimmt. Im Klassenraum würde diese sehen, wenn jemand bereits fertig ist und aufhört zu schreiben. Solches kann digital nicht überprüft werden, sofern die SchülerInnen dies nicht gezielt rückmelden.

Der Vorschlag, Projekttage und -wochen zu fördern, um zu gleichen Thematiken unterschiedliche Zugänge herzustellen, könnte im Distanzunterricht auch nicht in allen Fächern gleichermaßen umgesetzt werden. Vor allem in naturwissenschaftlichen Fächern, welche beispielswiese experimentieren, kann die Umsetzung jener Projekte schnell an ihre Grenzen stoßen. Die gemeinsame Erarbeitung von Projekten erfordert zudem eine intensive Zusammenarbeit der SchülerInnen. Auch diese wird durch das Homeschooling eingeschränkt und kann nur digital realisiert werden. Die Möglichkeiten kreativer Unterrichtsprojekte sind stets auf digitale Tools angewiesen, welche einen gewissen Rahmen vorgeben, sodass auch hier die freie und kreative Umsetzung der Lernenden eingeschränkt wird.

3.2 Mediendidaktik

Die Potenziale und Risiken, welche unter anderem in den vorgestellten Pilotprojekten und Studien in dieser Arbeit dargestellt wurden, haben in ersten Ansätzen gezeigt, was die digitale Welt für das Sozialleben, Bereiche der Hochschullehre und nicht zuletzt für den Bildungskontext an Schulen und den Wirkungsbereich auf Menschen im Allgemeinen bereithält. Bereithalten klingt an dieser Stelle jedoch sehr positiv und wird mit unzähligen neuen Möglichkeiten und einem digitalen Fortschritt assoziiert. Jedoch soll die vornehmlich positiv darstellende Literatur nicht den Eindruck einer durchweg positiven digitalen Bildungszukunft vermitteln. In dieser Dissertation sollen ebenso die negativen Seiten, wie die sozialen Verluste und damit einhergehende Vereinsamung, mangelnde Bewegung, Chancenungleicheit und fehlende Strukturiertheit – um nur einen kleinen Teil zu nennen – noch deutlicher berücksichtigt werden als bisher. Der folgende Einblick in die Mediendidaktik und die daran anschließende empirische Forschung im Rahmen durchgeführter Leitfadeninterviews beleuchtet beide Seiten.

In den nächsten Unterkapiteln sollen der Begriff der Mediendidaktik sowie die damit zusammenhängenden Forschungsbereiche definiert und erläutert werden. Dazu erfolgen in zwei dem vorgeschalteten Unterkapiteln die Begriffsdefinition und die Erläuterung der digitalen Lehre sowie die Definition der digitalen Kompetenz. Da die digitalen Lernplattformen, vor allem durch das krisenbedingte Homeschooling, während der Pandemie enorm an Bedeutung gewonnen haben, werden diese in einem eigenen Kapitel vorgestellt.

Daraufhin wird die Mediendidaktik im Fach Deutsch explizit herausgearbeitet, um spezielle Wirkungsbereiche, bisherige Potenziale und Risiken strukturiert aufzeigen zu können. Neben den technischen Voraussetzungen und Möglichkeiten sind jedoch auch die zur Verfügung stehenden finanziellen Mittel der jeweiligen Schulen konstitutiv für die tatsächliche Umsetzbarkeit des digitalen Distanzunterrichts. Aus diesem Grund wird die Medienpolitik in einem eigenen Kapitel herausgearbeitet und dargestellt, damit ein Überblick über die Ist- und Sollzustände der einzelnen Schulen gegeben werden kann. Dies bildet die Basis für die in dieser Arbeit folgende empirische Forschung im Unterrichtsfach Deutsch, welche hinsichtlich der Vorgehensweise in Kapitel vier näher erläutert wird.

3.2.1 Begriffsdefinition und Erläuterung der digitalen Lehre

Definiert man die digitale Lehre, lässt sich festhalten, dass „digitale Technologien und Didaktik miteinander verknüpft werden [sollen]" (KMK 2016: 51). Um diesem Anspruch gerecht zu werden, muss ein Zusammenspiel zwischen inhaltlicher Aufbereitung, einer entsprechenden Didaktik und der technischen Ausstattung bestehen (vgl. ebd.). Die Digitalisierung wird in der Ausführung der Kultusministerkonferenz zur ‚Bildung in der digitalen Welt' als Prozess dargestellt, der digitale Medien nicht einfach hinzufügt und einbezieht, sondern der die bisherigen analogen Strategien ersetzt (vgl. ebd.: 8). Dies wird nicht nur auf den Bildungskontext, sondern auch auf die Gesellschaft, auf die Wirtschaft und nicht zuletzt auf die Wissenschaft übertragen (vgl. ebd.). Die dadurch entstandene digitale Lehre birgt einerseits Potenzial, andererseits aber auch Problematiken. Individuelle Förderung wird als positiver Ausblick hervorgehoben, während die Umstrukturierung bisher bestehender Vermittlungs- und Lernkonzepte und rechtliche Vorgaben eher als Hürde wahrgenommen werden (vgl. ebd.). Schließlich hängt damit nicht nur die Beschaffung finanzieller Mittel zusammen, um eine entsprechende Ausstattung für alle Beteiligten bereitzustellen, sondern auch die Neustrukturierung von zu vermittelnden Bildungsinhalten und eine entsprechende didaktische Anpassung. Es lässt sich erweiternd darstellen, dass die Digitalisierung nicht nur den Prozess beschreibt, neue Medien in die Gesellschaft und die Bildung zu integrieren, sondern sie modifiziert die Lebensweise eines jeden und nimmt Einfluss auf alle Handlungsfelder (vgl. Wampfler 2017: 16). Dazu zählen die Arbeit, das Lernen, der Alltag, aber auch die Art zu bezahlen und letztlich das gesamte Sein und Leben eines jeden Einzelnen und aller Menschen zugleich (vgl. ebd.). Wampfler pointiert seine Auffassung der Digitalisierung damit, dass die wichtigste Eigenschaft jener darin liegt, Abläufe zu „dezentralisieren" (ebd.: 17). Statt eines Ortes des Geschehens gibt es etliche verteilte Orte und Bereiche, in denen Abläufe parallel geschehen und zu einer Beschleunigung beitragen. Überflüssige Lieferwege, Gebäude und Arbeitsplätze werden aufgelöst oder durch andere Möglichkeiten ersetzt und sorgen für eine Schnelllebigkeit (vgl. ebd.).

Wieso der Institution Schule an dieser Stelle eine besonders fundamentale Funktion obliegt, lässt sich an mehreren zentralen Bestandteilen festhalten: Zum einen impliziert der Bildungsauftrag der Schule, SchülerInnen „auf das Leben in der derzeitigen und künftigen Gesellschaft vorzubereiten" (KMK 2016: 10). Doch die Vorbereitung auf eine digitale Welt reicht nicht aus, da vor allem die Mündigkeit und der kritische Umgang mit digitalen Medien als Ziel betrachtet werden sollte (vgl. ebd. 11). Diese ganzheitlichen Begriffe der

Vorbereitung, Mündigkeit und des kritischen Umgangs setzen vor allem eines voraus: Ein durchdachtes Konzept und eine breite Kenntnis über Vor- und Nachteile der digitalen Welt und des digitalen Lebens seitens der Lehrkraft. Wenn tatsächlich der Anspruch erhoben wird, analoge Strategien zu ersetzen, genügt nicht das Einarbeiten in die digitalen Medien – so wie man sich als DeutschlehrerIn in eine neue Lektüre einlesen würde –, sondern es muss die Fähigkeit gegeben sein, die digitalen Medien zeitgleich als Bildungsvermittler und als Bildungsinhalt zu nutzen und zu hinterfragen.

Die Autorin Rosa spricht der Digitalisierung der Schulen die Funktion zu, die Beziehung eines jeden Einzelnen und der Gesellschaft neu zu definieren (vgl. Rosa 2016 in: Wampfler 2017: 17). Die Herausforderungen, vor welche die Menschen gestellt werden, sollen somit reformuliert werden und mithilfe neuer Möglichkeiten soll nach neuen Lösungen gesucht werden (vgl. ebd.). Damit wird der Schule die weitreichende und tiefgreifende Aufgabe übertragen, SchülerInnen darauf vorzubereiten, sich in die digitale Welt hineinzudenken, diese zu verstehen und in ihr mündig und selbstgesteuert handeln und leben zu können. Die eben angesprochene Vorbereitung der SchülerInnen setzt somit die Befähigung der Lehrkraft voraus, die SchülerInnen auf den Umgang mit digitalen Medien vorzubereiten. Dies wiederum führt zu der Institution der Hochschulen. Schließlich umfasst die digitale Lehre nicht nur den Schulkontext. Ganz im Gegenteil: Die Forschung zur digitalen Lehre wird an den Hochschulen betrieben und StudentInnen werden entsprechend mit der Digitalisierung konfrontiert (vgl. Brunner 2021: 87). In diesem Beitrag von Brunner wird jedoch einschränkend eingeräumt, dass sich die „praktischen Studienanteile kaum [...] digitalisieren“ (ebd.) lassen. Hier wird die Musik als Beispiel angeführt (vgl. ebd.). Im Germanistikstudium wäre per exemplum die szenische Interpretation literarischer Texte digital kaum vorstellbar. Schließlich erfolgt diese häufig in Gruppen und bedarf der Nutzung des Raumes und der Körpersprache. Eine systematische Gegenüberstellung von Pro- und Contra-Argumenten erfolgt im Kapitel zu den digitalen Arbeitsformen und der digitalen Lehre.

3.2.2 Definition der digitalen Kompetenz

Da in einer Lehr- oder Lernform im heutigen Bildungskontext auch immer nach einer entsprechenden Kompetenz gefragt wird, erfolgt an dieser Stelle die Erläuterung des digitalen Kompetenzbegriffs oder auch der Medienkompetenz.

Die digitale Kompetenz umfasst

> „Fähigkeiten und Einstellungen, die bei der Nutzung [...] digitale[r] Medien benötigt werden, um effektiv, effizient, kritisch, kreativ, autonom, flexibel und ethisch korrekt Probleme zu lösen, zu kommunizieren, Information[en] zu verwalten, im Netzt zusammenzuarbeiten, digitale Inhalte zu kreieren und zu teilen (siehe Ferrari, 2012)" (Gaisch / Kerschbaumer 2018: 23).

Die hier angegebene Erklärung des digitalen Kompetenzbegriffs zeigt, wie vielschichtig dieser zu verstehen ist. Neben der Fähigkeit, mit digitalen Medien umgehen zu können und diese passend für die eigenen Bedürfnisse und Ziele einzusetzen, muss vor allem im autonomen und kritischen Sinne gehandelt werden – unter Berücksichtigung der ethischen Korrektheit. Dies setzt nicht nur voraus, die Funktionen eines digitalen Mediums bedienen zu können, sondern auch, die eventuellen Auswirkungen einzuschätzen und dementsprechend präventiv oder auch korrektiv handeln zu können.

Die Medienkompetenz wird an dieser Stelle auch genannt, weil diese auf der Bedeutungsebene der digitalen Kompetenz ähnelt. Jedoch hat sich die digitale Kompetenz als genauere Bezeichnung herausgestellt, die sich umfassender erläutert lässt. Die Medienkompetenz zu definieren sei auch entsprechend schwieriger, weil „inhaltliche Beschreibungen wie Medien [...] mit Bildungskonzepten wie Fertigkeiten [...] und Kompetenzen [...] verknüpft werden" (vgl. Baumgartner et al. 2016: 95). Folglich ist seit 2011 der Begriff der „*Digital Competence* [Hervorheb. im Orig.] (digitale Kompetenz)" (ebd.: 96) etabliert. Dies liegt nicht zuletzt daran, dass mit dem Begriff ‚digital' eine weitreichendere Definition möglich ist – wie sie oben von Ferarri vorgenommen wurde (vgl. ebd.). Die digitale Kompetenz wird sogar mit elementaren Fertigkeiten wie dem Lesen, Schreiben und Rechnen gleichgesetzt (vgl. ebd.).

3.2.3 Definition des Begriffs der Mediendidaktik

In diesem Kapitel wird der Begriff der Mediendidaktik definiert und für den Rahmen dieser Arbeit eingegrenzt und bestimmt. Es werden jedoch nicht die analogen Medien thematisiert, wie Bilder und Texte in haptischer Form, welche genauso zur Mediendidaktik gehören wie die digitalen Medien (vgl. Kerres 2008: 116). Es werden ausschließlich die digitalen Medien und das E-Learning bearbeitet, da das Homeschooling lediglich auf digitalem Lernen beruht und die Auswirkungen dessen hier untersucht werden sollen.

In der Mediendidaktik steht das „Lernen *mit* [Hervorheb. im Orig.] Medien im Vordergrund" (Hugger 2020: 733). Zur Ausführung dieser Definition wurde auf Herzig und Aßmann verwiesen, die im Kontext der Mediendidaktik auf Medienangebote eingegangen sind, wobei eine Unterscheidung zwischen medieninternen und medienexternen Momenten vorgenommen wurde (vgl. Herzig & Aßmann 2009 in Hugger 2020: 733). Als medieninterne Momente bezeichnen sie unter anderem das „instruktionale Design, [die] didaktische Struktur der Inhalte, Darstellungs- und Interaktionsformen“ (ebd.), während zu medienexternen Momenten beispielsweise die „individuelle Lernvoraussetzung, [die] personale [...] [und] reale Begleitung [...] [und der] soziale[...] Kontext“ (ebd.) gehören. Die Medien sollen folglich so genutzt werden, dass eine „lernwirksame Wechselwirkung“ (ebd.) medieninterner und medienexterner Momente stattfindet (vgl. ebd.). Übertragen auf einen digitalen Gegenstand – wie beispielsweise das Tablet – kann, bezogen auf das instruktionale Design zu den medieninternen Momenten, die quadratische und relativ handliche Form gezählt werden sowie die Touch-Funktion. Diese wiederum ermöglichen hinsichtlich der didaktischen Struktur der Inhalte mehr Handlungsspielraum als dies ein Endgerät ohne Touch-Funktion könnte. Die Darstellungsform und die Inhalte hängen natürlich vorwiegend von der Software ab, welche die Aufgaben und eventuellen Bearbeitungsmöglichkeiten enthält. Bezogen auf die medienexternen Momente ist für die individuelle Lernvoraussetzung wahrscheinlich entscheidend, wie gut man mit dem Tablet umgehen kann, die Funktionen kennt und nutzen kann und folglich das komplette Potenzial des Endgerätes ausschöpfen kann. Auch die Hilfestellung und Kompetenz der Lehrperson, welche wahrscheinlich durch die reale Begleitung genannt wird, sind entscheidend für den erfolgreichen und zielführenden Umgang mit dem Gerät. Die personale Begleitung impliziert die eigenen Voraussetzungen und Kenntnisse, welche seitens des Lernenden mitgebracht werden. Der soziale Kontext umfasst womöglich auch die Verfügbarkeit und Zugänglichkeit zu derartigen digitalen Lerngeräten.

Eine sehr essentielle Theorie im Hinblick auf die Mediendidaktik ist die „*Cognitive Load Theory* (CLT, Sweller et al., 2019)“ (Kieserling / Melle 2021: 143). Diese ist in „*Intrinsic Cognitive Load* [Hervorheb. im Orig.]“ (ebd.) und „*Extraneous Cognitive Load* [Hervorheb. im Orig.]“ (ebd.) unterteilt. Der Intrinsic Cognitive Load beinhaltet die Vielschichtigkeit und den Schwierigkeitsgrad sowie den Umfang der zu lernenden Inhalte (vgl. ebd.). Bei dem Extraneous Cognitive Load ist die Ausgestaltung und Aufbereitung der Lerninhalte vordergründig (vgl. ebd.). Diese Theorie besagt, dass die Auslastung des Arbeitsgedächtnisses bei den SchülerInnen nicht zu hoch sein und folglich die Kapazität des Arbeitsgedächtnisses nicht überstiegen werden darf (vgl. ebd.: 143 f.). Um zu gewährleisten, dass die Belastung nicht zu hoch ist, soll die Ausgestaltung der Lerninhalte, welche Teil des Extraneous Cognititve

Load ist, möglichst geringgehalten werden. Der Schwerpunkt soll auf dem Intrinsic Cognitive Load liegen, sodass der zu lernende Inhalt im Vordergrund steht und gelernt wird (vgl. ebd.: 144). Denkt man an die gestalterischen Möglichkeiten auf digitaler Ebene, kann es sehr schnell zu einer überfordernden Gestaltung der Lerninhalte kommen. Im Gegensatz zu einem analog verfügbaren Text kann beispielsweise ein Erklärvideo oder ein interaktives digitales Bild dazu führen, dass die Töne, Effekte, Farben und Formen bereits so anspruchsvoll sind, dass der zu lernende Inhalt nicht in vollem Umfang aufgenommen werden kann. Daraus lässt sich ableiten, dass überflüssige und nicht zielführende digitale Gestaltungsmöglichkeiten auf SchülerInnen eventuell zwar erst einmal interessanter wirken, aber trotzdem hinderlich für die Informationsverarbeitung relevanter Lerninnhalte sein können. Daher sollten hilfreiche und motivierende digitale Gestaltungen von überflüssigen unterschieden werden.

Zur Mediendidaktik zählt auch, das Lernen mit diesen Medien zu reflektieren und nicht nur mit, sondern auch über diese Medien zu lernen (vgl. Tulodziecki, Herzig, & Grafe 2010 in Hugger 2020: 733 f.). Es wird an dieser Stelle eine nicht außer Acht zu lassende Metaebene angesprochen, welche beinhaltet, dass Medien nicht wie Block und Bleistift als Mittel zum Zweck betrachtet und genutzt werden dürfen, sondern kritisch in den Blick genommen werden sollten. Die Funktionen und Möglichkeiten der Medien sind im Gegensatz zu jenen des Blocks und Stiftes unzählig und unüberschaubar. Genau das sollte bei der Nutzung diverser Medienangebote berücksichtigt werden.

Die Mediendidaktik umfasst folglich weitaus mehr als das bloße Lernen mit Medien. Vielmehr geht es auch um die

> „Funktionen, d[ie] Auswahl, d[en] Einsatz (einschließlich seiner Bedingungen und Bewertung), d[ie] Entwicklung, Herstellung und Gestaltung sowie d[ie] Wirkungen von Medien in Lehr- und Lernprozessen. Das Ziel der Mediendidaktik ist die Optimierung dieser Prozesse mithilfe von Medien“ (Witt / Czerwionka 2013: 31).

An dieser Stelle werden weitere essentielle Aspekte innerhalb der Mediendidaktik verdeutlicht. Neben den Funktionen und der Auswahl der Medien, mit denen gelernt werden soll, wird auch deren Entwicklung und Herstellung in den Blick genommen. Hinsichtlich der Herstellung sollten auch Aspekte wie Nachhaltigkeit und Langlebigkeit der Endgeräte einbezogen werden (vgl. ebd.). Schließlich handelt es sich bei der Digitalisierung sämtlicher Bildungseinrichtungen eines Landes um massenhafte Anschaffungen digitaler Geräte, wodurch die Herstellung erheblich an Bedeutung gewinnt. In Bezug auf die Entwicklung sollten auch Grenzen festgelegt werden. Schließlich sind die Funktionen der Medien immer weitreichender und nehmen Einfluss auf nahezu alle Lebensbereiche. Daher sollten neben vielfältigen Möglichkeiten auch Grenzen genannt werden. Hierbei sind keine Grenzen gemeint, welche die Medien setzen – wie beispielsweise aufgrund mangelnder Funktionen – sondern vor allem Grenzen, die der Mensch den Medien setzt. Damit sind Wirkungsbereiche im Bildungskontext gemeint, auf die Medien keinen oder nur bedingten Einfluss haben sollen, sodass letztlich nicht die Medien vom Unterricht begleitet werden, sondern der Unterricht von den Medien begleitet wird.

3.2.4 Forschungsbereiche und Erkenntnisse der Mediendidaktik

Nachdem nun eine Eingrenzung des mediendidaktischen Begriffs vorgenommen wurde, sollen in diesem Kapitel Forschungsbereiche und Erkenntnisse der Mediendidaktik aufgeführt werden. Da das Lernen mit Medien ein zentraler Bestandteil der Definition der Mediendidaktik ist, erfolgt an dieser Stelle die genauere Erläuterung dieser allgemein gehaltenen Begriffserläuterung. Hierzu werden zunächst digitale Arbeitsformen und danach digitale Unterrichtsformen dargestellt. Bei den digitalen Arbeitsformen liegt der Fokus auf der Vorstellung digitaler Möglichkeiten, welche im Unterricht verwendet werden oder zu Zwecken der Vor- und Nachbereitung dienen, während die digitalen Unterrichtsformen unterschiedliche Möglichkeiten des Unterrichtens beinhalten.

3.2.4.1 Digitale Arbeitsformen im Bildungskontext und der digitalen Lehre

Einige Arbeitsformen wurden bereits in Kapitel 3.2.1 zur digitalen Lehre thematisiert. Daher erfolgen in diesem Abschnitt lediglich Ergänzungen digitaler Arbeitsformen. Zudem findet eine Gegenüberstellung der wichtigsten Pro- und Contra-Argumente statt, die sich zu dieser Thematik aufstellen lassen.

Im Hinblick auf digitale Arbeitsformen sind Lehr-/Lernplattformen nicht mehr wegzudenken. Dort können Dateien hochgeladen, kommentiert, bearbeitet und gespeichert werden (vgl. Kohls 2020: 634). Sofern die SchülerInnen selbst eine Auswahl der zu nutzenden Tools, der Gemeinschaften, in denen sie lernen und der Dienste, die online zur Verfügung stehen, treffen können, wird von einer „persönliche Lernumgebung" (ebd.) gesprochen. Es sollte dennoch beachtet werden, dass für die optimale Nutzung einer solchen Lernumgebung stets die Medienkompetenz der SchülerInnen und der

Lehrperson im Blick zu behalten ist. Das ausschließliche Bereitstellen digitaler Medien ist an dieser Stelle nicht ausreichend. Auch die Kenntnis über alle Funktionen eines Programms oder einer Plattform genügt nicht, um von einer Medienkompetenz im Sinne der Reflexion zu sprechen (vgl. Gaisch / Kerschbaumer 2018: 23 f.). Zudem klingt die Selbstgestaltung der Lernumgebung zwar innovativ, kann aber kaum ermöglicht werden, da Vorgaben der Lehrkräfte ebenso nötig sind wie die Obacht darüber, dass zuverlässige und sichere Online-Dienste von den SchülerInnen gewählt werden.

In dem Zusammenhang der digitalen Lernmöglichkeiten wird von „direkten und indirekten Mehrwerten“ (Kohls 2020: 634) gesprochen. Mit direkten Mehrwerten meint man Optionen, die sich erst durch den digitalen Zugang eröffnen. Dazu zählt beispielsweise das gemeinsame Bearbeiten eines Dokuments, auf das alle Beteiligten zeitgleich zugreifen können. Weiterer Mehrwert wird erreicht durch diverse Verknüpfungen von Texten und Lerninhalten, die in Dateien und Programmen zusammengeführt, gegenübergestellt und verglichen werden können. Nicht zuletzt zählt auch das Größenverändern digitaler Texte dazu (vgl. ebd.). Mit indirekten Mehrwerten sind hingegen Wege gemeint, die schon vorher möglich waren, durch digitale Lernmöglichkeiten nun aber einfacher und effizienter nutzbar sind. Dazu zählen das Sammeln und Speichern von Informationen oder auch das Erstellen oder Zeigen von Schaubildern und Graphiken (vgl. ebd.). Die Kombination dieser Mittel und Möglichkeiten wurde früh als „Theorie der Doppelcodierung“ (ebd.: 635) bezeichnet. Diese besagt, dass die Kombination aus Wort und Bild positive Auswirkungen auf den Lerneffekt hat (vgl. ebd.). Folglich sorgen die Verbindungen dieser digitalen Formen des Bildes, Textes, Videos und Tons für eine multimediale Verknüpfung und vielseitigere Zugangsmöglichkeiten zu Lerninhalten (vgl. ebd.). Zu ursprünglichen Formen digitaler Werkzeuge im Bildungskontext hätten bereits das Nutzen eines Overheadprojektors im Schulunterricht zählen können, der Fernseher zum Abspielen eines bildungsrelevanten Films, das allgemeine Erstellen von Texten oder Präsentationen an einem Computer oder ein Beamer zum Projizieren von Präsentationen.

Neben direkten und indirekten Mehrwerten werden den digitalen Lernmöglichkeiten drei bestimmte Merkmale zugesprochen, die im Folgenden erläutert werden:

Die „Interaktivität, die Adaptivität und die Multimedialität [...] (Klauer und Leutner 2012; Leutner et al. 2014; Niegemann und Heidig 2019 [...])“ (Opfermann 2020: 21). Zu der Interaktivität zählt beispielsweise die Zoomfunktion. Diese ist bereits Teil einer Selbstregulationsfähigkeit, da der Lernende bestimmt, in welchem Umfang und wie intensiv er sich mit den Lerninhalten beschäftigt. Damit reguliert dieser sein Lernverhalten. Somit ist die eigene

Organisation und Elaboration Teil der Interaktivität (vgl. ebd.). Die Adaptivität ermöglicht die Anpassung der auf einem digitalen Gerät präsentierten Lerninhalte an den Lernenden (vgl. ebd.: 22 f.). Hierbei kann der digitale Lerninhalt zum Beispiel auf das Vorwissen des Lernenden abgestimmt werden (vgl. ebd.: 23). Mit der Multimedialität wird die Kombination mehrerer Darbietungsweisen der Lerninhalte beschrieben. Ein aus diesem Beitrag genanntes Beispiel ist die Darstellung eines Textes in schriftlicher Form oder als mündliche Aufzeichnung (vgl. ebd.). Diese Merkmale vermitteln viele gewinnbringende Erleichterungen für den Bildungskontext. Jedoch handelt es sich hierbei nicht um a priorische Eigenschaften, die in der Erscheinung digitaler Arbeitsformen automatisch implementiert sind. Viel mehr muss für einen tatsächlichen Lernprozess die Lehrkraft für die Gewährleistung dieser Merkmale sorgen, was neben den zeitlichen Kosten auch passendes Lernmaterial und eine eventuelle individuelle Anpassung dieses Materials für die entsprechende Lerngruppe impliziert.

Auch schon die ersten Formen der Binnendifferenzierung waren früh mittels digitaler Werkzeuge möglich. Hierzu wurde im Zusammenhang mit ersten Ansätzen des E-Learnings von „Hypermedialen Lernangeboten" (Baeßler 2003: 14) gesprochen, in denen sich die Stärke der strukturellen Vorgaben bestimmen ließ (vgl. ebd.). An dieser Stelle war auch das Verlinken von Texten ein erster Schritt in Richtung der digitalen Arbeitsformen (vgl. Degkwitz 2018: 442). Eine ebenso ursprüngliche, aber dennoch aktuelle digitale Funktion ist die des Kopierens und Einfügens – auch als ‚Copy-and-Paste Funktion' bekannt. Diese ermöglicht das Kopieren von Wörtern, Texten und teilweise sogar ganzen Graphiken oder Bildern, um diese an anderer Stelle in einem anderen Dokument einzufügen. Jedoch sollte diese einfache Funktion nicht mit zu viel Leichtigkeit genutzt werden. Denn bei dem Kopieren fremder Beiträge müssen die Urheberrechte beachtet werden – vor allem wenn diese auf Online-Plattformen veröffentlicht werden sollen (vgl. Horn 2020: 572). Daher sollten auch SchülerInnen im Umgang mit Quellenangaben und der allgemeinen Nutzung fremder Inhalte früh geschult werden.

Die digitalen Arbeitsformen lassen sich in verschiedene Klassifikationen unterteilen: Zum einen in Handlungs- oder Kommunikationssysteme (vgl. Herczeg 2007 in: Kohls 2020: 635). Zu Kommunikationssystemen zählt die Verbindung der Lernenden zueinander, sodass diese gemeinsam lernen und arbeiten können (vgl. Kohls 2020: 635). Als Beispiel kann man hier Konferenzplattformen wie ‚Zoom' ‚BigBlueButton' oder ‚MicrosoftTeams' nennen, wobei die beiden letztgenannten nicht ausschließlich der Kommunikation, sondern auch der Bereitstellung und Bearbeitung von Lerninhalten dienen.

Bei den Handlungssystemen lässt sich zwischen „Selektion, Modifikation und Kreation unterscheiden (Schulmeister 2003)“ (Kohls 2020: 635). Die Selektion bezieht sich dabei vor allem auf die Organisation der Lerninhalte oder den Aufbau einer Lernplattform für eine möglichst übersichtliche Darstellungsweise. Auch die Ansichtsmöglichkeiten eines bestimmten Lerninhalts zählen zu der Selektion, während die Modifikation die Umgestaltung der Lernumgebung und der Inhalte impliziert. Dazu zählt auch die Ausarbeitung digitaler Aufgaben (vgl. ebd.). Die Kreation als dritter Teil der Handlungssysteme beinhaltet den größten Eigenleistungsanteil. Hier werden Videos aufgenommen, Internetbeiträge verfasst oder auch Portfolios entwickelt (vgl. ebd.). An dieser Stelle ließe sich ergänzend die Ausarbeitung von Projektarbeiten hinzufügen, das Schreiben digitaler Lerntagebücher oder auch die Erstellung einer PowerPoint-Präsentation.

Ein trivialer, aber nicht zu unterschätzender Aspekt ist die Möglichkeit des kontinuierlichen Speicherns von Produkten. Folglich können verschiedene Szenarien durchdacht und erarbeitet werden und trotzdem alle online archiviert werden (vgl. ebd.: 636). Hinzufügen kann man ein beispielhaftes Szenario, in dem eine Klasse ein gemeinsames Fundament in Form eines Dokuments erstellt, auf dem in Gruppenarbeitsphasen aufgebaut wird. So ließen sich in problemorientierten Fächern wie der Philosophie diverse Lösungsmöglichkeiten und Perspektiven vergleichen und speichern.

Die Effizienz der Unterrichtsstunden wird durch die Archivierung von SchülerInnenergebnissen unterstützt. Beiträge oder Ausarbeitungen zu Stundenbeginn- und -schluss lassen sich durch die digitale Speicherung in Folgestunden integrieren und reflektieren (vgl. ebd.: 637). Ebenfalls wird der häufigen Problematik bei Gruppenarbeiten entgegengewirkt, indem die Gruppenergebnisse online für alle zugreifbar gemacht werden können, statt auf die Anwesenheit eines Gruppenmitgliedes angewiesen zu sein (vgl. ebd.).

Eine weitere digitale Arbeitsform bieten ‚Wikis‘. Diese sind „webbasierte Wissensdatenbanken“ (Kohls 2020: 638). Das bedeutet, es sind Orte im Internet, an denen Informationen zu einem gewissen Thema oder Bereich existieren, die bearbeitet oder ergänzt werden können. Die Besonderheiten eines solchen Wikis liegen in der freien Zugänglichkeit dieser Arbeitsform und der unkomplizierten Nutzung. Mit sogenannten „Hyperlinks“ (ebd.) können innerhalb der verfassten Beiträge Verweise auf andere Beiträge oder externe Quellen gegeben werden, um beispielsweise die Nachweisbarkeit verwendeter Informationen zu gewährleisten (vgl. ebd.). Zudem beinhalten diese Links auch die Möglichkeit, verwendete Fremdbegriffe oder ganze Hypothesen in einem weiteren Beitrag zu erläutern, indem diese Begriffe sich als Links anklicken lassen und auf eine weitere Seite leiten. Neben informativen Beiträgen können vor allem speziell für Schulklassen individuelle Lernergebnisse und wichtige zu erlernende Inhalte mithilfe eines Wikis festgehalten werden und somit als Klausurvorbereitung oder Abschluss einer Unterrichtsreihe dienen (vgl. ebd.). Das gemeinsame Verfassen eines längeren Beitrages zur gleichen Zeit funktioniert bei Wikis zwar nicht, ließe sich aber durch Programme wie „Google Docs oder Etherpad" (ebd.) ermöglichen. Diese Programme lassen es sogar zu, gemeinsam am gleichen Satz zu arbeiten, sofern dies gewollt ist. Hierbei muss jedoch auch beachtet werden, dass SchülerInnen aus Spaß oder aus Versehen Beiträge aus einem solchen Wiki löschen und lang erarbeitete SchülerInnenprodukte zunichtemachen. Auch sehr technisch versierte SchülerInnen können sich unrechtmäßigen Zugang zu Beiträgen der LehrerInnen oder MitschülerInnen verschaffen, auf die sie eigentlichen keinen Zugriff haben können. Diese können dann fehlerhaft verändert oder ebenfalls gelöscht werden.

Mit digitalen interaktiven Bildern oder Graphiken können weitere Funktionen bereitgestellt und genutzt werden. Neben statischen Bildern, die zwar beschriftet, aber an sich nicht veränderbar sind, gibt es auch dynamische Formen der Visualisierung (vgl. ebd.: 638 f.). So können bestimmte Teile eines Bildes unsichtbar oder verdeckt bleiben, bis die SchülerInnen diesen Teil anklicken oder eine vorherige Aufgabe erfüllt haben. Zudem können derartige Bilder durch das Anklicken eines sichtbaren Objektes eine neue Perspektive ermöglichen und Einblicke in das Innere eines Lebewesens gewähren (vgl. ebd.). Um ein Bild mit vielen Detailinformationen nicht überladen wirken zu lassen, besteht ebenfalls die Möglichkeit, Informationen nur sichtbar werden zu lassen, wenn man mit der Maus über einen bestimmten Bereich des Bildes fährt. Auch die Reorganisation vorhandener Bildbestandteile kann durch interaktives Einwirken möglich gemacht werden (vgl. Kohls 2020: 639).

Eine Steigerung digitaler Bildbearbeitungen sind digitale Experimente in Form von Simulationen. Diese sind vor allem für naturwissenschaftliche Fächer interessant, in denen manche Experimente aus Gründen der Sicherheit nur digital durchgeführt werden können (vgl. ebd.). Besonderheiten bestehen – neben dem Sicherheitsaspekt – auch in der Geschwindigkeit der Durchführbarkeit. Unabhängig davon, dass ein speziell ausgestatteter Klassenraum und Schutzkleidung wegfallen, können durchgeführte Experimente danach noch einmal in Zeitlupe oder Zeitraffer vorgeführt werden, was auf didaktischer Ebene verschiedene Vorteile bieten kann (vgl. ebd.). Zudem dürfen innerhalb der Experimente auch jegliche Möglichkeiten ausprobiert werden, die im realen Kontext aus Gründen der Gefahr nicht probiert werden dürfen (vgl ebd.). Für Physikexperimente wurde in dem hier zitierten Text das

Programm ‚Algodoo' genannt (vgl. ebd.). Ein zu ergänzender Aspekt hinsichtlich der Durchführung solcher Experimente besteht darin, dass reale Experimente häufig synchron von allen SchülerInnen durchgeführt werden. Somit kann die Lehrkraft während der Unterrichtsstunde nur kurz bei den Gruppen prüfen, wie diese die Experimente umsetzen. Bei der digitalen Alternative können die Experimente zwar ebenfalls simultan durchgeführt werden, im Anschluss jedoch gespeichert und folglich nacheinander geschaut werden, um verschiedene Versuchsabläufe miteinander zu vergleichen. Des Weiteren besteht für die Lehrkraft eine transparentere Überprüfung der Leistung, da einzelne Gruppenversuche auch im Nachhinein noch angesehen und bewertet werden können.

Diesen innovativen Arbeitsformen sollte dennoch entgegengehalten werden, dass die Vor- und Nachbereitung solcher Unterrichtsstunden oder gar -einheiten mit einem höheren Zeitaufwand verbunden sein kann als bei der Anwendung nicht digitaler Methoden. Schließlich müssen entsprechende Experimente, interaktive Bilder oder zu erstellende Beiträge der SchülerInnen vorbereitet strukturiert werden (vgl. ebd.: 636). Die Unterrichtszeit selbst wird dadurch zwar häufig effizienter gestaltet, aber die Vor- und Nachbereitung sollte für LehrerInnen und SchülerInnen stets kalkuliert werden (vgl. ebd.).

Interaktive Whiteboards sind auch eine digitale Arbeitsform, die eine ähnliche Funktion wie eine Tafel haben. Man kann Whiteboards beschriften wie Tafeln und dennoch zeitgleich zur Projektion von Bildern oder Videos nutzen. Zu beachten ist allerdings, dass bei interaktiven Whiteboards zwar mit einem Stift geschrieben wird, dieser aber nicht tatsächlich schreibt, sondern als spezielles Tool eine ‚digitale' oder virtuelle Schrift erzeugt (vgl. Kohls 2020: 633). Dies erleichtert die Beschriftung, Hervorhebung und gemeinsame Besprechung vorgegebener Graphiken oder Schaubilder. Schließlich können diese direkt projiziert und individuell bearbeitet werden, jedoch ist man – sofern keine Tafel oder ein anderes für alle SchülerInnen sichtbares Schreibmedium in der Klasse vorhanden ist – auf die technische Zuverlässigkeit eines solchen Whiteboards angewiesen.

Neben den hier genannten digitalen Arbeitsformen gibt es additiv zu teils genannten Programmen auch diverse Apps, die das Erarbeiten im Bildungskontext erleichtern können. Mit Apps als Abkürzung des englischen Wortes ‚application', sind Anwendungssoftwares gemeint. Diese können auf Endgeräte wie Smartphones, Tablets und teilweise auf Computer geladen werden (vgl. Link 2). Sie alle eignen sich beispielsweise zur Gestaltung von Lernkarten, aber auch zum Erlernen von Vokabeln (vgl. Kohls 2020: 640 f.). Neben diesen genannten Möglichkeiten gibt es diverse weitere Apps für nahezu alle

Themengebiete und Lerninhalte. Diese hier aufzuzählen wäre jedoch nicht ertragreich und aus Platzgründen nicht möglich.

In Medienschulen werden digitale Arbeitsformen erprobt, eingesetzt und bestenfalls etabliert. Dazu gab es ungefähr seit dem Jahr 2000 Projekte, in denen Schulen gefördert werden, digitale Medien einzubinden und einzusetzen (vgl. Breiter 2006: 3). Wenn die Schulen in diesem Rahmen einen Antrag stellen, der aufzeigt, welche digitale Ausrüstung benötigt wird, erfolgt beispielsweile eine finanzielle Förderung von Schulämtern und Ämtern für Lehrerbildung (vgl. ebd.). Aber auch die Förderung durch Stiftungen wäre möglich (vgl. Schnoor 2001: 262). Schulen müssen teilweise auch ein konkretes Konzept aufstellen, in dem digitale Projekte vorgestellt werden (vgl. ebd.). Die tatsächliche Einbindung der digitalen Ressourcen wird dann durch Evaluationen nachgehalten (vgl. Breiter 2006: 3). In einem solchen Förderrahmen werden beispielsweise auch LehrerInnen weitergebildet, um die digitalen Medien didaktisch sinnvoll einsetzen zu können (vgl. ebd.: 12). Im Falle technischer Komplikationen gibt es teilweise externe, aber zumindest interne Ansprechpartner für die Schulen (vgl. ebd.: 23). Durch derartige Projekte kann die technische Situation an den Schulen verbessert und die digitale Unterrichtsform in Lehrplänen eingebunden werden. Teilweise werden auch Fortbildungsbeauftragte an den Medienschulen bestimmt, welche für die weitere Kompetenzförderung der Lehrkräfte zuständig sind (vgl. ebd.: 25). Auch die Einbindung von SchülerInnen ist möglich, um das Konzept der Medienschule zu realisieren. Bei Schulen, an denen außerhalb des Unterrichts auf dem Schulgelände ein Zugang zum Internet besteht, werden meist ältere SchülerInnen damit beauftragt, die Internetnutzung zu beaufsichtigen (vgl. Schnoor 2001: 264). Aber auch das zentrale Mitwirken der Schülerschaft ist möglich, um beispielsweise die Schulbibliothek zu digitalisieren oder die Website der Schule zu gestalten (vgl. ebd.). Schulen, die sich über längere Zeit als Medienschulen etabliert haben, konnten die Mithilfe der Eltern erwirken sowie finanzielle Förderungsmittel durch Unternehmen einwerben. Somit wird auch der außerschulische Kontext einbezogen und berücksichtigt, um den stetigen Ausbau und verfügbare digitale Ressourcen ermöglichen zu können (vgl. ebd.: 265).

Das Engagement und die Idee solcher Medienschulen sind prinzipiell zu befürworten und hervorzuheben. Häufig sind finanzielle Mittel nur schwer zu bekommen, wenn es nicht gerade über gesponserte Förderprogramme geschieht. Dennoch sollte ein fundamentaler Aspekt nicht vergessen werden: Stiftungen und Förderprogramme, die von Unternehmen herrühren, verschaffen sich Zutritt zu Schulen und Bildungseinrichtungen. Die Bereitstellung von Unterrichtsmaterialien und digitalen Ressourcen geht mit dem Einfluss derartiger Unternehmen einher (vgl. Engartner 2019: 5). Folglich könnte man davon sprechen, dass die Unternehmen sich die SchülerInnen beinahe erkaufen wollen. Problematisch ist hierbei vor allem, dass der „pädagogische ‚Schonraum'“ (ebd.: 4) übergangen wird und Schulen sogar eher von der Förderung der Unternehmen profitieren (vgl. ebd.: 4). Besteht der eigentliche Bildungsauftrag der Schulen doch in der Vorbereitung der SchülerInnen auf ihr künftiges Leben und die Fähigkeit, autonome Entscheidungen zu treffen, so kann man nun davon sprechen, dass aus Sicht der Unternehmen aus dem Schonraum schon Raum für mediale Einflüsse geschaffen wurde.

Trotz einiger Vorteile digitaler Arbeitsformen sollte der rasante Fortschritt im Bildungskontext mit Vorsicht betrachtet werden. Schließlich erscheinen täglich neue Apps, Softwares und Programme, die den Schul- und Lernalltag unterstützen und erleichtern sollen. Dies bietet diverse Auswahlmöglichkeiten und spezielle Programme für beinahe jedes Vorhaben. Dennoch bleibt kaum Zeit, den Rahmen aller Möglichkeiten zu überschauen und weiter die Angebote zu reflektieren und den tatsächlichen Effekt auf den Lernprozess zu überprüfen. Hinzu kommen Herausforderungen wie die mangelnden Informationen hinsichtlich des Datenschutzes bei der Nutzung mancher digitaler Dienstleistungen und die Kompetenz, jedes neue Programm entsprechend optimal nutzen zu können. Auch wenn die Funktion des Speicherns und Archivierens jeglicher Dokumente und Daten als Erleichterung für die Lernumgebung und den Lernprozess gesehen wird, besteht immer noch die Gefahr, dass aufgrund technischen Versagens Dateien verloren gehen oder versehentlich unwiderruflich gelöscht werden. Daneben steht der Aspekt der Zweckentfremdung. Dadurch, dass Dokumente und Lerninhalte für alle Beteiligten zugreifbar gemacht werden, können sich zum einen auch unbefugte Dritte – beispielsweise Hacker – Zugang zu geschützten SchülerInnenprodukten verschaffen, und auch die SchülerInnen selbst können Daten zweckentfremden, indem sie diese auf anderen Internetseiten oder Ähnlichem veröffentlichen. Der häufige Leitsatz ‚Das Internet vergisst nie' bringt folglich Vorteile wie die Informations- und Datensammlung in unfassbarem Maße mit sich, aber dennoch werden gleichzeitig in unfassbarem Maße Informationen und Daten über alle gesammelt. Datenschutzskandale diverser Großunternehmen – wie nicht zuletzt bei Facebook – sind nur ein Teil des Ganzen. Das Ausmaß des Internets und der Digitalisierung sind unüberschaubar und unplanbar.

3.2.4.2 Digitale Unterrichtsformen

E-Learning ist der Oberbegriff, welcher die Formen und Angebote des digitalen Lernens mit Medien umfasst. Hierzu zählt „das Lehren und Lernen mit digitalen Medien: die digitalen Lehr-Lernmaterialien, Werkzeuge und Plattformen für ihre Bereitstellung“ (Kerres 2016: 5). Dies ist der Dreh- und Angelpunkt, auf welchen Konzepte und Realisierungen aufbauen (vgl. ebd.). Digitale Lehr- und Lernmaterialien werden vornehmlich in Bezug auf das Fach Deutsch beleuchtet. Dennoch lässt sich ausführen, dass der Begriff des E-Learning so weit zu fassen ist, dass jegliches digitale Lernangebot darunterfällt. Nicht zuletzt E-Mails oder auch Lernanwendungen für Smartphones und Tablets sowie „interaktive TV-Sendungen“ (Toth 2020: 9).

Bei dem hybriden Unterricht und dem Blended Learning handelt es sich um zwei Möglichkeiten, mit digitalen Medien zu unterrichten. Mit dem hybriden Unterricht ist vorwiegend – im Bildungskontext der Coronapandemie – die Situation einer aufgeteilten Klasse gemeint. Hierbei wird die Klasse in zwei Hälften geteilt, von der eine Hälfte eine Woche in der Schule regulär und präsent unterrichtet wird, während die andere Hälfte Aufgaben gestellt bekommt, die von den SchülerInnen zuhause bearbeitet werden. Diese Einteilung wechselt wochenweise, sodass in der nächsten Woche die Hälfte, welche zuvor zuhause war, in der Schule unterrichtet wird und vice versa. Die Aufgaben können dabei onlinegestützt verfügbar gemacht werden. Es ist auch möglich, dass die Gruppe der SchülerInnen, welche zuhause bleiben, den Unterricht von dort aus über einen Livestream in Echtzeit beobachten. Dazu muss die Lehrkraft eine Kamera im Klassenraum aufbauen, damit der Unterricht aufgezeichnet und über ein Konferenzprogramm übertragen werden kann. Mithilfe eines Smartboards, welches digital Texte und Grafiken repräsentiert, kann der Unterricht dann auch von zuhause verfolgt werden (vgl. Link 3). Unabhängig davon, wie der hybride Unterricht explizit gestaltet wird, ist der Mehraufwand für die Lehrkraft nicht von der Hand zu weisen. Um eine Gleichbehandlung beider Klassenhälften gewährleisten zu können, muss ein höheres Pensum an Aufgabenstellung, -überprüfung und Vor- und Nachbereitung durch die Lehrperson geleistet werden. Der letztliche Ersatz der ursprünglichen Klassengemeinschaft kann dabei trotz allem nicht ermöglicht werden.

Das Blended Learning umfasst sämtliche Kombinationen aus Präsenz- und Online-Lehr- und Lernformen. Prinzipiell lässt sich festhalten, dass Blended Learning keine eindeutige Definition und Eingrenzung beinhaltet und folglich auch die Umsetzung großen Interpretationsspielraum zulässt (vgl. Würffel 2014: 150).

Jedoch lässt sich im Gegensatz zum Blended Learning der Präsenzunterricht, wie er vor der Coronapandemie praktiziert wurde und voraussichtlich nach der Coronapandemie wieder praktiziert werden wird, explizit definieren. Wampfler spricht von dem „10-G-Unterricht“ (Wampfler 2017: 18), da „Alle **G**leichaltrigen [...] zum **g**leichen Zeitpunkt, im **g**leichen Fach, beim **g**leichen Lehrer, im **g**leichen Raum, mit den **g**leichen Mitteln die **g**leichen Dinge zu tun und zu den **g**leichen Fragen in der **g**leichen Zeit die **g**leichen Antworten zu geben [Hervorheb. im Orig.] [haben].“ (Stadler 2016: 9 in: Wampfler 2017: 18). Diese sehr ausformulierte und detaillierte Definition zum Präsenzunterricht umfasst die Merkmale, welche tatsächlich überwiegend im Präsenzunterricht realisiert werden und von den Lehrkräften größtenteils auch kontrolliert werden. Hierzu zählt beispielsweise die zeitgleiche Anwesenheit aller SchülerInnen zur selben Uhrzeit im selben Raum oder das parallele Bearbeiten einer Aufgabe von allen Lernenden. Viele dieser Eigenschaften sind während des Homeschoolings weggefallen oder konnten schlicht nicht kontrolliert werden. Allerdings ist diese Definition des Präsenzunterrichts überspitzt formuliert, da weder in Präsenz noch digital von allen SchülerInnen in der gleichen Zeit die gleichen Antworten gegeben werden. Schließlich würde dies eine vollständig homogene Lerngruppe erfordern und selbst diese würde unterschiedliche Antworten geben.

3.2.4.3 Blended Learning

Das Blended Learning lässt sich zwar nicht so genau eingrenzen wie der Präsenzunterricht, jedoch wird in einem Modell von Schulmeister et al. deutlich, dass sich die zahlreichen Möglichkeiten und Verzahnungen des Blended Learnings schematisieren lassen. In diesem Modell wird zwischen sechs Skalen unterschieden, welche für drei Formen von Veranstaltungen unterschiedliche Ausprägungen enthalten (vgl. Schulmeister et al. 2008 in Würffel 2014: 155). Zwar ist dieses Modell zum Blended Learning auf Hochschulen bezogen, lässt sich dennoch auf den Kontext des Homeschoolings an Schulen übertragen. Die erste Skala ist die der Virtualität, welche angibt, wie hoch der virtuell präsentierte Anteil einer Veranstaltung ist. Die zweite Skala bezieht sich auf die Gruppengröße und benennt, ob individuell und selbstständig oder in Gruppen gelernt wird. Falls dies der Fall ist, wird auch differenziert, ob es sich um Gruppen oder Großgruppen handelt. Bei der dritten Skala wird die Synchronizität betrachtet. Diese gibt an, ob ausschließlich synchron, asynchron oder mit einer Kombination aus beidem gearbeitet wird. Die vierte Skala ist die der Medialität. Hier wird beschrieben, wie hoch der mediale Anteil für die Veranstaltung ist – folglich Erarbeitungs- und Nutzungsphasen eines digitalen Endgerätes, beispielsweise mit dem Laptop, Tablet oder dem Computer. Bei der fünften Skala wird der Diskursanteil in Relation zum Inhalt beschrieben. Es steht im Vordergrund, wieviel zusammen gelernt wird und wieviel in Eigenleistung. Die sechste und letzte Skala umfasst den Aktivitätsgrad. Dieser beschreibt, ob die Teilnehmenden aktiv mitarbeiten oder die Lerninhalte lediglich passiv empfangen und sich selbst aneignen müssen (vgl. ebd.).

Auf der Skala der Virtualität sind die drei Formen der Veranstaltungen angegeben: Die Präsenzveranstaltung, die integrierten Veranstaltung und das virtuelle Seminar. Bei der Präsenzveranstaltung ist bei der Gruppengröße das individuelle Lernen angegeben, was bedeutet, dass nicht in Gruppen gemeinsam gelernt, sondern erwartet wird, dass der Lernstoff selbst durch die Lernenden erarbeitet wird. Zudem ist die Präsenzveranstaltung bei der Skala der Synchronizität als asynchron angegeben. Dies bezieht sich wahrscheinlich jedoch nicht auf die Veranstaltung, sondern es wird – wie bei den anderen Punkten auch – Bezug auf das Lernen genommen. Folglich findet die Veranstaltung synchron statt, wird jedoch eventuell, je nach Veranstaltungstyp, aufgezeichnet, sodass diese nicht nur zu einer gewissen Uhrzeit verfolgt werden kann, sondern auch im Nachhinein angesehen werden kann. Die Medialität wird als gering angegeben, weshalb hierbei möglicherweise vornehmlich Bezug auf ‚Face-to-Face'-Veranstaltungen genommen wurde, welche im Anschluss in Eigenverantwortung nachbereitet werden. Übertragen auf die heutige Zeit ließe sich dieser Punkt jedoch weiterentwickeln, sodass zwischen Online-Veranstaltungen mit und ohne Aufzeichnung und zwischen Veranstaltungen live vor Ort unterschieden werden könnte, wodurch die Skala der Medialität sowohl gering als auch hoch eingestuft werden könnte. Die fünfte Skala verweist darauf, dass auf Grundlage zur Verfügung gestellter Inhalte gelernt wird. Dies bestätigt, dass die Autoren sich in ihrem Modell ausschließlich auf das Lernen beziehen und des Weiteren von einer vor Ort Veranstaltung auszugehen scheinen. Der Aktivitätsgrad der Präsenzveranstaltung wird als rezeptive Lernform beschrieben. Dies zeigt, dass es sich bei dieser Form der Veranstaltung – auch im Blended Learning Format – um eine Vorlesung handelt, welche den Fokus auf das selbstgesteuerte Lernen legt, das medial ausgeführt werden kann, aber nicht muss (vgl. Schulmeister et al. 2008 in ebd.: 155).

Die integrierte Veranstaltung beinhaltet in diesem Modell auf der Skala der Gruppengröße das Lernen in Gruppen. Im Gegensatz zur Präsenzveranstaltung scheint hier das gemeinsame Lernen mit anderen Teilnehmenden stärker gewichtet zu sein, wobei die Größe der Gruppen nicht angegeben ist, weshalb wahrscheinlich sowohl das Lernen in der größeren Kursgruppe wie das

Lernen in sich ergebenden Kleingruppen inbegriffen ist. Hinsichtlich der Synchronizität sind synchrone wie auch asynchrone Anteile enthalten. Es könnte sich hierbei um die Form der Veranstaltung handeln, welche am ehesten die aktuelle Situation an den Schulen und an Universitäten repräsentiert. Schließlich werden häufig asynchron Aufgaben bearbeitet und dennoch gibt es synchrone Konferenzveranstaltungen, an denen die DozentInnen und Teilnehmenden zeitgleich anwesend sind. Auf der Skala der Medialität wird die integrierte Veranstaltung im Mittelbereich eingestuft. Dies kann – wie bei der Präsenzveranstaltung – der Tatsache geschuldet sein, dass asynchrone Aufgaben durchaus ohne mediale Unterstützung bearbeitet werden können. Folglich sind die Veranstaltungen in den asynchronen Lernprozess integriert, welcher stärker oder weniger stark medial begleitet werden kann. Hinsichtlich des Inhalts- und Kommunikationsverhältnisses wird ein „Inhalte/Diskurs alternierend[es]" (ebd.) Verhältnis beschrieben. In den Präsenzsitzungen werden demzufolge zum einen Inhalte vorgestellt, aber auch gemeinsam besprochen und diskutiert, wodurch ein Wechsel dieser Anteile entsteht. Der Aktivitätsgrad wird als Mischform zwischen einer rezeptiven und aktiven Lernform deklariert. In den synchronen Sitzungen wird aktiv und in der Gruppe gelernt, während in asynchronen Einheiten wahrscheinlich ein höherer Anteil auf dem rezeptiven Lernformat liegt (vgl. Schulmeister et al. 2008 in Würffel 2014: 155).

Die dritte und letzte Form der Veranstaltung im Zusammenhang mit dem Blended Learning ist die des virtuellen Seminars. Auf der Skala der Gruppengröße ist hier das Lernen in Großgruppen angegeben, welches wahrscheinlich den Seminarkurs als Gesamtgruppe umfasst. Schließlich ist bei der Synchronizität ausschließlich das synchrone Lernen eingetragen. Die Medialität ist hoch, weil das virtuelle Seminar wahrscheinlich ausschließlich digital stattfindet und somit der mediale Anteil nahe bei hundert Prozent liegt. Bei der Skala des „Inhalt[s] vs. Kommunikation" (ebd.) ist das Lernen im Diskurs zu finden. Dies bestätigt die These, dass mit der Kursgruppe gemeinschaftlich gelernt wird, da auch der Aktivitätsgrad als aktive Lernform beschrieben wird (vgl. ebd.: 155). Dennoch ist auch bei der Veranstaltungsform des virtuellen Seminars nicht ausgeschlossen, dass ebenfalls asynchron vor- und nachbereitet wird und zudem ‚Face-to-Face'-Veranstaltungen enthalten sind. Jedoch wird das Material, laut der Angaben auf den verschiedenen Skalen, nicht eigenständig erarbeitet, sondern wenn nur wiederholt, da nicht, wie bei der integrierten Veranstaltung, von synchron und asynchron gesprochen wird, sondern ausschließlich von synchron.

Mit diesem Blended Learning-Modell aus dem Jahr 2008 ist bereits ein Rahmen geschaffen worden, welcher sich prinzipiell auf das heutige Blended

Learning übertragen lässt. Dennoch bleiben Fragen offen, und es lassen sich die zumeist allgemein gehaltenen Angaben unterschiedlich auslegen und interpretieren. Beispielsweise ist bei der Gruppengröße die Angabe des Lernens in Großgruppen nicht eindeutig spezifiziert. Schließlich ist ein Diskurs in einer Gruppe nicht zwangsläufig der vorwiegende Lernzugang. Es ist möglich, dass trotzdem einige Teilnehmende überwiegend selbst Lerninhalte erarbeiten und sich im Diskurs eher zurückhalten. Auch der Terminus der Medialität ist nicht eindeutig zu fassen. Wenn mit der Medialität insgesamt der Anteil der Nutzung digitaler Ressourcen im Lernkontext gemeint wäre, dann würde bei der Form der Präsenzveranstaltung nicht a priori festgelegt werden können, dass der Grad der Medialität gering ist. Lernende könnten schließlich zur Nachbereitung der Inhalte aus den Präsenzveranstaltungen im Internet recherchieren und digitale Notizen anfertigen statt haptische. Insgesamt kann dieses Modell aber auch lediglich als grobe Richtungsangabe gewertet werden, welches im Kontext des Blended Learning als Hilfestellung und Einordnung hinzugezogen werden kann, aber nicht als detaillierter Leitfaden genutzt werden soll. Summa summarum bietet dieses Modell zum Blended Learning eine Übersicht über die Möglichkeiten der Aufbereitung des Online-Lernens und schematisiert grob die Herangehensweisen und Gestaltungsmöglichkeiten von Blended Learning-Szenarien.

3.2.4.4 Begriffliche Mehrdeutigkeiten und Unterrichtspraktiken in Zeiten des Homeschoolings

Zur unmissverständlichen Verwendung des Begriffes des Präsenzunterrichts ist für den weiteren Verlauf dieser Arbeit zu beachten, dass damit nicht ausschließlich die gemeinsame körperliche Anwesenheit an einem Ort gemeint ist. Dieser kann auch in Distanz realisiert werden. Schließlich kann mithilfe von Konferenzprogrammen auch eine Videokonferenz als Unterrichtsform genutzt werden, in der alle Teilnehmenden zeitgleich in einem virtuellen Raum anwesend sind (vgl. Wedding 2021: 1). An dieser Stelle ist es eindeutiger, von den Begriffen synchron und asynchron zu sprechen. Synchrone Unterrichtssequenzen umfassen – ähnlich wie im ursprünglichen Präsenzunterricht – das zeitgleiche Bearbeiten, Besprechen und Erlernen von Unterrichtsinhalten. Asynchrone Unterrichtsbereiche beinhalten die individuell einteilbare Bearbeitung von Aufgaben, Projektarbeiten, Übungen und ähnlichen unterrichtsrelevanten Erarbeitungsbereichen. Diese haben zwar häufig – vor allem im Schulkontext – eine Deadline, können bis dahin jedoch flexibel eingeteilt und bearbeitet werden (vgl. Dietzsch 2020: 34 f.). Jedoch wird in der Zusammenfassung der Interviews in Kapitel 5.2 und 5.3 Präsenzunterricht mit physischer Anwesenheit in einem Raum gleichgesetzt, da die befragten Lehrkräfte den Begriff des Präsenzunterrichts ausschließlich dafür verwendet haben.

Das ausschließliche Onlineformat, welches an Schulen durchgeführt wurde, ist der Pandemiesituation geschuldet gewesen. Der Schulunterricht wurde folglich nur online realisiert und bestand überwiegend aus synchronen Sitzungen, in denen die Lehrkraft und die SchülerInnen zeitgleich anwesend waren, und aus asynchronen Sitzungen, die das eigenständige Bearbeiten von Arbeitsaufträgen – allein oder in Partner- und Gruppenarbeit – umfassten. Dies wird seit dem Homeschooling auch als Distanzlernen bezeichnet (vgl. Wedding 2021: 1).

Als die vorübergehend vollständige Schließung der Schulen gelockert wurde, beinhaltete das Blended Learning vornehmlich Elemente der asynchronen Online-Aufgaben und den synchronen Präsenzunterricht in den Klassenräumen der Schulen – wie dieser vor der Pandemie praktiziert worden war (vgl. ebd.).

Während der Coronapandemie wurden überwiegend Blended Learning-Szenarien umgesetzt, da größtenteils auf den Präsenzunterricht verzichtet werden musste. Schon 2014 wurde in einem Beitrag festgehalten, dass „Lernen und Medialität untrennbar miteinander verbunden“ (Unger 2014: 80) sind, da zu diesem Zeitpunkt bereits mediale Hilfsmittel wie die Dropbox zum Teilen von Dateien und Suchmaschinen wie Wikipedia zum alltäglichen Repertoire der Lernenden gehörten (vgl. ebd.). Eine logische Ableitung wäre daher, dass der Schritt zum vollständigen E-Learning kein großer und erst recht kein komplizierter Schritt mehr sei. Dennoch gilt, die dargebotenen E-Learning Möglichkeiten so aufzubereiten und anzuleiten, dass diese den Ansprüchen der Lernenden gerecht werden, da E-Learning umfassender in den Lernprozess eingreift als einzelne Hilfsmittel und Tools dies tun (vgl. ebd.).

3.2.4.5 Bedeutung der Lernumgebung

Im Kontext des Lernens und Arbeitens mit digitalen Geräten fällt auch immer wieder der Begriff der Lernumgebung. Diese beschreibt „eine Meta-Umgebung [...], in der [...] [der Lernende] die Werkzeuge und Angebote integrieren kann, die er für sein Lernen braucht“ (Unger 2014: 81). Durch diese gestalt- und bedienbare Lernumgebung können Lernende das Lernen an sich beeinflussen (vgl. ebd.). Mit den genannten Werkzeugen sind Funktionen gemeint, welche Dateien, Texte und Präsentationen jeglicher Art organisieren und individuell bearbeiten und aufbereiten können. Die angesprochenen Angebote umfassen Programme sowie Informationen und Recherchemöglichkeiten.

Aber auch soziale Verknüpfungen sind dabei implizit gemeint, da diese die Kommunikation und den Austausch zu jeglichen Themen ermöglichen sollen (vgl. ebd.).

Um eine den eigenen Bedürfnissen angepasste Lernumgebung schaffen zu können, müssen Lernende sich selbst organisieren können und eine passende Lernumgebung in Eigenverantwortung entwickeln. Ob und wann dazu das richtige Alter erreicht ist und inwiefern Lernende wissen, wie die eigene Lernumgebung aussehen soll und wie diese Vorstellung dann realisiert werden soll, bleibt jedoch offen (vgl. ebd.: 82).

Dass die Lernumgebung durch das Lernen von zuhause relevanter wird, ist eindeutig. Welche Faktoren bei der Lernumgebung eine Rolle spielen, wird im Folgenden ausgeführt. Es gibt drei „Umgebungsdimensionen" (Unger 2014: 83). Diese umfassen „die materielle, die formale und die angeeignete Umgebung" (ebd.). Bei der angeeigneten Lernumgebung eignet man sich buchstäblich die räumliche Lernumgebung an. Darüber hinaus werden auch die umgebenden Menschen und Hilfsmittel angeeignet, sodass eine subjektiv angeeignete Umgebung entsteht. Subjektiv nicht nur, weil jeder die Umgebung individuell wahrnimmt, sondern weil es auf die derzeit präsenten Umstände und die verfolgten Ziele ankommt (vgl. ebd.: 84). Das Thema und der Inhalt eines Bildungsweges, die zu dem Zeitpunkt erarbeitet werden, sind maßgeblich für die Aneignung der Lernumgebung. Schließlich sorgt eine Ausbildung, ein Studium oder ein sonstiger Tätigkeitsbereich, für den eine Lernumgebung geschaffen werden muss, für eine Identifikation mit dem jeweiligen Gebiet. Der Lernraum wird folglich selektiv und fokussiert wahrgenommen und den eigenen Bedürfnissen angepasst (vgl. ebd.). Vor allem während des Lernprozesses erfolgt die Wahrnehmung der Umgebung in einem bestimmten Kontext. Es wird bei Unger von einer Bedeutungsebene gesprochen, welche in dieser Zeit durch den Lernenden konstruiert wird. Die Lernumgebung wird mit den Lerninhalten in Verbindung gesetzt und erfährt somit einen subjektiven Zusammenhang zu dem Lernstoff des Lernenden (vgl. ebd.). Wird diese Lernumgebung verändert, kann dies Auswirkungen auf den Lernenden haben (vgl. ebd.). Zwar werden die Auswirkungen an dieser Stelle im Text nicht näher ausgeführt, es lässt sich aber ableiten, dass die Lernumgebung als Bedeutungsträger so relevant werden kann, dass eine Veränderung zu Beeinträchtigungen im Lernprozess führen kann. Eine gewisse Konstante innerhalb der Lernumgebung scheint daher sinnvoll für einen dauerhaften Lernprozess und konstitutiv für den letztlichen Lernerfolg.

Dennoch soll der Begriff der Konstante – wie von Unger ausdrücklich erläutert – keine statische Abbildung der Lernumgebung suggerieren. Je nach Entwicklung der Lernsituation und des Studiums kann sich auch die Lernumgebung durch den Lernenden verändern, um andere Ansprüche zu erfüllen (Unger 2014: 84). Scheinbar stellt die Lernumgebung einen ebenso beständigen wie wandelbaren Begleiter im Lernprozess eines jeden Lernenden dar.

Neben der angeeigneten Lernumgebung gibt es auch die materielle Lernumgebung, welche den tatsächlichen Raum, in dem gelernt wird – beispielsweise einen Hörsaal oder Seminarraum – beschreibt (vgl. ebd.). Da hierbei die subjektive Wahrnehmung der einzelnen Lernenden hinsichtlich eines solchen Lernraums nicht berücksichtigt wird, gerät die materielle Lernumgebung in die Kritik. Übertragen lässt sich diese einseitige Perspektive – laut Unger – auf den virtuellen Lernraum. Speziell sind hier Lernplattformen oder Programme gemeint, welche eine gewisse Aufbereitung und Anordnung haben, die nur durch die Nutzbarkeit für LernerInnen umfassend beurteilt werden können (vgl. ebd.). Jedoch besteht eine jede Lernumgebung zuerst aus etwas Materiellem, was wiederum die Anpassung der Lernumgebung auf die eigenen Bedürfnisse erst ermöglicht. Daher ist beispielsweise der Lichteinfall in einem Lernraum sowie die Anordnung der Sitzplätze und Tische maßgeblich für die Entwicklung und Erschaffung einer individuellen Lernumgebung. Übertragen auf den virtuellen Kontext ist die Gestaltung einer Lernplattform oder eines Konferenzprogramms – in Bezug auf die Größe und Anzahl der eingeblendeten Videoübertragungen anderer TeilnehmerInnen par exemplum – konstitutiv für die Generierung einer Lernumgebung (vgl. ebd.). Möglichkeiten und Grenzen werden durch die materielle Ebene der Lernumgebung vor allem vorgegeben und können nur teilweise angepasst werden (vgl. ebd.: 85 f.).

In virtuellen Gemeinschaften kann wahrscheinlich eher von einer Wechselwirkung als von einer klar aufgeteilten Vorgabe und Aufnahme – wie bei der materiellen und angeeigneten Lernumgebung – gesprochen werden. Zwar gibt es virtuelle Vorgaben durch die jeweilig genutzte Plattform oder das Programm, aber additiv kommen Vorgaben der Teilnehmenden dieser Plattform hinzu und zeitgleich sind diese Vorgaben dynamisch durch die wechselnden und/oder hinzukommenden TeilnehmerInnen. Nicht zuletzt wird diese Lernumgebung individuell durch jeden einzelnen Lernenden wahrgenommen, verarbeitet und gegebenenfalls angepasst, sodass letztlich eine Wechselwirkung ent- und besteht.

Die formale Lernumgebung setzt ähnlich wie die materielle Lernumgebung Grenzen und Vorgaben. Während die Anordnung einzelner Gegenstände innerhalb des Raumes und der Raum selbst der materiellen Umgebung zugeordnet sind, ist die formale Lernumgebung für Strukturierung verantwortlich. Dazu zählen Zeiteinteilungen, welche durch Glockentöne signalisiert werden oder Unterrichts- und Seminarkurse mit thematischen Vorgaben, welche wiederum eigene Verlaufsvorgaben und Prüfungsvorgaben enthalten (vgl. Unger 2014: 86). Gerade weil die Vorschriften der formalen Lernumgebung beinahe unumgänglich sind, um erfolgreich an dem jeweiligen Bildungsangebot teilnehmen zu können, enthalten diese eine „Wirkmächtigkeit" (ebd.). Trotz dieser Wirkmächtigkeit wird auf die mögliche Dehnbarkeit dieser Vorschriften hingewiesen, da diese dennoch individuell mit der Lehrkraft, dem Seminarleiter oder der Institution abgestimmt und relativiert werden können (vgl. ebd.).

Eine zuvor von dem Autor nicht aufgezählte Lernumgebung ist schlussendlich die gelebte. Diese verbindet die drei eben genannten Lernumgebungen (vgl. ebd.: 86 f.). Ein sehr interessanter und weit gedachter Gedanke Ungers, der bereits eine Ableitung auf das derzeitige Homeschooling impliziert, besagt, dass der materiellen Lernumgebung die geringste Bedeutung zugeschrieben werden kann, weil die dortigen Rahmenbedingungen und sich ergebenden Grenzen durch den virtuellen Raum „überwunden werden sollen" (Unger 2014: 87). Herunter gebrochen ließe sich formulieren, dass ein Schreibtisch, ein Sitzplatz und ein digitales Endgerät mit Internetzugang reichen, um sich eine Lernumgebung zu erschaffen, die den eigenen Bedürfnissen gerecht wird. Schließlich lassen sich Literatur, andere Lernende und relevante Inhalte mithilfe des Laptops, Tablets oder Computers greifbar machen und ermöglichen es, an beinahe jedem beliebigen Ort eine portable Lernumgebung errichten zu können, indem man Zugriff auf das eigene digitale Endgerät hat. Ob dies letztlich zu einer Verbesserung und Innovation der Lernsituation führt, zeigt sich im weiteren Verlauf der Arbeit – vor allem bei den dargestellten und ausgewerteten Interviews mit den Lehrkräften. Zusammenfassend für die gelebte Lernumgebung lässt sich festhalten, dass die drei zuvor erläuterten Lernumgebungen einander beeinflussen. Während die formale und materielle Lernumgebung einen Rahmen bilden, in dem sich der Lernende bewegt, bedingen diese zugleich die angeeignete Lernumgebung und dadurch die gelebte (vgl. Unger 2014: 87).

Nachdem nun der Rahmen des Lehrens und Lernens der Mediendidaktik skizziert und erläutert wurde, sollen nun Einblicke in die Chancen und Risiken der immer relevanter werdenden Mediendidaktik gegeben werden.

3.2.4.6 Potenzial und Grenzen des Blended Learnings für den Schulkontext

In Bezug auf das Blended Learning beispielsweise, welches aufgrund der Pandemie stark an Relevanz gewonnen hat, kann hinsichtlich des Schulkontextes Folgendes festgehalten werden:

Das Potenzial des Blended Learnings liegt – laut Wedding – unter anderem in der Motivation der Lernenden, da eine neue Lehr-Lernform eingesetzt wird und des Weiteren ein Aktualitätsbezug zu den Lebensbereichen der SchülerInnen hergestellt wird. Aber auch die Möglichkeit, heterogene Lerngruppen stärker zu berücksichtigen, vielfältigere Zugänge zu dem jeweiligen Lerngegenstand zu schaffen – via Bild, Ton, Video, Text – und darüber hinaus eine individuelle Zeiteinteilung zur Bearbeitung asynchroner Aufgaben zu ermöglichen, zählen zu den positiven Faktoren, welche sich aus dem Blended Learning ergeben (vgl. Wedding 2021: 4). Die Grenzen und Problematiken zeigen sich in den Voraussetzungen, die erbracht werden müssen, um die eben genannten Vorteile zu realisieren. Es muss eine technische Ausstattung angeschafft werden und mit entsprechender Lernsoftware bereitgestellt werden, um gleiche Voraussetzungen für alle Beteiligten zu schaffen. Auch die Fähigkeit, die neu angeschafften Geräte entsprechend nutzen und bedienen zu können, ist eine Problematik, die auf Seiten der Lehrpersonen und der Lernenden besteht. Weitere negative Begleiteffekte des Blended Learnings können in der Internetsucht und dem Mobbing liegen. Dies lässt sich schwieriger kontrollieren und nachhalten. Auch das oberflächliche Bearbeiten von Aufgaben stellt ein Problem dar, wenn es um relevante Lerninhalte geht (vgl. ebd.).

Hier wird deutlich, dass Blended Learning so vielfältig nutzbar gemacht werden kann, dass die Liste der Potenziale, Grenzen und Risiken um ein Vielfaches erweitert werden könnte. Schließlich beschreibt das Blended Learning nur eine Art und einen Prozess des digitalen Lernens. Es handelt sich somit weder um ein Programm noch um eine vorgegebene Vorgehensweise des digitalen Unterrichtens und Lernens. Genau diese Tatsache stellt bereits das Problem dar: Man spricht über den Klassenraum als Lernort und listet Vor- und Nachteile auf, obwohl erst die Nutzung und der Umgang mit diesem Lernort – genauer gesagt die Nutzenden selbst – daraus eine individuelle Lernumgebung schaffen. Zwar ist das Blended Learning kein Lernort, sondern eine Gestaltung des digitalen Lernens, dennoch wurde nicht zuletzt durch das Modell von Schulmeister et al. die Vielfältigkeit dessen deutlich. Es werden trotz allem im nächsten Schritt Chancen und Risiken, die sich durch das generelle digital geprägte Lehren und Lernen ergeben, aufgezeigt. Denn es ist vor allem in Zeiten der rapiden Entscheidungen hinsichtlich digitaler Unterrichtsmöglichkeiten wichtig, eine reflektierte und kritische Perspektive zu behalten, statt blind einen neuen ‚(Klassen)Raum' zu betreten.

3.2.4.7 Nutzung von Tablets während des Homeschoolings

Zur Realisierung der eben genannten Blended Learning Lehr- und Lernformate wurden an vielen Schulen Tablets genutzt und an einigen auch zur Verfügung gestellt. Der Vorteil von Tablets gegenüber Laptops lässt sich darin begründen, dass diese nicht nur mit Tastatur und Maus bedient werden können, sondern auch virtuelle handschriftliche Einzeichnungen zulassen und somit eine individuellere Passung für die Lernenden bieten (vgl. Lübcke et al. 2014: 103). Diese handschriftlichen Einzeichnungen können zudem auch ohne Umstände zugänglicher und zeitsparender archiviert werden (vgl. ebd.:111). Die nötigen Materialien für den Unterricht können digital übersichtlich gespeichert werden und sind jederzeit abrufbar, ohne dass diverse Ordner oder Bücher benötigt werden (vgl. ebd.:111 f.).

3.2.4.8 Erläuterungen zur ersten Studie ‚Junge Menschen und Corona'

Es wurde erwähnt, dass das Blended Learning erst durch die Teilnehmenden Gestalt annimmt und individualisiert wird. Somit ist zur Bewertung des Blended Learnings essentiell, wie dieses durch die Lernenden während der Coronapandemie wahrgenommen wurde. In der Studie ‚Junge Menschen und Corona' – kurz ‚JuCo' – wurden Jugendliche im Alter von 15 bis 30 Jahren dazu befragt, wie sie die Zeit des Homeschoolings erlebten und wie zufrieden sie damit waren (vgl. Andresen et al. 2020: 6). Die Studie bezieht sich auf 5.128 ausgefüllte Fragebögen, wobei der Altersdurchschnitt der Teilnehmenden bei 18,8 Jahren liegt und 59,9 Prozent der Befragten angaben, zur Schule zu gehen (vgl. ebd.: 7). Neben dem häuslichen Wohlbefinden während der Pandemie wurde auch der Kontakt zu FreundInnen, die Medienausstattung, die finanzielle Situation, die Zufriedenheit mit der Freizeitgestaltung sowie das Gefühl, angehört zu werden, hinterfragt (vgl. ebd.: 9 ff.). Ungefähr 3.600 Teilnehmende gaben an, dass zuhause permanent jemand anwesend ist, der sich kümmert und ihnen hilft, während 650 TeilnehmerInnen dies negierten (vgl. ebd.: 9). Die Gesamtbewertung der Stimmung zuhause führt auf einer Skala von 0-10 (0 für total unzufrieden bis zu 10 für 100% zufrieden) zu einem Mittelwert von 6,61. Dieselbe Skaleneinteilung wurde bei der Frage angewendet, wie zufrieden die jungen Teilnehmenden mit den Kontakten zu den Freunden sind. Hierbei ergab das Ergebnis einen Mittelwert von 4,95 (vgl. ebd.). Hinsichtlich der medialen Ausstattung, wozu neben Tablets, Computern und Laptops auch das Smartphone zählte, ist mit 99,2 Prozent beinahe jeder der Teilnehmenden entsprechend ausgestattet. Die finanziellen Sorgen um die Familie waren eher gering, da circa 43 Prozent angaben, sich nur manchmal Sorgen zu machen und ungefähr 39 Prozent sich – laut Fragebogen – nie Sorgen machten (vgl. Andresen et al. 2020: 10). Hinsichtlich der Frage, wie zufrieden die Befragten mit der verbrachten Zeit prinzipiell und während der Pandemie sind, stellte sich heraus, dass die prinzipielle Zufriedenheit bei einem Mittelwert von 7,37 liegt, wohingegen die Zeitgestaltung zur Zeit der Pandemie auf derselben Skala einen Mittelwert von 5,06 aufzeigt (vgl. ebd.: 11). Das Ergebnis der Frage, inwiefern die Heranwachsenden das Gefühl haben, angehört zu werden, war, dass ungefähr 24 Prozent sich gar nicht angehört fühlen, während 22 Prozent sich eher nicht gehört fühlen und 30 Prozent sich in der Mitte der Skala befinden (vgl. ebd.).

Anhand der Anzahl der TeilnehmerInnen wird deutlich, wie hoch der Redebedarf der Heranwachsenden ist. Dies wird auch daran deutlich, dass trotz der pandemiebedingten Situation 640 Heranwachsende, also 12,48 Prozent, zuhause niemanden haben, der ihnen bei Problemen hilft (vgl. Andresen et al. 2020: 9). Obwohl Eltern und Geschwister pandemiebedingt potenziell häufiger zuhause und greifbarer sind, scheinen sich viele Jugendliche dennoch allein gelassen und hilflos zu fühlen. Externe AnsprechpartnerInnen und Ausweichmöglichkeiten fallen nahezu komplett weg. Die Zufriedenheit hinsichtlich des Kontaktes zu den Freunden fällt dahingegen mit einem Mittelwert von 4,95 noch relativ hoch aus, wenn man bedenkt, dass diese durch die Kontaktbeschränkungen und Lockdowns kaum persönlich getroffen werden konnten, geschweige denn, gemeinsam etwas unternommen werden konnte (vgl. ebd.: 9). Jedoch lässt sich dieser Wert eventuell damit begründen, dass die sozialen Medien und die vielfältigen digitalen Kommunikationsmöglichkeiten das Sozialleben aufrechterhielten und einen Austausch und virtuelle Treffen mit FreundInnen ermöglichten. Dass die mediale Ausstattung bei nahezu allen Teilnehmenden vorhanden ist, ist nicht verwunderlich, wenn man bedenkt, dass in der Studie Smartphones hinzugezählt wurden. An dieser Stelle wäre durchaus eine Differenzierung hinsichtlich der medialen Ausstattung relevant gewesen. Schließlich gehören Smartphones mittlerweile bei den meisten jungen Menschen zum Alltag dazu und sind unverzichtbar, um an dem sozialen Leben und Austausch mit gleichaltrigen teilnehmen zu können und vor allem nicht ausgeschlossen zu werden.

Jedoch ist die Frage berechtigt, inwiefern ein Smartphone in Anbetracht der Größe und Möglichkeiten zum digitalen Lernen als Medium gesehen werden sollte, welches beispielsweise in Bezug auf das Homeschooling nutzbar gemacht werden kann. Zwar liegt der Fokus dieser Studie auf der Untersuchung des Wohlbefindens junger Menschen in Zeiten der Coronapandemie, jedoch kann mit diesem Ergebnis der medialen Ausstattung der Eindruck vermittelt werden, alle Jugendlichen seien hinreichend mit Medien ausgestattet. Wenn dies folglich auf das Homeschooling, das während der Pandemiezeit stetiger Begleiter im Leben der Jugendlichen war und ist, übertragen wird, sollte eine Differenzierung vorgenommen werden. Beispielsweis hätte erweiternd im Fragebogen die Frage gestellt werden können, ob uneingeschränkter Zugriff auf ein Medium zum Lernen besteht. Dazu zählten dann ausschließlich Tablets, Laptops und Computer mit Zugangsmöglichkeiten zu entsprechender Lernsoftware.

Die Zufriedenheit mit der verbrachten Zeit während der Pandemie liegt im Mittelfeld und ist damit höher als gedacht. Auch hier bieten Medien scheinbar einen Ausgleich und eine Überbrückungsmöglichkeit, die dennoch Opfer wie Bewegungsmangel und Suchtverhalten mit sich bringen können. Der bedenklichste Wert ist jedoch der, dass sich so wenige Teilnehmerde angehört fühlen. Hier zeigt sich, welche Lebensbereiche tatsächlich durch die Pandemie für junge Menschen beeinträchtigt werden und wie wichtig die Institution Schule auch in ihren Funktionen neben dem Bildungsauftrag ist. Schließlich ist das Bearbeiten von Aufgaben und das Vermeiden größerer Bildungslücken während der Coronapandemie sicherlich in den Fokus gerückt, doch damit ist vieles andere auch nebensächlich geworden oder gar weggefallen. Als Beispiel lassen sich Pausen aufzählen, die mit Gleichaltrigen verbracht werden, oder Sprechstunden bei Lehrkräften, um außerschulische Probleme anzusprechen. Auch Klassengemeinschaften, Schulfeste und Klassenfahrten sind vorerst weggefallen. Damit sind lediglich schulische Bereiche genannt worden, die vorübergehend ersatzlos entfielen. Die Auswirkungen dieser Pandemiezeit lassen sich somit nicht durch Noten oder eventuell entstandene Bildungslücken aufzeichnen, sondern tangieren nahezu alle Lebensbereiche junger Erwachsener.

Als auffallend empfanden die AutorInnen der Studie die Nutzung der freien Textfelder in dem Fragebogen. Diese konnten die Teilnehmenden nutzen, um weitere im Fragebogen nicht angesprochene Anmerkungen zu machen und eigene Eindrücke, Sorgen und Impulse zu teilen. Insgesamt haben 566 der TeilnehmerInnen diese Funktion genutzt und die AutorInnen kategorisierten diese nach bestimmten Themenfeldern (vgl. Andresen et al. 2020: 12). Eine erste Kategorie referiert auf das eben Erläuterte, nämlich dass vorwiegend die Bildung und die Institution Schule thematisiert werden, wenn im Zusammenhang mit der Pandemie über Heranwachsende gesprochen wird. Diese wiederum fühlen sich auf den Status als SchülerInnen oder auch StudentInnen reduziert (vgl. ebd.). Themen wie Vereinsamung und das Wegbrechen von Vereinen, Freunden und sportlichen Betätigungen werden angesprochen. Dies digital aufzufangen ist aufwendig und kaum möglich, aber vor allem auch kein Ersatz (vgl. ebd.). Auch die verschiedenen Lebensumstände, in denen sich die Menschen befinden, werden von Heranwachsenden angesprochen und hinterfragt. Hier wird thematisiert, wie beispielsweise Kinder, die in der Schule Deutsch lernen und deren Familie eine andere Sprache spricht, im Homeschooling Aufgaben bearbeiten sollen (vgl. Andresen et al. 2020: 13). An dieser Stelle lässt sich ergänzen, dass auch hier neben dem Wegfall sprachlicher Integrationsmöglichkeiten soziale Integrationen vorübergehend entfallen und digital noch schwieriger aufgefangen werden können.

Ein ebenfalls gravierender Aspekt sind die Internetunterbrechungen. Es wurde darüber geklagt, dass durch die Nutzung der ganzen Familie Verbindungsprobleme und Internetunterbrechungen entstehen, die gemeinsames digitales Lernen kaum zulassen (vgl. Andresen et al. 2020: 13). Videokonferenzen, die während des Homeschoolings häufig mit Bild und vielen Teilnehmenden stattfanden und -finden, fordern eine stabile Internetleitung, um möglichst ohne Verzögerung, Unterbrechung und Störgeräusche zuhören und sprechen zu können. Bei mehreren schulpflichtigen Heranwachsenden in einem Haushalt kann das schnell zu einer hohen Belastung der Internetleitung führen. Erschwerend kommt hinzu, dass viele Eltern im Homeoffice arbeiten und ebenfalls auf eine stabile Internetverbindung angewiesen sind. Diese Tatsache wiederum beeinflusst die sozialen Austauschmöglichkeiten, da auch Videogespräche mit Freunden, Partnern oder anderen sozialen Kontakten nur eingeschränkt möglich sind, sofern dauerhafte Internetunterbrechungen stattfinden (vgl. ebd.).

Die Medien, welche stetig über den Verlauf und die Maßnahmen der Coronapandemie berichten, fokussieren aus Sicht der Heranwachsenden zu wenig die Perspektive der betroffenen SchülerInnen. Folglich werden zwar Erwachsene eingeblendet, um Einschätzungen zur derzeitigen Situation zu äußern, aber nach Meinung der Jugendlichen werden zu wenig Gleichaltrige befragt und thematisiert (vgl. ebd.: 14). Die AutorInnen dieser Studie fügen erweiternd hinzu, dass auch die sprachliche und mediale Aufbereitung im Allgemeinen hinsichtlich der Coronapandemie nicht auf die Heranwachsenden ausgerichtet ist (vgl. ebd.). Hier lässt sich ergänzen, dass eine Fernsehsendung von Jugendlichen für Jugendliche oder ähnliche Formate eine Möglichkeit gewesen wären, die Pandemiesituation auch auf Augenhöhe junger Erwachsener zu begleiten. Fragen, Sorgen, Ängste, Verbesserungsvorschläge für das Homeschooling, die Handhabung mit Vereinen und sportlichen Betätigungen hätten thematisiert, mit Experten und anderen Heranwachsenden diskutiert und entsprechend aufbereitet werden können, um auch junge Altersgruppen einzubeziehen und anzuhören.

Verunsicherung und Motivationsprobleme während der Pandemie bilden ebenfalls eine Kategorie, die in dem freien Textfeld des Fragebogens entstand. Hier ist neben SchülerInnen auch bei StudentInnen die Problematik der Ungewissheit hinsichtlich Prüfungen und Klausuren zentral (vgl. Andresen et al. 2020: 14). Es gibt nur nach und nach Vorgaben und Richtlinien, an denen sich Lehrende und Lernende orientieren können, und bei all dem schwingen Bedenken der späteren Anerkennung dieser Leistungen mit. Schließlich können Abschlüsse und Qualifikationen, welche während der Pandemie erworben werden, im Nachhinein für Arbeitgeber oder Bildungseinrichtungen geringer gewichtet werden, wenn auch nicht offiziell kommuniziert (vgl. ebd.).

Überhaupt den Ansprüchen und Anforderungen solcher Prüfungen gerecht zu werden, ist ein weiteres Dilemma, welchem sich viele junge Menschen nicht gewachsen fühlen (vgl. ebd.). Lerngruppen und Nachhilfe können ebenfalls nur begrenzt digital stattfinden und jene Problematiken auffangen.

Eine positive Kategorie des Fragebogens ist die der Entlastung durch Corona (vgl. ebd.: 15). Die soziale Akzeptanz des sich Zurückziehens ist teilweise für depressive Menschen eine Entlastung. Der Druck, an sozialen Verpflichtungen teilzunehmen und sich in das öffentliche Leben zu begeben, fällt durch die Pandemie beinahe gänzlich weg (vgl. ebd.). Stressige Situationen innerhalb der Schulklassen oder im Alltag entfallen und führen zu selbstbestimmteren Tagesabläufen ohne soziale Pflichten. Dies empfinden einige der Befragten als Möglichkeiten, sich stärker auf Aufgaben und Leistungsanforderungen fokussieren zu können (vgl. ebd.).

Die AutorInnen der Studie geben zum Abschluss zu bedenken, dass das „Recht der jungen Menschen auf Beteiligung und Schutz [...] krisenfest sein [muss]“ (Andresen et al. 2020: 17). Es handle sich um Grundrechte, die auch in Krisenzeiten einbezogen werden sollen (vgl. ebd.). Damit ist sicherlich etwas Elementares gesagt worden. Schließlich betrifft die Pandemie alle Menschen und wahrscheinlich erst recht Heranwachsende, die weitaus mehr Herausforderungen als das Homeschooling bewältigen müssen. Zudem bestehen Bildungseinrichtungen zum Großteil aus Lernenden und zum geringeren Teil aus Lehrenden, weshalb vor allem den Lernenden Gehör geschenkt werden sollte, wenn es um Fragen der didaktischen Umsetzungen von Unterrichtsinhalten geht. Dies bedeutet nicht, Jugendliche bestimmen zu lassen, sondern viel mehr, diese mitbestimmen zu lassen und eine Begegnung auf Augenhöhe zu ermöglichen.

Diese eben erläuterte Studie wurde im Jahr 2020 weitergeführt und es wurde ein Datenhandbuch mit erweiternden Einblicken veröffentlicht (Wilmes et al. 2020: 7). In diesem Datenhandbuch wurden ausführliche Informationen zum Rahmen der Studie, der genauen Vorgehensweise und dem Fragebogen an sich gegeben. Außerdem sind die oben enthaltenen Fragen aus der ersten Überblicksstudie hier detaillierter und erweiterter dargestellt, sodass zusätzliche Informationen zu den Eindrücken der Heranwachsenden gegeben werden können. Aus diesem Grund wird im weiteren Verlauf auf das Datenhandbuch eingegangen.

Die zuerst durchgeführte und bereits erläuterte Studie sollte als erste Stellungnahme veröffentlicht werden, um den Aussagen der Jugendlichen unmittelbar Gehör zu verschaffen. Zudem gab es auch eine ‚JuCo 2'-Studie. Diese soll feststellen, welche Eindrücke die Heranwachsenden nach fast einem Jahr Coronapandemie haben (vgl. JuCo 2, Andresen et al. 2020: 5). Folglich erfolgte eine Befragung im Frühjahr 2020 und die zweite zum Ende des Jahres 2020. Daher wird auch die ‚JuCo 2'-Studie in dieser Arbeit näher betrachtet, sodass die Eindrücke ergänzend zur ersten JuCo-Studie gesammelt und verglichen werden können. Eine weitere Befragung wurde im März 2021 veröffentlicht und thematisiert vertiefend Inhalte zu Ängsten, Sorgen und Bedürfnissen der Jugendlichen. Außerdem erfolgt dort die Herausstellung einer Verbindung zwischen der ersten und zweiten Studie (vgl. Andresen et al. 2021: 9, 46). Auch auf diese Befragung wird im weiteren Verlauf dieser Arbeit eingegangen, da die Perspektive der Heranwachsenden zu Beginn und während der Coronapandemie elementar für die Umsetzung und Wahrnehmung des Homeschoolings ist und damit essentiell für die Thematik und Fragestellung dieser Arbeit. Schließlich betrifft das Homeschooling am ehesten die SchülerInnen und damit die Jugendlichen, die während der Coronapandemie schulpflichtig und damit auf das Homeschooling angewiesen waren. Schlussendlich werden in dieser Arbeit Interpretationen der Ergebnisse betrachtet, welche die Heranwachsenden über die Studie äußerten, an der sie teilgenommen haben (vgl. Leidig et al. 2021: 3).

Das Datenhandbuch nimmt Bezug auf die erste JuCo-Studie, welche zu Beginn des Jahres 2020 durchgeführt und veröffentlicht wurde. Da die Ergebnisse aus der ersten Studie sehr schnell veröffentlicht wurden und einem ersten Gesamteindruck verschaffen sollten, ist dieses Datenhandbuch umso wichtiger, um möglichst alle Fragen und Ergebnisse der Studie zu untersuchen. Jedoch werden in diesem Abschnitt keine Fragen wiederholt, welche bereits oben im Zusammenhang mit dem ersten Überblick genannt wurden.

Zu den Rahmenbedingungen der Studie lässt sich erweiternd hinzufügen, dass 29,2 Prozent der Befragten angaben, in einem Haushalt mit vier Personen zu leben. 24,4 Prozent lebten zum Zeitpunkt der Befragung in einem Haushalt mit drei Personen (vgl. Wilmes et al. 2020: 18). Im Durchschnitt lebten die Befragten in einem fünf-Zimmer Haushalt (vgl. ebd.). Damit lässt sich festhalten, dass Rückzugsmöglichkeiten teilweise gegeben sind, um ungestört lernen zu können. Allerdings steht damit je nach Personenanzahl scheinbar nicht für jedes Familienmitglied zeitgleich ein separater Raum zur Verfügung.

84,2 Prozent der Heranwachsenden sprechen zuhause nur Deutsch, während 12,9 Prozent angaben, Deutsch und eine weitere Sprache zu sprechen (vgl. ebd.). Damit ist nahezu allen Teilnehmenden der Befragung die Möglichkeit gegeben, die im Homeschooling erteilten Aufgaben in der Muttersprache beantworten zu können und folglich am digitalen Unterricht auf sprachlicher Ebene teilnehmen zu können.

Hinsichtlich der Frage, ob die Jugendlichen zuhause einen Rückzugsort haben und dieser räumlich zur Verfügung steht, gaben 86,3 Prozent an, über ein eigenes Zimmer zu verfügen. 10,7 Prozent der Befragten teilten sich das eigene Zimmer mit einer weiteren Person (vgl. ebd.: 19). Hier kann ergänzend zur Personenzahl und Raumanzahl in den jeweiligen Haushalten angemerkt werden, dass vor allem bei Familien, in denen die Eltern sowie die Kinder im Homeoffice und Homeschooling arbeiten, ein Zimmer für zwei Kinder zu Problematiken führen kann. Schließlich sind die Unterrichtszeiten meist vormittags, wodurch es zu Überschneidungen kommt. Dies wiederum führt dazu, dass beide schulpflichtigen Kinder nicht ungestört und uneingeschränkt an den asynchronen und synchronen Unterrichtseinheiten teilnehmen können, da sie sich womöglich gegenseitig hören und ablenken.

Die Frage, inwiefern soziale Kontakte zu Freunden aufrechterhalten werden konnten und wie diese Kontakte gepflegt wurden, ergab, dass 39,1 Prozent mit drei bis sechs Personen während der Pandemiezeit Kontakt hielten. 37,3 Prozent gaben an, mit ein bis zwei Personen Kontakt zu halten (vgl. ebd.: 21). An dieser Stelle verweisen die AutorInnen darauf, dass dies im Kontrast zum medial vermittelten Bild von Jugendlichen steht, die sich angeblich über die Kontaktbeschränkungen hinwegsetzen (vgl. ebd.). Die Realisierung der Aufrechterhaltung dieser Kontakte fand überwiegend durch das Schreiben von Nachrichten sowie durch das Telefonieren und den Videochat statt. Die freien Textfelder beinhalteten Aktivitätsangaben wie „‚Autokino' oder ‚Saufen', Online-Aktivitäten wie ‚gemeinsam Filme streamen' oder ‚Videospiele machen'" (ebd.). Heranwachsende aus Nachbarsgärten hielten über den Gartenzaun Kontakt, während auch die gemeinsame Gartennutzung als Kontaktmöglichkeit angegeben wurde (vgl. ebd.). Insgesamt zeigen diese Antworten bezüglich der sozialen Kontakte, dass der Kontakt zu Freunden zwar weiterhin gehalten wird, jedoch große Gruppengemeinschaften von Freunden scheinbar kaum realisierbar sind und sich eher kleinere Gruppen gebildet haben. Außerdem wird deutlich, dass der Kontakt größtenteils durch digitale Medien und folglich virtuell gehalten wurde. Die verbrachte Zeit vor digitalen Geräten scheint somit zu steigen und Zeit, die sonst außerhalb dieser Medien mit Freunden verbracht wurde, kann nun größtenteils nur noch durch digitale Medien ersetzt werden. Bewegungsmöglichkeiten werden somit reduziert und das Sitzen oder Liegen vor digitalen Endgeräten nimmt zu. Welche Auswirkungen das tatsächlich auf lange Sicht auf die Heranwachsenden hat, kann an dieser Stelle nicht geklärt werden. Jedoch ist eine negative Auswirkung wahrscheinlich.

Zur Frage, wen die Jugendlichen kontaktieren, wenn sie Sorgen oder Gefühle der Überforderung in Zeiten der Pandemie haben, wurden überwiegend PartnerInnen oder gute Freunde angegeben (vgl. Wilmes et al. 2020: 23). Mutter, Vater und Geschwister standen an dritter, vierter und fünfter Stelle. Eine weitere wichtige Anlaufstelle stellen Onlineforen und soziale Netzwerke dar, in denen sich Gruppen bilden. Offizielle Beratungsstellen wie das Jugendamt oder auch die Polizei standen an letzter Stelle (vgl. ebd.).

Zur Zufriedenheit mit der Schule, sowohl vor Ort als auch mit dem zuhause Erlernten, wurde festgestellt, dass circa 40 Prozent positiv gestimmt waren, nicht zur Schule gehen zu müssen. Circa 46 Prozent waren unzufrieden, nicht zur Schule gehen zu können (vgl. Wilmes et al. 2020: 24). Mit dem zuhause Erlernten waren ungefähr 54 Prozent eher unzufrieden, während 13 Prozent die Situation als durchwachsen beschreiben. Die daran anschließende Frage über die Zufriedenheit mit der Unterstützung durch die Lehrkraft wurde sehr verschieden eingeschätzt und bewertet. 7 Prozent waren mit der Unterstützung der Lehrkräfte komplett unzufrieden. Insgesamt 25 Prozent waren sehr unzufrieden mit der Unterstützung der Lehrpersonen (vgl. ebd.: 25). Knapp 13 Prozent positionierten sich mittig und ein Viertel war tendenziell zufrieden. Lediglich 3,5 Prozent waren gänzlich zufrieden mit der Unterstützung durch die Lehrkraft (vgl. ebd.). In der Realisierung des Homeschoolings besteht nach Einschätzung der Heranwachsenden folglich noch Handlungsbedarf. Die erste Euphorie darüber, nicht zur Schule zu müssen, macht wahrscheinlich die insgesamt 40 Prozent der positiv gestimmten SchülerInnen aus. Schließlich wurde die Studie zum relativen Beginn der Coronapandemie durchgeführt, als die Schulen noch nicht lange geschlossen waren. Schon zu diesem Zeitpunkt gaben über die Hälfte der SchülerInnen an, nicht genug durch das Homeschooling gelernt zu haben. Hinsichtlich der Unterstützung durch die Lehrkraft zeigt sich ein gemischtes Bild. Das spricht für die Unterschiede in dem Engagement der einzelnen Lehrkräfte. Schließlich sind manche Lehrpersonen mit den Softwares zum Online-Unterricht schneller vertraut und handlungsfähig als andere.

In Bezug auf die Frage, inwiefern sich die Aktivitäten der Heranwachsenden durch Corona veränderten, wurde angegeben, dass sehr viel Zeit mit der Familie, Serien, Filme und Fernsehen gucken verbracht wurde. Auch im Haushalt wurde oft mitgeholfen. Ebenfalls gaben die meisten an, häufiger in der Woche Sport zu treiben. Teilweise wurde angegeben, Tätigkeiten, die sonst völlig vernachlässigt wurden, während Corona wieder aufgenommen zu haben. Als Beispiel wurde hier das Puzzeln genannt (vgl. ebd.: 29). Gelangweilt haben sich während der Pandemie knapp 32 Prozent mehrmals täglich. Circa 27 Prozent gaben an, in der Zeit keine Langeweile empfunden zu haben (vgl. ebd.: 9). In diesem Zusammenhang wurde erfragt, wie zufrieden die Heranwachsenden mit der verbrachten Zeit während der Pandemie im Gegensatz zur verbrachten Zeit vor der Pandemie waren und sind. Vor der Pandemie war mehr als die Hälfte der Befragten überdurchschnittlich zufrieden mit der Zeitgestaltung (vgl. ebd.: 30). Seit Beginn der Pandemie ist die Verteilung nicht mehr eindeutig. Die Skala von 0, total unzufrieden, bis 10, zu 100% zufrieden, welche auch in der ersten JuCo-Studie genutzt wurde, um Einschätzungen abgeben zu können, zeigt, dass sich die Jugendlichen von null bis zehn verteilen. 4,4 Prozent sind mit der verbrachten Zeit während der Pandemie total unzufrieden, während 3,9 Prozent zu 100% zufrieden sind (vgl. ebd.). Die Hälfte aller Befragten verteilt sich relativ gleichmäßig auf die Skalenpunkte 3,4,5,6 und befindet sich damit im weniger zufriedenen Bereich bis hin zum durchschnittlich zufriedenen Bereich (vgl. ebd.). Laut der AutorInnen scheint es hierbei somit auf die zur Verfügung stehenden Möglichkeiten der Jugendlichen anzukommen, wie diese ihre Zeit während der Pandemie gestalten und verbringen konnten (vgl. ebd.).

Hinsichtlich der Frage, woher die jungen Menschen Informationen bezüglich Schulöffnungen und Prüfungshandbungen und -abläufen bekamen, wurden die Institutionen wie Schulen und Hochschulen als schlechtester Informant eingeschätzt und bewertet (vgl. Wilmes et al. 2020: 32). Überwiegend wurden die Familie und die Medien und Nachrichten genutzt, um sich aktuelle Informationen zu beschaffen (vgl. ebd.). Das Hauptthema der Studie, nämlich Jugendlichen Gehör zu verschaffen, wird an diesem Ergebnis nochmal besonders deutlich. Vor allem Orte des Lehrens und Lernens, an denen die jungen Menschen einen großen Teil ihrer Zeit verbringen, sollten dafür sorgen, auch in Krisenzeiten Möglichkeiten zum Austausch zu bieten. Informationsveranstaltungen zu neuen Vorgaben – vor allem hinsichtlich der

Handhabung des Präsenzunterrichts, des Homeschoolings und der Prüfungsregelungen – hätten vornehmlich durch die Institution Schule aufgefangen werden müssen.

Eine weitere wichtige Frage bestand darin, ob die Heranwachsenden wissen, welche Rechte sie haben, da die Pandemie, laut der AutorInnen, zu einer größeren Abhängigkeit von anderen führte (vgl. ebd.). Über die Hälfte der Befragten gab an, sich einigermaßen sicher zu sein. Allerdings gaben nur 22,4 Prozent an, sich sicher zu sein und 20,7 Prozent teilten mit, sich nicht sicher zu sein (vgl. ebd.). Dies referiert auf die vorherige Frage und Erläuterung des Ergebnisses. Die Schulen hätten durch Informationsveranstaltungen und gemeinsame Besprechungstage mit SchülerInnen und LehrerInnen für die Aufklärung von Rechten und Pflichten sorgen können und zu mehr Sicherheit bei den Lernenden beitragen können. Schließlich besteht der Bildungsauftrag nicht in der ausschließlichen Vermittlung von Unterrichtsinhalten, sondern auch in der Erziehung Heranwachsender zu mündigen und aufgeklärten BürgerInnen. Eine Reduktion auf das synchrone und asynchrone Unterrichten, ohne den sozialen und pädagogischen Bildungsauftrag zu sichern und zu gewährleisten, scheint problematisch zu sein.

3.2.4.9 Ergänzungen aus der zweiten Studie ‚Junge Menschen und Corona'

Die hier aus der ersten JuCo-Studie vorgestellten Ergebnisse lassen sich mit der zweiten JuCo-Studie ergänzen. Diese wurde zum Ende des Jahres 2020 durchgeführt und beinhaltet im Gegensatz zur ersten Studie knapp ein Jahr Erfahrung ständiger Lockdowns und der Pandemie (vgl. JuCo 2, Andresen et al. 2020: 5).

Der Wunsch der jungen Menschen mitzubestimmen wird stärker (vgl. ebd.: 4). Laut der AutorInnen wurde auch im weiteren Verlauf des Jahres 2020 keine Einbindung Heranwachsender in die Politik vorgenommen, sodass Wünsche und Vorschläge der jungen Generation weiterhin unbeachtet blieben. Dies bot Anlass zur zweiten Befragung im Rahmen der JuCo-Studie im November 2020 (vgl. ebd.: 5). Es wurden erweiternd zur ersten JuCo-Studie Fragen hinsichtlich der Bedürfnisse der Heranwachsenden sowie Fragen zur Freizeitgestaltung und zum persönlichen Befinden gestellt (vgl. ebd.). Bei diesem Durchgang gab es mehr TeilnehmerInnen bei der Befragung. Insgesamt 7.000 fast vollständige Fragebögen wurden ausgefüllt und mehr als 1.400 freie Antworten in den Freitextfeldern sind eingegangen (vgl. ebd.). Der Anteil der nicht zur Schule gehenden TeilnehmerInnen ist in dieser Studie größer gewesen. Ungefähr 60 Prozent studieren, arbeiten oder sind in der

Ausbildung. 23 der 60 Prozent studieren zum Zeitpunkt der Befragung (vgl. ebd.: 6). Ängste vor der Zukunft beklagen 45 Prozent der TeilnehmerInnen. Existenzängste wegen verlorener Nebenjobs werden in den Freitextfeldern beklagt (vgl. ebd.: 7). Speziell die *„Pandemie-bedingte Überschreitung der Regelstudienzeit, ergo Wegfall des Bafögs und keine Möglichkeit des Bezuges von* [sic!] *elterlichen Unterhalts* [Hervorheb. im Orig.]" (ebd.) scheint viele junge Menschen vor eine nicht eingeplante Herausforderung zu stellen, die sich durch den vorübergehenden Wegfall einiger Nebenjobs zuspitzt (vgl. ebd.). Unverschuldete und unerwartete Herausforderungen behindern die Realisierung möglicher Zukunftspläne und erfordern, sich neu zu organisieren und Pläne zu überarbeiten. Es steht außer Frage, dass dies eine zusätzliche Belastung ist in Zeiten der Verunsicherung und weniger Bezugspersonen, die auch noch schwieriger zu erreichen sind.

Über die eigenen Existenzängste hinausgehend wird die politische Vorgehensweise hinterfragt. Die ‚Klassifikation' der Menschen nach dem Grad ihrer Systemrelevanz wird beispielsweise von einem der Teilnehmenden im Freitextfeld aufgegriffen und kritisiert. Dies führe zur stärkeren Spaltung der Gesellschaft, statt zu einem Zusammenhalt (vgl. ebd.). Inwiefern sich die Systemrelevanz tatsächlich auf die Spaltung oder den Zusammenhalt der Gesellschaft auswirkt, kann an dieser Stelle nicht tiefer ergründet werden. Jedoch wird deutlich, dass die Unsicherheiten über die persönlichen Bedürfnisse und Wünsche hinausgehen und auch die des unmittelbaren Umfeldes übersteigen.

Die eben beschriebenen Zukunftsängste zeichnen sich auch in der quantitativen Befragung ab, in der circa 20 Prozent aller Beteiligten voll zustimmen, Angst vor der eigenen Zukunft zu haben und weitere 25,4 Prozent eher zustimmen, Angst zu haben (vgl. ebd.: 7 f.). Damit ist über die Hälfte der Beteiligten ängstlich, was die Zukunft betrifft. 61 Prozent der Teilnehmenden erachten die pandemiebedingten Regeln und Hygienevorschriften als sinnvoll. Dass die Heranwachsenden teilweise kaum nachvollziehen können, wieso manche Regeln festgelegt werden, hat Gründe, die zum Teil in den freien Textfeldern spezifiziert wurden. Hierzu zählt der aus Sicht der Jugendlichen bestehende Widerspruch, zwar zur Schule gehen zu müssen und mit bis zu dreißig MitschülerInnen in einem Raum sitzen zu müssen, obwohl in der Freizeit und außerhalb der Schule strenge Maßnahmen eingehalten werden sollen (vgl. JuCo 2, Andresen et al. 2020: 8). Die Präsenzpflicht in der Schule bestand, nach Aussagen einzelner SchülerInnen, sogar trotz der Tatsache, dass Tablets für alle SchülerInnen zur Verfügung gestellt wurden. Diese wurden in Phasen der Präsenzzeit nur für Notizen während des Unterrichts – also scheinbar leidglich als Heftersatz – genutzt, statt den Distanzunterricht zu ermöglichen (vgl. ebd.). Diese für die Heranwachsenden paradoxe Situation wurde mit Gefühlsbeschreibungen wie ‚frustrierend' festgehalten (vgl. ebd.). Die Mitbestimmungsmöglichkeit der SchülerInnen wäre wichtig gewesen, um ihnen ein Gefühl der Zugehörigkeit und Wichtigkeit zu vermitteln. Andererseits hätte dies auch dazu führen können, dass viele unterschiedliche Meinungen seitens der SchülerInnen geäußert worden wären, sodass eine Berücksichtigung aller fast unmöglich gewesen wäre. Aus diesem Grund sollte eventuell ebenfalls festgehalten werden, dass die Einbindung der SchülerInnen insofern begrenzt ist, als dass die Wünsche aller kaum realisierbar gewesen wären. Allerdings wurde damit eine hervorragende Gelegenheit verpasst, den Heranwachsenden das Wesen der Demokratie, also die Entscheidung der Mehrheit, näher zu bringen. Schließlich gibt es viele Argumente für und gegen den Präsenzunterricht, weshalb sich beide Meinungen letztlich hätten begründen lassen. Jedoch stellte vor allem der Wechsel von Präsenz- auf Distanzunterricht und umgekehrt alle Teilnehmenden des Schulgeschehens und auch die Familienmitglieder vor immer neue Herausforderungen, die durch eine Einheitlichkeit hätten reduziert werden können.

Die Thematik der Einsamkeit, welche schon in der ersten JuCo-Studie in freien Textfeldern zur Sprache gebracht wurde, ist in der zweiten JuCo-Studie als Frage aufgenommen worden. Es wird angegeben, dass mehr als ein Drittel sich einsam fühlen, was mit Blick auf die Gesamtzahl der Teilnehmenden – laut der AutorInnen – auf eine Zahl von 2.500 Heranwachsenden zurückzuführen ist (vgl. ebd.: 9). Dies habe „psycho-soziale Folgen der biografisch wichtigen Selbsterkundung im Jugendalter" (JuCo 2, Andresen et al. 2020: 9). Das Ausmaß scheint folglich vor allem für Heranwachsende im Jugendalter und teilweise in der Pubertät problematisch, da die Phase des sich Ausprobierens gebremst wird und nicht, wie andere versäumte Tätigkeiten, nachgeholt werden kann. Neben den körperlichen Veränderungen hat in der Pubertät vor allem die Psyche neue Herausforderungen zu bewältigen. Hierzu zählen „Phase[n] des Suchens, Ausprobierens, Zweifelns und Sich-selbst-Findens. Die Sexualität spielt dabei eine herausragende Rolle" (Schneider et al. 2020: 75). In Bezug auf die Kontaktbeschränkungen ist nicht von der Hand zu weisen, dass das Ausprobieren in sämtlichen Bereichen durch die Coronapandemie nahezu entfällt.

Diese Annahmen decken sich mit der Angabe in der Studie dazu, dass sich die Freizeitgestaltung für 81 Prozent der Teilnehmenden stark gewandelt hat (vgl. JuCo 2, Andresen et al. 2020: 9). Das Treffen mit Freunden und allgemein Gleichaltrigen sowie Hobbys und sportliche Betätigungen konnten nicht gewohnt wahrgenommen werden (vgl. ebd.).

Die in der ersten JuCo-Studie festgehaltenen Ergebnisse des nicht erhört und einbezogen Werdens, welche seitens der Jugendlichen geäußert wurden, sind in der zweiten JuCo-Studie stärker beklagt worden (vgl. ebd.: 10). Ungefähr 60 Prozent der Heranwachsenden gaben an, sich von Politikern als nicht wichtig wahrgenommen zu fühlen und circa 65 Prozent äußerten, sich in der Politik nicht erhört zu fühlen (vgl. ebd.). Innerhalb eines knappen Jahres scheint sich hier folglich nichts verändert zu haben, und während dieser Zeit wurde den Jugendlichen anscheinend kein Mitspracherecht ermöglicht. Die Zeit von März bis Juli 2020 wird von einem Teilnehmenden im Freitextfeld als schwierige Zeit des Homeschoolings eingeschätzt, die sich nicht wiederholen sollte (vgl. ebd.). Dieser gibt dabei zu bedenken, dass das Homeschooling prinzipiell „richtig gut werden [könnte], wenn es gut strukturiert ist und Möglichkeiten genutzt werden" (JuCo 2, Andresen et al. 2020: 10). Die Strukturlosigkeit und Überforderung der Institution Schule hinsichtlich der verfügbaren Mittel und Kompetenzen der Lehrkräfte wird scheinbar von den SchülerInnen wahrgenommen und als ausbaufähig beschrieben und eingeschätzt (vgl. ebd.). Wie diese Zeit in Bezug auf zur Verfügung stehende Mittel und aus Sicht der Lehrpersonen wahrgenommen und gehandhabt wurde, wird im weiteren Verlauf der Arbeit erörtert. Dazu wird in einem der Kapitel die Medienpolitik betrachtet. In dem empirischen Teil der Arbeit werden die Eindrücke und Erfahrungen der Lehrkräfte dargestellt.

Aus dem Homeschooling und Wechselunterricht resultieren etliche Abschlüsse. Die Folgen dieser außergewöhnlichen Schulzeit und die Bedingungen, unter denen beispielsweise das Abitur erlangt werden musste, wurden ebenfalls in der zweiten JuCo-Studie hinterfragt. Zu diesen Eindrücken und Verläufen konnte ebenfalls in freien Textfeldern geantwortet werden (vgl. ebd.: 12). In einer in der Studie dargestellten Antwort eines Teilnehmenden wird der Weg zum Abitur beschrieben. Dieser äußerte seine Dankbarkeit in Bezug auf die Möglichkeit, sich in diesem Fragebogen lossprechen zu können und seine Eindrücke zu teilen. Das Abitur stellte diesen Heranwachsenden vor eine Herausforderung, da man sich Fächer selbst aneignen musste, was je nach Affinität zu einzelnen Fächern sehr schwierig werden konnte (vgl. ebd.). Dieser junge Erwachsene verfügte, nach eigenen Angaben, über keinen gesonderten Arbeitsplatz zuhause, sondern konnte nur mit dem Laptop der Mutter arbeiten. Der Vater sei psychisch krank, und dadurch fiel noch erheblicher die Tatsache ins Gewicht, das soziale Umfeld nicht treffen zu können, um gestützt zu werden (vgl. JuCo 2, Andresen et al. 2020: 12). Die AutorInnen kritisieren, dass die SchülerInnen scheinbar als einzige Möglichkeit des sich Lossprechens den Fragebogen haben und ausschließlich darüber angehört werden. Es sei schließlich vor allem in der aktuellen Situation essentiell, Heranwachsende zu stützen (vgl. ebd.). Das Einbeziehen Heranwachsender in die Politik sei hier ein wichtiger Schritt, speziell die Möglichkeit des Mitbestimmens sollte angeboten werden, wenn es um das Umsetzen der pandemiebedingten Vorschriften ginge (vgl. ebd.). Schließlich sei auch das Lernen selbst unmittelbar von der Pandemie betroffen und beeinträchtigt. Die Motivation liege für viele Heranwachsende häufig im gemeinsamen Lernen. Dies wiederum war aber während der Coronapandemie kaum bis gar nicht möglich (vgl. ebd.). Das Zusammenrücken mit der Familie kann sowohl als Stütze als auch als Belastung wahrgenommen werden und ist daher keine pauschale Hilfe, um die Pandemie zu überstehen (vgl. ebd.).

Als starke Problematik dieser Pandemie wird der Begriff der „‚Generation Corona'" (JuCo 2, Andresen et al. 2020: 13) seitens der AutorInnen aufgefasst. Dieser verweise auf ein verfrühtes Ergebnis und eine Ableitung dieser Zeit und sende falsche, folgenschwere Signale an die Heranwachsenden (vgl. ebd.). Das aktive Mitarbeiten und Mitgestalten an dieser Krisenzeit werde ihnen damit aberkannt. Es liege in der Hand der Erwachsenen und der Politik, die junge Generation ernst zu nehmen und ihr zu vertrauen (vgl. ebd.). Welche folgenschweren Signale diese spezielle Bezeichnung der Heranwachsenden als ‚Generation Corona' genau hat, wird von den AutorInnen nicht näher erläutert. Jedoch lässt sich ableiten, dass eine Stigmatisierung der ganzen Generation dadurch forciert wird und diese dadurch abgewertet oder fast als gescheitert bezeichnet wird. Eine Generation nach einem Virus zu benennen ist neben einer Abwertung auch die Reduktion auf eine scheinbar durch diese Generation verantwortete Krankheit auf der ganzen Welt. Neben dieser indirekten Anschuldigung wird auch eine Art Handicap oder Beeinträchtigung durch diese Bezeichnung unterstellt. Die bereits nicht geklärte Frage, ob in dieser Zeit erzielte Abschlüsse künftig als minderwertig erachtet werden, wird durch die besondere Bezeichnung dieser Generation verstärkt unterstellt. Die Bezeichnung, die Erwachsene für diese Generation ins Leben gerufen haben, unterstreicht erneut das fehlende Mitbestimmungsrecht und die scheinbar passive Rolle junger Heranwachsender während einer Krise, welche diese augenscheinlich mit am meisten betroffen und am stärksten getroffen hat. Des Weiteren kann infrage gestellt werden, ob künftige Fehlleistungen der Heranwachsenden Schuldfragen aufwerfen könnten, die den begrenzten Möglichkeiten während der Coronapandemie zugeschrieben würden.

3.2.4.10 Ängste und Sorgen der Jugendlichen während der Coronapandemie und des Homeschoolings

Eine vertiefende Befragung zu den Ängsten und Sorgen der Jugendlichen soll an dieser Stelle noch einmal für erweiternde Erkenntnisse herangezogen werden, um für den Rahmen dieser Arbeit weitere relevante Aspekte herauszuarbeiten (vgl. Andresen et al. 2021: 9). Diese Befragung wurde im März 2021 veröffentlicht und repräsentiert damit mehr als ein Jahr Erfahrungen mit der Coronapandemie (vgl. ebd.: 46). Das Ziel dieser weiteren Befragung liegt darin, ein ‚Sprachrohr' für die Öffentlichkeit und die Politik darzustellen, um für mehr Aufmerksamkeit und Aufklärung zu sorgen (vgl. ebd.: 12). Außerdem wird in der Einleitung dieser Befragung darauf verwiesen, dass die UN-Kinderrechtskonvention besagt, dass „junge Menschen ein Recht auf Bildung haben sowie auf soziale Kontakte, Spiel und gesellschaftliche Teilhabe. Zugleich ist das Recht auf Beteiligung ein zentraler Bestandteil der Konvention." (ebd.). Damit wird verdeutlicht, um welch ein elementares Anliegen es sich handelt, über die Situation der Jugendlichen während der Coronapandemie aufzuklären und ihnen Gehör zu verschaffen.

Dieses Recht auf soziale Kontakte, Spiel und gesellschaftliche Teilhabe konnte während der Pandemie kaum realisiert werden. Es wurden auch im Verlauf der Pandemie keine Ausweichmöglichkeiten zur Verfügung gestellt, welche die Jugendlichen hätten nutzen können. Es wird von den AutorInnen ebenfalls darauf verwiesen, dass auch vor der Pandemie für Heranwachsende nur geringe Möglichkeiten und Rechte zur Beteiligungen in der Öffentlichkeit bestanden (vgl. Andresen et al. 2021: 12). Die politischen Mitentscheidungsrechte Heranwachsender sollen auch laut des Deutschen Instituts für Menschenrechte stärker berücksichtigt werden. Schließlich kann „die Ermittlung des Kindeswohls nur dann sachgerecht erfolg[en], wenn [...] [das] Recht auf Gehör und Berücksichtigung der Meinung des Kindes [...] eingehalten werden" (ebd.). Dieser Appell geht über die bloße Freizeitgestaltung und die sozialen Kontakte hinaus und verweist darauf, dass die Coronapandemie bei vielen Kindern und Jugendlichen zu mehr Problemen führt. Diese müssen vor allem in der Zeit weniger verfügbarer externer AnsprechpartnerInnen aufgefangen werden, und Heranwachsende sollten vermehrt angehört werden.

Neben dem eben genannten Recht auf Mitsprache ist zur Berücksichtigung der Heranwachsenden auch die Ermittlung der Bedarfe junger Menschen relevant. Diese Ermittlung soll direkt bei den Heranwachsenden selbst stattfinden und von diesen beantwortet werden (vgl. ebd. 13). Es kommt erschwerend hinzu, dass schon vor der Coronapandemie das Mitspracherecht der jungen Menschen gering war. Dieses fiel durch die Pandemie jedoch stärker ins Gewicht (vgl. ebd.: 14). Die Studie ‚Children's Worlds' stellte vor der Coronapandemie fest, dass Jugendliche kaum Möglichkeiten hatten, Einfluss auf Politik und Gesellschaftsleben zu nehmen (vgl. ebd.: 17). Die Studie, Generation Z', welche im Jahr 2019 durchgeführt wurde, kam zu dem Ergebnis, dass weniger als jeder Siebte der Heranwachsenden glaubt, die Politik nehme die Sorgen und Ängste junger Menschen ernst (vgl. ebd.). Diese Ergebnisse werden durch die Pandemie noch relevanter. Die Sorgen der Heranwachsenden scheinen noch weniger gehört zu werden (vgl. ebd.). Eine erste Initiative zur Einbindung Jugendlicher erfolgte mit einem Jugendworkshop, der ab dem Sommer 2020 eingerichtet wurde. Dieser ist durch den Forschungsverbund der AutorInnen des Beitrages und durch die Bertelsmann Stiftung ins Leben gerufen worden (vgl. ebd.: 23). Die Ergebnisse der beiden JuCo-Studien wurden mit den Heranwachsenden dort gemeinsam besprochen und diskutiert (vgl. ebd.). Zentral waren bei den Besprechungen die tatsächliche Einschätzung und derzeitige Lebenssituation, in der sich die Jugendlichen befanden. Gefühle, Meinungen und Einschätzungen sollten kommuniziert und ausgetauscht werden (vgl. ebd.). Unter anderem wurde die Digitalisierung als relevantes Thema beschrieben, in welchem Heranwachsende mitbestimmen möchten (vgl. ebd.). Lebensverändernde Umstände wie Auslandsaufenthalte, angestrebte Studiengänge und Ausbildungsplätze bereiten Sorgen und lassen viele Fragen offen. Die Ergebnisse und Aussagen der Heranwachsenden wurden in der zweiten JuCo-Befragung berücksichtigt und integriert (vgl. ebd.). Künftig gilt es, mehr Jugendforschung zu betreiben und die Ergebnisse dieser einzubeziehen, wenn es um Themen geht, welche die Gesellschaft und die Politik betreffen (vgl. Andresen et al. 2021: 27). An dieser Stelle wird es ebenfalls als ausbaufähig beschrieben, die Datenerhebungsinstrumente für jene Studien zu hinterfragen und eventuell zu optimieren, eine möglichst heterogene Menge an Jugendlichen vielseitig anzusprechen und Informationen über solche Studien auf vielen verschiedenen Wegen zu verbreiten (vgl. ebd.).

Da sich vor allem Heranwachsende in entscheidenden Übergangsphasen ihres Lebens befinden und in solchen Zeiten vermehrten Gebrauch von Beratungsstellen machen, um Beratungen hinsichtlich zu ergreifender Berufe oder Studiengänge einzuholen, fällt der Entfall solcher Angebote besonders stark ins Gewicht (vgl. ebd.: 28). Derartige Initiativen waren geprägt von innovativen Einfällen und Ideen einzelner Menschen oder kleiner Organisationen, die beispielsweise digitale Beratungsmöglichkeiten zur Verfügung stellten (vgl. ebd.).

Zu dem Bedarf, welchen Jugendliche haben, zählt der „‚Ort zum Abhängen'“ (vgl. ebd.: 30). 23,5 Prozent der heranwachsenden Befragten aus der zweiten JuCo-Studie äußerten, keinen Ort zu haben, an dem sie sich aufhalten können, obwohl es sich hierbei um eine zentrale Anlaufstelle handelt. Neben dem Zusammenkommen mit Gleichaltrigen und dem sich Austauschen entwickelt sich durch derartige neutrale und öffentliche Orte der Prozess der Selbstpositionierung (vgl. ebd.: 29). Zudem lernen Jugendliche hierdurch eine Selbstständigkeit auszubauen und am öffentlichen Leben teilzunehmen (vgl. ebd.). Diverse Jugendaktivitäten, wie beispielsweise der Sport, ist bei 60 Prozent der Beteiligten ersatzlos entfallen (vgl. ebd.). Hierbei gaben circa 30 Prozent der jungen Menschen an, dass Verbote hinsichtlich der Teilnahme an eben genannten Freizeitaktivitäten ausgesprochen wurden (vgl. ebd.: 30). Ob diese durch die Eltern beziehungsweise den Vormund oder durch allgemein geltende Regeln zur Pandemiezeit ausgesprochen wurden, wird in der Studie nicht näher erläutert.

Die soziale Ungleichheit wird durch die Coronapandemie sehr verstärkt. Das geht daraus hervor, dass Heranwachsende, die angaben, finanzielle Sorgen zu haben, häufig auch verstärkte psychische Belastungen und Ängste um die eigene Zukunft haben (vgl. Andresen et al. 2021: 34). Hier greifen mehrere Probleme und Belastungen ineinander und begünstigen oder verstärken einander, sodass die soziale Ungleichheit pandemiebedingt stärker ins Gewicht fällt. In der Studie wird belegend hinzugefügt, dass auch kleine Wohnräume und geringere Bildungschancen mit der finanziellen Situation zusammenhängen. Vor allem für diese jungen Menschen werden Langzeitfolgen prognostiziert (vgl. ebd.). Dies lässt sich teilweise dadurch begründen, dass Nebentätigkeiten durch die Pandemie vorübergehend weggefallen sind und die finanziellen Sorgen größer werden (vgl. ebd.). Hier wird gefordert, vornehmlich junge, verarmte und sozial benachteiligte Menschen als eigene Bedarfsgruppe abzugrenzen und gesondert zu unterstützen, um ihnen den Aufbau eines eigenen Lebens zu erleichtern (vgl. ebd.). Schließlich sei vor allem bei jungen Menschen die Gefahr einer dauerhaften Prägung und die negative Beeinträchtigung von Lernerfolgen ein ernst zu nehmendes Thema, das durch die Armut mancher Heranwachsender verstärkt wird (vgl. ebd.: 35).

Ein Heranwachsender äußert, psychisch sehr belastet durch die Pandemie zu sein und keinen richtigen Alltag mehr zu haben, da dieser aus Schlafen und vor dem Bildschirm Sitzen besteht. Dadurch entstehen Ängste um die eigene Gesundheit. Diese wiederum möchte der Teilnehmende nicht mit seiner Familie teilen, da er meint, diese hätte eigene Probleme und Sorgen (vgl. Andresen et al. 2021: 39). Hier wird deutlich, dass die Familie nicht immer eine Stütze, sondern teilweise auch eine Belastung darstellen kann, vor allem, wenn die Heranwachsenden sich zusätzliche Gedanken um die Sorgen der Eltern und Geschwister machen.

Referierend auf den durch die AutorInnen bereits erwähnten Begriff der ‚Generation Corona' verdeutlichen diese erneut, dass nicht der Eindruck vermittelt werden soll, es handele sich um eine unwiderrufliche Prägung einer Generation, welche die Folgen dessen spüren wird. Viel mehr läge es an der Gesellschaft, mit dieser Tatsache umzugehen und diese aufzufangen (vgl. Andresen et al. 2021: 41). Es soll mit diesem Begriff der Generation folglich kein Vergleich zu anderen Generationen und anderen Lebensumständen hergestellt werden, sondern es soll eine Solidarität zwischen den Generationen entstehen, statt einer Spaltung, Klassifizierung und Abgrenzung (vgl. ebd.).

Die bisher nur in Ausschnitten beleuchteten und zusammengefassten Worte der Heranwachsenden werden in einem letzten Schritt der Jugend-Corona-Thematik aufgegriffen und erörtert. Dazu wird Stellung genommen und geprüft, welche Einschätzung die Jugendlichen hinsichtlich der Corona-Pandemie äußern. Des Weiteren erfolgen in diesem Beitrag Verbesserungsvorschläge zu den bisherigen Problemen der Heranwachsenden. Diese Verbesserungsvorschläge sind aus Sicht der Jugendlichen formuliert, sodass ihre Ideen und ihr Engagement Gehör finden. Es handelt sich dabei um ein ExpertInnenteam aus Jugendlichen, welche die Aussagen und Meinungen anderer Jugendlicher interpretieren (vgl. Leidig et al. 2021: 3). Schon in der Einleitung dieses Beitrages wird herausgestellt, dass „das Schulsystem veraltet ist, Mitsprache auf der Strecke bleibt und dass oft Ansprechpartner:innen für Kinder und Jugendliche fehlen." (ebd.). Demzufolge ist in Bezug auf das Homeschooling aus Sicht der jungen Menschen noch eine Menge Handlungsbedarf. Die aus dem Zitat hervorgehenden noch zu behandelnden Bereiche sind folglich die ausbaufähige Digitalisierung, die stärkere Einbindung von SchülersprecherInnen in Bezug auf relevante Entscheidungen, welche die Handhabung der Bildungseinrichtungen nicht nur in Krisenzeiten betreffen, und verstärkt präsente Vertrauenspersonen wie SozialarbeiterInnen oder VertrauenslehrerInnen. Diese könnten auch digitale Sprechstunden anbieten oder mit der Coronapandemie vereinbare Präsenztreffen für besonders dringende Fälle einrichten. Ein solches Gerüst sollte so aufgebaut sein, dass es nicht nur, sondern vor allem in Krisenzeiten standhält.

3.2.4.11 Verbesserungsvorschläge der Heranwachsenden zur Situation während der Coronapandemie

Die psychischen Belastungen der Jugendlichen wurden in der JuCo 1 und 2-Studie bereits herausgearbeitet. An dieser Stelle sollen ausgewählte Zitate sowie Verbesserungsvorschläge der Heranwachsenden hinzugefügt werden. Im qualitativen Forschungsteil dieser Arbeit wird die Perspektive der Lehrkräfte in den Fokus gerückt. Daher bietet dieser hier dargestellte Teil der Arbeit ergänzend Einblicke in die Sicht der Heranwachsenden, sodass multiperspektivisch auf das Thema des digitalen Distanzunterrichts geschaut werden kann.

Beklagt werden Probleme wie der fehlende Tagesrhythmus, welcher zu geringerem Schlaf und unregelmäßigeren Essgewohnheiten führt (vgl. Leidig et al. 2021: 9). Auch Gefühle der Isolation werden vermehrt genannt. Diese werden mit fehlenden sozialen Kontakten und dem Wegfall der vielfältigen Freizeitgestaltung begründet (vgl. ebd.). Um das zu verbessern, haben die Jugendlichen Vorschläge herausgearbeitet. Dazu zählen Möglichkeiten, sich mit Gleichaltrigen austauschen zu können, sowie Richtungsvorgaben, wie in dieser Zeit des Homeschoolings gelernt werden kann, ohne die Gesundheit zu beeinträchtigen (vgl. ebd.). Eine weitere wichtige Veränderung wären greifbare Personen, um als Kind oder Jugendlicher externe Hilfe bekommen zu können. Der Einfluss der Schulen auf den Umgang und die Wahrnehmung mit der Krisensituation wird hier durch die Jugendlichen hoch eingeschätzt. Es wird jedoch vorausgesetzt, dass die Schulen einen Ort der Sicherheit darstellen müssen und teilweise reorganisiert werden sollen (vgl. ebd.). Aufgegriffen wird hier durch die Heranwachsenden auch die zunehmende Problematik benachteiligter SchülerInnen. Hier wird konkret gefordert, dass der Schulerfolg unabhängig von familiären Hintergründen sein soll. Zudem soll über den Einfluss und die Wahrnehmung der Coronapandemie in der Schule gesprochen werden. Auch die Bedarfe von Kindern und Jugendlichen sollen gedeckt werden (vgl. ebd.: 11). Zur Mitsprache in der Schule zählt neben dem Umgang mit Ausnahmesituationen auch der Ablauf in der Schule generell. Dieser umfasst die Mitbestimmungsmöglichkeit bezüglich G8 oder G9 sowie Gestaltung des Unterrichts im Allgemeinen (vgl. ebd.: 12). In der Coronapandemie geht es außerdem um das Mitentscheidungsrecht hinsichtlich der Frage, ob Wechselunterricht, hybrider Unterricht oder Distanzunterricht stattfinden soll. Hier wünschen sich die Jugendlichen, gefragt zu werden, da sie sich bei solchen grundlegenden Entscheidungen ausgeschlossen fühlen (vgl. ebd.). Es lässt sich sicherlich auch argumentieren, dass den SchülerInnen der pädagogische Weitblick und die Einschätzung des großen Ganzen fehlen.

Allerdings kennt die Auswirkungen und den optimalen Weg während der Krisenzeit niemand. Daher könnten Lehrkräfte zumindest als ersten Schritt mit der Klasse gemeinsam entscheiden, ob bestimmte Themen beispielsweise asynchron oder synchron bearbeitet werden oder ob hybride Unterrichtsmodelle den ausschließlichen Online-Sitzungen mit Konferenzprogrammen vorgezogen werden. Fächer, die das Begründen und Argumentieren als Kompetenz fördern, könnten diese Fragen als Unterrichtsgegenstand behandeln und je nach Klassenstufe Diskussionsrunden, Leserbriefe, Essays oder Pro- und Contra-Listen erarbeiten lassen. Dort würden Meinungen und Standpunkte aus SchülerInnensicht deutlich werden und eventuell der Lehrkraft eine neue Perspektive auf die verschiedenen Unterrichtsmodelle geben.

Kritisiert wird seitens der Heranwachsenden auch die lange Zeit der Sommerferien im Jahr 2020. Die SchülerInnen wussten nicht, wie es nach den Ferien weitergeht und wurden weder eingebunden noch in Kenntnis gesetzt (vgl. Leidig et al. 2021: 13). Erschwerend kam hinzu, dass der Präsenzunterricht in den Klassenräumen laut der SchülerInnen undurchdacht ablief und mit häufiger Quarantäne einherging, sobald einer der Lernenden mit dem Coronavirus infiziert war. Hier werden geteilte Klassen und folglich größere Abstände als Möglichkeit gesehen, nicht alle SchülerInnen wegen eines Corona-Falls in Quarantäne zu schicken (vgl. ebd.). Gewünscht wird seitens der Jugendlichen konkret, dass es Fortbildungen im Medienbereich für Lehrpersonen gibt. Zudem sollen alle Lernenden, die keine eigenen digitalen Endgeräte besitzen, mit diesen seitens der Schule ausgestattet werden. Dies wiederum soll den Online-Unterricht für alle ermöglichen. Darauf aufbauend könnte online eine bessere Verbindung zwischen den Lernenden hergestellt werden, sodass diese sich auch außerhalb des Unterrichts virtuell verabreden und unterstützen können (vgl. ebd.). Über den Schulkontext hinaus soll eine generell bessere Internetverbindung für alle Lernenden zur Verfügung stehen und insgesamt aufgerüstet werden (vgl. ebd.). Damit wird wahrscheinlich auf den Ausbau von Glasfasernetz und geringeren Internet- und Verbindungsabbrüchen seitens der Internetanbieter referiert. Hier lässt sich erweiternd hinzufügen, dass die scheinbar nicht hinreichende Qualifikation aller Lehrpersonen in Bezug auf Homeschooling und Digitalisierungsmaßnahmen zu weniger Abwechslung im Unterricht und schlechterer Vermittlung von Unterrichtsthemen führen kann, worunter die SchülerInnen letztlich leiden. Hinzu kommt, dass Lernende häufig durch das Aufwachsen mit digitalen Endgeräten sicherer im Umgang mit Medien sind und die Lehrkräfte teilweise noch beraten oder unterstützen müssen.

Neben der Bezeichnung ‚Generation Corona' für die Heranwachsenden fiel auch die Zuschreibung der „ ‚verlorenen Generation' " (Leidig et al. 2021: 14). Womöglich resultierend aus der Tatsache, dass das Jugendwort im Jahr 2020 „‚Lost'" (ebd.) war. Damit wird die sowieso verlorene Zeit für alle Menschen, aber besonders für Heranwachsende übergreifend dieser Generation zugeschrieben. Verlorene Generation kann hier interpretiert werden als Generation, die den Anschluss in Bezug auf Jobsuche, Studium und weitere Lebensplanung verloren hat. Aber auch als für die Gesellschaft verlorene Generation, da diese für die Gemeinschaft einen vermeintlich geringen Nutzen bringen wird. Verloren ist auch im Sinne der Verunsicherung und Orientierungslosigkeit dieser Genration denkbar. Ohnmachtsgefühle, psychische Instabilität und Vorbelastungen können mit dem Begriff einer verlorenen Generation assoziiert werden. Die Gesellschaft und somit künftige ArbeitgeberInnen können mit Menschen dieser angeblich ‚verlorenen Generation' negative Eigenschaften oder Risiken verbinden. Beispielsweise eine eventuell höhere Anfälligkeit für Burnout, schneller erreichte Belastungsgrenzen, Sozialisationsprobleme – aufgrund der Isolation während der Coronapandemie – psychische Labilität und stärkere Neigungen zu Depressionen. Auch ein geringeres Durchhaltevermögen, fehlende Motivation oder geringere Anpassungsfähigkeit können jenen Jugendlichen zugeschrieben werden. Dies kann dazu führen, dass Arbeits- und Ausbildungsplätze ungern an diese Generation vergeben werden oder Misstrauen und eine schlechtere Behandlung dieser Heranwachsenden erfolgt.

Aber auch die Jugendlichen, welche während dieser Zeit mehr als sonst auf sich gestellt waren, können sich durch diese Zuschreibung noch stärker in ein Loch der Verzweiflung, Angst und Unsicherheit gedrückt fühlen. Das Selbstwertgefühl und Selbstbewusstsein kann ebenfalls sinken, wodurch im Studium oder der Ausbildung Selbstzweifel entstehen und die Abbruchrate eventuell höher ist. Es wird deutlich, dass die Zuschreibung einer derartigen Bezeichnung für eine ganze Generation weitreichende Konsequenzen haben kann. Damit könnte man fast von einer sich selbst erfüllenden Prognose ausgehen, da die Gesellschaft diese Heranwachsenden abstempelt und jene dadurch den Vorurteilen entsprechen, weil sie sich abgewertet fühlen, was zur Bestätigung der Vorurteile und folglich zur Verfestigung führt.

Statt eine Generation auf diese Art und Weise ausgrenzen und abstempeln zu wollen, sollte dieser geholfen werden. Dies kann erfolgen, indem vermehrt Orientierungsangebote und Hilfestellungen in Bezug auf eigene Stärken und Schwächen gegeben werden, die zeigen, welche Berufe und Bereiche ergriffen werden können. Das in Aussicht Stellen von Möglichkeit ist hier ein essentieller Bestandteil, um den teilweisen Verlust an Motivation zurückzuholen, statt ihn zu manifestieren. Wie die Jugendlichen selbst äußern, fehlten Möglichkeiten wie Praktika oder Auslandserfahrungen (vgl. Leidig et al. 2021: 14 f.). Additiv plagen die Kurzarbeit für angefangene Ausbildungen oder fehlende Einstellungsangebote für 2020 die Heranwachsenden, wodurch die Unsicherheit um die eigene Existenz in einer Phase des Aufbaus steigt (vgl. ebd.).

Verbesserungsvorschläge seitens der Heranwachsenden sind beispielsweise, ein Recht auf einen Ausbildungsplatz zu haben, größere finanzielle Unterstützung in Studium und Ausbildung zu bekommen und gesonderte Anlaufstellen, um den Übergang von der Schule zum Studium oder zum Ausbildungsplatz zu schaffen und Hilfe zu finden (vgl. Leidig et al. 2021: 15). Die stärkere Aufklärung über die Rechte, welche Kinder und Jugendliche haben, wird ebenfalls durch die Heranwachsenden gefordert. Diese würden in Familien und Schulen zu wenig thematisiert, was wiederum dazu führt, dass viele junge Menschen ihre eigenen Rechte nicht kennen (vgl. ebd.: 17). Hiermit sind vor allem die Kinderrechte gemeint, wie das „Recht auf Gehör und Mitbestimmung" (ebd.), das „Recht auf Schulbildung" (ebd.), das „Recht auf Bildung" (ebd.) und das „Recht auf Hilfe" (ebd.). Diese Rechte werden laut der Heranwachsenden in der Pandemie verletzt, weswegen dem entgegengewirkt werden muss (vgl. ebd.).

Aspekte, welche durch die Pandemie hervorgerufen wurden, aber auch nach der Pandemie bestehen bleiben können, sind der Fortschritt der Digitalisierung, mehr selbstorganisiertes Arbeiten und Leben, ein geringerer Stresspegel und auch das besondere Anerkennen der sozialen Kontakte (vgl. ebd.: 18). Die Digitalisierung in Bildungseinrichtungen und damit sowohl an Schulen als auch an Hochschulen wird in Bezug auf die Online-Lehre als positive Unterstützung zur Präsenzlehre gewertet (vgl. ebd.). Ein Ersatz scheint an dieser Stelle von den Heranwachsenden nicht gewollt, aber durchaus ein Fortbestehen der digitalen Möglichkeiten.

Schlussendlich stellen die Heranwachsenden heraus, dass hinsichtlich der Selbstfindung und des selbstorganisierten und selbstgesteuerten Lernens einiges durch die Coronapandemie forciert, aber als positiv und wertvoll wahrgenommen wurde. Dennoch macht eine globale Krise wie diese sichtbar, was noch alles zu erledigen ist, um beständige Bedingungen zu schaffen. Diese sollen nicht nur, aber vor allem Ausnahmesituationen standhalten und den Anschluss und Übergang solcher Zeiten erleichtern (vgl. ebd.: 18 ff.). Die Stimme der jungen Menschen zeigt, dass Bildungseinrichtungen ein Ort der Mitsprache und der gemeinsamen Entscheidungen sein sollten, der auch bei persönlichen Problemen AnsprechpartnerInnen bereithält und auf sozialer Ebene Zuflucht und Sicherheit bietet. Dennoch wird durch die Aussagen und Beiträge der Heranwachsenden sichtbar, dass die Bildungseinrichtungen diesen Aufgaben nicht ausreichend nachkommen und eher für die jungen Menschen statt mit ihnen entschieden wird, obwohl diese bei Themen wie der digitalen Umsetzung häufig innovative Beiträge zu leisten hätten.

3.2.4.12 Bewegungsmangel junger Menschen in Zeiten des Homeschoolings

Ein in den JuCo-Studien und ergänzenden Beiträgen bereits umrissenes Thema soll an dieser Stelle vertiefend aufgegriffen werden. Es geht um die Bewegung. Die Digitalisierung hat schon weit vor der Coronapandemie in einem viel früheren Stadium der digitalen Möglichkeiten gezeigt, dass diese sich negativ auf die Bewegung Heranwachsender und Erwachsener auswirken kann. Die Pandemie verursachte nun nicht nur den ersatzlosen Wegfall diverser sportlicher Aktivitäten, sondern brachte zeitgleich den Umstand mit sich, dass auch Bewegungsabläufe wie der Schul- oder Arbeitsweg, welcher teilweise zu Fuß oder mit dem Fahrrad bestritten wurde, entfielen. Sich in den Pausen in der Schule oder Hochschule zu bewegen, Klassen- oder Seminarräume zu wechseln oder den Sportunterricht zu besuchen, war auch nicht mehr möglich und verursachte einen veränderten Tagesrhythmus, der für viele Menschen überwiegend zuhause stattfand.

Hinzu kommt, dass zuhause viel Zeit vor dem Bildschirm verbracht wurde, da sowohl Homeoffice als auch Homeschooling dies einforderten. Dadurch wurde über lange Zeit häufig eine sehr einseitige Körperhaltung eingenommen, welche auf Dauer körperliche Einschränkungen mit sich bringen kann. Zu diesen körperlichen Auswirkungen zählen unter anderem Schmerzen im Rücken und dadurch bedingte Konsequenzen für die Körperhaltung. Auch Kopfschmerzen und Erkrankungen der Gelenke, Wirbelsäule oder Bandscheibe können eine Folge der einseitigen Haltung vor dem Bildschirm sein (vgl. Illy 2021: 47). Besonders bei ‚Gamern', die mehrere Stunden am Tag vor dem Computer verbringen, sind schon Heranwachsende zum Teil von „massiven Haltungsschäden" (ebd.: 49) betroffen. Dass in diesem Beitrag von Gamern gesprochen wird, liegt daran, dass es sich um ein Handbuch handelt, welches die Videospielabhängigkeit fokussiert. Vor der Coronapandemie waren es hauptsächlich ‚Gamer', die sehr viele Stunden am Tag sitzend vor dem Computer verbracht haben. Dieser Beitrag lässt sich nun, durch die veränderten Bedingungen während der Lockdowns, auf einen Großteil der Allgemeinheit anwenden und übertragen.

Zur Behandlung dieser Haltungsschäden helfen nur Physiotherapien und Sport. Zudem muss für eine erfolgreiche Behandlung auch die Zeit am

Schreibtisch reduziert werden (vgl. ebd.). Bewegungseinschränkungen als Folge einer einseitigen starren Haltung scheinen – vor allem für Heranwachsende, deren Körper sich noch im Wachstum befindet – starke Folgen mit sich bringen zu können. Schließlich erlauben die Lockdowns den Menschen selbst darüber zu entscheiden, wie oft sie sich bewegen wollen oder auch nicht. Arbeits- und Schulwege sowie soziale Verpflichtungen führten vor der Pandemie zu teils unausweichlichen kleinen Bewegungseinheiten. Durch das Arbeiten und Lernen von zuhause kann eine Abneigung gegen Bewegung kompromisslos ausgelebt werden, ohne dass die Folgen dessen reflektiert werden.

3.2.4.13 Auswirkungen geschlossener Schulen auf die Gesundheit der Menschen

In einer medizinischen Fachzeitschrift zur Nervenheilkunde wurde explizit dazu aufgefordert, die Schulen wieder zu öffnen (vgl. Spitzer 2021: 296). Es wird durchaus betrachtet, welche Risiken dies für die Ausbreitung und Ansteckung mit dem Coronavirus mit sich bringt, jedoch sind die anderweitigen Auswirkungen bei fortbestehender oder erneuter Schulschließung ebenfalls zu berücksichtigen (vgl. ebd.). Neben unmittelbar eintretenden Auswirkungen des Homeschoolings wie geringerer Lernaktivität, weniger gesunder Ernährung, psychischer und physischer Gewalt gegen Heranwachsende oder auch Schwangerschaften Minderjähriger gibt es auch einige Langzeitwirkungen, welche durch das Homeschooling verursacht wurden und werden (vgl. ebd.). Durch das vermehrte Sitzen vor einem digitalen Bildschirm werden die Augen schlechter, und die Kurzsichtigkeit wird forciert. Auch Depressionen und Adipositas können durch das Homeschooling hervorgerufen oder verschlimmert werden (vgl. ebd.). Auf einen längeren Zeitraum übertragen kann dies die Weichen für einen Schlaganfall oder auch Herzinfarkt stellen. In diesem Zusammenhang lässt sich hinterfragen, inwiefern es gerechtfertigt ist, die Schulen über lange Zeiträume hinweg immer wieder zu schließen. Der Autor dieses Beitrages, welcher der ärztliche Direktor in einer Abteilung in der Psychiatrie in Ulm ist, verweist darauf, dass einige Studien belegen, dass Heranwachsende – und damit schulpflichtige Kinder – „die Infektionsdynamik kaum beeinflussen“ (Spitzer 2021: 298). Folglich ist der Nutzen der Schulöffnung größer als das damit einhergehende Risiko (vgl. ebd.: 296 ff.). In Bezug auf die Ansteckung von Kindern an Erwachsene ließ sich in etwaigen Studien herausarbeiten, dass die Wahrscheinlichkeit höher ist, als Kind von Erwachsenen angesteckt zu werden und es viel unwahrscheinlicher ist, als Erwachsener von Kindern angesteckt zu werden (vgl. ebd.: 298). Sich von

Kindern bis zur achten Schulklasse anzustecken, ist daher unwahrscheinlich. Ab Klasse acht bis zum Erwachsenenalter ist die Ansteckungsrate jedoch höher (vgl. ebd.). Der Autor verweist hier auf die Tatsache, dass bereits die geringste Wahrscheinlichkeit der Ansteckung durch Heranwachsende Anlass genug war, um die Schulen vorübergehend zu schließen. Bei dieser Entscheidung hätten jedoch die dadurch entstehenden Beeinträchtigungen bei den Kindern mit einbezogen werden müssen (vgl. ebd.: 298 f.). So habe sich beispielsweise die Verweildauer vor dem Computer und die Beschäftigung mit sozialen Medien von täglichen fünf auf sieben Stunden erhöht. Da das Schauen von Filmen und Serien bei der Erhebung nicht einbezogen wurde, handelt es sich um mehr Zeit, die damit verbracht wird, auf Bildschirme zu schauen (vgl. ebd.: 300). Die bedenkliche Gewichtszunahme, welche damit einhergehen kann, stellt die Weichen für eine mögliche Erkrankung an Diabetes. Dies wiederum steigert die Wahrscheinlichkeit auf einen Schlaganfall, Herzinfarkt und Krebs. Der Autor hält fest, dass die Auswirkungen der Schulschließungen und des Lockdowns insgesamt eine höhere Wahrscheinlichkeit für eine Todesursache darstellen als Corona selbst. Dies sei unter anderem durch Studien aus Kanada, China und Deutschland herausgestellt worden (vgl. ebd.).

Die Bewegungseinschränkungen und physischen Gesundheitsrisiken stehen auf der einen Seite der Auswirkungen und Langzeitfolgen durch die Coronapandemie und den damit verbundenen Lockdowns, während die Beeinträchtigung der psychischen Gesundheit auf der anderen Seite steht. Müdigkeitserscheinungen und Angstzustände können ebenso bedingt oder verstärkt werden wie Depressionen und auch das Suizidrisiko (vgl. Spitzer 2021: 302). Diese Folgen sind besonders für Heranwachsende nicht ungefährlich, „da die Gehirnentwicklung […] in den ersten 2-3 Lebensjahrzehnten erfolgt und ihre Beeinträchtigung umso bedeutsamer ist, je jünger die Betroffenen sind“ (ebd.). Eine große Rolle spielt in diesem Kontext die Interaktion. Der Autor gibt zu bedenken, dass das Gehirn sich durch das Erfahren und Interagieren weiterentwickelt. Folglich handelt es sich um einen aktiven Prozess, der nicht allein zuhause vor einem digitalen Endgerät vollzogen oder gar aufgefangen werden kann (vgl. ebd.). Zu diesen zu entwickelnden Bereichen zählt „Mitgefühl, Persönlichkeit, das Führen von Dialogen und der Austausch von Argumenten, das Lösen von Konflikten […] Empathie und Selbstvertrauen“ (ebd.).

Der Umgang mit anderen Menschen und das Sozialverhalten scheinen essentielle Bestandteile zu sein, welche bei Heranwachsenden ausgebildet werden müssen. So stellt die Schule einen Ort der Regeln aber auch der persönlichen Entfaltung dar und verknüpft Lerninhalte mit verschiedenen

Sozialformen. Die Heranwachsenden nehmen in der Schule folglich viele verschiedene Rollen ein. Sie sind SitznachbarIn, KursteilnehmerIn, SchülerIn, FreundIn, eventuell PartnerIn, und letztlich Teil einer Peer-Gruppe und einer Institution. Diese Rollen verlangen unterschiedliche Kompetenzen und unterschiedliches Verhalten. Den Kindern und Jugendlichen wurden diese Rollen während der Lockdowns teilweise entzogen oder auf gänzlich andere Art und Weise dargeboten, sodass ebenfalls ein anderes Verhalten und Anpassung der jungen Menschen gefordert war.

Hilflosigkeit wird durch die manifestierten und unbeeinflussbaren Umstände während der Lockdowns verbreitet und gelernt. Gelernt klingt in diesem Kontext unpassend, wird von dem Autor jedoch bewusst verwendet, da es sich um das „bekannteste psychologische Modell für Stress und Depression“ (Spitzer 2021: 302) handelt. Angesteckt werden zu können verursacht bei vielen Menschen Angst und Stress. Dabei überwiegend zuhause, allein und getrennt von anderen Menschen zu sein, verursacht ebenfalls Stress. Dies hat zur Folge, dass die Gesundheit durch den Stress negativ beeinflusst wird (vgl. ebd.). Die gelernte Hilflosigkeit, welche dadurch verursacht wird, ist für Heranwachsende dramatischer, da diese die Hilflosigkeit rapider erlernen als Erwachsene, was damit zusammenhängt, dass Heranwachsende prinzipiell schneller lernen (vgl. ebd.). Diese labile Psyche vieler Menschen wird zusätzlich durch den vermehrten Konsum von Filmen, Serien und Sendungen negativ beeinträchtigt, da häufiges Fernsehen zu „Aufmerksamkeitsstörungen [...] und geringere[r] Empathie [...] bis hin zu antisozialem Verhalten“ (ebd.: 303) führen kann. Der Autor schließt aus der Tatsache, dass der Fernsehkonsum während der Lockdowns zugenommen hat, dass auch die eben erwähnten Folgen häufiger verursacht werden und entstehen (vgl. ebd.: 304).

Dies scheint vor allem in Zeiten des selbstorganisierten Lernens problematisch zu sein, da Selbstdisziplin gefordert ist und langes ruhiges Sitzen und Bearbeiten von Aufgaben alltäglich wird. Folglich können Aufmerksamkeitsstörungen zu noch geringeren Lernerfolgen führen. Das Homeschooling verleitet nicht nur zu einem veränderten Tagesrhythmus, sondern kann die tatsächliche Lern- und Unterrichtszeit von zuhause erheblich erschweren und auch für dir Rückkehr zum Präsenzunterricht Probleme bergen (vgl. ebd.).

Ein noch bisher unerforschter Bereich sind die Langzeitfolgen, welche durch die Einsamkeit entstehen. Jene stieg durch die Pandemie und Lockdowns um 20-30 Prozent (vgl. ebd.). Am schlimmsten trifft es, nach Aussage des Autors, die Heranwachsenden. Als unmittelbare mögliche Folgen nennt er den Selbstmord und den Anstieg häuslicher Gewalt. Auf längere Zeit betrachtet können dadurch die Weichen für chronische Krankheiten gestellt werden. Auch der Stress als Begleiterscheinung sei nicht aus den Augen zu verlieren, da dieser das Risiko erhöht, an dem Coronavirus zu erkranken. Schließlich wird das Immunsystem durch Stress geschwächt und ist anfälliger für Krankheiten (vgl. Spitzer 2021: 304). Die Mahlzeiten, welche teilweise in Schulen eingenommen werden und nun entfallen, können zu unregelmäßiger und ungesunder Ernährung führen. Zudem kann sich die berufliche Ungewissheit Erwachsener auf die Heranwachsenden übertragen und zu vermehrtem Stress und Gewalt führen (vgl. ebd.).

Spitzer stellt heraus, dass die eben genannten Gründe, welche auch zu geringeren Lernerfolgen führen, zur Folge haben, dass Heranwachsende die Schule abbrechen oder verfrüht schwanger werden (vgl. ebd.). Schreibt man den geringeren Lernerfolg der teils obsoleten technischen Ausstattung an den Schulen zu, kann dem entgegengehalten werden, dass in den Niederlanden trotz der Ausstattung an lehr/lernfähigen digitalen Endgeräten und Erfahrungen im Umgang damit festgestellt wird, dass während des Homeschoolings kaum etwas gelernt wurde. Dieses Ergebnis resultiert aus einer Studie mit 350.000 SchülerInnen (vgl. Spitzer 2021: 304). Jene versäumten Bildungsinhalte aufzuholen gestaltet sich, laut Spitzer, als schwierig, da die Auffassungsgabe von Kindern und jüngeren Heranwachsenden noch sehr hoch ist und ein Jahr Verzögerung bereits einen gravierenden Unterschied machen kann. Außerdem würde die Heterogenität der Schülerschaft begünstigt, da stärkere SchülerInnen selbstorganisierter lernen können und sich Bildungsinhalte somit teilweise selbst aneignen können (vgl. ebd.).

Dieser Beitrag macht deutlich, dass man mit der Schließung der Schulen in etwas Bedeutenderes eingreift als nur in die räumliche Veränderung und mediale Gestaltung der Bildungsinhalte. Psychische und physische Entwicklungsabläufe Heranwachsender werden beeinträchtigt und sind unwiederholbar. Lerninhalte nachzuholen oder das Lerntempo im darauffolgenden Schulhalbjahr zu erhöhen, um versäumten Unterrichtsstoff zu kompensieren, ersetzt nicht die verlorene Zeit. Die Persönlichkeitsentwicklung und die Ausbildung des Sozialverhaltens lassen sich hingegen erst recht nicht in einem Lehrplan festhalten und aufholen. Kinder und Jugendliche wurden in verschiedenen Entwicklungsstadien und mit unterschiedlichen Ausgangsvoraussetzungen zur gleichen Zeit in Lockdowns geschickt und pädagogisch ausgedrückt ‚nicht dort abgeholt, wo sie stehen'. Individuelle Förderung und Adaption der Lerninhalte war kaum bis gar nicht realisierbar. Zurück kommen die SchülerInnen als noch heterogenere Heranwachsende in die Schule, welche noch mehr individuelle Förderung benötigen, die aufgrund der versäumten und nun nachzuholenden Zeit voraussichtlich noch weniger berücksichtigt und ermöglicht werden kann.

3.2.4.14 Vorteile durch das Homeschooling und das digitale Lernen

Neben den Problematiken, Nachteilen und Folgen, welche sich für die Heranwachsenden im Kontext des Homeschoolings ergeben, lassen sich auch Vorteile herausarbeiten, welche im Folgenden explizit aufgezeigt werden. Im Rahmen einer Hochschulbefragung, an der Studierende ihre Eindrücke zum Thema Onlinelehre teilten, wurden Vorteile genannt, welche sich durchaus auf den Schulkontext und das damit verbundene Homeschooling übertragen lassen. Dazu zählen die zeitliche Flexibilität sowie der entfallende Weg zur Universität oder Schule und zurück, aber auch die Weiterentwicklung der Medienkompetenz (vgl. Limarutti et al. 2021: 42). Die hier genannten Vorteile gelten für SchülerInnen sowie für LehrerInnen gleichermaßen. In Bezug auf die Medienkompetenz findet schließlich bei SchülerInnen und LehrerInnen eine Weiterbildung statt, da die digitalen Medien nun zur Kommunikation und Vermittlung der Unterrichtsinhalte dienen und folglich die Basis und die einzige Möglichkeit darstellen, um Homeschooling realisieren zu können. Es bleibt somit nicht die Frage, ob sich Lehrende und Lernende mit digitalen Medien beschäftigen wollen, da diese während der Coronapandemie den einzigen Weg darstellen, der Unterricht ermöglicht.

Das Potenzial der digitalen Ressourcen und Möglichkeiten kann je nach Medienkompetenz der Lehrpersonen zum Wohle des Online-Unterrichts eingesetzt werden (vgl. Meier et al. 2021: 16). Denn es entstehen neue Strukturierungsmöglichkeiten für den Unterricht in Bezug auf das Lehren und Lernen mit digitalen Medien (vgl. ebd.: 25). Außerdem müssen die Schulen teilweise überfällige mediale Ausstattungen erhalten, welche zu einem erweiterten Möglichkeitsrahmen unterrichtlicher Umsetzungen beitragen (vgl. ebd.). Was den Schulen tatsächlich an finanziellen Mitteln zur Verfügung gestellt wurde und welch eine Ausstattung dadurch möglich wurde, wird in Kapitel 3.2.8 zur Medienpolitik näher beleuchtet.

Digitale „Animationen [können beispielsweise] einen positiven Einfluss auf den Erwerb von prozeduralem und deklarativem Wissen haben (Höffler & Leutner, 2007)“ (Lang et al. 2021: 35). Bei diesen Animationen kann es sich zum Beispiel um Erklärvideos handeln. Diese können Basiswissen und Detailwissen vermitteln und das fachbezogen für alle Fächer (vgl. Schlegel 2016: 3 f.). Neben dem fachlichen Wissen, das in diesen Videos präsentiert und erlernt wird, kann auch von einem Lernzuwachs in der Medienkompetenz gesprochen werden (vgl. ebd.). Diese Videos können nicht nur rezipiert, sondern auch von den SchülerInnen produziert werden (vgl. ebd.: 4). Außerdem kann neben dem Inhalt solcher Videos auch das Format und die

Umsetzung kritisch reflektiert werden (vgl. ebd.). Schließlich ist die Medienkompetenz als solche unumgänglich und kann durch den gezielten Einsatz digitaler Medien im Unterricht für einen bewussteren und kritischen Umgang sorgen, der auf das Leben und Arbeiten mit digitalen Medien vorbereitet und Sicherheit verschafft.

Mit digitalen Medien zu arbeiten und zu lernen kann lernschwächere SchülerInnen teilweise unterstützen, und es kann zum Teil eine geringere Belastung bei den Lernenden verzeichnet werden (vgl. Kieserling / Melle 2021: 150 f.). Dies wurde im Chemieunterricht als Ergebnis nach einer digitalen Lerneinheit festgehalten. Dort haben SchülerInnen an Tablets experimentiert und hatten durch eine zusätzliche Binnendifferenzierung nach unten die Möglichkeiten, sich je nach Bedarf Hilfe in dem konzipierten Programm zu beschaffen (vgl. ebd.: 148). Der Altersdurchschnitt der Lernenden lag bei 13.95 Jahren, und es wurden vier Gesamtschulen in NRW in diese Studie involviert (vgl. ebd.: 149). Die Lernenden bekamen über die Tablets unmittelbare Rückmeldungen zu ihren Lösungsvorschlägen. Außerdem wurden die interaktiven Möglichkeiten zur Bearbeitung der Aufgaben als positiv wahrgenommen (vgl. ebd.: 150).

Es lässt sich ableiten, dass die Vorteile der digitalen Medien teilweise auch darin liegen, die Lehrkraft zu entlasten und eine individuellere Förderung zu gewährleisten, indem eine stärkere Binnendifferenzierung für lernschwache SchülerInnen erfolgt und Rückmeldungen gegeben werden. Folglich muss die Lehrperson weniger Fragen beantworten, da diese durch das Programm interaktiv erschlossen werden können. Eine gemeinsame Besprechung der Ergebnisse entfällt ebenfalls, da dies automatisch nach der Bearbeitung der Aufgabe rückgemeldet wird. Inwiefern diese Rückmeldung jedoch Aufschluss darüber gibt, welche Fehler gemacht wurden und wie sich die SchülerInnen künftig verbessern können, ist fraglich. Es kann sich auch lediglich um eine rezeptive Form der Rückmeldung handeln, welche den Lernenden nicht berücksichtigt. Auch bei der Binnendifferenzierung nach unten kann nicht davon ausgegangen werden, dass diese wirklich nur von SchülerInnen in Anspruch genommen wird, die Hilfe bei der Bearbeitung der Aufgaben brauchen. Um die Aufgaben schnell zu absolvieren, kann ebenfalls auf Tipps und Hinweise zurückgegriffen werden. Es sollte somit auch bei innovativen und neuen teils vollständig digitalen Lerneinheiten nicht die Begleit- und Kontrollinstanz der Lehrperson wegfallen.

In einer Befragung, in der die Sicht der Eltern während der Coronapandemie relevant und gefragt war, wurde die Wahrnehmung des Homeschoolings aus einer neuen, positiven Perspektive betrachtet. Es handelte sich um 20 Befragungen von Eltern, welche zumindest ein Kind hatten, welches jünger als zehn Jahre war. Die Befragungen waren qualitativ und von offenen Fragen geprägt, um die Eindrücke der Eltern genau zu erfassen (vgl. Knauf 2021: 7).

Die Entschleunigung des Alltags wird hier unter anderem in Bezug auf das Homeschooling thematisiert (vgl. ebd.: 12). Demzufolge konnten viele Kinder länger schlafen und die Aufgaben daraufhin ausgeschlafen und konzentriert bearbeiten. Die Heranwachsenden konnten entsprechend ungestört arbeiten, ohne von Sitznachbarn oder Störgeräuschen in der Klasse abgelenkt zu werden (vgl. ebd.). Auch das effiziente Lernen und Bearbeiten der Aufgaben wurde seitens der Eltern hervorgehoben. Die SchülerInnen seien bereits vor sonst regulärem Schulschluss mit der Bearbeitung der Schulaufgaben und des Online-Unterrichts fertig gewesen und hätten teilweise sogar mehr geschafft (vgl. ebd.). Unterstützt wird seitens der Eltern ebenfalls die Tatsache, dass die eigenen Kinder ein eigenes Tempo entwickeln konnten, in welchem sie die Aufgaben bearbeiteten. Nach Aussagen der Eltern betonten die Kinder, dass der soziale Druck und auch Störfaktoren durch SitznachbarInnen entfielen. Lernstarke und lernschwache Kinder konnten, laut Wahrnehmung der Eltern, schneller oder langsamer arbeiten, ohne sich dem vorgegebenen Tempo der Klasse anzupassen. Folglich ist das wiederholte Hören von Texten zur Verbesserung des Hörverstehens in dem Umfang wie zuhause kaum bis gar nicht möglich (vgl. ebd.). Eltern berichten auch, die Stärken und Schwächen der eigenen Kinder in Bezug auf schulische Lerninhalte genauer einschätzen zu können, da sie mehr von dem Unterricht und der Bearbeitung der Aufgaben mitbekommen. Manche Eltern sprechen explizit von einem Lernzuwachs, der ein stärkeres Ausmaß annahm, als es in der Schule im regulären Präsenzunterricht möglich gewesen wäre (vgl. ebd.: 13). Dies wird dadurch untermauert, dass bei den Kindern teilweise eine höhere Motivation sowie eine stärkere eigene Strukturiertheit wahrgenommen wurde (vgl. ebd.). Die Autorin ergänzt unter diesen Aussagen der Eltern, dass vor allem Eltern, „die Ressourcen für die Begleitung ihrer Kinder hatten, [...] die Zeit der Schulschließung (auch) als einen Gewinn [wahrnahmen]“ (Knauf 2021: 13).

Durch die abschließende Bemerkung der Autorin wird deutlich, dass die positive Wahrnehmung des Homeschoolings stark von den sozialen Bedingungen abhängt. Wieviel Zeit, Geld und Fürsorge die Eltern im Einzelnen für ihre Kinder zur Verfügung haben und aufbringen, beeinträchtigt die Wahrnehmung und den letztlichen Mehrwert der Kinder während des Homeschoolings stark. Schließlich übernehmen die Eltern teilweise die Rolle der Lehrperson und werden folglich intensiver und auf mehreren Ebenen mit den eigenen Kindern konfrontiert (vgl. ebd.: 14). Dies kann zur stärkeren Bindung und zu Zusammenhalt führen, aber auch Stress und Überforderung forcieren (vgl. ebd.). Das Homeschooling allein führt nicht unbedingt zu mehr Struktur und

Eigenverantwortung, sondern birgt auch die Gefahr des ‚Abgehängtwerdens'. Es ist letztlich das soziale Umfeld und nicht zuletzt das Kind selbst, welches diese Situation als vorübergehende und neue Chance wahrnimmt oder nicht.

Bildung als Chance wahrzunehmen spielt in einem weiteren Kontext eine essentielle Rolle. Das digitale Lernen ermöglicht es auch geistig und körperlich eingeschränkten Menschen, Bildung möglichst zugänglich zu genießen. Denn nur durch diesen barrierefreien Zugriff erlangen auch jene Menschen die Möglichkeit, Teil der Demokratie und damit mündige Bürger nnen zu sein (vgl. Schütt / Gewinn 2018: 60). Hierzu dient als Grundlage das Konzept des ‚Universal Design', welches ursprünglich aus den USA kommt und sich vornehmlich auf die architektonische Barrierefreiheit spezialisierte. Alle Menschen sollten möglichst uneingeschränkt Zugriff auf ihre Umgebung haben (vgl. ebd.: 61). Die Idee von ‚Universal Design' wurde auf weitere Bereiche übertragen und betraf damit auch einzelne Produkte und Serviceleistungen (vgl. ebd.). Die Einhaltung von sieben Prinzipien ist Grundlage jenes barrierefreien Konzepts. Dazu zählt die „1. Breite Nutzbarkeit, 2. Flexible Nutzung, 3. Einfache und intuitive Nutzung, 4. Zwei-Sinne-Prinzip, 5. Fehlertoleranz, 6. Komfortable Bedienung, 7. Bewegungsflächen und -raum" (ebd.). Damit sind Vorgaben geschaffen worden, die sich auch auf die Bildung anwenden lassen. Vordergründig ist hierbei die Ausrichtung der Lernumgebung. In diesem Zusammenhang wird von ‚Universal Design for Learning' gesprochen (vgl. ebd.). Die eben genannten sieben Prinzipien werden hier mit drei Prinzipien speziell für das möglichst barrierefreie Lernen beschrieben: Sowohl mehrere unterschiedliche Zugänge zu den Lerninhalten und einige Möglichkeiten zur Verarbeitung des erlernten Wissens und zur Präsentation dessen sollen geschaffen werden als auch eine Vielzahl an verschieden aufbereiteten Aufgaben, die auf unterschiedlich Weise motivieren (vgl. Rapp 2014: 3 in: Schütt / Gewinn 2018: 61). Die Umsetzung jener Vorgaben lassen sich durch das digitale Lernen insofern realisieren, als möglichst viele körperliche und geistige Einschränkungen berücksichtigt werden können. Für unterschiedliche Zugangsmöglichkeiten lassen sich zwei Beispiele nennen: das automatische Vorlesen und die Braillezeile, welche es Blinden ermöglicht, Texte zu erfühlen (vgl. Schütt / Gewinn 2018: 61). Auch die Spracheingabe ist ein Beispiel für eine Zusatzmöglichkeit, Texte zu diktieren, sofern das Schreiben mit dem Stift oder auf der Tastatur nicht möglich ist (vgl. ebd.). Damit ist nur ein Teil des digitalen Unterstützungsrepertoires genannt, der die unterschiedlichen Bedürfnisse der Lernenden abdeckt. Es wird darauf verwiesen, dass das Universal Design for Learning den Leitgedanken verfolgt, eine Variation an Zugangsmöglichkeiten zu Lerngegenständen für alle Lernenden zu ermöglichen (vgl. ebd.: 62). Konkret ist damit gemeint, dass auch Lernende, die keinen speziellen Zugang brauchen, diesen zur Verfügung gestellt bekommen sollen. Dies soll den Gedanken der Gleichheit stärken, da alle Lernenden auf alle Zugangsmöglichkeiten Zugriff haben und keine besondere Behandlung einzelner TeilnehmerInnen erfolgt (vgl. ebd.). Der Kern dieses Konzepts ist prinzipiell zukunftsorientiert und wünschenswert. Jedoch werden für die Umsetzung etliche Ressourcen benötigt und kompetente Personen, die angemessene Zugangsmöglichkeiten für unterschiedliche Aufgaben und Lerngegenstände entwerfen. Dieses Projekt liegt voraussichtlich noch in weiter Ferne, da das Homeschooling bereits zeigt, welch ein Handlungsbedarf bei der Digitalisierung von Bildungseinrichtungen besteht. Auch die Frage nach der Wirksamkeit ist nicht unerheblich. Schließlich erfordert eine derartig grundlegende Umgestaltung von Lernzugangsmöglichkeiten auch eine starke Veränderung der standardisierten Leistungsmessung und der zu beherrschenden Kompetenzen. Das bisherige Bildungssystem ist kaum auf jenes barrierefreie Konzept ausgelegt, wenn bedacht wird, dass der Vergleich von Leistungen und die Zertifizierung derer dadurch kaum mehr möglich wäre.

3.2.4.15 Neue Rahmenbedingungen durch den Schulunterricht von zuhause

Durch die digitalen Möglichkeiten, welche im Homeschooling deutlicher zum Vorschein traten, wird „Der traditionelle Lernraum [...] durch einen Onlinebereich digital erweitert und sozial neu vernetzt." (Fuhrbach 2021: 5). Dies bezieht sich auf die soziale Interaktion, welche durch Online-Plattformen und Chats realisiert werden kann, auf die digitale Textproduktion durch SchülerInnen und LehrerInnen und auf Videos oder digitale Präsentationsfolien, welche die Sicherung der erlernten Inhalte ermöglichen (vgl. ebd.). Es wird in diesem Kontext der neuen Möglichkeiten und des erweiterten Handlungsrahmens jedoch auch zu bedenken gegeben, dass bei der unterrichtlichen Kommunikation eine digitale Aufzeichnung stattfindet und auch verschiedene Ergebnisse der Lernenden archiviert und nachvollzogen werden können. Durch zusätzliche Chatfunktionen innerhalb des Klassenverbandes kommt zudem eine permanente Abrufbarkeit hinzu, welche als zusätzliche Belastung empfunden werden kann (vgl. ebd.: 6).

Durch diese modifizierten Rahmenbedingungen verändert sich auch die Vermittlung der Bildungsinhalte. Dokumente und Präsentationen können zeitgleich entworfen werden und letztlich für alle SchülerInnen und die Lehrperson hochgeladen werden, sodass der digital angelegte Ordner die sonst analoge Ergebnissicherung mit Plakaten im Klassenraum ersetzt. Auch

Videokonferenzen können aufgezeichnet und später erneut angehört werden. Dies muss zwar in Bezug auf den Datenschutz durchdacht werden, jedoch kann die Aufnahme durch einzelne SchülerInnen kaum kontrolliert werden. Neue Möglichkeiten verlangen folglich auch neue Richtlinien, Vorgaben und Maßnahmen, um den geschützten Lernraum auch digital realisieren und beibehalten zu können.

Hinzukommend zu neuen Rahmenbedingungen und Handlungsmöglichkeiten, die den Unterricht beeinflussen, wird durch das Homeschooling und den digitalen Unterricht auch eine neue ästhetische Wirkung vermittelt (vgl. Jörissen / Unterberg 2019: 20 in: Schweiger 2021: 2). Es erfolgt eine andere Form der Wahrnehmung, und die ästhetischen Prozesse beeinflussen die kulturellen Erfahrungen und das Subjekt (Meyer 2019: 163 in: Schweiger 2021: 2). Wie sich die digitalen Medien präsentieren und letztlich wahrgenommen werden, ist nicht unwichtig, da die Lernumgebung – wie bereits in dieser Arbeit beschrieben – Einfluss auf die Verarbeitung der Lerninhalte nimmt und sich Lernende die Lernumgebung aneignen (vgl. Unger 2014: 84). Zur entsprechenden angemessenen Verarbeitung und Auseinandersetzung mit den Lerninhalten ist die ästhetische Wahrnehmung folglich relevant. Gemälde, die beispielsweise im Rahmen des Kunstunterrichts präsentiert und angeschaut werden, sind durch die Präsentation über einen Beamer in der Darstellungsform verändert. Die Größe, das Material und auch die farbliche Wahrnehmung variieren durch das Medium, welches ein Kunstwerk präsentiert (vgl. Niesyto 2006: 3336 ff. / Paus-Hasebrink 2009: 3 ff. in: Schweiger 2021: 4). Es erfolgt ein Vergleich zum Literaturunterricht, in dem „Papiersorte, Schriftart und -größe unbeachtet bleiben" (Billmayer 2014: 745 in: Schweiger 2021: 4), so würden auch Gemälde und Bilder im Kunstunterricht ohne Blick auf „Größe und Funktion" (ebd.) betrachtet.

Dies wiederum lässt sich auf die zuvor beschriebene veränderte kulturelle Wahrnehmung übertragen, da digital wahrgenommene Texte und Bilder selbstverständlich eine andere Wirkung zeigen als analoge und originale Produkte und Werke. In diesem Zusammenhang wird in dem Text auch die kulturelle Erfahrung des Museums angesprochen, weil die künstlerischen Objekte dort unmittelbar wahrgenommen werden (vgl. Schweiger 2021: 4). Ein solch kultureller Ort wäre für den Deutschunterricht beispielsweise das Theater. Dieses wird häufig besucht, wenn vor oder nach einem gelesenen Werk die Umsetzung auf der Bühne erlebt werden soll. Bei dem Theaterbesuch geht es um eine „über das kognitive Verstehen hinaus entfaltete Sinnlichkeit" (Lohfeld/Westphal 2020: 29). Die Lernenden stehen dabei im Zentrum, da es um ihre Wahrnehmung und Reflexion geht (vgl. ebd.). Nicht zuletzt erfolgt dies auch, wenn die Lernenden selbst ein Theaterstück einüben und vorspielen. Dies ist an vielen Schulen in Form einer Arbeitsgemeinschaft möglich oder im Rahmen eines Literaturkurses. Es geht folglich um die „ästhetischen Erfahrungen, die *durch*, *mit* und *in* [Hervorheb. im Orig.] den Künsten initiiert werden [...], um auf diese Weise andere Zugänge zum Lernen zu öffnen“ (ebd.). Zwar lassen sich Theateraufführungen auch digital anschauen, allerdings ist dies mehr ein Behelf und erst recht kein Ersatz zum Besuch kultureller Orte.

Übertragen auf andere Unterrichtsfächer lässt sich infrage stellen, wie der Musikunterricht beispielsweise ohne das gemeinschaftliche und direkte Spielen und Hören von Musikinstrumenten digital ästhetisch wahrgenommen wird. Das gemeinsame Singen in der Klassengemeinschaft muss ebenfalls digital neu durchdacht werden. Auch der Kunstunterricht, in dem Bilder gemalt werden und durch Lehrpersonen schon während der Prozessphase wahrgenommen und beleuchtet werden, erfährt eine andere Dynamik. Teilweise wird in Fächern wie Kunst und Musik durch Lehrkräfte beispielsweise gezeigt, wie eine Form oder eine Note gezeichnet oder gemalt wird. Dies muss digital auf andere Art und Weise umgesetzt werden. Aber auch der Sportunterricht mit ästhetischen Bewegungen wie beispielsweise tanzen kann nicht mehr in der Gruppe praktiziert werden und durch Lehrkräfte ohne Hindernisse gezeigt und korrigiert werden.

Die hier angemerkten ästhetischen Veränderungen während des Homeschoolings sollen keiner negativen Wertung unterliegen. Vielmehr soll diese ästhetische Veränderung einbezogen, berücksichtigt und reflektiert werden. Durch viele digitale Möglichkeiten ist eine neue ästhetische Wahrnehmung auch eine neue Erfahrung und kann andere Perspektiven und Blickwinkel ermöglichen. Zudem ist es angebracht und überfällig, die ästhetische Wirkung der digitalen und virtuellen Welt nicht nur einzubeziehen, um den Lebensweltbezug zu den SchülerInnen herzustellen, sondern diese auch zu hinterfragen. Statt ausschließlich die Umsetzung und Darbietung unterrichtsrelevanter Inhalte auf die digital hinzugekommene Ästhetik in den Blick zu nehmen, gilt es, die bisherige Ästhetik der digitalen Welt kritisch zu reflektieren und mit den Lernenden zu thematisieren. Schließlich tragen die sozialen Medien und dort repräsentierte, vermeintliche Schönheitsideale zur Identitätsbildung Heranwachsender bei und werden als Darstellungsformen häufig unreflektiert rezipiert und zum Vergleich mit der eigenen Person herangezogen. Dies sollte mediendidaktisch genauer beleuchtet werden. Es gilt an dieser Stelle, weitere Forschung zu betreiben, um künftige ästhetische Erfahrungen nicht einseitig zu betrachten und zu gestalten oder gar unberücksichtigt zu lassen.

3.2.5 Digitale Lernplattformen

In diesem Kapitel werden zentrale digitale Lernplattformen vorgestellt, die durch das Homeschooling während der Coronapandemie auch im schulischen Kontext stärker an Bedeutung gewonnen haben. Damit soll dargestellt werden, welche digitalen Möglichkeiten in der Zeit des Distanzunterrichts zur Verfügung standen und welche Vor- und Nachteile sich dadurch ergeben haben. Des Weiteren dient die Vorstellung der digitalen Lernplattformen der Transparenz für den weiteren Verlauf dieser Arbeit, da in der Vorstellung und Auswertung der LehrerInneninterviews jene Lernplattformen thematisiert werden. Es wird in diesem Kapitel jedoch nicht der Anspruch erhoben, alle an Schulen verwendeten Lernplattformen vorzustellen, da der Fokus dieser Arbeit nicht darauf liegt, Lernplattformen zu vergleichen und zu bewerten. Es soll vielmehr eine Grundlage und Skizzierung erfolgen. Des Weiteren wird darauf hingewiesen, dass neben Lernplattformen auch zentrale Videokonferenzprogramme vorgestellt werden, da auch diese während des Homeschoolings relevant und an nahezu jeder Schule verwendet wurden.

3.2.5.1 Kurze Erläuterung des Begriffs der Lernplattform

Unter einer Lernplattform wird ein virtueller Ort im Internet verstanden, der es ermöglicht, auf Informationen und Lernmaterialien zuzugreifen und miteinander zu kommunizieren (vgl. Kunze / Frey 2021: 83). Jene Materialien können sowohl von Lehrenden als auch von Lernenden in Form von schriftlichen Dokumenten, Videos oder Literatur zur Verfügung gestellt werden. Auch Tools und kollaborative Arbeitsprojekte können auf diesen Plattformen realisiert werden (vgl. Sonnleitner 2021: 184). Lernplattformen geben nicht vor, wer diese gestaltet. Durch die Vergabe von ‚Rechten', die bestimmte Zugänge ermöglichen oder verweigern, sind Lernende und Lehrende theoretisch gleichermaßen in der Lage, die Lernplattform zu gestalten (vgl. Glase / Kunze 2021: 151). Außerdem können Lernplattformen auch genutzt werden, um die Teilnahme und Aktivität der Lernenden zu überprüfen (vgl. Klee et al. 2021: 19). Die digitalen Lernplattformen ermöglichen auch einen internationalen Austausch, da unterschiedliche Sprachen eingestellt werden können und ein Zugriff unabhängig von dem eigenen Standort möglich ist (vgl. Glase / Kunze 2021: 151.). Die Besonderheit von Lernplattformen zu anderen Möglichkeiten des digitalen Wissensaustausches liegt darin, dass diese mittels Passwörtern und Zugangsbeschränkungen zu geschützten Räumen werden können, auf die nur bestimmte Personen Zugriff haben (vgl. Fromm / Mokrohs 2021: 152). Häufig müssen für Lernplattformen Lizenzen durch Institutionen erworben werden, sodass beispielsweise eine gesamte Schule mit einer einheitlichen Lernplattform arbeiten kann (vgl. König / Greffin 2021: 42). Existiert eine einheitliche Lernplattform, ist für die umfassende Nutzung aller Möglichkeiten in der Regel auch die entsprechende Weiterbildung der Lehrkräfte essentiell (vgl. ebd.).

Die hier skizzierten Möglichkeiten treffen nicht gleichermaßen auf alle Lernplattformen zu, sondern sollten einen Rahmen des Vorstellbaren sichtbar machen. Es wird deutlich, dass der Begriff der Lernplattform sehr viele Bereiche implizieren kann, aber nicht muss. Lernende können die Plattform aktiv mitgestalten, wenn dies gewünscht ist, aber das ist kein Muss. Aus den zur Verfügung stehenden Möglichkeiten können Lehrpersonen wählen, welche sie nutzen wollen und welche nicht. Folglich kann sogar ein und dieselbe Lernplattform auf völlig unterschiedliche Weise gestaltet, genutzt und an unterschiedliche Bedürfnisse adaptiert werden.

3.2.5.2 Vorstellung der Lernplattform ‚Moodle'

Moodle ist eine Lernplattform oder auch ein ‚Lernmanagementsystem' (vgl. Klee et al. 2021: 33). Dort können Materialien und Aufgaben nach Themen oder zeitlichen Datierungen sortiert werden und von Lehrenden hoch- und heruntergeladen werden. Es können Fristen, beziehungsweise ‚Deadlines' gesetzt werden, damit Aufgaben in einem bestimmten Zeitraum absolviert und hochgeladen oder direkt auf Moodle bearbeitet werden. Ist diese verstrichen, können keine Dateien mehr hinzugefügt oder verändert werden (vgl. ebd.: 33 f.). Die Lernenden haben hierbei Zeit, eine Aufgabe bis zur Abgabefrist zu beliebigen Zeitpunkten zu bearbeiten und zu modifizieren. Auch das gemeinsame Arbeiten mit Programmen wie ‚Etherpad' oder ‚GoogleDocs' ist möglich. Auf diesen kann gemeinsam an Beiträgen gearbeitet werden (vgl. ebd.). Neben schriftlichen Dokumenten ist auch das Hochladen von Audio- und Videobeiträgen auf Moodle möglich. Die Lehrperson kann die Ergebnisse der Lernenden im Anschluss bewerten und Rückmeldungen an mehrere oder einzelne Personen geben (vgl. ebd.). Unabhängig von der Rückmeldung der Lehrkraft an die SchülerInnen können sich die Lernenden auch untereinander Rückmeldungen auf Moodle geben (vgl. Eichler-Seitz / Frommer 2021: 60). Hierzu können direkt auf Moodle freie Kommentare erstellt werden oder auch (halb)offene Fragebögen (vgl. ebd.: 64). Auf Moodle können ebenfalls Tests erstellt werden, bei denen die Anzahl der Versuche eingestellt werden kann, sowie die darauffolgende Einsicht in die Testergebnisse (vgl. Kunze / Frey 2021: 74). Um den eigenen Lernfortschritt sichtbar zu machen, besteht bei Moodle auch die Möglichkeit, sogenannte Fortschrittsbalken zu absolvieren, die zeigen, welche Kapitel erfolgreich abgeschlossen wurden und welche noch bearbeitet werden sollen. Der Gesamtfortschritt kann hierbei unter anderem in Prozenten angegeben werden (vgl. Krieger / Hofmann 2018: 40). Moodle ist außerdem kostenlos und somit für Schulen und andere Bildungseinrichtungen nutzbar. Es muss allerdings selbst von der jeweiligen Einrichtung betrieben werden, wodurch beispielsweise Serverkosten entstehen können (vgl. Möslein-Tröppner / Bernhard 2021: 26).

3.2.5.3 Vorstellung der Konferenzplattform ‚Zoom'

Zoom wurde vor allem zu Beginn des Homeschoolings häufig genutzt, jedoch aufgrund des Datenschutzes in den meisten Fällen nach einiger Zeit durch andere Videokonferenzsysteme ersetzt. Entwickelt wurde Zoom in den USA (vgl. Christoph / Hunger 2021: 2). Bei Zoom lassen sich Videokonferenzen durchführen, an denen Teilnehmende mit und ohne eingeschaltete Kamera teilnehmen können. Hierbei kann die Anordnung der TeilnehmerInnen auf dem eigenen Bildschirm gesteuert und angepasst werden, sodass beispielsweise gezielt Personen im unmittelbaren Sichtbereich auf dem Bildschirm angeordnet sind. Schließlich besteht bei einer zu hohen Anzahl an Personen in einer Videokonferenz die Gefahr, dass einige aus dem Sichtbereich verschwinden und folglich während des Gesprächs nicht beobachtet werden können (vgl. ebd.: 4). Bei eingeschalteter Kamera können virtuelle Hintergründe gewählt werden, um die im Hintergrund sichtbare Umgebung auszublenden (vgl. Christoph / Hunger 2021: 3). Das gemeinsame Nutzen eines virtuellen Whiteboards während der Konferenzen ist ebenfalls möglich, genauso wie das gemeinsame Bearbeiten eines Dokumentes (vgl. ebd.: 4). Auf Zoom können auch Umfragen gestartet werden, um eine Live-Abstimmung zu ermöglichen. Auch das Verwenden von sogenannten Reaktionen ist möglich. Zu solchen Reaktionen gehört beispielsweise der Daumen nach oben oder nach unten. Auch das Heben der Hand, ähnlich wie das Melden in Präsenzveranstaltungen, ist in dem Repertoire der Reaktionen innerhalb der Videokonferenzen enthalten (vgl. ebd.). Außerdem ist es neben diesen Reaktionen möglich, mittels der Chat-Funktion einzelnen Teilnehmenden oder der ganzen Gruppe Nachrichten zu schreiben (vgl. ebd.).

3.2.5.4 Vorstellung des Konferenzsystems ‚BigBlueButton'

BigBlueButton ist ein Konferenzsystem, welches frei zugänglich ist. Da auch der Quellcode öffentlich ist, kann das Programm so modifiziert werden, dass es den individuellen Datenschutzregeln einzelner Bildungseinrichtungen angepasst werden kann (vgl. Christoph / Hunger 2021: 2). Das bezieht sich auch auf die Einstellung von Datenschutzrichtlinien. Diese müssen so angepasst werden, dass sie den Vorgaben der Datenschutz-Grundverordnung entsprechen (vgl. ebd.: 8). Bei diesem Konferenzsystem besteht die Möglichkeit, Videokonferenzen durchzuführen, in denen mehrere TeilnehmerInnen sich sehen und miteinander sprechen können. Hierbei gibt es die Funktion, mehrere virtuelle Räume zu erstellen – auch ‚Breakout-Rooms' genannt – in denen parallel eigene Videokonferenzen stattfinden können. (vgl. ebd.: 3). Innerhalb der Videokonferenzen können Umfragen stattfinden und Reaktionen gezeigt werden (vgl. Christoph / Hunger 2021: 4). Auch das Teilen des eigenen Bildschirms, um beispielsweise eine PowerPoint-Präsentation zu zeigen, ist mit BigBlueButton möglich (vgl. ebd.: 4). Mittels einer vorgegebenen Zeitbegrenzung kann eingestellt werden, nach wie vielen Minuten die Teilnehmenden aus den Breakout-Rooms zurückkehren in den Hauptraum, in dem sich alle TeilnehmerInnen befinden (vgl. ebd.: 3). Des Weiteren umfasst BigBlueButton eine Tafel, auf der unter anderem Notizen gesammelt werden können und die, je nach Einstellung, von allen Teilnehmenden beschriftet werden kann. Das Teilen des Bildschirms ist ebenfalls eine Funktion, die in BigBlueButton enthalten ist (vgl. ebd.). Außerdem verfügt dieses Programm über eine TeilnehmerInnenliste, in der alle Namen enthalten sind, die auch in der Videokonferenz anwesend sind (vgl. ebd.: 4).

3.2.5.5 Vorstellung der Kommunikationsplattform ‚Microsoft Teams'

Bei Microsoft Teams handelt es sich um ein Programm, welches Teil des sogenannten Microsoft Office 365 ist. In dem Programmumfang von Office 365 sind unter anderem Word, PowerPoint und Excel als drei sehr bekannte Softwarebestandteile enthalten. Bei Microsoft Teams liegt der Fokus auf dem Austausch durch Chatfunktionen und der Kommunikation mittels Videokonferenzen (vgl. Christoph / Hunger 2021: 2). Neben dem Erstellen von Videokonferenzräumen, auf die nur bestimmte Personen Zugriff haben, können auch Datenordner wie bei Moodle erstellt werden, in denen Dateien hoch- und heruntergeladen werden können. Microsoft Teams ist kostenpflichtig und kann abonniert werden. Eine Videokonferenz kann mit 300 Teilnehmenden gleichzeitig durchgeführt werden und zudem aufgezeichnet werden (vgl. ebd.: 6). Wie auch bei Zoom und BigBlueButton können Breakout-Sitzungen veranlasst werden, in denen einzelne Teilnehmende eine zeitlich terminierte Teilbesprechung durchführen können und in Kleingruppen zusammenarbeiten können (vgl. ebd.: 4). Das Einstellen virtueller Hintergründe während der Videositzungen ist ebenfalls möglich sowie die Freigabe des Bildschirms, um in der Videokonferenz Inhalte mit den anderen TeilnehmerInnen zu teilen (vgl. ebd.). Außerdem kann ein virtuelles Whiteboard beschriftet werden, welches von mehreren Personen zeitgleich beschrieben werden kann. Es können auch Umfragen gestartet werden, die es ermöglichen, einen Standpunkt oder eine Meinung aller Teilnehmenden festzuhalten. Reaktionen während der Videokonferenzen sind auch möglich und können zur nonverbalen Kommunikation eingesetzt werden (vgl. ebd.). Auch das Handheben als Zeichen, sich zu einer Thematik äußern zu wollen, kann bei Microsoft Teams eingesetzt werden (vgl. ebd.). Eine Liste aller Teilnehmenden kann bei dieser Kommunikationsplattform ebenfalls genutzt werden, um einen Überblick zu bekommen, wer in dem laufenden Meeting anwesend ist (vgl. ebd.).

3.2.5.6 Vorstellung der Lernplattform ‚IServ'

Die Lernplattform IServ ist vorwiegend für den Schulkontext konzipiert und ermöglicht neben Chatfunktionen eine Organisation durch eine Kalenderfunktion und die Anzeige von Neuigkeiten (vgl. Leucker et al. 2016: 15). Neben den Kalendern mit individuellen Terminen für jeden Nutzenden gibt es auch spezifische Chaträume und Zugänge, die nur für bestimmte Kurse und Klassen freigeschaltet sind (vgl. ebd.). Zusätzlich kann eine explizite Lernkontrolle durchgeführt werden, indem die Lehrperson auf die Bildschirme der SchülerInnen zugreifen kann und in deren Hadeln einschreiten kann (vgl. ebd.). Inwiefern sich das nur auf Schulgeräte bezieht und auf Unterrichtsphasen, wurde an dieser Stelle nicht weiter erläutert (vgl. ebd.). Unterschiedliche Module, die nicht nur durch die Entwickler von IServ, sondern auch durch andere Entwickler erstellt werden können, ermöglichen beispielsweise die Verwaltung von Hausaufgaben oder einen speziellen Klausurmodus, der bestimmte Zugriffe, wie den zum Internet, einschränkt oder teilweise verweigert (vgl. ebd.). Ein Zusatzmodul von IServ ist das Videokonferenzmodul, wodurch kein Zusatzprogramm benötigt wird, um Videokonferenzen mit den Lernenden durchzuführen (vgl. Link 4). Der Quellcode von IServ ist nicht öffentlich, weshalb keine eigenen Server genutzt werden können, um dieses Programm zu nutzen. Daraus lässt sich implizit schließen, dass Server entgeltlich gemietet werden müssen und diese wahrscheinlich nur über die Firma des Programms in Anspruch genommen werden können (vgl. Leucker et al. 2016: 6).

3.2.5.7 Vorstellung der Lernplattform ‚HPI Schul-Cloud'

Bei der HPI Schul-Cloud handelt es sich um eine Lernplattform, welche entwickelt wurde, um Schulen stärker zu digitalisieren und zu vernetzen. Durch diese Schul-Cloud soll eine „ganzheitliche IT-Infrastruktur für eine unbegrenzte Anzahl an Schulen [ge]schaffen“ (Grella et al. 2017: 88) werden. Das Hasso-Plattner-Institut, welches durch das Bundesministerium für Bildung und Forschung (BMBF) gefördert wird, entwickelt diese HPI Schul-Cloud für Schulen (vgl. ebd.: 89). Es handelt sich um eine frei zugängliche Plattform, sodass diese genutzt und weiterentwickelt werden kann, ohne an direkte Kosten gekoppelt zu sein (vgl. Meinel et al. 2019: 5 ff.). Die Schul-Cloud ist aus mehreren Modulen aufgebaut, wodurch bedarfsgerecht auch nur mit partiellen Bereichen der Schul-Cloud gearbeitet werden kann. Die hauptsächlichen Bereiche der Schul-Cloud umfassen die Speicherung von Dateien in einer gesicherten Cloud sowie den Zugang zu digitalen Lerninhalten, die Möglichkeit, Hausaufgaben hochzuladen und digital abzugeben, eine Kalenderfunktion und die gemeinsame Erarbeitung von Aufgaben (vgl. Grella et al. 2017: 88). Des Weiteren ist es möglich, Portfolios auf der HPI Schul-Cloud zur Verfügung zu stellen und zu bearbeiten. Diese können in haptischer oder digitaler Form bearbeitet werden (vgl. ebd.: 94 f.). Der Entwicklungsprozess der Lernenden sowie die Aufzeichnung der Leistungen der SchülerInnen können durch diese Plattform nachvollzogen, visualisiert und festgehalten werden. Auch Evaluationsmöglichkeiten wie Umfragen ermöglichen einen trivialen Umgang mit der institutionellen Organisation (vgl. ebd.). Die HPI Schul-Cloud erhebt den Anspruch, eine stärkere schulinterne Vernetzung und eine stärkere Verbindung zwischen den Schulen herzustellen (vgl. ebd.: 96). Nicht zu verwechseln ist die HPI Schul-Cloud mit dem Messengerdienst ‚Schul.cloud‘, welcher ähnlich klingt, jedoch eine andere Software ist als die eben beschriebene HPI Schul-Cloud. Die Schul.Cloud beschränkt sich auf die Funktion eines Nachrichtendienstes, welcher dem schnellen und unkomplizierten Hin- und Herschreiben dient und einen reibungslosen Austausch ermöglichen soll. Es wird auch von einer „WhatsApp-Alternative für Schulen“ (Frankowsky / Kohn 2020: 161) gesprochen. Die Registrierung bei diesem Nachrichtendienst erfolgt kostenlos, und das Programm kann auf Smartphones, Tablets und Computern verwendet werden (Vgl. ebd.: 167). Briefe der Schule sowie das Zurückgeben schriftlicher Leistungen kann über die Schul.cloud erfolgen. Es können Gruppenchats für eine Klasse oder einen Kurs erstellt werden, aber auch einzelne Chats zwischen zwei Personen sind möglich (vgl. ebd.).

3.2.5.8 Vorstellung der Lernplattform ‚ItsLearning‘

ItsLearning ist eine Lernplattform, welche dazu dienen soll, Materialien für Lehrkräfte verfügbar zu machen und dient der Koordination und Kooperation im Schulalltag (vgl. Jude et al. 2020: 20 f.). ItsLearning richtet sich vorwiegend an Schulen und ist benutzerfreundlich (vgl. Müller / Böttger 2018: 26).

Mithilfe dieser Lernplattform wird die digitale Kommunikation zwischen SchülerInnen, LehrerInnen und Eltern möglich. Auch die Notenvergabe kann auf dieser Lernplattform stattfinden (vgl. ebd.). Spezifische Bereiche für Klassen- oder Kursgemeinschaften können auf ItsLearning erstellt und mit entsprechenden Lernmaterialien gefüllt werden (vgl. Müller / Böttger 2018: 26). Es können außerdem Lernappliaktionen mit der Lernplattform ItsLearning verknüpft werden (vgl. ebd.: 35). Wichtig zu beachten ist, dass ItsLearning keine frei zugängliche Lernplattform ist, sondern eine Lizenz erworben werden muss, um einen Zugang zu bekommen (vgl. Link 5). Neben Planung und Erstellung von Unterricht können Materialbibliotheken erstellt, Projektarbeiten durch virtuelle Räume organisiert und Aufgaben lediglich für einen bestimmten Lernenden oder eine Kleingruppe an Lernenden freigeschaltet werden (vgl. ebd.). Auch Tests und Kommentarfunktionen ermöglichen die Evaluation von Aufgaben. Es können auch Lernpläne für einzelne Lernende und digitale Portfolios erstellt werden. Auf dieser Lernplattform können außerdem Videokonferenzen abgehalten werden (vgl. ebd.).

3.2.5.9 Vorstellung der Lernplattform ‚Logineo LMS'

Logineo LMS, wobei ‚LMS' für LernManagementSystem steht und es expliziter auch ‚Logineo NRW LMS' genannt wird, ist kostenlos für Lehrkräfte. Bei der Nutzung durch SchülerInnen entstehen für die Schulen jedoch Kosten (vgl. Eickelmann 2017: 53). Die Server, auf denen diese Software läuft, befinden sich in NRW und werden durch die Kommunen bereitgestellt (vgl. ebd.). Das Ministerium für Schule und Bildung organisiert den Ablauf dieser zur Verfügung gestellten Lernplattform (vgl. ebd.). Diese Plattform dient der Organisation und dem Austausch im schulischen Kontext. Außerdem sollen Dateien ausgetauscht und in jeglicher Form verwaltet werden können, wobei auch geschützte Dokumente in speziell abgesicherten Bereichen der Lernplattform ausgetauscht und gespeichert werden können (vgl. ebd.). In der Lernplattform integrierte Bearbeitungsmöglichkeiten von Dokumenten ermöglichen die Modifikation von Dateien. Auch die Verfügbarkeit und Bereitstellung von geschütztem Lehr- und Lernmaterial, welches nur mithilfe von Lizenzen erworben werden kann, ist eine Funktion der Lernplattform Logineo. Außerdem kann diese Lernplattform mit weiteren digitalen Möglichkeiten verknüpft werden, sodass andere Lernplattformen oder Programme eingebunden werden können (vgl. ebd.). Auch ein virtueller Kalender, eine Übersicht der Kontakte und eine Datencloud sind Teil von Logineo (vgl. ebd.). Logineo verfügt außerdem über ein Messengerprogramm, welches ‚Logineo NRW Messenger' heißt. Dieses erfüllt ebenso wie die Schul.Cloud die

Funktion eines Nachrichtendienstes. Hierbei sind auch Videokonferenzen möglich, welche ebenfalls den Anspruch erheben, die Datenschutzkonformität zu erfüllen (vgl. Link 6).

3.2.6 Mediendidaktik im Fach Deutsch

Nachdem nun die Mediendidaktik hinsichtlich der Forschungsbereiche, der Vor- und Nachteile und Realisierungsmöglichkeiten beleuchtet wurde, wird nun fachbezogen die Mediendidaktik im Fach Deutsch untersucht. Es werden Möglichkeiten und Grenzen aufgezeigt und mediendidaktische Ideen für das Unterrichtsfach präsentiert. Auch der Einfluss der Mediendidaktik auf das Fach wird beleuchtet.

Die Mediendidaktik im Fach Deutsch kann als Teildisziplin aufgefasst werden, welche neben der Literaturdidaktik und der Sprachdidaktik Teil der Deutschdidaktik ist (vgl. Frederking et al. 2018: 79). Ebenso lässt sich die Mediendidaktik auch als Basis verstehen, auf welcher sich die Sprachdidaktik und Literaturdidaktik anordnen lassen. Diese wiederum sind der Deutschdidaktik als Hauptdisziplin untergeordnet (vgl. ebd.: 80). Dies lässt sich damit begründen, dass die „Bereiche ‚Sprache‘ und ‚Literatur‘ selbst in ihrer nicht-elektronischen Form medial konstruiert sind“ (ebd.). Folglich sollte die mediale Darbietung der zu untersuchenden Gegenstände im Unterricht stets mitgedacht werden, unabhängig davon, ob ein Bild, ein Textauszug oder eine Ganzschrift im Zentrum des Unterrichts stehen. Jene Auffassung und Verortung der Mediendidaktik scheint sinnvoller als die zuerst genannte, da die Mediendidaktik nicht isoliert betrachtet werden sollte und kann. Im Gegenteil: im Deutschunterricht sollte stets berücksichtigt werden, dass der mediale Zugang zu einem Unterrichtsgegenstand Einfluss auf die Wahrnehmung und auf die herauszuarbeitenden Aspekte nehmen kann. Auch die Unterrichtsplanung und die zur Verfügung stehenden Möglichkeiten werden maßgeblich durch die mediale Darbietung geformt. Um die Omnipräsenz der Mediendidaktik im Deutschunterricht zu verdeutlichen, sollte nicht von Medien im additiven Sinne gesprochen werden, sondern von „fiktionalen/poetischen und pragmatischen Texten in jeweils unterschiedlichen medialen Formen“ (Maiwald 2022: 4). Dadurch wird sichtbar, dass es eine paradoxe Auffassung ist, Medien und die Medienkompetenz nur als weitere Teilaufgabe des Faches Deutsch mitzudenken. Die Medien bilden einen wesentlichen Teil des Deutschunterrichts oder anders formuliert: es gibt Medien ohne den Deutschunterricht, aber es gibt keinen Deutschunterricht ohne Medien. Damit ist nicht gemeint, dass eine Unterrichtsstunde im Fach Deutsch nicht auch aus einem literarischen Gespräch bestehen kann, aber die Basis dieses

Gesprächs bildet wiederum der Inhalt des zugrunde gelegten Mediums, beispielsweise des Buches. Die Medienkompetenz der SchülerInnen wird genau dann gefördert, wenn diese Tatsache stets ins Bewusstsein gerufen und reflektiert wird.

An dieser Stelle soll die Erläuterung mithilfe von Beispielen veranschaulicht werden. Bleibt man bei der traditionellen und noch immer verbreiteten Erarbeitung einer Ganzschrift in Form eines gedruckten Buches im Deutschunterricht, lässt sich – im Gegensatz zu der Auseinandersetzung mit Textauszügen – arbeitsteilig zu verschiedenen Textstellen arbeiten, welche schlussendlich in einem Gesamtergebnis des Kurses zusammengeführt werden. Die zu erarbeitenden Textstellen können dabei mit individuellen, durch die SchülerInnen gesetzten Schwerpunkte analysiert werden. Dies wäre bei einer getroffenen Vorauswahl von Textauszügen durch die Lehrkraft nicht möglich, da nicht alle Lernenden über die Gesamtheit eines Werkes verfügen würden. Mit einem Buch zu arbeiten, erfordert von den SchülerInnen auch eine gewisse Orientierung, da die Charakterisierung einer Figur voraussetzt, dass die Lernenden wissen, an welchen Stellen im Buch relevante Charaktereigenschaften einer Figur zu finden sind. Folglich beeinflusst das Medium des Buches sowohl die Möglichkeiten einer zu planenden Arbeitsphase als auch den aktiven Arbeits- und Leseprozess. Auch geleistete Vorarbeiten können die Weiterarbeit mit dem Buch erleichtern. Gezielte Markierungen oder Notizen im Originaltext können somit eine Orientierungshilfe bieten. Werden beispielsweise Randnotizen oder Markierungen bestimmter Kapitel oder Szenen eines Werkes verglichen und SchülerInnen tauschen sich darüber aus, warum unterschiedliche Textstellen hervorgehoben wurden, kann dies eine Reflexion des gelesenen Textes und eine Anschlusskommunikation ermöglichen. Als direkter Vergleich lässt sich ein digital präsentierter Text anführen, beispielsweise auf einem Tablet. Auf diesem kann herangezoomt werden, um einzelne Textstellen in den Fokus zu rücken. Außerdem können Textstellen ausgeschnitten werden und in kurzer Zeit neu angeordnet werden. Des Weiteren besteht die Möglichkeit, nach einzelnen Wörtern zu suchen, um beispielsweise schneller zu einer gewünschten Textpassage zu gelangen. Auch das Teilen eines bearbeiteten Textes erweist sich als leicht und ermöglicht neue Gestaltungsformen von Arbeitsphasen. Diese hier aufgezeigten Möglichkeiten, welche von dem jeweiligen Medium abhängen, sollen bei den SchülerInnen dazu führen, die Wahl eines Mediums bewusst vorzunehmen. Die Arbeit mit einem bestimmten Medium soll verdeutlichen, dass dieses auch einen Möglichkeitsrahmen vorgibt, welcher wiederum die eigenen Überlegungen und Ergebnisse in der Darstellungsform und inhaltlich beeinflusst.

3.2.6.1 Aufgaben des Faches Deutsch

Das Fach Deutsch ist ein Kulturfach, ein Sprachenfach und ein Literaturfach. Es geht in diesem Fach um die Vermittlung zentraler Kulturtechniken wie Lesen, Schreiben und Gesprächsführung (vgl. Schilcher / Meier 2021: 66). Aber auch das Bewusstsein für die Sprache und die sprachliche und inhaltliche Auseinandersetzung mit Texten ist bedeutsamer Bestandteil des Faches Deutsch (vgl. ebd.: 67).

Der Beschluss der Kultusministerkonferenz zu den Bildungsstandards im Fach Deutsch für die Allgemeine Hochschulreife bezeichnet die Aufgaben des Faches als Vermittlung von „Literatur, Sprache und Kommunikation" (KMK 2012: 13). Neben diesen zentralen Bereichen ist auch das „literaturhistorische[...] und ästhetische[...] Bewusstsein" (ebd.) elementar. Über das Fach Deutsch hinausgehend sollen auch Kompetenzen des Argumentierens und Reflektierens erlernt werden (vgl. ebd.). Bezieht man diese zu vermittelnden Fähigkeiten auf die Mediendidaktik, kann festgehalten werden, dass vor allem für den Umgang mit Medien die bewusste Beschäftigung mit der Sprache und Kommunikation von Bedeutung ist und daher im Unterricht thematisiert werden sollte. Auch die ästhetische Wahrnehmung der digitalen Unterrichtsumgebung von Lehrenden und Lernenden, welche bereits kurz im Kapitel der Mediendidaktik angesprochen wurde, stellt folglich einen zentralen Bestandteil des Faches Deutsch dar. Im Beitrag der KMK wird explizit darauf hingewiesen, dass „Den Bildungsstandards [...] ein weiter Textbegriff zugrunde [liegt]" (ebd.). Dieser beinhaltet auch Texte und Sprache aus den Medien und gilt als zu vermittelnder Teil des Faches Deutsch (vgl. ebd.). Auch für die Vermittlung der vergangenen und gegenwärtigen Kultur hat das Fach Deutsch einen Bildungsauftrag zu erfüllen (vgl. ebd.). Nicht zuletzt, weil eine Auseinandersetzung mit der Literatur, der Ästhetik, der Sprache und medialen Darstellungsformen eine kritische Auseinandersetzung mit der Kultur bedeuten. Der Einfluss der Medien auf die Gesellschaft hinsichtlich sozialer und kultureller Veränderungen sollte ebenfalls im Deutschunterricht thematisiert und reflektiert werden (vgl. Anders 2021: 127). Schließlich ist der Einfluss der Medien sehr groß, wenn man einbezieht, dass Medien nicht nur Nachrichten transportieren und übermitteln, sondern je nach Verfügbarkeit der Medien auch Inhalte für die ProduzentInnen und RezipientInnen von Nachrichten erzeugen (vgl. ebd.: 128). Eine Information lässt sich umstandslos durch verschiedene Möglichkeiten auf andere Medien übertragen und kann für andere Menschen sichtbar gemacht werden. Je nach dem, von welchem Medium Informationen geteilt, bearbeitet, produziert und rezipiert werden, verändert sich bedingt der Inhalt (vgl. ebd.). Dies führt zu einer ‚Verschmelzung' mit der medialen Umgebung (vgl. ebd.). Auf die genaue Bedeutung der medialen Umgebung wird im Text zwar nicht weiter eingegangen, jedoch kann man folgende Bereiche ableiten, welche diese mediale Umgebung bestimmen. Zum einen die Plattform, auf welcher der Inhalt veröffentlicht wird. Zum anderen die Community, welche den Inhalt kommentiert, teilt und modifiziert, aber auch die Darbietungsformen, welche beispielsweise nur in einem sozialen Netzwerk verfügbar und nutzbar sind. Durch das Internet und die digitalen Medien wird „die Kunst und die Kultur ‚verflüssigt' und [es werden] immer wieder neue Versionen [ge]schaffen" (ebd.). An dieser Stelle ergibt sich für das Fach Deutsch ein weiterer Bereich, der stets berücksichtigt und einbezogen werden sollte. Die Beständigkeit von Merkmalen, wie sie per exemplum bei Textsorten postuliert und unterrichtet wird, lässt sich im digitalen Kontext nicht umsetzen. Der ständige Wandel und Fluss dessen, was in den Medien dargestellt wird, ist zu stark, als dass feste Merkmale und Strukturen vermittelt werden sollten. Selbst wenn sich temporäre Merkmale festhalten ließen, ist fraglich, inwiefern SchülerInnen damit konfrontiert werden sollten. Die Lernenden sollten stattdessen mit der Unbeständigkeit und den immer neu hinzukommenden Möglichkeiten vertraut gemacht werden.

3.2.6.2 Die Funktionen (der Sprache) im digitalen Kontext

Da die Sprache die Basis bildet, um sich nicht nur im Deutschunterricht mit jenen Thematiken kritisch auseinanderzusetzen, gilt es festzuhalten, dass diese in der digitalen Welt auch neue Funktionen hat (vgl. Knopp 2020: 4). Die Sprache kann in virtueller Form Zeichen übertragen, und diese können gespeichert und übertragen werden (vgl. ebd.). Sprachnachrichten beispielsweise bieten die Möglichkeit, das gesprochene Wort als Tonaufnahme zu präsentieren und wiederholt abzuspielen. Zudem kann die Sprache im virtuellen Raum einer bestimmten Textsorte oder Diskursart zugehörig sein. Der Autor nennt hier das Beispiel der schriftlichen Kaufanfrage auf Ebay oder AGBs auf Internetseiten (vgl. ebd.). Es wird unterstrichen, dass jene Kommunikation im Internet und im digitalen Raum überwiegend durch Zeichen und Symbole geschieht. Schon durch das Klicken auf beschriftete Felder auf einer Internetseite kann eine Handlung vollzogen werden, welche Auswirkungen hat (vgl. ebd.). Die Leichtigkeit, im Internet miteinander zu kommunizieren, birgt Risiken, welche leicht übersehen werden können. Auch auf der rechtlichen Ebene können beispielsweise Datenschutzbestimmungen, die häufig beim virtuellen Betreten einer Internetseite erscheinen, sprachlich so formuliert werden, dass Zugriffen auf persönliche Daten vorschnell zugestimmt wird und diese zu ungewissen Zwecken verarbeitet werden. Die sprachliche

Darbietung in der virtuellen Welt stellt SchülerInnen und LehrerInnen vor neue Herausforderungen, die berücksichtigt werden sollten.

Vorteile im Hinblick auf die digitalen Sprachmöglichkeiten sind unter anderem in der Binnendifferenzierung auszumachen. Bei einer leistungsheterogenen Lernendengruppe oder inklusivem Unterricht, bei dem unterschiedliche körperliche oder geistige Ausgangsvoraussetzungen berücksichtigt werden müssen, kann die digitale Sprache für verschiedene Zugangsmöglichkeiten sorgen (vgl. Knopp 2020: 6). Die Vorlesefunktion bietet bei vielen Texten einen auditiven Zugang. Aber auch die Möglichkeit, die sprachliche Komplexität eines Textes individuell anzupassen, sodass dieser möglichst umfassend verstanden werden kann (vgl. ebd.). Umgekehrt könnte dies auch im Deutschunterricht thematisiert werden. Die SchülerInnen könnten herausarbeiten, wodurch ein Text sprachlich einfacher oder schwieriger dargeboten wird, und ob es eventuell bei den Programmen, welche einen Text in einfache oder schwierige Sprache umwandeln, unterschiedliche Kriterien und Merkmale gibt, den Text zu verändern. Schließlich birgt die Einstellung, einen Text in einfacher Sprache präsentiert zu bekommen, die Gefahr, nicht alle Informationen zu erhalten und letztlich beispielsweise bei der Einwilligung von AGBs anders zu reagieren. Neben der sprachlichen Komplexität innerhalb einer Sprache können Texte im Internet häufig auch durch einen Mausklick in etliche Sprachen übersetzt werden. Diese Funktion ist vor allem relevant, wenn es sich um internationale Klassen handelt, in denen Deutsch als Zweitsprache unterrichtet wird. Je nach Sprachniveau der Lernenden in der Zielsprache Deutsch kann die Übersetzung in die jeweiligen Erstsprachen als Hilfsmittel dienen, aber auch Unterschiede oder Gemeinsamkeiten zwischen Erst- und Zielsprache aufzeigen. Es entstehen verschiedene Zugangsmöglichkeiten, welche nicht nur durch die Veränderbarkeit der Sprache, sondern durch multimodale Zugänge sichtbar werden. Als Beispiel wird die Erweiterung von Lernapplikationen zu analogen Leseheften genannt, welche entsprechende Aufgaben oder Hilfsmaterialien in digitalen Formen passend bereitstellen (vgl. Penzold 2020: 8 f.). Nicht zuletzt ist das Erstellen von Texten durch digitale Unterstützung auf verschiedenen Wegen möglich. Sowohl das Eintippen auf einer Tastatur, das Einsprechen oder das digitale Schreiben mit einem speziellen Stift ermöglichen individuellere Zugänge (vgl. ebd.). Jene Adaptionsmöglichkeiten, welche durch digitale Medien verfügbar sind, können zur Realisierung einer individuellen Förderung beitragen, sollten jedoch stets reflektiert werden. Damit dies umfassend geschehen kann, muss eruiert werde, welche Fähigkeiten Heranwachsende beherrschen müssen, um digitale Medien autonom und verantwortungsbewusst nutzen zu können (vgl. Knopp 2020: 11).

Es wird deutlich, dass die unterschiedlichen Medien neue sprachlichen Realisierungsmöglichkeiten mit sich bringen. An dieser Stelle gewinnt auch die rhetorische Umsetzung an Bedeutung. Jene Medien bedingen „neue [...] rhetorische [...] Verfahren, deren Reflexion und Analyse Aufgabe der Schule ist" (Wampfler 18.05.2020: 3). Wampfler führt erweiternd an, dass der Deutschunterricht die hauptsächliche Verantwortung für die Vermittlung und Auseinandersetzung mit diesem rhetorischen Verfahren trägt (vgl. ebd.). Die Schulen, speziell die DeutschlehrerInnen, müssen die Lernenden folglich auf sprachliche Phänomene und Umsetzungen vorbereiten und sie auch für Tücken sensibilisieren. Aber auch die Entwicklung sowie die eigene Gestaltung rhetorischer Texte ist ein zentrales Thema.

Wampfler fasst die Kompetenzen, welche in Bezug auf die Rhetorik im Internet und die digitalen Medien gefordert sind, wie folgt zusammen: „Die Verfahren, mit denen Eigentliches und Uneigentliches, Inszenierung und Realität, Meinungen und Beschreibungen sowie Absichten und Handlungen oder Reaktionen [...] voneinander getrennt werden" (Wampfler 18.05.2020: 6). Zur Verdeutlichung nimmt er die Videoplattform YouTube als Beispiel. Dort stellen sich die YouTuberInnen auf bestimmte Weise dar und inszenieren sich selbst. Die ZuschauerInnen können mit der Zeit ableiten, interpretieren und mutmaßen, ob und inwiefern Darstellende der Videos das Gesagte ernst meinen, tatsächlich überrascht oder geschockt sind oder dies nur vorspielen. Wie in dem Zitat angemerkt wird, ist hierbei nicht immer deutlich abzugrenzen, wann die eigene Meinung und wann Beschreibungen von tatsächlich Wahrgenommenem geäußert werden. Die Grenzen verschwimmen und unterliegen keinen direkten Regeln. Schließlich können YouTuberInnen, im Gegensatz zu den Massenmedien, frei von Vorgaben ihre Videos gestalten und hochladen. Jedem steht diese Möglichkeit offen, und folglich gibt es keine Begrenzungen hinsichtlich der hochgeladenen Inhalte und DarstellerInnen. Additiv kommt hinzu, dass durch Kommentare, Klicks, Spenden und ‚Gefälltmir-Buttons' interaktiv mit den YoutTuberInnen Kontakt aufgenommen werden kann. Auch die ZuschauerInnen können miteinander schreiben beziehungsweise die Videos live oder im Anschluss kommentieren. Häufig greifen die DarstellerInnen der Videos einzelne Kommentare sogar auf und antworten in dem Video darauf. Teilweise wird die sogenannte Community auch aktiv eingebunden, indem Fragen gestellt werden, auf die alle ZuschauerInnen mittels der Kommentarfunktion antworten sollen. Dieser Aspekt macht es für die ZuschauerInnen nicht nur attraktiver, Streams und Videos online zu schauen statt fernzusehen, sondern sie können auch leichter manipuliert und rhetorisch in die Irre geführt werden. Denn auch sehr junge Heranwachsende nutzen die Beiträge von YouTuberInnen, um sich mit diesen zu identifizieren und Kontakt zu ihnen aufzunehmen (vgl. Wampfler 18.05.2020: 8). Daher sollte in der Schule und auch im Deutschunterricht auf jene Manipulationen aufmerksam gemacht werden, und die Heranwachsenden sollten für diese rhetorischen Strategien sensibilisiert werden.

3.2.6.3 Zusätzliche Aufgabe des Faches Deutsch während des Homeschoolings

In Zeiten des Homeschoolings ist die Förderung einer speziellen Schlüsselkompetenz besonders relevant: Die Förderung und Entwicklung der „allgemeine[n] Lernfähigkeit und Lernbereitschaft [...] im Sinne eines selbstorganisierten und projektorientierten Arbeitens" (KMK 2012: 13). Schließlich erfordert der Distanzunterricht von den SchülerInnen ein hohes Maß an Selbstständigkeit in Bezug auf das Organisieren, Einteilen und Aneignen von Lernstoff. Eine Kompetenz, die in der Form häufig erst im Studium relevant wird, ist ad hoc notwendig. Je nach Alter und Ausprägung dieser im Deutschunterricht vermittelten Befähigung der Selbstorganisation ist auch die Begleitung des Faches Deutsch in der Zeit des Distanzunterrichts sehr zentral. Beispielsweise könnte im Deutschunterricht während des Homeschoolings die Erstellung eines Wochenplans thematisiert werden. Dabei könnte diskutiert werden, wie viel Zeit man durchschnittlich am Tag am Schreibtisch verbringen sollte, wie man Prioritäten setzt, ohne Abgabefristen zu versäumen, und wie sinnvoll ein allgemeingültiger Wochenplan ist, wenn schließlich alle SchülerInnen ein eigenes Lerntempo und eigene fächerbezogenen Stärken und Schwächen haben.

Neben der Rezeption und kritischen Diskussion zählt natürlich auch die Erstellung von Schreibprodukten zu einem wesentlichen Bereich des Deutschunterrichts (vgl. ebd.: 17). Vor allem bei dem gestaltenden Schreiben spielt auch die Ästhetik eine Rolle, und die Texte haben neben der Aufgabe, schulischen Ansprüchen gerecht zu werden, einen Eigenwert. Als eigens aufgeführter Punkt wird bei dem gestaltenden Schreiben das Verfassen von Texten für die Medien erwähnt (vgl. ebd.). Das Thematisieren, Rezipieren und Reflektieren der (digitalen) Medien ist somit nur ein Bereich im Umgang mit Medien. Das Produzieren und folglich das aktive Mitgestalten der Beiträge in der digitalen Welt ist ein weiterer zentraler Aspekt (vgl. ebd.). Denn anders als bei analogen Zeitungsartikeln, Büchern oder lyrischen Beiträgen ist die Mitgestaltung im Internet unmittelbar und für jeden möglich. Dies birgt die Gefahr, Texte unüberlegt und eventuell angriffslustig oder beleidigend zu formulieren und dadurch andere Menschen zu verletzen. Aus diesem Grund sollte der Deutschunterricht auch die schnelle und uneingeschränkte Möglichkeit, einen Beitrag im Internet zu produzieren, thematisieren und die SchülerInnen dazu anhalten, dies kritisch zu reflektieren. Denn das Internet vereint die gegensätzlichen Eigenschaften der Schnelllebigkeit, der Informationsflut und der Tatsache, dass das Internet trotz allem nichts vergisst und daher alles auffindbar bleibt. Diese Tatsache sollten SchülerInnen sich bei der Produktion von Texten bewusst machen und verantwortungsbewusst bei ihren Entscheidungen innerhalb des Internets einbeziehen, um letztlich mündige BügerInnen zu werden. Um eine solche Mündigkeit bei den Lernenden zu erzielen, ist jedoch die Kompetenz der Lehrperson im Umgang mit digitalen Möglichkeiten zentral. Die Lehrkraft muss den Lernenden den verantwortungsbewussten Umgang mit digitalen Medien beibringen, und das ist schwierig, wenn bedacht wird, dass die SchülerInnen im Umgang damit teilweise kompetenter sind als die Lehrpersonen (vgl. Roth 2021: 337). Ebenso fehlen didaktische Konzepte zur Nutzung digitaler Medien im schulischen Kontext (vgl. ebd.). Die Anforderungen an die Lehrkraft steigen folglich, ohne dass professionelle Unterstützung in Aussicht gestellt wird.

3.2.6.4 Flipped Classroom im Deutschunterricht

Die Darstellung und Erläuterung des Flipped Classrooms zeigt, inwiefern das eigenverantwortliche asynchrone Arbeiten der SchülerInnen zu ertragreicheren Präsenzsitzungen führen kann. Es werden die Chancen des digitalen Unterrichts im Fach Deutsch aufgezeigt, welche jedoch nicht für jede Unterrichtseinheit und Lerngruppe geeignet sind.

Der ‚Flipped-Classroom' beschreibt eine Lernumgebung, die aus synchronen und asynchronen Lerneinheiten besteht. Er lässt sich demzufolge mit dem Blended Learning zusammenfassen. Dass von einem Flipped Classroom gesprochen wird, liegt an dem ‚umgedrehten' Aufbau von Unterricht und Hausaufgaben (vgl. Becker 2020: 3). Die zu vermittelnde Theorie oder die Thematik wird hierbei asynchron von den SchülerInnen gelernt und im synchronen Unterricht gemeinsam besprochen und mit Aufgaben geübt (vgl. ebd.). Im ursprünglichen Unterricht führte sonst die Lehrkraft in eine Thematik ein und erläuterte die neue Thematik. Im Deutschunterricht wäre dies zum Beispiel das Einführen einer neuen Textsorte und das Erklären der Funktion oder Besprechen der Merkmale. Das Modell des Flipped Classroom dreht dieses herkömmliche Unterrichtsgeschehen um und nutzt die synchronen Unterrichtseinheiten zur Klärung von Verständnisfragen und zur Vertiefung der gelernten Thematik mit dem Schwerpunkt auf der Anwendung dieser Thematik (vgl. ebd.). Abhängig davon, ob synchrone oder asynchrone Einheiten passender für die Bearbeitung einer Aufgabe sind, können diese entsprechend eingesetzt werden (vgl. Becker 2020: 1). Durch diese Realisierung des Unterrichts soll eine erhöhte Teilnahme an synchronen Unterrichtsstunden beobachtbar sein, und auch das individuelle Lernen und Einteilen der Lernzeit soll dadurch besser realisierbar sein (vgl. ebd.). Besonders für den Deutschunterricht und Unterrichtsreihen, die sich mit literarischen Werken beschäftigen, sei diese Form des Unterrichts passend. Denn die SchülerInnen können die synchronen Unterrichtssitzungen umfassender vorbereiten, und die tatsächliche Unterrichtszeit könne somit für gemeinsame Diskussionen und Gespräche genutzt werden (vgl. ebd.). Um sich in eine Thematik entsprechend einzufinden und diese zu lernen, werden statt langer Texte oder Schaubilder „‚Micro-Teaching-Videos'" (ebd.: 3) genutzt. Damit sind kurze Videos gemeint, in denen explizit in eine Thematik eingeführt wird. Dadurch soll, unter anderem laut Hattie, die Kompetenz, Probleme zu bewältigen und das Erlernte auf andere Bereiche zu übertragen, verbessert werden (Hattie 2009 in: Becker 2020: 3). Des Weiteren wird die Selbstständigkeit und das selbstgesteuerte Lernen unterstützt, da nach eigenem Ermessen und eigenem Tempo der Inhalt erlernt wird (vgl. Becker 2020: 4). Dadurch wiederum rückt die individuelle Förderung stärker in den Fokus, und die Bedürfnisse der einzelnen SchülerInnen können durch die Umverteilung asynchroner und synchroner Lerneinheiten mehr berücksichtigt werden (vgl. ebd.).

In einem Schulprojekt in Berlin wurde festgestellt, dass SchülerInnen, die synchrone Unterrichtseinheiten intensiver genutzt haben, die Lerninhalte besser verstanden haben (vgl. Becker 2020: 6). An dieser Stelle wurde jedoch auch relativierend eingeräumt, dass der Mehrwert des Flipped Classroom nur gegeben ist, wenn dieser an geeigneter Stelle durchgeführt wird und mit der Thematik eines Faches zusammenpasst (vgl. ebd.). Eine weitere relevante Bedingung für die gelingende Umsetzung des Flipped Classroom ist das neue Rollenverständnis der Lehrkraft. Hier wird stärker von einem „Lernbegleiter" (ebd.) gesprochen als von einem „Wissensvermittler" (ebd.). Es ist in der modernen Auffassung des Lehrerberufs womöglich auch die Zuordnung einer moderativen Funktion gerechtfertigt. Schließlich sind – je nach Leistungsstärke der Lerngruppe – die literarischen Gespräche überwiegend SchülerInnenzentriert, und die Aufgabe der Lehrperson liegt lediglich darin, für eine geordnete Lernatmosphäre zu sorgen, in der eine fachbezogene Diskussion angemessen stattfinden kann. Selbst die sonst hierarchische Anordnung zwischen Lernenden und LehrerIn durch die wissensbedingte Überlegenheit der Lehrkraft kann durch dieses Unterrichtsmodell in den Hintergrund rücken.

In dem Beitrag zum Flipped Classroom wird ebenfalls zu bedenken gegeben, dass dieses Modell das erfolgreiche individuelle Lernen nicht in einer

Sicherungsphase garantieren kann (vgl. ebd.). Somit ist das Vertrauen und Einschätzungsvermögen der Lehrperson in die Lernendengruppe von großer Bedeutung.

Das hier skizzierte Modell des Flipped Classroom zeigt, dass es bei der Einbindung und Vermittlung der Medienkompetenz und Mediendidaktik auf die Angemessenheit des jeweiligen Unterrichtskontextes und der Lernendengruppe ankommt. Wampfler hat in diesem Zusammenhang von einer ‚agilen Deutschdidaktik' gesprochen (vgl. Wampfler 2020: 48). Er erläutert, dass die „Experimentelle Entwicklung digitaler Medienkompetenz [...] auf didaktischer Ebene am besten unter Orientierung an der agilen Didaktik [funktioniert]" (ebd.). Mit der experimentellen Entwicklung der Medienkompetenz wird an dieser Stelle wahrscheinlich auf die Schnelligkeit des digitalen Zeitalters und folglich auf das dynamische Verständnis des mediendidaktischen Begriffs hingewiesen. Wampfler passt der Wandelbarkeit der Medien somit die Didaktik an und hält Spontanität und Entscheidungsfreudigkeit für Schlüsselbegriffe (vgl. ebd.). Der Begriff der Agilität kann an dieser Stelle die Dynamik, das ständige in Bewegung sein und die bedingte Undefinierbarkeit umfassen, da eine didaktische Umsetzung der Lerngegenstände schließlich auch unmittelbar durch jene bedingt wird. Wenn diese sich ständig ändern und erweitern, ist folglich Spontanität und Anpassung gefragt. Erweiternd könnte hinzugefügt werden, dass nur so eine Adaption an die Lebenswelt der SchülerInnen gelingen kann.

3.2.6.5 Veränderungen durch digitale Medien im Deutschunterricht

Wampfler erläutert, dass der Lernprozess in den Mittelpunkt rücken soll und die Inhalte von diesem verdrängen soll (vgl. Wampfler 2020: 48). Dies würde zu stärkerer Freiheit der Lehrperson und der SchülerInnen führen (vgl. ebd.). Als Begründung seiner Thesen führt er unter anderem das soziale Netzwerk Instagram an (vgl. ebd.: 48 f.). Die dortige Formatvorgabe zeichnet sich dadurch aus, „diese kreativ zu überschreiten" (ebd.: 48). Instagram dient beispielsweise überwiegend dem Teilen und ‚Posten' von Bildern. Werden diese Bilder jedoch genutzt, um einen Text als Bilddatei hochzuladen, entstehen lange Textbeiträge, welche den eigentlichen Vorgaben und der ursprünglichen Intentionen bei der Entwicklung dieser Plattform widersprechen (vgl. Wampfler 2020: 49). Um auf jenen Plattformen entsprechende Schreibprodukte entwickeln zu können, ist die Experimentierfreudigkeit vordergründig (vgl. ebd.). Auch Experimentierfreudigkeit im Umgang mit dem Rollenverständnis ist von Bedeutung. Dieses verschiebt sich, laut Wampfler, insofern, als dass LehrerInnen „nicht mehr die besten Schreiberinnen und Schreiber im Schulzimmer [sind]“ (ebd.: 50). Der tägliche Umgang mit den sozialen Netzwerken kann SchülerInnen folglich auch einen Vorteil im Produzieren der Texte für diese Medien verschaffen. Lehrkräfte können auf die Entwicklung solcher Schreibprodukte hingegen weniger vorbereitet sein und müssen sich daher eine bedingte Verschiebung des Rollenverständnisses eingestehen (vgl. ebd.). Zwar kann dies bei einigen Lehrpersonen dazu führen, dass die fehlende Möglichkeit der starken Orientierung am Lehrplan und vorhersehbarerer SchülerInnenergebnisse Unsicherheiten oder berufliches Umdenken bedingen, jedoch ist auch das Potenzial nicht von der Hand zu weisen. Für die Kompetenzförderung im Umgang mit Medien ist es für die SchülerInnen zentral, dass die Lehrkraft nicht immer im Notfall einspringen kann, sondern dass die Lernenden selbst technische Hürden überwinden müssen und Lösungen für Probleme im Umgang mit digitalen Geräten finden müssen (vgl. Wampfler 2017: 35). Eine Kommunikation auf Augenhöhe und das Lernen miteinander ist nun tatsächlich notwendig, um voneinander zu profitieren und die neuen Medien und sozialen Netzwerke bestmöglich zu begreifen und zu verstehen.

Neben den Schreibprodukten, welche im Deutschunterricht in Bezug auf digitale Medien neuen Regeln folgen, ist auch die Selbstdarstellung der Heranwachsenden ein wichtiges Thema, welches im Deutschunterricht thematisiert werden sollte. Schließlich wird bei der Veröffentlichung von Beiträgen immer etwas über sich selbst preisgegeben. Hierbei gilt neben Instagram auch WhatsApp als eines der wichtigsten Kommunikationsmedien. WhatsApp ist die beliebteste App für junge Menschen zwischen zwölf und neunzehn Jahren (vgl. Kröger-Bidlo 2019: 102). Bei WhatsApp können Nachrichten zwischen zwei Personen privat ausgetauscht werden sowie Gruppenchats mit beinahe beliebig vielen Teilnehmenden erstellt werden. Bilder, Sprachaufnahmen, Videos und normale Textnachrichten können hierbei in Einzel- oder Gruppenchats geteilt werden (vgl. ebd. 103 f.). Neben dieser Funktion kann, wie auch bei Instagram, ein Echtzeitstatus veröffentlicht werden, der bei WhatsApp für alle Personen ersichtlich ist, deren Mobilnummern eingespeichert sind. Dieser Status erlaubt die Veröffentlichung von Beiträgen, die in mehrere Abschnitte gegliedert sein können – je nach Länge des Beitrags – und dabei aus Bildern, Videos, Texten, ‚Emojis‘ und Filtern bestehen können. Dieser Status ist nur für 24 Stunden sichtbar und wird danach automatisch gelöscht (vgl. ebd.: 104). Diese Veröffentlichung des Echtzeitstatus trägt zur Identitätsbildung bei, da Informationen über den Verfasser dieses Status preisgegeben werden und eine Selbstdarstellung bei gleichaltrigen Kontakten – oder Peers – erfolgt (vgl. Spinner 2016: 70 f. in:

Ebd.: 105). Die Heranwachsenden inszenieren sich auf bestimmte Art und Weise, um Anerkennung zu bekommen und sich mitteilen zu können. Die eigene Meinung zu bestimmten Thematiken zu veröffentlichen und eigene Werte zu vertreten kann auch eine Funktion der Veröffentlichung des Status sein (vgl. DIVSI 2015: 15 in: Kröger-Bidlo 2019: 105). Durch das Hochladen eines solchen Echtzeit-Status erfolgt auch eine Beschäftigung mit dem eigenen Selbst. Die jungen Menschen versuchen hierbei, sich selbst wahrzunehmen, anderen zu verdeutlichen und mitzuteilen, wie sie sich selbst wahrnehmen. Sie versuchen herauszufinden, wie andere sie tatsächlich sehen (vgl. Kröger-Bidlo 2019: 106). Hier lässt sich ergänzen, dass gerade im Deutschunterricht auch über Mehrdeutigkeiten und Auswirkungen selbstdarstellender Beiträge diskutiert werden sollte. Meinungen zu vertreten und Werte kundzutun kann durch die Möglichkeiten der digitalen Inszenierungen so dargestellt werden, wie es nicht in der Intention des Verfassenden lag. Aber auch Themen wie die Freizügigkeit auf Bildern und Videos, die veröffentlicht werden, sollte mit Minderjährigen ausreichend besprochen werden. An dieser Stelle wäre auch die Thematik des Datenschutzes von WhatsApp und der mögliche Missbrauch jener veröffentlichter Beiträge durch die Plattform oder Dritte nicht unerheblich.

Vier hervorzuhebende Problematiken, die durch WhatsApp aufkommen und die Selbstdarstellung, aber auch die Identitätsfindung der Heranwachsenden beeinflussen, werden nun aufgezeigt:

Die Jugendlichen versuchen zum einen häufig, die größtmögliche Rückmeldung auf ihre Beiträge zu generieren und verknüpfen dafür die Wertschätzung des eigenen Selbst mit der Rückmeldung anderer auf ihren Status (vgl. ebd.). Folglich nimmt die Orientierung an der Aufmerksamkeit einen sehr großen Stellenwert in Bezug auf die Selbstwahrnehmung ein. Eine zweite Problematik stellt die Anpassung des eigenen Erscheinungsbildes an kommerzielle Beiträge dar. Die in den Medien präsentierten Leitbilder gelten als Maßstäbe und Orientierungspunkte, um sich selbst dementsprechend zu inszenieren und die Identität daran zu orientieren (vgl. ebd.). In sozialen Netzwerken werden häufig künstliche, bearbeitete und realitätsferne Bilder und Selbstporträts von Personen veröffentlicht. Diese können Heranwachsende unter Druck setzen und falsche Werte vermitteln. Besonders problematisch sind bei jenen Bildern entsprechende Untertitel, welche von den VerfasserInnen häufig hinzugefügt werden. Diese beinhalten teilweise Beiträge, in denen steht, sie seien gerade erst aufgestanden oder ungeschminkt. Zwar lassen weitere Überlegungen über solche Beiträge schnell deutlich werden, dass es sich bei den Untertiteln um falsche Informationen handelt oder es um stark bearbeitete Bilder geht. Jedoch kann das bei Jugendlichen trotzdem unterbewusst zu Unsicherheiten hinsichtlich der Identitätsbildung führen. An dieser Stelle sollte der Deutschunterricht nicht nur auf die rhetorischen Irreführungen des Internets hinweisen, sondern die SchülerInnen sollten auch für Falschdarstellungen auf Fotos mittels Bearbeitungsprogrammen sensibilisiert werden. Die häufig verkörperte Perfektion und Makellosigkeit der Darstellungen von Menschen in sozialen Netzwerken sollte kritisch hinterfragt und reflektiert werden. Als dritte Gefahr stellt sich die Objektivierung der eigenen Person heraus (vgl. Kröger-Bidlo 2019: 106). Es werden gewisse Normen auf veröffentlichte Bilder angewendet, und vor allem werden Fotos miteinander verglichen. Der Verfassende vergleicht sowohl sich selbst als auch andere. Durch Kommentare oder ‚Likes' wird das hochgeladene Bild mehr oder weniger anerkannt. Hier verweist die Autorin auf gendersensible Aspekte, welche dabei berücksichtigt werden sollten (vgl. ebd.). Die Normen und anerkannten Inszenierungen von Personen beziehen jene Gruppen nicht mit ein, sondern schließen sie eventuell sogar aus und lassen sie unbeachtet. Dies könnte dazu führen, dass Heranwachsende in ihrer Identitätsfindung Hemmungen entwickeln oder gewisse sexuelle und identitäre Orientierungen für sozial unpassend und nicht anerkannt halten. Die letzte Problematik bezieht die Absichten Fremder ein. Veröffentlicht eine Person einen Status auf WhatsApp und macht diesen somit für andere sichtbar, bietet das Raum für Angriffe und Mobbing (vgl. ebd.). Dies geschieht nicht nur durch Textnachrichten, sondern auch mittels herabwürdigender Bilder oder Sprachaufnahmen, welche teilweise noch in Gruppen mit mehreren MitschülerInnen hochgeladen werden (vgl. ebd.). Als bedenklich wird durch die Autorin hervorgehoben, dass seitens der Kommunikationsplattform WhatsApp keine Möglichkeiten des Ausschlusses einer Person als Sanktion bestehen. Unabhängig vom Verhalten eines Nutzenden gegenüber anderen kann dieser den Kommunikationsdienst uneingeschränkt weiternutzen (vgl. ebd.). Da die Lehrkraft in jenen privaten sozialen Netzwerken keine Möglichkeiten hat, entsprechende Maßnahmen zu ergreifen, sofern Lernende gemobbt werden, kann an dieser Stelle im Unterricht nur über Risiken aufgeklärt werden, wenn persönliche Bilder und Inhalte preisgegeben werden. Dennoch ist es beinahe eine Pflicht für Heranwachsende geworden, sich auf jenen Kommunikationsplattformen aufzuhalten und sich ebenfalls durch Bilder und das Hochladen des Status zu inszenieren. Der Anschluss an die eigene Generation kann sonst schnell verloren gehen.

Die Bedeutung der sozialen Netzwerke ist für die junge Generation folglich gravierend, da sie darüber Kontakte pflegen und sich mit Bildern, Videos und Texten darstellen und mitteilen. Aus diesem Grund ist das Distanzverhältnis zum Schreibprodukt ein völlig anderes als bei dem Verfassen eines lyrischen

Textes oder dem Weiterschreiben einer Geschichte. Es handelt sich nicht nur um einen authentischen, sondern um einen alltäglichen Beitrag, den die Lernenden verfassen. Für Lehrkräfte kann dieser Umgang mit Beiträgen in den sozialen Netzwerken befremdlicher und weniger selbstverständlich sein. Daher ist das gemeinsame Lernen an dieser Stelle sehr zentral. Es lässt sich erweiternd hinzufügen, dass die Verbindung vergangener und aktueller Textformen und Inhalte für den Deutschunterricht ebenso ertragreich sein kann wie der Vergleich der medialen Umstände, welche die Inhalte der Kommunikation bestimmen. Ein Brief und das teure Beschriften und Versenden als Extrem auf der einen Seite und die Flut an Sprachnachrichten und Textnachrichten bei Nachrichtendiensten wie WhatsApp auf der anderen Seite zeigen, dass Medium und Inhalt das menschliche Miteinander und den Alltag eines jeden – vor allem in Zeiten von Pandemien, in denen sie teilweise die einzige Möglichkeit der Kommunikation darstellen – mitgestalten und beeinflussen und daher zu analysieren sind. Auch wenn die Verschiebung medialer Bedingungen bedeutet, dass die Älteren teilweise von den Jüngeren lernen.

Ein weiterer Aspekt, der durch die digitalen Medien innerhalb des Deutschunterrichts verändert wird, ist die Multimodalität von Erzähltem (vgl. Dammers et al. 2020: 2). Durch die digitalen Medien und Möglichkeiten gestaltet es sich als weniger umständlich, unterschiedliche Modi simultan zu nutzen und einzublenden (vgl. ebd.). Zur Analyse jener Erzählmöglichkeiten ist nach Staiger eine multimodale Kompetenz nötig (vgl. Staiger 2020 in: Dammers et al. 2020: 2). Da die Gesellschaft durch die Medien bestimmt wird, lässt sich diese Kompetenz sogar zu einer Schlüsselkompetenz erheben (vgl. Anders / Wieler 2018 in: Dammers et al. 2020: 2). Die Multimodalität umfasst hierbei Zeichensysteme, zu denen neben der Sprache auch Bild und Ton zählen, die in „Kommunikate[n] und kommunikative[n] Handlung[en] [...] enthalten [sind]“ (Schneider / Stöckl 2011 in: Kónya-Jobs / Werner 2020: 4). Dies bedeutet, dass multimodale Kommunikate erst durch den Empfänger eine spezifische Bedeutung bekommen (vgl. Siever 2015: 265 in: Kónya-Jobs / Werner 2020: 4). Es wird deutlich, dass der Kontext und das Zusammenspiel der multimodalen Darbietung essentiell sind, damit die RezipientInnen Bedeutungen ableiten können. Im Hinblick auf das Unterrichtsfach Deutsch wird hier gefordert, dass nicht nur multimodales Lesen und Verstehen Teil des Fächerkanons Deutsch werden, sondern auch entsprechende, darauf aufbauende literarische Kommunikation (vgl. Kónya-Jobs / Werner 2020: 4). Als Beispiel für jene multimodalen Texte werden die sozialen Medien genannt, in denen die multimodalen Texte und Beiträge ihre Bedeutungen und Zusammenhänge erst durch die RezipientInnen und Mitwirkenden dieser sozialen Plattformen erhalten (vgl. ebd.: 5). Die hauptsächlichen NutzerInnen dieser sozialen Medien werden als Generation „‚always on'" (ebd.) betitelt. Durch die Möglichkeit, Beiträge zu verlinken und Kommentare dazu zu verfassen, befindet sich der bedeutungsgebende Kontext in ständigem Fluss und dauerhafter Veränderung (vgl. ebd.). Aus diesem Grund ist es umso wichtiger, die Wirkungen und den Aufbau multimodaler Beiträge im Deutschunterricht zu thematisieren und zu analysieren. Bei der Einbindung multimodaler Beiträge aus sozialen Medien wird explizit auf die AutorInnen dieser Beiträge aufmerksam gemacht (vgl. ebd.: 5). Es wird darauf hingewiesen, dass die AutorInnen im Gegensatz zur ‚klassischen Literatur' über vielfältige Interaktionsmöglichkeiten mit den RezipientInnen verfügen (vgl. ebd.). Die Wirkung des veröffentlichten Textes kann somit durch die VerfasserInnen beeinflusst werden, indem der Text auf bestimmte Weise inszeniert wird. Zur Veranschaulichung sollen nun Beispiele für Möglichkeiten der Beeinflussung der Textwirkung gegeben werden. Es kann beispielsweise ein Unterschied sein, um welche Uhrzeit ein Beitrag veröffentlicht wird. Zu Stoßzeiten lesen mehr ‚Follower' den Beitrag und nehmen eventuell unmittelbar Stellung dazu. Es besteht ebenfalls die Möglichkeit, denselben Beitrag mehrmals zu veröffentlichen, sodass dieser mehr Aufmerksamkeit generiert. Als gängigere Methode kann hier das erneute Kommentieren genannt werden. Auf Facebook wird ein Beitrag beispielsweise erneut für alle Facebook-Freunde – synonym zu dem Begriff ‚Follower' bei Instagram oder Twitter – sichtbar, wenn dieser nach langer Zeit durch den Verfassenden oder eine sich auf der Freundesliste befindende Person kommentiert oder geliked wird. Damit können Beiträge wieder ins Gedächtnis gerufen werden und ein weiteres Mal aktuell sein. Des Weiteren spielt der Verfassende in den sozialen Medien häufig eine größere Rolle, als es AutorInnen von publizierten Büchern tun. Ein Buch kann schließlich gekauft werden, weil es spannend klingt, empfohlen wurde oder in den Medien beworben wurde. Dabei muss der Verfassende jedoch keine oder nur eine untergeordnete Rolle spielen. Beiträge in den sozialen Medien werden hingegen je nach AutorInnen, denen man folgt, konsumiert. RezipientInnen entscheiden sich demzufolge für bestimmte VerfasserInnen und lesen von diesen veröffentlichte Beiträge. In den sozialen Medien sind die Personen daher meist wichtiger als ihre hochgeladenen Beiträge, und die Beliebtheit der Beiträge misst sich folglich eher daran, wie populär ihre AutorInnen sind. Nicht zu vergessen ist der soziale Druck in Bezug darauf, welchen VerfasserInnen die Rezipierenden folgen. Auf manchen sozialen Plattformen – wie Instagram – ist es ersichtlich, welchen Personen jemand folgt. Somit kann es in den Peer-Groups sozial anerkannt sein, einer bestimmten AutorIn zu folgen. Dies beeinflusst zusätzlich die Wahrnehmung und Rezeption solcher Beiträge. Damit wird wiederum die Macht eines Verfassenden in den sozialen Medien verstärkt. Wenn bestimmte VerfasserInnen bei jungen Menschen allgemein sehr beliebt sind, steigt dadurch der soziale Druck, dieser Person zu folgen. Dies maximiert die Anzahl der Follower der VerfasserInnen. Wenn diese folglich Beiträge veröffentlichen, werden die Beiträge von viel mehr Menschen wahrgenommen, kommentiert und verbreitet. Dass es sich dabei teilweise um sehr viele RezipientInnen handelt, lässt sich damit belegen, dass die Zahl der Facebook-NutzerInnen in Deutschland von knapp 4,5 Millionen – im Jahr 2009 – auf über 30 Millionen – im Jahr 2017 – angestiegen ist (vgl. Kónya-Jobs / Werner 2020: 5 f.). Es wird deutlich, wie stark der Einfluss der VerfasserInnen auf die Darbietung und Wahrnehmung der Beiträge ist. Dies wird nicht zuletzt von Werbefirmen als Potenzial erkannt und genutzt, da auch die genutzten Produkte der VerfasserInnen die RezipientInnen beeinflussen (vgl. ebd.). Der Einfluss und die Wirkung der Beiträge in den sozialen Medien sind nicht zu unterschätzen. Folglich ist auch die Thematisierung und Vorbereitung im Unterrichtsfach Deutsch wichtig.

Kónya-Jobs und Werner haben vier Fähigkeitsdimensionen entworfen, die im Deutschunterricht gelernt und gefestigt werden sollen (vgl. ebd.: 9):

Die erste Dimension umfasst den „Erwerb von Orientierungswissen, [und den] Ausbau von Sachkompetenz“ (ebd.). Hierbei sollen die Möglichkeiten und Funktionen in den sozialen Medien erlernt werden und die Algorithmizität verstanden werden, also der Umstand, dass die Menge an Daten, welche im Internet verfügbar ist, so groß ist, dass Algorithmen und Suchmaschinen nötig sind, um je nach Sucheingabe die Ergebnisse zu selektieren (vgl. Stalder 2018: 13). Ein entscheidender Punkt ist dabei, nach welchen Kriterien jene Daten analysiert werden, damit sie bei Sucheingaben passend herausgefiltert werden können und korrekt zugeordnet werden (vgl. ebd.). Gäbe es diese Zwischeninstanz nicht, wäre die Menge an Daten, die sich im Internet befinden, kaum auffindbar und sortierbar, wodurch der Mensch „in mehr und mehr Bereichen blind und handlungsunfähig“ (ebd.) wäre.

Durch die Algorithmizität wird jedoch zeitgleich auch bestimmt, was für die Menschen an Informationen sichtbar gemacht wird (vgl. ebd.). Dies bestimmt nicht nur das bereitgestellte Wissen, sondern auch die sich daraus ergebenden Handlungen. Es kann nur so gehandelt werden, wie die verfügbaren Informationen vermitteln, dass es möglich ist. Hinzukommt der Einfluss auf die Weltanschauung. Algorithmen passen die Suchergebnisse auch auf bereits getätigte Suchverläufe an. Dadurch werden präsentierte Ergebnisse einseitig. Zur Veranschaulichung dient ein Beispiel zum Klimawandel. Es gibt Menschen, die gezielt nach Ursachen und Gründen recherchieren, wieso der Klimawandel voranschreitet und was dagegen getan werden kann. Andererseits gibt es auch Leugner des Klimawandels. Diese recherchieren eventuell eher, wieso es den Klimawandel nicht gibt. Die Algorithmen passen die Ergebnisse so an, dass weitere Artikel präsentiert werden, welche die eigene Meinung stützen, wodurch der Eindruck erweckt wird, dass die eigenen Annahmen tatsächlich stimmen – dieses Phänomen nennt sich „Filterblase [...] und Echokammer [...]“ (Stark et al. 2021: 303). Letztlich lassen sich diese Begriffe unter eine einseitige Weltanschauung fassen, die Menschen in dem bestärken, was sie annehmen und für richtig halten (vgl. ebd.).

Der kurze Exkurs zur näheren Erklärung des Begriffs der Algorithmizität hat die Funktion zu verdeutlichen, welch eine Reichweite jene Sortierabläufe haben und vor allem, wie stark der Einfluss auf die eigene Meinung und letztlich das eigene Gedankengut ist. Der Bildungsauftrag, SchülerInnen zu mündigen BürgerInnen zu erziehen, könnte gefährdet werden, wenn ein derartig zentrales Thema nicht ausführlich reflektiert und mit den SchülerInnen diskutiert wird.

Erweiternd zur ersten der vier Fähigkeitsdimensionen nach Kónya-Jobs und Werner wird hinzufügt, dass Kenntnisse über die unterschiedlichen Merkmale der digitalen Literatur und Beiträge in den sozialen Medien sowie Merkmale der gedruckten Literatur, des Kinos und des Fernsehens mit den Lernenden vergleichend gegenübergestellt werden sollen (Kónya- Jobs / Werner 2020: 9). Auch gegenwärtige kulturelle Konzeptionen sollen mit „traditionellen Modelle[n] literarischer Kommunikation“ (ebd.) verglichen werden. Der Vergleich neuer und traditioneller Konzepte der AutorInnenschaft spielt ebenfalls eine Rolle (vgl. ebd.).

Werden die Anforderungen aus der ersten Fähigkeitsdimension erfüllt, können die Lernenden, laut Kónya-Jobs und Werner, unterschiedliche Lektüremodi differenzieren und verschiedene Perspektiven in der Rezeption einnehmen (vgl. ebd.: 10).

Die zweite Fähigkeitsdimension beinhaltet den „Ausbau der kritischen, literarischen Medienkompetenz“ (ebd.). Dazu zählt auch, die multimodal dargebotene Literatur im Internet zu entschlüsseln und kritisch zu hinterfragen (vgl. ebd.). Um über diese Kompetenzen zu verfügen, bedarf es der genauen Betrachtung der „Kommentarkultur“ (ebd.) in den sozialen Medien. Die schnelle Möglichkeit, sich zu allen Beiträgen unmittelbar äußern zu können und mit anderen kommentierenden Personen in Kontakt zu treten und aufeinander Bezug zu nehmen, ist eine fast nur im Internet vorkommende Funktion. Es ist ebenso wichtig, dass den Lernenden die Wirkungen der sozialen Medien und des Internets im Allgemeinen und auf die Literatur nahegebracht werden (vgl. ebd.). Es ist für die umfassende Auswirkung auf die Literatur und die Kommunikation von großer Bedeutung, die Beiträge der sozialen Medien nicht nur innerhalb dieser in Kontext zu setzen, sondern auch mit der Lebenswelt allgemein zu verknüpfen.

In der dritten Fähigkeitsdimension wird die „Förderung der multimodalen Lesekompetenz (Multiliteracy)“ (Kónya- Jobs / Werner 2020: 10) thematisiert. Dazu zählen die Betrachtung der digitalen Gestaltungsmöglichkeiten von Beiträgen, die Präsentationsformen, die Hinterfragung der Adressaten, die Untersuchung der Verweise, welche in den Beiträgen durch Links oder Quellenangaben gemacht werden sowie die Komposition eines Beitrags mit seinen einzelnen Elementen (vgl. ebd.). Zu diesen Elementen gehören neben Bildern und Textteilen auch das Layout des Beitrages, Verweise, Kommentare, Angaben zu den VerfasserInnen, Überschriften und Bildbeschreibungen (vgl. Kónya- Jobs / Werner 2020: 10). An dieser Stelle wird deutlich, dass der Beitrag kein alleinstehendes Produkt ist, welches wie ein Werbeplakat betrachtet und analysiert werden kann. Es handelt sich um einen dynamischen und kontextabhängigen Beitrag, der dauerhaft verändert und erweitert werden kann und dadurch Bedeutungsverschiebungen erhalten kann. Weitere Bestandteile des Beitrages sind die verwendete Sprache, das Verhältnis geschriebener und gesprochener Sprache, die dynamische oder statische Darbietung und die dadurch eher konstante oder sich permanent verändernde Bedeutung (vgl. ebd.). Durch den rasanten digitalen Fortschritt sind diese hier genannten Möglichkeiten der Beitragsdarbietung nie ausgeschöpft und erfahren ständig neue Formen der Gestaltung und Umsetzung. Dies bedeutet für den Deutschunterricht, dass eine Thematisierung jener Beiträge dynamisch ausgelegt sein sollte, um die Wirkung neuer Möglichkeiten einbeziehen zu können.

Die vierte Dimension umfasst den „Ausbau der Methodenkompetenz“ (ebd.: 11). Der Fokus liegt hierbei auf der Förderung der anschließenden Kommunikation und der Beitragsproduktion der Lernenden (vgl. ebd.). Mit dieser Anschlusskommunikation ist unter anderem das Kommentieren oder Erweitern bestehender Beiträge in den sozialen Medien gemeint, aber auch die Kommunikation über Beiträge auf sozialen Plattformen (vgl. ebd.). Selbst Beiträge zu entwerfen und multimodal zu gestalten zählt ebenfalls zu dieser vierten Dimension. Allein oder in Kooperation mit anderen Lernenden sollen hierbei Beiträge entwickelt und Rückmeldungen einbezogen werden (vgl. ebd.). Einbezogen werden soll hier die digitale Kultur als Prozess, in dem aufeinander Bezug genommen werden sollte und gemeinsam gehandelt werden sollte (vgl. Stalder 2017: 13 in Kónya- Jobs / Werner 2020: 11).

Diese Dimensionen verdeutlichen, dass sowohl der Vergleich der digitalen und der ‚traditionellen‘ Literatur, als auch die Sensibilisierung für bestehende und sich verändernde Strukturen der Beiträge in den sozialen Medien und dem Internet für Lernende wichtig sind, um die Multimodalität von Beiträgen nachvollziehen und anwenden zu können. Folglich ist die multimodale Literaturdidaktik ein wichtiger Anknüpfungspunkt, um digitale Kommunikation und dargebotene Literatur verstehen, analysieren und kritisch reflektieren zu können. Die Komplexität der Texte und Beiträge steigt durch die Multimodalität und auch der Kontext, welcher eine Bedeutungsebene jener Beiträge ausmacht, wird durch vielfache und zunehmende Möglichkeiten ein komplexes Konstrukt. Um Kommunikationsstrategien nicht zum Opfer zu fallen und Beiträge unhinterfragt hinzunehmen, ist es notwendig, dass der Deutschunterricht die Multimodalität digitaler Beiträge thematisiert und Lernende darauf vorbereitet. Schließlich können, nicht zuletzt durch Selektionsfunktionen der Algorithmen, gelesene Meinungen durch gezielte Recherche bestätigt werden und den Anschein erwecken, wahr zu sein. Dies kann dazu führen, dass SchülerInnen unreflektiert Meinungen annehmen und keine anderen Standpunkte einbeziehen, woraus eine einseitige Weltanschauung resultieren kann. Der Deutschunterricht sollte unter anderem zum Ziel haben, dies zu verhindern und den SchülerInnen stattdessen dabei zu helfen, eine eigene fundierte Meinung zu entwickeln, welche ebenso wie die digitalen Beiträge dynamisch ist und den Fortschritt der Zeit einbezieht.

3.2.6.6 Digitale Schreibaufgaben im Deutschunterricht

Um Chancen und Grenzen des digitalen Distanzunterrichts im Fach Deutsch zu erörtern, ist es wichtig, die digitalen Möglichkeiten zur Umsetzung von Schreibaufgaben im Deutschunterricht genauer zu untersuchen. Zentrales Merkmal dieser sind der Lebensweltbezug zu den Lernenden und die Förderung der Medienkompetenz.

Neben der Erläuterung des verschobenen Rollenverständnisses, bedingt durch die Beschäftigung mit neuen Medien und der dadurch teilweise veränderten Didaktik, hat Wampfler aus vier zentralen Kompetenzen des Schreibens konkrete Fragen eruiert, welche vor dem Verfassen digitaler Schreibprodukte einbezogen werden sollten. Diese Fragen werden im Folgenden genannt:

> „1. Laden das Schreibsetting und die vorgeschlagenen Tools dazu ein, dass mehrere schreibende Personen zusammenarbeiten?
>
> 2. Können Vorgaben unterlaufen und überschritten werden, gibt es Freiräume für kreative Prozesse?

3. Werden die Schreibenden aufgefordert, anderen von ihrem Schreiben zu erzählen? Gibt es vielfältige Möglichkeiten zur Kommunikation?

4. Reflektieren schreibende [sic!] Aufgaben, Texte sowie Verläufe von Schreibprozessen verbindlich und kritisch? Wird Kritik von allen Beteiligten wahrgenommen und als Basis für die weitere Arbeit betrachtet?“ (Wampfler 2020: 51 f.)

Aufgegriffen werden von Wampfler zentrale Bereiche, welche die digitale Kommunikation unter anderem in sozialen Netzwerken ausmachen. Das Zusammenarbeiten mehrerer Personen aus der ersten Frage zielt auf den interaktiven Austausch während des Schreibprozesses ab. Nicht nur die Vor- und Nachbereitung jener Schreibprodukte soll gemeinsam erfolgen, sondern auch oder vor allem der Schreibprozess und das Schreibprodukt. Im Internet erweitern, kommentieren, korrigieren und vervielfältigen diverse Menschen schließlich auch zeitgleich ein und dasselbe Schreibprodukt. Nicht nur mittels der Kommentarfunktion auf Plattformen, wie Facebook, Instagram oder Twitter, sondern auch auf Frageportalen oder bei Wikipedia.

Die in Punkt zwei angesprochenen, bestehenden, aber möglichst dehnbaren Vorgaben zeigen, dass es zwar Orientierungspunkte und Richtlinien für die zu erstellenden digitalen Schreibprodukte gibt, welche einmal durch die digitale Plattform selbst bedingt sind und des Weiteren eventuell durch den unterrichtlichen Kontext, um nicht zuletzt eine Bewertungsgrundlage zu schaffen. Zudem sollen diese aber genug Handlungsspielraum lassen, um die Kreativität und Individualität des Schreibproduktes und des Schreibenden nicht einzuschränken. Denn die thematischen und formalen Vorgaben digitaler Plattformen sind häufig ebenfalls nur in geringem Maße vorhanden und werden vor allem auch ständig überschritten. Aus beiläufigen Be trägen oder Aussagen kann beispielsweise schnell eine politische Diskussion entstehen, welche die ursprüngliche Thematik kaum bis gar nicht mehr tangiert. Auch der Umfang der Beiträge sowie die sprachliche Gestaltung sind häufig von starker Variation gekennzeichnet.

Der dritte Punkt thematisiert die Austauschmöglichkeiten während des Schreibprozesses. Diese können dazu beitragen, dass Überlegungen und halbfertige Schreibprodukte verglichen, ergänzt und verändert werden. Der eigene Schreibprozess kann stärker reflektiert und modifiziert sowie erweitert werden. Gedanken und Aspekte, die andere Lernende einbezogen haben, können Impulse für das eigene Schreibprodukt bieten und Multiperspektivität ermöglichen. Jedoch sollte dieser dritte Punkt nicht zu einseitig und positiv betrachtet werden, da der Schreibprozess einzelner SchülerInnen gestört werden kann oder das Schreibprodukt negativ beeinflussen kann. Daher sollten die Kommunikationsmöglichkeiten oder auch der Umfang der Ratschläge zu Schreibprozessen und -produkten vorher im Kursverband hinreichend besprochen und vorbereitet werden, sodass eine produktive und förderliche Kommunikation stattfinden kann.

In dem letzten Fragenpunkt ist das kritische Reflektieren vordergründig und soll als Teil des Schreibprozesses betrachtet werden. Bei vielen unterrichtlich angefertigten Schreibprodukten ist das Reflektieren ein Prozess, der im Nachgespräch mit den anderen Teilnehmenden und der Lehrkraft geschieht. Es wird besprochen, welche Kriterien in welcher Form berücksichtigt wurden und wie die Aufgabenstellung realisiert wurde. Ratschläge und Ideen sollen daraufhin die Basis künftiger Schreibprodukte bilden. Hier wird jedoch vornehmlich das Reflektieren von Schreibprozessen fokussiert. Dies könnte zum einen heißen, dass Zwischenstände des eigenen Schreibproduktes mit anderen Lernenden besprochen und geteilt werden, aber auch, dass einzelne Schritte des Schreibprozesses zusammen überdacht werden. Als Beispiel ließe sich das Anfertigen von Skizzen und Ablaufplänen zum Schreibprodukt nennen. Diese könnten im Kurs ausgetauscht, verglichen und reflektiert werden. Aber auch die Möglichkeiten zur Umsetzung einer digitalen Schreibaufgabe könnten zusammengetragen werden. Neben der verbalen Realisierung könnten auch mediale Umsetzungsmöglichkeiten gesammelt werden. Hierzu könnten das Format, die visuelle Gestaltung, Schriftgröße und -art sowie spezielle Möglichkeiten auf den einzelnen Plattformen besprochen werden. Das Zusammentragen der verfügbaren Möglichkeiten zur Realisierung eines Schreibprodukts scheint vor allem in Bezug auf eventuell verschiedene Wissensstände der SchülerInnen hinsichtlich einzelner digitaler Plattformen von Bedeutung zu sein. Die Lehrkraft rückt dabei schließlich eher in den Hintergrund, und somit sind die Lernenden auf einen vorherigen und begleitenden Austausch angewiesen, um die kreative Umsetzung bei der Anfertigung des Schreibproduktes nicht durch Wissenslücken einzuschränken. Mit diesen Fragen können schriftliche Produkte im digitalen Kontext durch die Interaktion miteinander unter Einbezug neuer Perspektiven und Blickrichtungen betrachtet und überdacht werden. Dies bietet für Lernende die Möglichkeit, den sonst beinahe automatisierten Schreibprozess kritisch zu hinterfragen und sich Zeit für sonst sehr schnell verfasste und veröffentlichte Texte zu nehmen. Die Wirkung eigens geschriebener Texte kann dabei neu erfahren und künftig berücksichtigt werden. Vor allem, wenn es eventuell um negative Wirkungen von verfassten Kommentaren oder Blogbeiträgen geht.

Die Fragen, welche Wampfler entwickelt hat, führt er auf die vier Kompetenzen „ ‚Kommunikation' , ‚Kollaboration' , ‚Kreativität' und ‚kritisches

Denken' " (Mihajlovic 2019: 171-179 in: Wampfler 2020: 51) zurück. Er erläutert, dass die vier Kompetenzen in einer Kultur, welche sehr durch digitale Einflüsse geprägt ist, von zentraler Bedeutung sind (vgl. ebd.). Da das Fach Deutsch auch ein Kulturfach ist, müssen vor allem dort jene Kompetenzen vermittelt werden und Lernende auf das künftige Leben vorbereiten. Um ein Kulturfach handelt es sich, da sich der „Deutschunterricht [an] historisch-gesellschaftlichen Fragestellungen" (Ministerium für Schule und Weiterbildung 2014: 12) orientiert. Im Inhaltfeld Sprache wird dies beispielsweise umgesetzt, indem geprüft wird, welche kulturelle Bedeutung der Fähigkeit des Sprechens zugeschrieben werden kann (vgl. ebd.: 17). Grundsätzlich wird die Kultur im Fach Deutsch wahrgenommen, mitgestaltet und reflektiert (vgl. ebd.: 11). Es wird ein kulturelles Gedächtnis geschaffen, welches dazu befähigt, an einem kulturellen Leben teilzuhaben (vgl. ebd.: 12).

Das digitale Zeitalter sorgt dafür, dass immer mehr Informationen generiert und Plattformen geschaffen werden. Dies wiederum führt dazu, dass vor allem die Zusammenarbeit – nach Wampfler die Kompetenz der Kollaboration – elementar ist, um in der schnelllebigen und informationsgefluteten Umwelt nicht die Übersicht zu verlieren. Als Lehrkraft des Deutschunterrichts kann an dieser Stelle der Grundstein für diese Kollaboration gelegt werden, indem das unterrichtliche Geschehen – zumindest teilweise – darauf ausgerichtet wird und das Fördern jener Kompetenzen ermöglicht. Dennoch sollte nicht außer Acht gelassen werden, dass eine zu starke gemeinschaftliche Erarbeitung in Bezug auf den Entwurf von Schreibprodukten dazu führen kann, dass eine gewisse Unselbstständigkeit oder Abhängigkeit bei manchen SchülerInnen forciert wird. Denn das Reflektieren und Überdenken eigener Schreibprozesse und -produkte ist ebenso wichtig wie eine eigene und individuelle Herangehensweise. Auch die bewusste Entscheidung gegen die Berücksichtigung kritischer Einwände anderer ist ein wichtiger Schritt in der Entwicklung eigener Schreibprodukte und letztlich in der Entwicklung einer eigenen Persönlichkeit.

Die agile Deutschdidaktik, welche beispielsweise durch die oben erläuterten digitalen Schreibaufgaben realisiert werden kann und soll, fordert die ebenfalls oben skizzierten Kompetenzen, welche den SchülerInnen durch den Deutschunterricht vermittelt werden sollen. Diese Kompetenzen können, laut Wampfler, durch digitale Schreibaufgaben vermittelt werden. Diese wiederum können im Rahmen von Projektarbeiten bearbeitet werden, die den Vorteil haben, dass die SchülerInnen selbstgesteuert lernen und arbeiten können und Zeit für Rückmeldungen und Überarbeitungsphasen der Schreibprodukte bleibt (vgl. Wampfler 2020: 52). Besonders relevant ist für den gelungenen Ablauf einer Projektarbeit die Planung, um einen strukturierten

Ablauf ermöglichen zu können und die Kompetenzen der SchülerInnen zu fördern (vgl. Ehlers 2016: 274 in: Wampfler 2020: 52). Um die aus den Projektarbeiten entstandenen Schreibprodukte im Anschluss zu präsentieren, können die Zeitung oder das Internet genutzt werden (vgl. ebd.: 53). Wampfler zählt zu der Veröffentlichung und Präsentation der Beiträge, die Erfahrungen in Bezug auf den eignen Schreibprozess zu teilen sowie die folgende Interaktion mit den RezipientInnen (vgl. ebd.). Hier erfahren SchülerInnen eigenständiges Handeln. Ein weiterer zentraler Aspekt besteht darin, dass sich hierbei die Frage nicht stellt, wofür das im späteren Leben nach der Schule gebraucht wird, die SchülerInnen häufig stellen. Das Schreibprodukt hat beinahe nur als Nebeneffekt einen unterrichtlichen Wert und gilt vorwiegend der Publikation im digitalen Kontext. Das ‚Verteidigen' des eigenen Beitrages gegenüber einer fremden RezipientInnenschaft übersteigt den schulischen Kontext und hat einen Eigenwert. Dies ist nicht durchweg als Bereicherung zu betrachten, sondern muss hinsichtlich des Veröffentlichungsraumes und der Zugangsmöglichkeiten Dritter ausreichend geprüft werden. Dennoch gestaltet sich die Veröffentlichung von Beiträgen weitaus leichter und unmittelbarer, als jene Beiträge beispielsweise bei Verlagen einzureichen. Eine mögliche weitere Idee für den Unterricht ist das Ersetzen von Brieffreundschaften durch das Erstellen von Foren mit beschränkten Zugangsmöglichkeiten. Die Idee, im Deutschunterricht zwischen zwei fünften oder sechsten Klassen verschiedener Schulen eine Brieffreundschaft herzustellen, könnte in ähnlicher Konstellation virtuell in einem Forum ermöglicht werden. Dort könnte ein persönlicher Austausch zwischen den SchülerInnen stattfinden, aber auch ein themenbezogenes Hochladen von Blogbeiträgen mit Kommentarfunktion. Solche Möglichkeiten lassen sich prinzipiell in unterschiedlichen Formen für jede Klassenstufe umsetzen und können sogar eine Informationsdatenbank aller SchülerInnen einer Schule darstellen, in der Beiträge von und für SchülerInnen hochgeladen werden. Diese könnten nach Fächern und Klassenstufen klassifiziert werden.

Jene digitalen Schreibaufgaben werden folglich durch digitale Zugangsmöglichkeiten bereichert. Mit der entsprechenden Ausstattung an den Schulen, welche in Kapitel 3.2.8 zur Medienpolitik genauer betrachtet wird, kann eine Reihe an digitalen Werkzeugen und Hilfsmitteln bereitgestellt werden. Auch die themenbezogene Kommunikation mit Gleichaltrigen oder anderen RezipientInnen ist durch das Internet weniger umständlich zu handhaben (vgl. Wampfler 2020: 54). Wampfler bezieht sich auf einen Beitrag von Rose und leitet ab, dass digitale Schreibprojekte aus didaktischer Sicht eine wichtige Funktion haben, „weil sich darin die wesentlichen Merkmale einer Kultur der Digitalität zeigen und [...] für die Bewältigung von Schreibaufgaben im 21.

Jahrhundert“ (ebd.: 55) von Bedeutung sind. Die Kommunikation findet mittlerweile größtenteils über das Internet statt, angefangen bei Immatrikulationen, welche teilweise online stattfinden, über Bewerbungsbögen, die digital ausgefüllt werden müssen, bis hin zu Berufen, die in Teilbereichen mehr und mehr digital ausgeübt werden. Es wird sichtbar, welch eine Funktion der Vermittlung digitaler Kompetenzen zukommt. Geschäftliche, private und öffentliche Kommunikation und Diskussion werden häufig digital realisiert, und der Umgang mit dem Internet und digitalen Medien ist eine Voraussetzung für die gesellschaftliche Partizipation. Daher sollte der Bildungsauftrag, digitale Kompetenzen zu vermitteln und in der Deutschdidaktik digitale Schreibaufgaben einzubinden, ernst genommen werden. Dies darf jedoch nicht zur Folge haben, dass analoge Unterrichtsbestandteile wie das haptische Lesen einer Ganzschrift oder das handschriftliche Verfassen eines Textes entfallen. Schließlich zählt zu den elementaren Kulturtechniken das Schreiben, welches sich nicht auf das digitale Schreiben beschränken lässt.

3.2.6.7 Förderung der Medienkompetenz

Es wird deutlich, dass digitale Medien sich aus dem Deutschunterricht nicht mehr wegdenken lassen, wenn dieser alle Kompetenzen vernünftig vermitteln soll. Dennoch gerät ein ausnahmslos positiver Blick in Richtung Unterricht mit digitalen Medien ebenso in die Kritik. Die Motivation der SchülerInnen zu steigern und einen Bezug zur Lebenswelt der Heranwachsenden durch die Verwendung von Medien herzustellen, ist nicht ausreichend. Medien werden nicht nützlich, nur weil sie im Unterricht eingesetzt werden (vgl. Wampfler 2017: 11). Die Auffassung, die Medienkompetenz würde durch jenen Einsatz der digitalen Medien gefördert, ist ein Irrtum. Für den Aufbau der Medienkompetenz ist, nach Wampfler, das Zusammenspiel von „Wissensaufbau, Mediennutzung und Medienreflexion“ (ebd.: 12) von Nöten, um tatsächlich einen Lerneffekt zu erzielen. Folglich sollte immer hinterfragt werden, inwiefern eine digitale Realisierung oder der Einsatz digitaler Medien für ein Unterrichtsvorhaben sinnvoll und angebracht sind (vgl. ebd.: 11 f.).

Ein Orientierungspunkt dafür, wann die Einbindung digitaler Medien angebracht ist, können die drei Dimensionen der politischen Medienkompetenz, nach Pietraß, darstellen (vgl. Pietraß 2017 in: Martin 2018: 35). Diese werden hier mit Fokus auf die politische und demokratische Medienkompetenz erläutert, lassen sich jedoch auf die Medienkompetenz allgemein übertragen.

In der ersten der drei Dimensionen wird fokussiert, eine Thematik zu verfolgen und sich einen Überblick zu verschaffen, woran das Vorhaben gekoppelt ist, sich eine eigene Meinung zu bilden und fremde Quellen, Hypothesen und Standpunkte hinsichtlich ihres Wahrheitsgehaltes zu prüfen (vgl. ebd.: 36). Digitale Medien sollen der Recherche dienen und Lernenden ermöglichen, sich in entsprechende Debatten einzulesen. Die richtigen Quellen zu finden, zu prüfen und zu verwenden obliegt dabei ihrem Handeln und folglich ihrer Medienkompetenz (vgl. ebd.).

Die zweite Dimension umfasst die Veröffentlichung der eigenen Meinung im Internet und die thematisch passende Auslegung und Zuordnung des eigenen Standpunktes (vgl. Pietraß 2017 in: Martin 2018: 36). Die Medienkompetenz fordert das Referieren auf andere Meinungen ein und das Kontextualisieren der eigenen Meinung. Auch mit Kommentaren und Rückmeldungen umzugehen und zu interagieren sowie mit anderen Lernenden (digital) zu kollaborieren ist Teil dieser zweiten Dimension (vgl. ebd.).

In der dritten Dimension sind die Stärkung und Begründung der eigenen Meinung zentral (vgl. ebd.9). Hierzu soll auch die virtuelle Realität unterstützend dienen, indem die Unmittelbarkeit und ‚Echtheit' einer Situation oder Lage simuliert wird und den Lernenden damit der Wissenstransfer ermöglicht wird (vgl. ebd.). Der Fokus liegt folglich darauf, selbst politisch in einer Simulation zu agieren und die Wirkung des eigenen Standpunktes zu erfahren (vgl. ebd.). Lernende sollen auf das Handeln im öffentlichen Raum vorbereitet werden. Die Simulationen helfen insofern dabei, als Meinungen ohne Auswirkungen in Handlungen umgesetzt werden können, um das eigene Denken zu reflektieren (vgl. ebd.).

Der Deutschunterricht kann jene Dimensionen der politischen Medienkompetenz auf kommunikative Handlungen und die Wirkung derer übertragen. Sich im digitalen Raum zu bewegen und den Überblick zwischen wahren, faktenbasierten Informationen und ‚Fake-Informationen' zu behalten, sollte durchaus im Deutschunterricht gelernt und gefördert werden. Es ist ebenfalls für den unterrichtlichen Kontext elementar, begründete Kritik von unangemessenen Kommentaren zu differenzieren und unterschiedlich damit umzugehen. Die virtuelle Realität kann im Deutschunterricht dabei helfen, kommunikative Handlungen und Argumentationen in Simulationen durchzuspielen und auf verschieden inszenierte Kontexte zu übertragen. Hier spielt auch der literarische Perspektivwechsel eine Rolle, da dieser ebenfalls in virtuellen Realitäten veranschaulicht werden kann und Lernende für das Denken und Fühlen anderer sensibilisieren kann.

Parallel zu der Förderung dieser einzelnen Dimensionen sollte auch darauf geachtet werden, welch ein Verständnis die Lernenden für den Umgang mit den digitalen Medien haben. Dazu gehört ebenfalls die Vergegenwärtigung der Reichweite der Digitalisierung. Durch das Internet und die sozialen Netzwerke entstehen neue Verhaltensregeln und eine neue Kultur (vgl. Stalder

2016: 19 in: Anders 2021: 129). Keppler verweist in diesem Zusammenhang sogar auf die Entwicklung einer „‚Kommunikationsetikette'" (Keppler 2016: 29 f. in: Anders 2021: 129). Diese bezieht sich auf das Verhalten, welches durch die Verwendung von Smartphones entsteht. Dazu zählt unter anderem die Dauer, welche angemessen ist, um während eines Gesprächs auf das eigene Smartphone zu sehen (vgl. ebd.). Beinahe fester Bestandteil von Gesprächen ist die Einbindung des Smartphones in das Gespräch. Dies wird getan, um Bilder oder Neuigkeiten miteinander zu teilen und zu besprechen (vgl. ebd.). Von Anders wird ergänzt, dass sogar Menschen, die kein Smartphone besitzen, durch eben beschriebene Interaktionsformen Teil der digital geprägten Kultur werden. Schließlich sei schon das Bezugnehmen auf digitale Inhalte eine Form der Teilhabe (vgl. Anders 2021: 129 f.). Neben dieser Verfestigung der digitalen Kultur gilt es, das Risiko einzubeziehen, welches in den sozialen Netzwerken besteht (Stalder 2016: 165 in: Anders 2021: 130). Durch Algorithmen werden Inhalte und Beiträge sortiert und den NutzerInnen präsentiert. „Die im Netz abgebildete Welt sei also nicht repräsentativ, sondern würde personenbezogen generiert" (Stalder 2016: 13 in: Anders 2021: 130). Die Menschen folgen – zugespitzt formuliert – der Illusion, sich selbstbestimmt im Internet und den sozialen Netzwerken zu bewegen, wodurch eine überwiegend unentdeckte Manipulation stattfindet. Stalder verweist darauf, dass große Unternehmen dabei vorwiegend auf die persönlichen Daten der NutzerInnen abzielen und durch die Algorithmen Einfluss nehmen (vgl. ebd.).

Der Deutschunterricht muss die SchülerInnen für jene Tatsachen sensibilisieren und diese darauf vorbereiten (vgl. Stalder 2016 in: Anders 2021: 131). Der Umgang mit und in den sozialen Medien kann folglich nicht nur ein Zugewinn in der Aufrechterhaltung von Kontakten sein, sondern kann auch einen Kontrollverlust mit sich bringen, der schnell unbemerkt bleibt. Lernende sollen im Deutschunterricht nicht ausschließlich lernen, mit digitalen Medien und Tools zu arbeiten und diese als bloßen Ersatz für Stift und Block anzusehen, sondern sie sollen Kompetenzen hinsichtlich der Funktionsweisen in sozialen Netzwerken erwerben (vgl. Clinton et al. 2015: 224 in: Anders 2021: 134). Hierzu sind in der KMK die Kompetenzen „‚Analysieren und Reflektieren' [und] ‚Algorithmen erkennen' "(KMK 2016 in: Anders 2021: 134) aufgeführt. Aufgabe ist es, Heranwachsenden, die nahezu permanent digitale Medien nutzen, Abstand zu jenen Medien zu verschaffen und ihnen die Möglichkeit zu geben, diese zu reflektieren. Hierbei handelt es sich um einen Ansatz aus der Filmsoziologie (vgl. Keppler / Peltzer 2018: 9 ff in: Anders 2021: 135). Eine in Filmen präsentierte Darstellung der sozialen Netzwerke und des Internets schaffe somit eine Distanz, die es ermöglicht, eine andere Perspektive einzunehmen (vgl. Monitor – Digitales Lernen 2017: 51 in: Anders 2021: 135).

Es kann nicht von der Hand gewiesen werden, dass digitale Arbeits- und Lernprozesse stetige Begleiter (auch) des Deutschunterrichts sind und sein werden. Dies wiederum gibt Anlass zu hinterfragen, inwiefern die Verankerung jener Medien expliziter Teil der Deutschdidaktik werden soll. Eine Reformulierung des Begriffs der Deutschdidaktik wird diskutiert. Zur Debatte stehen Begriffe wie die „‚Medienkulturdidaktik'" (Hochstadt / Krafft / Olsen 2013: 171 in: Wampfler 2017: 28). An dieser Stelle sollte berücksichtigt werden, dass die Vermittlung der Kultur und damit der Medien als Teil dieser Kultur bereits in der Deutschdidaktik verankert sind. Daher ist fraglich, ob eine terminologische Bekräftigung der zu vermittelnden Aufgabenfelder des Faches Deutsch tatsächlich nötig ist.

Neben dieser Tatsache sollte auch in den Blick genommen werden, dass das Fach Deutsch die vergangene Literatur und Ästhetik zum Unterrichtsgegenstand hat (vgl. KMK 2012: 13). Eine zu einseitige und starke Fokussierung des Faches auf die neuen Medien kann zur Folge haben, dass die Erinnerungskultur und die kulturelle Veränderung in den Hintergrund rücken und überwiegend die neue mediale und sprachliche Gestaltung prominent wird. Aus diesem Grund ließe sich eher über eine zusätzliche Einführung eines derartigen Medienfaches nachdenken, in dem zentrale Kompetenzen vermittelt werden, die zur reflektierten Nutzung von Medien und Partizipation an der Gesellschaft wichtig sind. Jenes Fach könnte Gegenstandsbereiche aus anderen Unterrichtsfächern für den Umgang mit Medien adaptieren und digital aufbereiten.

3.2.6.8 Zwölf Kriterien für den digitalen Deutschunterricht

In der Zeit nach dem Distanzunterricht wird der Präsenzunterricht erneut aufgenommen. Dies bedeutet vor allem, dass die während der Pandemie genutzten digitalen Medien häufig unreflektiert zum Einsatz kamen, da sie die einzige Möglichkeit der Kommunikation mit den Beteiligten der Schule darstellten. Folglich ist ein reflektierter und bewusster Einsatz digitaler Medien nach der Zeit des Distanzunterrichts umso wichtiger, um Lernenden den kritischen Umgang, eventuell gerade wegen der gemachten Erfahrungen während des Homeschoolings, näherzubringen. Für die gelungene Umsetzung eines digital ausgerichteten Deutschunterrichts kann die folgende Darstellung zur Orientierung genutzt werden:

Wampfler hat auf der Grundlage der zehn Kriterien für guten Deutschunterricht des Autors von Brand zwölf Kriterien für den digitalen Deutschunterricht entwickelt (von Brand 2010/2015: 14 ff. in: Wampfler 2017: 39 f.). Diese werden im Folgenden vorgestellt:

Das erste Kriterium ist die klare Strukturierung. Im Unterricht sollen Ziele, Inhalte und Methodik zueinander passend kombiniert werden (vgl. ebd.: 40). Um dies sichtbar und nachvollziehbar für die SchülerInnen zu gestalten, soll im digitalen Kontext Peer-Feedback erfolgen und das gemeinsam erarbeitete Lernmaterial auf Online-Plattformen bereitgestellt werden (vgl. Wampfler 2017: 40). Um die Lernplattformen mit allen digitalen Arbeitsmöglichkeiten und dem erstellten Material aktuell und für alle Lernenden zugänglich zu halten, muss vor- und nachbereitet werden. Zum einen, um die digitale Plattform aktuell zu halten und mit Updates für einen reibungslosen Ablauf auf technischer Ebene zu sorgen, zum anderem, um SchülerInnenergebnisse in unterschiedlichen Formaten und mit verschiedenen Bearbeitungsmöglichkeiten verfügbar zu machen (vgl. ebd.). Die SchülerInnen sollen zudem erlernen, welche Suchfunktionen es im Internet gibt, um beispielsweise seriöse Quellen passend zu bestimmten Themen zu finden. Aber auch das Filtern, Zusammenfassen und Überschauen von Informationen und Quellen ist wichtig für produktive digitale Arbeit (vgl. ebd.: 40 f.).

Das zweite Kriterium ist die effiziente Zeitnutzung (vgl. von Brand 2010/2015 in: Wampfler 2017: 41). Digitale Geräte und entsprechende Softwares erfordern unterschiedliche Fähigkeiten, um diese bedienen zu können. Wird die unterrichtliche Zeit dazu genutzt, jene vernünftig zu bedienen und für alle Lernenden nutzbar zu machen, ist der Mehraufwand gegenüber Unterricht ohne digitalen Medien höher und die Unterrichtszeit wird nicht effizient genutzt. Daher sollte das Arbeiten mit Tools, Softwares und digitalen Endgeräten insoweit vorbereitet werden, als dass die gemeinsame Zeit im Unterricht nicht für das Beheben technischer Probleme genutzt wird (vgl. Wampfler 2017: 41). Wampfler verweist an dieser Stelle darauf, dass das gezielte gemeinsame Erlernen im Umgang mit einer Plattform, Programmen oder Geräten sinnvoll sein kann, um die Selbstständigkeit und die Medienkompetenz der Lernenden zu fördern (vgl. ebd.). Es geht folglich auch hier um die Planung und das Wissen darüber, welche Aspekte im Umgang mit digitalen Medien Zeit in Anspruch nehmen und inwiefern dies wichtig für den Lernprozess der SchülerInnen ist. Ein weiterer Faktor, welcher nicht durch den Autor erwähnt wird, aber dennoch berücksichtigt werden soll, ist der der digitalen Unzuverlässigkeit. Sowohl die digitalen Endgeräte als auch die Programme und Lernplattformen sind aufgrund technischer Probleme oder Interneteinbrüche vorübergehend oder dauerhaft nicht mehr nutzbar. Dies sollte bei der Planung einer Unterrichtsreihe mit digitalen Geräten einbezogen werden, sodass auf andere Bearbeitungsmöglichkeiten zurückgegriffen werden kann.

Das dritte Merkmal ist das lernförderliche Klima (vgl. von Brand 2010/2015 in: Wampfler 2017: 42). Dies befasst sich vornehmlich mit der außerunterrichtlichen Zeit. Durch den Besitz von Smartphones und damit von Chatgruppen gibt es in nahezu jedem Klassenverband digitale Chats, in denen sich fast alle SchülerInnen einer Klasse oder eines Kurses befinden. LehrerInnen sind häufig nicht Teil jener Chatgruppen, wodurch ein nicht kontrollierbarer virtueller Raum entsteht, der Platz für Diskriminierung, Beleidigung oder Ausschluss einzelner Mitglieder bietet (vgl. Wampfler 2017: 42). Da sich die Erstellung solcher Chatgruppen weder kontrollieren noch vermeiden lässt, ist das Vermitteln von Werten im Umgang miteinander eine wichtige Aufgabe, welche Lehrkräfte mit verantworten. Diese Aufgabe bezieht sich somit nicht mehr nur auf das unterrichtliche Geschehen, sondern auch darauf, dass Lehrpersonen gedanklich einbeziehen, wie Lernende sich online miteinander austauschen (vgl. ebd.). Letztlich könnte man dies auch zum Unterrichtsgegenstand machen und bewusst Kommunikationsmodelle einbeziehen und diese auf den schriftsprachlichen Austausch anwenden. Dadurch könnten SchülerInnen für den Effekt ihrer schnell verfassten Äußerungen sensibilisiert werden und die eigene, digitale Art zu kommunizieren reflektieren. Bei jüngeren SchülerInnen bestünde auch die Möglichkeit, das bedingte Kontrollieren solcher Chatgruppen mit den Eltern zu besprechen. Diese könnten ebenfalls die Auswirkungen unüberlegter respektloser öffentlicher Äußerungen thematisieren, aber auch das Verhalten der eigenen Kinder in solchen Online-Chats überprüfen.

In dem vierten Kriterium wird die inhaltliche Klarheit thematisiert. Diese umfasst die Sprache sowie die visuelle Darstellung (vgl. von Brand 2010/2015 in: Wampfler 2017: 43). Durch die Variation an Präsentations- und Darstellungsmöglichkeiten im digitalen Kontext ist auch die Eingrenzung und klare Handlungsanweisung schwieriger geworden (vgl. Wampfler 2017: 43). Wörter haben in jenen Darstellungen keinen höheren Wert als Bilder oder sonstige visuelle Aufbereitungen. Dies liegt daran, dass Plattformen wie Instagram in dem Sozialverhalten und der Kommunikation Heranwachsender fest etabliert sind (vgl. ebd.). Wampfler spricht hier von „Stilvorstellungen [...] [, die] sich in der Jugendkultur und in der ästhetischen Praxis ganz unabhängig von den Domänen des Deutschunterrichts [entwickeln]“ (ebd.). Trotzdem beeinflussen diese Stilvorstellungen den Deutschunterricht, da dieser sich mit der Sprache und den Kommunikationsformen beschäftigt (vgl. ebd.). Durch dieses Zitat wird deutlich, dass vor allem der Deutschunterricht durch den sprachlichen und kulturellen Wandel betroffen ist und klare Eingrenzungen hinsichtlich der ästhetisch gelungenen Realisierbarkeit einer Aufgabe nur sehr schwierig festgelegt werden können. Diese Aussage Wampflers kann anschaulicher durch ein Beispiel dargestellt werden: Das Erstellen von PowerPoint-Präsentationen folgte in Bezug auf die ästhetische Wahrnehmung und Strukturierung einigen Regelungen. Dazu zählte unter anderem, die Präsentationsfolien nicht mit Stichpunkten zu überladen, eine leserliche Schriftgröße und -art zu verwenden sowie das passende Einbinden von (Schau)Bildern, sofern dies angebracht und sinnvoll war. Die ästhetische Wirkung konnte folglich auch von den SchülerInnen und der Lehrkraft beurteilt werden und Einfluss auf die Bewertung der Präsentation nehmen. Bei dem Erstellen von Instagram-Beiträgen oder Snapchat-Stories ist, je nach Arbeitsauftrag, ein hohes Maß an Flexibilität in der Darstellung und eine nicht klar festgelegte Wirkung des Stils zu beachten. Folglich kann sich auch die Bewertung als schwieriger herausstellen und muss eventuell durch andere Kriterien beurteilt werden.

Das fünfte Kriterium umfasst die variierenden Methoden und Sozialformen (vgl. von Brand 2010/2015 in: Wampfler 2017: 43). Die bereits bestehende Varianz an Sozialformen und Methodenvielfalt im Deutschunterricht wird durch die digitalen Unterrichtsmöglichkeiten ergänzt. Hierbei sind unter anderem die sozialen Medien essentiell, da diese eine zugängliche und unkomplizierte Möglichkeit darstellen, SchülerInnenprodukte zu veröffentlichen (vgl. Wampfler 2017: 43 f.). Dennoch sollten die neuen Möglichkeiten nicht ungeprüft genutzt werden und als ausschließliche Bereicherung und Würdigung des Beitrages der Lernenden angesehen werden. Schließlich sind der Datenschutz sowie negative oder unangebrachte Rückmeldungen der RezipientInnenschaft zu berücksichtigende Faktoren. Diese können durch Präventivmaßnahmen wie anonymisierte Beiträge zum Schutz der Daten oder beschränkte Zugriffsmöglichkeiten eingedämmt werden. Trotz allem sollte Transparenz und Absprache mit Schulleitung und Eltern bei derartigen Vorhaben eingeplant werden.

Als sechstes Kriterium wird die Schülerorientierung genannt (vgl. von Brand 2010/2015 in: Wampfler 2017: 44). Die Einbindung digitaler Medien führt dabei zu einer Verstärkung der Orientierung an den Lernenden, da soziale Netzwerke und digitale Plattformen in unterrichtliche Zwecke eingebunden werden, die SchülerInnen auch in ihrer Freizeit und außerhalb der Schule nutzen (vgl. Wampfler 2017: 44). Dadurch können die Lernenden stärker mitbestimmen und werden in Bezug auf ihre Kommunikationsgewohnheiten ernst genommen (vgl. ebd.). Die hierarchische Struktur zwischen Lehrkraft und SchülerInnen wird hierbei bedingt aufgebrochen, da Lernende im Umgang mit den sozialen Medien und digitalen Plattformen häufig sicherer sind und mehr Erfahrungen haben als LehrerInnen (vgl. ebd.). Diese Würdigung der Kommunikationsmöglichkeiten der Heranwachsenden führt nicht nur zu verstärkter Anerkennung der Lernenden, sondern auch zu authentischeren Unterrichtsmaterialien und -situationen. Sprachliche Phänomene, Textsorten oder Stilmittel können anhand von Chatverläufen, Blogbeiträgen oder Bildern und Videos analysiert werden und ermöglichen den SchülerInnen außerdem, das eigene Kommunikationsverhalten aus einer anderen Perspektive zu betrachten. Auch Formen der osmotischen Werbung oder der Schleichwerbung können in sozialen Netzwerken und sonstigen Plattformen, welche die Heranwachsenden nutzen, untersucht werden, um curriculare Themen des Faches Deutsch mit aktuellen Themen aus dem Alltag der Lernenden zu verknüpfen.

In dem siebten Kriterium wird das intelligente Üben genannt (vgl. von Brand 2010/2015 in: Wampfler 2017: 45). Dieses wird nicht zuhause durchgeführt, wie in üblichen Unterrichtsszenarien, sondern mithilfe des Flipped Classrooms (vgl. Wampfler 2017: 45). Der synchrone Unterricht fokussiert Übungsaufgaben und die Kollaboration der SchülerInnen, indem diese sich gegenseitig unterstützen, beraten, diskutieren und Feedback geben. Zuhause und individuell wird hierbei durch die Lernenden vorwiegend das Wissen als unterrichtliche Grundlage erworben. Die digitalen Medien können jenes intelligente Üben unterstützen und die Möglichkeiten erweitern (vgl. ebd.). Anschließende Rückmeldungen der Lernenden untereinander sollen diese Übungseinheiten abrunden (vgl. ebd.). Da der Autor in der Erläuterung dieses Kriteriums nicht darauf eingeht, was er genau mit dem intelligenten Üben meint, wird dies nun ergänzt: Nach Meyer bedeutet intelligentes Üben, Aufgaben in angemessener Häufigkeit und zu den richtigen Zeitpunkten bereitzustellen, wobei die Aufgaben explizit zu dem zu erlernenden Gegenstand passen sollen (vgl. Meyer 2014 in: Engelhardt 2021: 59). Hierbei sollen die SchülerInnen ihre Lernstrategien anwenden und bei Bedarf passende Hilfe durch die Lehrkraft erhalten (vgl. ebd.). Überträgt man diese Definition Meyers auf den Kontext Wampflers zum Einbinden digitaler Möglichkeiten, um das intelligente Üben auszugestalten, lässt sich festhalten, dass Aufgaben gestellt werden könnten, welche beispielsweise in sozialen Netzwerken umgesetzt werden sollen. Ein Beispiel wäre, dass Lernende einen Beitrag auf Instagram zu einer erlernten Theorie, einem Buchkapitel oder einem Kommunikationsmodell entwerfen und sich darüber im Anschluss Rückmeldungen geben sollen. Die Lehrkraft muss einschätzen können, ob das theoretische Wissen der Lernenden ausreicht, um zu üben und das erlernte Wissen anzuwenden, oder ob beispielsweise noch zu große Unsicherheiten bestehen. Besteht seitens der Lehrperson genügend Wissen über die digitalen Plattformen und Möglichkeiten, können diese eine bereichernde Erweiterung für Aufgabenstellungen im Unterricht haben. Es muss jedoch eingeschätzt werden können, ob jene digitalen Übungen passend zur Vertiefung eines bestimmten Lerngegenstandes sind.

Das achte Kriterium umfasst die komplexe Motivierung (vgl. von Brand 2010/2015 in: Wampfler 2017: 45). Diese wird durch drei Faktoren bedingt. Zum ersten ist der Lebensweltbezug zu den Heranwachsenden durch das Arbeiten mit digitalen Medien hoch. Die Lernenden merken, dass die Kompetenzen, welche sie im Umgang mit den digitalen Medien im Unterricht erwerben, hilfreich für den außerschulischen Kontext sind. Dies führt nach Wampfler zur Steigerung der intrinsischen Motivation (vgl. Wampfler 2017: 45). Zum zweiten kann der Einsatz digitaler Medien durch die Lehrkraft dazu führen, dass die Anforderungen an die Lernenden komplex und hoch sind. Dies wiederum kann bei den SchülerInnen den Eindruck erwecken, sie seien diesen Herausforderungen gewachsen, und die Lehrkraft vertraut in die Fähigkeiten der Lernenden (vgl. ebd.). Dadurch verhalten sich die SchülerInnen entsprechend, um die Erwartungen der Lehrperson zu erfüllen. An dieser Stelle ist nach Wampfler das Vertrauen der Lehrkraft in die Lernenden eine wichtige Bedingung, um die Motivation der SchülerInnen zu erhöhen (vgl. ebd.: 45 f.). Zum dritten beeinflusst das Interesse der Lehrperson an der Lebenswelt der SchülerInnen und am unterrichtlichen Geschehen die Motivation ebenfalls positiv. Die Beziehungsebene zu den Lernenden wird durch den Einsatz digitaler Medien gestärkt und vertieft, da der Unterricht sich an aktuellen Themen und Bereichen aus dem Leben der SchülerInnen orientiert (vgl. ebd.: 46). Verdeutlicht wird hierdurch die Adaption statischer Lerninhalte des Faches Deutsch an die dynamischen Lebensbereiche der Lernenden. Diese werden besonders gewürdigt, da sowohl ihr Wissen als auch ihr Verhalten im Internet und den sozialen Medien in den Vordergrund rückt. Das entgegengebrachte Vertrauen der Lehrkraft signalisiert den SchülerInnen, dass ihr ‚Fachwissen' zu den digitalen Medien und Plattformen gefragt ist und einen Teil des unterrichtlichen Geschehens darstellt. Dadurch wird die Kommunikation auf Augenhöhe nicht nur inszeniert, sondern findet tatsächlich statt. Das authentische Interesse der Lehrperson an den Fähigkeiten und Kompetenzen der Heranwachsenden wird somit für die Lernenden sichtbar und wirkt sich positiv auf das Lernklima aus.

In dem neunten Kriterium werden kumulatives Lernen, Kontextualisierung und Vernetzung thematisiert (vgl. von Brand 2010/ 2015 in: Wampfler 2017: 46). Hierbei werden zwei Ebenen angesprochen. Einmal ist das „Wissensnetzwerk, in das Neues ‚horizontal und vertikal' eingegliedert werden muss" (von Brand 2010/2015: 32 in: Wampfler 2017: 46) zentral, da das erworbene

Wissen im schulischen Kontext kontinuierlich erweitert wird. Mit der horizontalen und vertikalen Eingliederung meint von Brand die Einbettung neuen Wissens in bereits gelernte Wissensbereiche. Dadurch kann man sich das neu Erlernte nicht nur besser merken, sondern auch den Kontext zu anderen Wissensgegenständen herstellen und anwenden (vgl. von Brand 2020: 21 f.).

Des Weiteren wird auch der individuelle Lernfortschritt einbezogen. Dabei geht es um die Entwicklung der Kompetenzen der Lernenden (vgl. Wampfler 2017: 46). Die digitalen Medien haben in diesem Zusammenhang sowohl die Funktion, erlerntes Wissen und Materialien zu archivieren, als auch den eigenen Wissensfortschritt und neue erlernte Fähigkeiten sichtbar zu machen (vgl. ebd.). Bereits erstellte Lernmaterialien können immer wieder verändert, erweitert oder korrigiert werden, sodass eine dynamische Anpassung an den eigenen Wissens- und Lernstand möglich wird (vgl. ebd.). Wampfler nennt das Beispiel eines digitalen Portfolios, welches sich immer wieder erweitern und modifizieren lässt und auch nach der Schulzeit noch eine relevante Wissensdatenbank darstellen kann (vgl. ebd.). Die in dieser Arbeit bereits angesprochenen Hyperlinks und Verweise auf weitere Informationen und andere Quellen bieten zusätzliche Möglichkeiten, die gesammelten Informationen zu strukturieren und je nach Bedarf auf diese zuzugreifen. Des Weiteren können Wikis mit beschränkten Zugangsmöglichkeiten schulintern erstellt werden und zu bestimmten Themen Wissen strukturieren, welches auch nach der Schule noch zugänglich gemacht werden kann. Dieses neunte Kriterium gewinnt durch die digitalen Plattformen an Bedeutung und Möglichkeiten.

Das zehnte Kriterium ist das der Wirkungs- und Kompetenzorientierung (vgl. von Brand 2010/2015 in Wampfler 2017: 47). Hier weist Wampfler auf zu beachtende Risiken im Zusammenhang mit dem Kompetenzbegriff und digitalen Ressourcen hin. Er gibt zu beachten, dass die Kompetenzen, welche SchülerInnen erwerben, nicht mit einfachen digitalen Tests überprüfbar gemacht werden dürfen und so eine zu starke Reduktion erfahren. Dies ist folglich für die Entwicklung und Überprüfung von Kompetenzen kontraproduktiv (vgl. Wampfler 2017: 47). Eine zu starke wirtschaftliche Ausrichtung und Orientierung des Kompetenzbegriffs kann dazu führen, dass die Fähigkeiten der Lernenden operationalisiert werden und ausschließlich bestimmte Funktionen erfüllen sollen (vgl. ebd.). Schließlich sind durch etliche Prozesse, die durch die Digitalisierung übernommen werden, kritische Positionen der Lernenden einzunehmen. Diese sollen auch die eigenen künftigen Arbeits- und Handlungsfelder in den Blick nehmen und durch die Kompetenzbildung in der Schule vorbereitet werden. Der Autor betont, die Fokussierung künftiger menschlicher Arbeit liege in der Kreativität, der empathischen Kommunikation sowie der Überwachung und Prüfung aufkommender Schnittstellen (vgl.

Wampfler 2017: 48). Dies lässt sich jedoch erweitern, wenn berücksichtigt wird, dass die Digitalisierung sich in allen Bereichen wiederfindet. Somit gewinnen die zu erlangenden Kompetenzen an Komplexität. Ethische Fragen und Grenzen rücken in Bezug auf digitale Handlungsspielräume in den Vordergrund. Dennoch sollten Handlungsbereiche, die zwar von der Technik übernommen werden könnten, bewusst dem Menschen vorbehalten bleiben. Jene Entscheidungsfragen gehören zu Kompetenzbegriffen des digitalen Zeitalters und sollen SchülerInnen befähigen, eigene Standpunkte zu entwickeln und zu reflektieren. Des Weiteren spielen auch die zunehmende Globalisierung und Vernetzung eine Rolle, wenn es um den Aufbau der Kompetenzen geht. SchülerInnen müssen vor allem dafür gesellschaftliche Gesamtzusammenhänge erkennen und problemorientiert untersuchen können. Schließlich ist der digitale Fortschritt kein Bereich, der nur einzelne Länder betrifft, im Gegenteil: Geografische Grenzen werden überschritten und im digitalen Raum nebensächlich, sodass die wirtschaftliche und wissenschaftliche Vernetzung sich immens ausdehnt.

Auch die zu behandelnden Inhalte, wie im Deutschunterricht beispielsweise ein bestimmter Text, sind laut Wampfler ein nicht außer Acht zu lassender Bereich für den Aufbau von Kompetenzen. Er verweist darauf, dass die Kompetenzen nicht losgelöst von jedem Inhalt oder flexibel durch jeglichen Inhalt erlernt werden können (vgl. ebd.). Somit ist für den Kompetenzerwerb im sprachlichen Bereich essentiell, diesen auch mithilfe digitaler Medien zu erlernen und diese zum Lerngegenstand und -inhalt zu machen (vgl. Spinner 2011 in: Wampfler 2017: 48).

In dem elften Kriterium geht es um Kommunikation, Kollaboration, Kreativität und kritisches Denken (vgl. Wampfler 2017: 48). Hier werden die vier zentralen Kompetenzen für digitalen Deutschunterricht thematisiert. Es wird hervorgehoben, dass Schulen noch zu wenig Rücksicht auf diese vier zu fördernden Kompetenzen nehmen (vgl. ebd. 48 f.). Vor allem das Zusammenarbeiten und die Kommunikation unter den SchülerInnen werde in zentralen Situationen – wie bei der Leistungskontrolle durch Klassenarbeiten, mündlichen Prüfungen oder Tests – weitestgehend blockiert (vgl. ebd.). Es werde zu wenig kritisches Denken und kaum Entwicklung kreativer Ideen in derartigen Leistungsüberprüfungen gefordert, und das, obwohl der digitale Fortschritt genau jene Kompetenzen einfordert (vgl. 49). Die immer komplexer werdenden digitalen Vorgänge und Prozesse benötigen schließlich Kreativität und die Zusammenarbeit vieler Menschen sowie die gemeinsame Lösung von Problemen (vgl. Rosa 2015 in: Wampfler 2017: 49). An dieser Stelle sollte abgegrenzt werden, dass die Ausbildung dieser Schlüsselkompetenzen nicht zwingend in Formen der Leistungsüberprüfung eingebunden werden muss.

Zum einen werden mündliche Noten und Noten zur sonstigen Mitarbeit durchaus unter Einbezug von Kollaborations- und Kommunikationssituationen vergeben. Zum anderen ist die Eigenverantwortung und die selbstgesteuerte Vorbereitung auf Prüfungssituationen ebenso elementar wie das Zusammenarbeiten. Projekt- und Gruppenarbeiten sind häufig von Kollaboration und Kommunikation der Lernenden geprägt und zeichnen sich gerade auch in der Bewertung durch die Teamfähigkeit und Arbeitsteilung aller Gruppenmitglieder aus. Somit bleibt offen, ob eine stärkere Einbindung von Kollaboration und Kommunikation in Prüfungssituationen nötig ist. Vermehrte Leistungskontrollen oder Prüfungen mit dem Schwerpunkt auf kreativem oder kritischem Denken wären jedoch für den Deutschunterricht eine sinnvolle Ergänzung. Die Reproduktion erlernter Theorien und Vorgehensweisen und der Transfer auf unbekannte Texte oder Unterrichtsthemen ist zwar wichtig und sollte nicht ersetzt werden, jedoch wäre eine Erweiterung oder die Verschiebung des Schwerpunktes von Reproduktion und Transfer hin zu Kreativität und kritischer Reflexion denkbar. Hierbei gilt jedoch einzubeziehen, dass die Transparenz des Erwartungshorizontes durch jene Veränderung beeinflusst würde. Schließlich kann ein transparenter und nachvollziehbarer Erwartungshorizont bei der Leistungsbewertung nur zugrunde gelegt werden, wenn sich die Ergebnisse der Lernenden nach bestimmten Kriterien beurteilen und einordnen lassen. Je kreativer und ‚freier' von bestimmten Vorgaben eine Aufgabe jedoch wird, desto schwieriger und eventuell auch subjektiver wird jede Bewertung. Dies gilt folglich bei Gedanken zu Veränderungen in der schulischen Leistungskontrolle zu berücksichtigen.

Das zwölfte Kriterium besteht aus der Offenheit und Freiheit (vgl. Wampfler 2017: 49). Diese referieren darauf, dass der Deutschunterricht nur präsent bleiben und an Relevanz gewinnen kann, wenn dieser nicht zu sehr standardisiert ist und durch Einhaltung des Curriculums vorgegeben wird. Die Begriffe Offenheit und Freiheit sollen folglich einen großen Teil der Deutschdidaktik und thematischen Ausrichtung ausmachen (vgl. Wampfler 2017: 49). Der Fokus soll auf der Vermittlung der Kompetenzen liegen. Diese wiederum fordern die Teilhabe und die Mitbestimmungsmöglichkeit der Lernenden ein (vgl. ebd.). Wampfler verweist hier auf die Literatur, welche „eine Reise im Netz [antritt], deren Destination nicht absehbar ist" (ebd.). Dies stellt für ihn einen zentralen Grund dar, weswegen der Deutschunterricht, der auch die Verantwortung für die Vermittlung der Kultur trägt, dynamisch offen und frei – von zu vielen Vorgaben – sein muss (vgl. ebd.). Schließlich soll das Schulfach Deutsch, laut Wampfler, insofern aktuell sein, dass eine gesellschaftliche Partizipation gesichert ist. Dies ist in Anbetracht der Digitalität des Deutschunterrichts und der Förderung der Medienkompetenz nur möglich, wenn nicht die Orientierung an festgelegten Vorgaben im Vordergrund steht (vgl. ebd.). Prinzipiell stellt das Zitat Wampflers den rasanten digitalen Wandel ziemlich umfassend dar, weil die Digitalisierung von Ungewissheit, Spontanität und nicht vorhersehbaren Möglichkeiten geprägt ist. Dennoch ist fraglich, ob jene Eigenschaften für eine kulturelle Vermittlung und letztlich für den Deutschunterricht unabdingbar, sogar maßgeblich sein sollen. Hier soll erneut auf die nicht außer Acht zu lassende Vermittlung der vergangenen Kultur und Literatur verwiesen werden und auch auf die Entwicklung der deutschen Sprache und die literarischen Umsetzungen. Ein zu offener Deutschunterricht birgt die Gefahr, ein Schatten der Zeit zu werden und ohne jegliche feste inhaltliche Vorgaben ausschließlich die Digitalisierung und die Bildung der Medienkompetenz als Orientierungsmaßstab zu haben. Aus diesem Grund sollte für eine Relativierung des letzten Kriteriums plädiert werden, welches nicht vorwiegend die aktuelle Zeit als Maßstab nimmt, sondern auch den Kontrast vergangener und aktueller sprachlicher Wandlungen und kultureller sowie literarischer Entwicklungen betrachtet. Dabei sind unter anderem Aspekte wie die Verschiebung der als ästhetisch angesehenen Darstellungen zentral sowie kritische Auseinandersetzungen mit aktuellen Medien.

Wampfler zeigt mit seinen zwölf Kriterien guten digitalen Deutschunterrichts, dass eine Modifikation und Anpassung der inhaltlichen und didaktischen Ausrichtung zwar nötig sind, um mit der Zeit zu gehen und die kulturelle und gesellschaftliche Relevanz dieses Faches zu sichern. Allerdings sollte der Deutschunterricht dabei keine ausschließliche Reduktion auf eine Repräsentation der aktuellen gesellschaftlichen Wandlung erfahren.

3.2.7 Digitale Umsetzung der Lerninhalte des Faches Deutsch

In diesem Kapitel soll hinterfragt werden, wie die Lerninhalte des Faches Deutsch digital umgesetzt werden. Dazu wird Literatur herangezogen, welche genau diese Frage näher untersucht hat. Hierbei sollen Beispiele und unterschiedliche Möglichkeiten herausgegriffen werden, ohne den Anspruch zu erheben, eine umfassende digital umgesetzte Materiallandschaft aus dem Unterrichtsfach Deutsch zu präsentieren.

Erst einmal gilt festzuhalten, dass die digitale Umsetzung von Lerninhalten im Deutschunterricht häufig im Kontrast dazu steht, dass bei der Literatur und Sprache klassische Werke und bereits Vergangenes thematisiert werden und daher eine digitale Umsetzung nicht immer passend erscheint (vgl. Wampfler 2017: 20). Dies soll jedoch kein Argument gegen die Umsetzung digitaler Unterrichtsinhalte sein, sondern viel mehr herleiten, wieso ein solcher Prozess im Fach Deutsch teilweise ein langfristigeres Projekt darstellen kann als in anderen Fächern. Hierzu lässt sich festhalten, dass bereits Nietzsche äußerte: „SIE HABEN RECHT – UNSER SCHREIBZEUG ARBEITET MIT AN UNSEREN GEDANKEN [Hervorheb. im Orig.]“ (Nietzsche 2002: 18 in Kagelmann et al. 2020: 2). Dieser Satz wurde 1882 von Nietzsche auf einer Schreibmaschine abgetippt und gewann mit zunehmenden medialen Realisierungsmöglichkeiten an Relevanz (vgl. ebd.). Schließlich ist die Vermittlung mittels der Medien schon insofern eine Modifikation, als dass das Medium selbst etwas vermittelt und dadurch die zu vermittelnden Inhalte mitbestimmt und verändert (vgl. Anders 2021: 128). Dies wird am Beispiel von Kahoot deutlich. Die sonst bei SchülerInnen unbeliebten Tests, ob bewertet oder unbewertet, versetzen die Lernenden häufig in die Lage einer Prüfungssituation. Kahoot unterscheidet sich zwar – je nach Ausgestaltung – nicht von einem Multiple-Choice Test, vermittelt jedoch durch die digitale Umsetzung der Fragen eine spielerische Situation, welche die Motivation fördert und bei Lernenden Beliebtheit erfährt (vgl. Wampfler 23.06.2020: 2). Kahoot ist ein Spiel, das auf jedem Endgerät kostenlos genutzt werden kann und mit welchem Quizfragen und Antwortmöglichkeiten erstellt werden können. Abhängig von Schnelligkeit und Richtigkeit in der Beantwortung der Fragen werden unterschiedlich viele Punkte vergeben, welche in einer Rangliste visualisiert werden können (vgl. ebd.). Diese Rangliste kann beispielsweise auf einer Leinwand oder einem großen Bildschirm vorne im Klassenraum für alle SchülerInnen sichtbar gemacht werden, um eine spielerische Wettbewerbssituation zu erschaffen (vgl. Wampfler 23.06.2020: 2). Vor allem zur Kontrolle und Überprüfung bereits erlernter Informationen eignet sich der Einsatz eines solchen Quiz. Ein Beispiel ist die Abfrage, welche Zeitform in einer bestimmten Textsorte genutzt wird. Dabei können die Lernenden dann aus vier Zeitformen wählen (vgl. ebd.: 4). Doch auch zu Beginn einer neuen Unterrichtsthematik lässt sich Kahoot prinzipiell einbinden. Hier dann beispielsweise in Form von vier unterschiedlichen Antworten auf eine Impulsfrage zu einem Bild, wovon ein Antwortsatz in diesem Beispiel „die Wirkung des Lichts“ (ebd.) lautet. Die Frage war in diesem Beispiel: „Was empfinden Sie hier als romantisch?“ (ebd.). An dieser Stelle lässt sich jedoch hinterfragen, ob die Impulse nicht einen zu geschlossenen Rahmen vorgeben und damit das eigene Nachdenken und die eigenen Ideen zu sehr einschränken.

Umgekehrt lässt sich Kahoot auch einbinden, um Lernende Fragen und Antworten entwerfen zu lassen, welche dann von ihren MitschülerInnen beantwortet werden (vgl. ebd.: 5). Dabei kann das eigene Wissen gefestigt werden und die umgekehrte Rolle des Prüfenden eingenommen werden, um einen Perspektivwechsel zu schaffen.

Zur Darstellung einer Rollenbiografie in einer Unterrichtsreihe zu Dramen kann mit WhatsApp gearbeitet werden. Hierfür wird ein Tool verwendet, das WhatsApp als Programm so simuliert, dass die dort erstellten medialen Inhalte nur für den Klassenverband zugänglich gemacht werden (vgl. Kröger-Bidlo 2019: 107). Wenn Figuren aus einem Drama bereits eingeführt wurden und mithilfe zentraler Textstellen und charakterlicher Eigenschaften erarbeitet wurden, kann dazu mithilfe des Tools, das WhatsApp imitiert, ein Echtzeit-Status erstellt werden. Mithilfe einer Rollenbiografie wird die Empathie und der Perspektivwechsel für literarische Figuren geschult (vgl. ebd.). Der Echtzeit-Status kann verwendet werden, um unmittelbar geschehene Ereignisse durch Videos, Fotos und Texte mit anderen zu teilen. Dieser Status wird dann über die jeweiligen Figuren erstellt und bedarf der Darstellung der wichtigsten Informationen, da die Nachrichten kurze Einblicke in das Leben einer Person geben (vgl. ebd.: 107 f.). Entsprechende Fragen, die es zu berücksichtigen gilt, sind beispielsweise: „Wie sieht die Figur sich selbst? Wie vermittelt sie ihre Sicht auf sich […]? Wie wird sie von anderen Figuren gesehen?" (ebd.: 108). Dazu muss auch der Kontext des literarischen Werkes hinzugezogen werden und eine Verortung der Figur stattfinden (vgl. ebd.: 109). Diese Erarbeitungsmöglichkeit kann es den Lernenden erleichtern, Analysen und Charakterisierungen durchzuführen und sich dabei auf wesentliche Merkmale zu beschränken. Das Format des Echtzeit-Status verknüpft eine bekannte und häufig verwendete Mitteilungsmöglichkeit im Leben der Heranwachsenden mit der Kompetenz, zentrale Eigenschaften und Charaktere literarischer Figuren herauszuarbeiten.

Zur Unterstützung und Förderung des Schreibprozesses kann das Programm ‚iA Writer' genutzt werden (vgl. Wampfler 2020: 27). Es handelt sich um ein Schreibprogramm, bei dem die Texterstellung im Fokus steht. Dies zeigt sich an Funktionen wie dem „Fokus-Modus" (ebd.), welcher den verfassten Text grau werden lässt und nur den Satz schwarz darstellt, der gerade geschrieben wird (vgl. ebd.). Neben dieser Funktion können auch bestimmte Wörter gekennzeichnet werden, um die Syntax eines Satzes strukturiert hervorzuheben (vgl. ebd.). Je nach Schreibaufträgen oder auch beim materialgestützten Schreiben können solche Programme dazu verhelfen, sich einem bestimmten Teilbereich zu widmen. Dies kann auch bei heterogenen Klassen eingesetzt werden, um binnendifferenzierte Schreibaufträge für unterschiedliche Gruppen zu verteilen, welche durch verschiedene Einstellungen des Programm iA Writer unterstützt werden.

Der Flipped Classroom, welcher bereits unter Punkt 3.2.6.4 in dieser Arbeit erläutert wurde, kann dazu genutzt werden, die Ballade ‚Der Zauberlehrling' von Goethe mit den Lernenden teilweise digital zu realisieren. Die Ballade kann mit verschiedener im Hintergrund abgespielter Musik auf einer Lernplattform verfügbar gemacht werden, und die Lernenden können sich die unterschiedlichen Kombinationen anhören (vgl. Becker 2020: 14). Dieser Teil der Unterrichtseinheit wurde auf die asynchrone Arbeit zuhause verlegt. Die SchülerInnen nehmen ebenfalls asynchron und digital Stellung, wieso sie eine bestimmte Variante der Balladen-Musik-Kombination präferieren und teilen diese Stellungnahme auf einer Lernplattform mit (vgl. ebd.). Die synchrone Unterrichtszeit im Klassenraum kann dazu genutzt werden, die Lernenden in Gruppen besprechen zu lassen, inwiefern Argumente für oder gegen eine Musikvariante sprechen. Die Lehrkraft kann durch die zuvor digital hochgeladenen Stellungnahmen der Lernenden Gruppen einteilen, die besonders unterschiedliche oder ähnliche Meinungen hatten (vgl. ebd.: 15). Das Ziel der Gruppenarbeiten wäre festzustellen, dass ein einziges Musikstück nicht passend ist, weil die Ballade zu unterschiedliche Abschnitte aufweist und entsprechend musikalisch begleitet werden müsste (vgl. ebd.). Eine weiterführende und darauf aufbauende Aufgabe könnte beinhalten, dass die Ballade in den Gruppen in Abschnitte geteilt wird und entsprechende Musik gesucht werden soll, welche die Abschnitte passend begleitet (vgl. Becker 2020: 16). Durch die zuvor erfolgte Stellungnahme, welche von jedem Lernenden digital hochgeladen wurde, hat die Lehrkraft die Möglichkeit, alle SchülerInnen möglichst genau einzuschätzen und abzugleichen, inwieweit das Thema der Balladen verstanden wurde (vgl. ebd.). Die daran anknüpfende Gruppenarbeit kann daher entsprechend vorbereitet werden, sodass gewünschte Lernziele realisiert werden können (vgl. ebd.).

3.2.8 Medienpolitik

Dieses Kapitel soll einen Überblick darüber verschaffen, welch eine Ausstattung für das digitale Lehren und Lernen an Schulen notwendig ist, um über digitale Unterrichtseinheiten hinausgehend auch den Anforderungen des Homeschoolings gerecht zu werden. Außerdem soll dargestellt werden, in welch einem Zustand sich die Schulen bisher befinden und inwiefern diese digitale Ansprüche erfüllen.

Zur essentiellen digitalen Ausstattung zählen aktuelle und nutzbare Endgeräte wie beispielsweise Computer oder Laptops. Für das Homeschooling wurde überwiegend mit Tablets gearbeitet, weshalb auch diese teilweise zur digitalen Grundausstattung zählen. Des Weiteren ist ein Internetzugang für die ganze Schule ein wichtiges Thema (vgl. Jäger 2021: 82). Nicht nur für den Präsenzunterricht, sondern ebenfalls für das Homeschooling, da auch dort teilweise SchülerInnen im Schulgebäude untergebracht werden mussten und müssen, um eine angemessene Lernumgebung zu haben. Aufgrund der Tatsache, dass die Verkabelung jeglicher Endgeräte mit dem Internet zu (kosten-) aufwendig wäre, ist ein WLAN-Zugang für die Schule nötig, bei dem möglichst im ganzen Schulgebäude eine ausreichende Verbindungsstärke besteht. Da sowohl die Geräte als auch die Router gewartet oder repariert werden müssen, ist prinzipiell auch eine Person nötig, die über das entsprechende Fachwissen verfügt, um die Geräte warten zu können (vgl. ebd.). Diese Grundausstattung bedarf zusätzlich einer für die gesamte Schule einheitlich nutzbaren Software, die teilweise ebenfalls Anschaffungs- und regelmäßige Wartungskosten verursachen (vgl. ebd.). Hierzu muss in der Regel ein Schulnetzwerk mit entsprechender Lernplattform bestehen, in der einzelne Klassen, Kurse, Lehrpersonen und SchülerInnen Bereiche und Ordner besitzen, welche mit passenden Informationen und Materialien ausgestattet sind. Die individuelle Organisation und Instandhaltung einer solchen Lernplattform fallen somit auch in den Bereich des Notwendigen.

Die tatsächliche Lage an den Schulen sieht jedoch anders aus. In der ICILS-Studie 2018 (International Computer and Information Literacy Study) wurden dazu Fragebögen von Lehrpersonen, Lernenden, Schulleitungen und IT-KoodinatorInnen ausgefüllt, um die schulischen Voraussetzungen für „computer- und informationsbezogene Kompetenzen" der Lernenden (Eickelmann et al. 2019: 7) abzufragen und zu vergleichen (vgl. ebd.). Die Studie wurde durch das Bundesministerium für Bildung und Forschung (BMBF) gefördert (vgl. ebd.). Teilnehmende Länder, die bei der Studie berücksichtigt wurden, sind unter anderem Deutschland, Chile, Frankreich, Italien, Luxemburg, Portugal, die Republik Korea, die USA und auch explizit Nordrhein-Westfahlen (vgl. ebd.: 8). Bei der Studie wurden AchtklässlerInnen hinsichtlich ihrer „computer- und informationsbezogenen" (ebd.: 7) Kompetenz getestet und die geschaffenen Rahmenbedingungen an den Schulen geprüft (vgl. ebd.). Folglich wurden nur weiterführende Schulen in den Blick genommen.

In Deutschland kam ein digitales Gerät auf durchschnittlich 9,7 SchülerInnen (vgl. ebd.: 14). In NRW waren es 12,6 Lernende, die auf ein digitales Gerät kamen (vgl. ebd.: 10), während es in den USA nur 1,6 SchülerInnen waren (vgl. ebd.: 14). Unter digitale Geräte wurden in dieser Studie Computer, Tablets, Smartphones und Laptops gefasst, sofern diese nicht lediglich zum Telefonieren oder Chatten genutzt wurden (vgl. ebd.: 12). Das Verhältnis von Lernenden zu Computern lag bei 11,5 zu 1. Es kamen somit fast zwölf SchülerInnen auf einen Computer (vgl. ebd.: 14). In NRW konnte ein schulisches Laptop auf 80 Lernende gerechnet werden und ein Tablet auf circa 60 SchülerInnen (vgl. Eickelmann et al. 2019: 10). Nur 26,2 Prozent der weiterführenden Schulen hatten WLAN, welches für Lehrkräfte und SchülerInnen nutzbar war. Wird der Mittelwert der anderen Länder zusammengefasst, lag dieser bei 64,7 Prozent (vgl. ebd.: 14). Insgesamt 44,8 Prozent der weiterführenden Schulen besaßen ein Lernmanagement-System, welches von LehrerInnen und SchülerInnen genutzt wurde (vgl. ebd.). Hier lag der internationale Mittelwert bei 64,9 Prozent (vgl. ebd.). Apps oder Programme, welche zum gemeinsamen Arbeiten der Lernenden genutzt wurden und an Schulen bereitgestellt wurden, waren mit 16,5 Prozent selten verfügbar (vgl. ebd.: 15). In Finnland lag diese Verfügbarkeit bei 97,1 Prozent (vgl. ebd.). Ausschließlich 3,2 Prozent der Schulen konnten ein Lehrerkollegium vorweisen, in dem jede Lehrperson ein Dienstgerät besaß (vgl. ebd.). In NRW waren es nur 0,9 Prozent der Lehrkräfte, die über ein Dienstgerät verfügten (vgl. ebd.: 10). In Dänemark waren es im Vergleich dazu 91,1 Prozent der Lehrkräfte, die über ein Dienstgerät verfügten (vgl. ebd.: 15). Die schulischen IT-Beauftragten in Deutschland sprachen von einer zu geringen Internetleistung an den Schulen – falls diese vorhanden war – und von zu wenig verfügbaren Computern (vgl. ebd.: 15). Die Zufriedenheit mit der an den Schulen bestehenden digitalen Situation in Deutschland war daher sehr gering (vgl. ebd.). 16,7 Prozent der weiterführenden Schulen berichteten von einer geringen technischen Unterstützung, wodurch die Nutzung der digitalen Geräte und Programme an Schulen negativ beeinflusst wurde (vgl. ebd.).

Der Digitalpakt soll dazu beitragen, jene Defizite und Entwicklungsrückstände an den Schulen zu verbessern und aufzuholen. Hierzu soll mehr als eine Milliarde Euro investiert werden, um Schulen zu digitalisieren (vgl. Link 7). Die Landesregierung möchte die Schulen in NRW aufrüsten, um so für eine „digitale Infrastruktur und Ausstattung, ein[en] leistungsfähige[n] Breitbandanschluss“ (ebd.) zu sorgen. Auch die Lehrkräfte sollen Dienstgeräte bekommen und in der Benutzung geschult werden (vgl. ebd.). Neben der Investition durch den Digitalpakt sind weitere finanzielle Mittel verfügbar, welche mit zwei Milliarden Euro aus dem Förderprogramm „‚Gute Schule 2020‘“ (ebd.) und aus dem Kommunalinvestitionsfördergesetz des Bundes kommen, wodurch weitere 1,2 Milliarden Euro zusammengetragen wurden. Jedes Jahr stehen außerdem 683 Millionen Euro durch die Schul- und Bildungspauschale zur Verfügung (vgl. ebd.). Von 2019 bis 2024 ist eine Zusatzvereinbarung erstellt worden, welche ein Sofortausstattungsprogramm der Schulen in Gang bringen soll und die eingangs erwähnte Milliarde Euro dazu bereitstellt (vgl. ebd.). Für Nordrhein-Westfalen sind durch die eben aufgezählten finanziellen Mittel 178 Millionen Euro verfügbar, um Schulen zu digitalisieren (vgl. ebd.). Für die Dienstgeräte der Lehrpersonen werden weitere 103 Millionen Euro bereitgestellt (vgl. ebd.). Hiermit soll vor allem das durch die Coronapandemie bedingte Homeschooling unterstützt und verbessert werden, sodass auch der Datenschutz durch die ausschließliche Nutzung eines Dienstgerätes für die Verarbeitung schulinterner Daten eingehalten und gewährleistet werden kann (vgl. Link 7). Insgesamt 500 Millionen Euro, wovon 105 Millionen Euro für NRW bestimmt sind, werden in die digitale Infrastruktur an Schulen investiert. Davon soll explizit die „‚IT-Administration'“ (ebd.) ausgebaut werden (vgl. ebd.). Neben der Ausstattung ist es ebenso wichtig, die Kompetenz der Lehrkräfte zu fördern, sodass diese die digitalen Möglichkeiten auch für den Unterricht nutzen und adaptieren können. Laut der Schulministerin für NRW, Yvonne Gebauer, soll es „Handreichung[en] zur Erstellung eines technisch-pädagogischen Einsatzkonzepts“ (Link 8) geben. Es soll unter anderem möglich sein, unentgeltlich an Workshops teilzunehmen, um sich digital weiterzubilden, aber auch ein explizites Erklärvideo zu einem entsprechenden technisch-pädagogischen Einsatzkonzept soll als Unterstützung dienen (vgl. ebd.). In diesem Video wird erklärt, welche Schritte die einzelnen Schulen einleiten müssen, um entsprechend gefördert zu werden. Dazu müssen die Schulen feststellen und festhalten, welcher Bedarf vorliegt (vgl. Link 9). Neben der Ausstattung, die benötigt wird, muss auch geprüft werden, welche Ausstattung an der jeweiligen Schule bereits vorhanden ist. Die vorhandenen und benötigten Ressourcen sind innerhalb des technisch-pädagogischen Einsatzkonzepts in vier durch die Schule auszufüllende Unterpunkte eingeteilt:

Zum Ersten gibt es den Punkt der IT-Grundstruktur, wozu die Vernetzung an der Schule zählt. Dies beinhaltet neben dem WLAN auch Smartboards oder Beamer (vgl. ebd.).

Zum Zweiten existiert der Punkt der digitalen Arbeitsgeräte. Dazu zählt die Ausstattung von Computerräumen mit entsprechenden PCs, aber auch spezielle Geräte für den naturwissenschaftlichen Unterricht, beispielsweise elektronische Mikroskope, aber auch Roboter (vgl. ebd.). Die Geräte können allerdings nicht bestellt werden, um möglichst alles an einer Schule zu besitzen. Eine Begründung mit direktem Bezug zum Schulunterricht ist notwendig und ebenfalls Teil des technisch-pädagogischen Einsatzkonzepts (vgl. ebd.).

Als Drittes soll der Punkt der schulgebundenen mobilen Endgeräte ausgefüllt werden. Auch hier muss explizit begründet werden, welch ein Bezug zum Unterricht besteht und inwiefern diese notwendig sind. Vor allem bei Laptops und Tablets muss entweder die eben genannte IT-Grundstruktur bereits vorhanden sein oder beantragt worden sein (vgl. ebd.). Es ist ebenfalls wichtig anzumerken, dass der Preis von 500 Euro pro mobiles Endgerät nicht überschritten werden darf (vgl. Richtlinien über die Förderung von dienstlichen Endgeräten für Lehrkräfte an Schulen 2021: 1). In dem auszufüllenden Formular befinden sich bereits Begründungsbeispiele als Vorlage.

Der vierte Punkt beinhaltet regionale Maßnahmen, wozu Maßnahmen zählen, die schulübergreifend sind (vgl. Link 9). Smartphones sowie dauerhafte Gebühren für Lizenzen von Lernplattformen oder Kommunikationssystemen werden durch den Digitalpakt nicht unterstützt (vgl. ebd.).

Am 30. April 2021 wurden bereits mehr als 375 Millionen Euro von Schulen in NRW beantragt (vgl. Link 8). Digitale Endgeräte für Lehrpersonen und SchülerInnen wurden in Höhe von 255 Millionen Euro durch die Schulen beantragt. Dadurch wird deutlich, welch ein Handlungsbedarf an den Schulen bestand und wie deutlich dies durch die Coronapandemie hervorgehoben wurde. Trotz dieser hier aufgezeigten Gelder war häufig großes Engagement der Lehrkräfte nötig sowie deren Nutzung privat angeschaffter Geräte, bis letztlich die Ausstattung aus den Fördermitteln verfügbar war.

Die Instandhaltung und Überprüfung der angeschafften Geräte, des möglichen schulinternen Systems und der Programme bedarf zudem der Einplanung einer internen oder bestenfalls externen zuständigen Person, welche die Aufsicht und Kontrolle des digitalisierten Systems an der Schule übernimmt. Hierzu wird ausdrücklich gesagt, dass „Sachausgaben für die Wartung, den Support und den Betrieb sowie Personalausgaben [...] nicht förderfähig“ (ebd.) sind. Folglich liegt die Beauftragung eines ‚IT-Beauftragten‘ in den Händen der Schule und wird nicht selten durch LehrerInnen der Schule aufgefangen. Es lässt sich jedoch gesondert die Förderung der IT-Administration beauftragen. Hierbei handelt es sich um „Befristete Personalausgaben für IT-Administrierende“ (Richtlinien über die Förderung von IT-Administration 2021: 1). Auch Weiterbildungen der IT-Administrierenden werden einmalig mit 10.000 Euro unterstützt (vgl. ebd.).

Die Regierung stellt die Forderung, dass die mobilen Endgeräte unmittelbar eingesetzt werden. Dabei wird der „Zuwendungsempfänger [...] zu einer zentralen Geräteverwaltung“ (vgl. Richtlinien über die Förderung von dienstlichen Endgeräten für Lehrkräfte an Schulen 2021: 1) verpflichtet. Ist dies nicht sofort möglich, gilt es, die Organisation jener zentralen Verwaltung innerhalb von 24 Monaten zu bewerkstelligen (vgl. ebd.). Dass die Anschaffung und Organisation einiges an Zeit in Anspruch nimmt, wird deutlich. Umso problematischer kann es werden, dass laut der Richtlinien über die Förderung dienstlicher Endgeräte Anträge bis September 2021 gestellt werden müssen und die dadurch genehmigten finanziellen Mittel bis Dezember 2021 investiert worden sein müssen (vgl. ebd.). Nicht verbrauchtes Geld muss sonst umgehend an die Regierung zurückgezahlt werden (vgl. ebd.).

4. Empirische Forschung im Unterrichtsfach Deutsch

Das Unterrichtsfach Deutsch ist nicht nur ein zentrales Hauptfach, sondern auch ein Kulturfach, welches die rasante Digitalisierung und die Nutzung digitaler Medien im Unterricht, aber auch außerhalb des Unterrichts kritisch reflektieren und hinterfragen sollte. Die notgedrungene schnelle Umsetzung des Homeschooling ließ wenig Zeit und vor allem keine Alternative zu. Aus diesem Grund wird im Rahmen der Dissertation geprüft, wie die DeutschlehrerInnen die Zeit des Homeschooling, der Spontanität und der Entscheidungsfreude empfunden haben und welche Maßnahmen erforderlich waren, um den Deutschunterricht unter den Bedingungen der Pandemie realisieren zu können. Aber auch die dadurch entstandenen Folgen und Veränderungen für die Schulen und den Schulalltag werden thematisiert, da diese mit dem Unterrichten eng verknüpft sind. Die empirische Forschung im Unterrichtsfach Deutsch soll folglich auch prüfen, welche beruflichen Veränderungen für die DeutschlehrerInnen entstanden sind und welche Aufgaben durch den Unterricht von zuhause hinzukamen oder wegfielen. Durch die direkte Befragung von Lehrkräften sollen neben Antworten auf die Leitfrage dieser Dissertation auch persönliche Erfahrungen und Eindrücke der Lehrpersonen einbezogen werden.

In den folgenden Unterkapiteln soll die Vorgehensweise, welche dieser Dissertation zugrunde gelegt wurde, erläutert und begründet werden. Dazu wird in Kapitel 4.1 die Leitfrage genannt und erklärt, welche Erwartungen damit verknüpft sind. Darauffolgend wird in Kapitel 4.2 das Fragendesign und die Methodik erläutert. Sowohl die Rahmenbedingungen, welche als Grundlage zur Durchführung der Interviews geschaffen wurden, als auch der Aufbau des Interviewleitfadens werden aufgezeigt. Schlussendlich erfolgt eine ausführliche Darlegung der methodischen Herangehensweise für den empirischen Forschungsteil dieser Dissertation. In Kapitel 6 werden die gewonnenen Ergebnisse aus dem zuvor beschriebenen Forschungsrahmen ausgewertet und mit zentralen Erkenntnissen der Mediendidaktik und der Medienpolitik verknüpft.

4.1 Leitfrage

Die in den folgenden Kapiteln erklärte Methodik zeigt den Weg sowie die Erläuterung, Beantwortung und Auswertung der Forschungsfrage:

Wie verändert das krisenbedingte digitale Homeschooling die Vermittlung der Unterrichtsinhalte im gymnasialen Deutschunterricht in NRW unter Berücksichtigung der Beurteilung durch praktizierende DeutschlehrerInnen? –

Ergänzend: Welche Modifikationen entwickeln sich dadurch in der praxisbezogenen Umsetzung im Deutschunterricht?

Die hier formulierte Forschungsfrage wurde gewählt, da die Coronapandemie einen erheblichen Einfluss auf das Schulgeschehen genommen hat und neue Handlungsfelder für LehrerInnen und SchülerInnen entstanden sind. Das gesamte krisenbedingte digitale Homeschooling zu betrachten wäre für den Rahmen der Dissertation ein zu umfangreiches Forschungsvorhaben gewesen und hätte zur Folge gehabt, dass in der empirischen Forschung zu viele Bereiche hätten berücksichtigt werden müssen. Folglich ist es notwendig, ein Forschungsfeld zu sondieren, welches eine ausführliche Bearbeitung und Auseinandersetzung ermöglicht. Dazu wurde die Veränderung der Unterrichtsinhalte im gymnasialen Deutschunterricht in NRW herausgegriffen, welche durch praktizierende DeutschlehrerInnen beurteilt werden sollte. Die Veränderung der Unterrichtsinhalte zu betrachten erweist sich als sinnvoll, da hierbei die digitale Umsetzung genauer in den Blick genommen wird und Berührungspunkte zu weiteren relevanten Aspekten des Distanzunterrichts bestehen. Beispielsweise dazu, wie viel Zeit die Lernenden vor dem digitalen Endgerät verbringen müssen, wie leicht oder schwer ihnen die digitale Bearbeitung von Aufgaben fällt oder wie die Teilnahme an unterrichtsbezogenen Videokonferenzen umgesetzt wird. Auch der Einfluss auf die soziale Dynamik während des Unterrichts – sowohl zwischen den SchülerInnen als auch zwischen SchülerInnen und LehrerInnen – knüpft an die Veränderungen der Unterrichtsinhalte an. Schließlich müssen die durchführbaren Sozialformen auch digital realisiert werden und bedingen eine ebenfalls digitale Leistungskontrolle. An dieser Stelle sind Fragen der Bewertungsgrundlagen und -möglichkeiten zentral, die mit der Frage einhergehen, was während des Homeschoolings seitens der Lehrperson eingefordert werden darf oder sogar muss. Dies ist eng mit dem Datenschutz verbunden, wenn es darum geht, ob eingeschaltete Videos verpflichtend sein dürfen oder nicht. All dies nimmt letztlich Einfluss auf die Vermittlung der Unterrichtsinhalte. Die Medienkompetenz – sei es auf Seiten der Lehrpersonen oder auf Seiten der Lernenden – führt zu einem weiteren essentiellen Bereich, wenn über das digitale Unterrichten gesprochen wird. Hier ist zentral, ob es für die Beteiligten Unterstützungsmöglichkeiten gibt, sodass am digitalen Unterricht teilgenommen werden kann. Doch diese Unterstützungsmöglichkeiten können erst zum Einsatz kommen, wenn die technischen Voraussetzungen gegeben sind, sowohl an den Schulen als auch mittels einer entsprechenden Internetverbindung und digitaler Endgeräte für Lehrpersonen und SchülerInnen. Daher sind Gelder für die Finanzierung einer angemessenen Ausstattung an den Schulen ein weiterer Aspekt, der einen unmittelbaren Bezug zur Forschungsfrage aufweist.

Es wird deutlich, wie verwoben einzelne Themenfelder mit der schulischen Gesamtsituation sind, die sich durch die Coronapandemie maßgeblich gewandelt hat. Einen einzelnen Bereich vollständig zu betrachten bedeutet immer auch, anknüpfende Themen einzubeziehen, um eine angemessene Einordnung vornehmen zu können. Die Vermittlung der Unterrichtsinhalte ist vor allem mit Blick auf das Recht auf Bildung zugleich Kern und Ausgangspunkt der pandemiebedingten Schulsituation, und die Auseinandersetzung damit ermöglicht eine Repräsentation und Aufarbeitung der letzten zwei Jahre. Auch daraus resultierende Erfahrungen, die Einfluss auf künftige Entscheidungen nehmen, sofern eine ähnliche Situation erneut eintreten sollte, werden durch die Leitfrage angestoßen. Selbst wenn sich eine derartige Situation nicht wiederholen sollte, beeinflussen die gemachten Erfahrungen und gesammelten Eindrücke den künftigen Schulalltag und die Beteiligten.

In der zu untersuchenden Forschungsfrage wurden neben der Beschränkung auf die Veränderung der Vermittlung der Unterrichtsinhalte des Weiteren nur das Fach Deutsch und praktizierende DeutschlehrerInnen an Gymnasien in NRW berücksichtigt. Dies hängt damit zusammen, dass das Fach Deutsch das Arbeiten und Lernen mit Medien thematisiert und die Lernenden auch für den Umgang mit Medien sensibilisiert. Daher besteht vor allem für dieses Fach eine Herausforderung darin, die krisenbedingt veränderten Umstände fachgerecht einzubeziehen und neben der Arbeit mit Medien auch immer den Einfluss der Medien auf den Unterricht und auf die Lernenden im Blick zu behalten und zu berücksichtigen.

Die Forschungsfragen aus der Perspektive der Lehrkräfte zu untersuchen wird damit begründet, dass vor allem die Lehrpersonen die Vielschichtigkeit des Unterrichtens bewusst wahrnehmen und entstandene Veränderungen durch das Homeschooling differenziert erläutern können. Zudem haben Lehrkräfte einen großen Einfluss auf die Lernentwicklung der SchülerInnen (vgl. Hattie 2019: 4). Denn die Strukturierung des Unterrichts und die Ermöglichung einer angenehmen Lernatmosphäre durch die Lehrkraft sind sehr zentral (vgl. ebd.: 5). Da die Rolle der Lehrkraft höchst relevant für den Lernerfolg der SchülerInnen ist, werden im Rahmen der qualitativen Interviews Fragen zum unterrichtlichen Handeln der Lehrpersonen in der Zeit der Coronapandemie gestellt. Schließlich ist die Lehrkraft neben der stetigen Reflexion und Evaluation des eigenen Unterrichts auch dazu befähigt und angehalten, die Lernleistungen der SchülerInnen zu diagnostizieren (vgl. Köhnen 2014: 33). Folglich werden die SchülerInnen ebenfalls berücksichtigt, indem deren Entwicklung während des Distanzunterrichts durch die Lehrkräfte dargestellt wird.

Die Beschränkung auf die Schulform des Gymnasiums lässt sich darin begründen, dass an Gymnasien, im Gegensatz zu anderen Schulformen, in sehr kurzer Zeit sehr viel Unterrichtsstoff vermittelt wird und die Entschleunigung durch den Distanzunterricht hier wahrscheinlich am stärksten spürbar war. Außerdem liegt in Anbetracht der gewählten Schulform ein eindeutiger Fokus auf den Unterrichtsinhalten und nicht auf der zwischenmenschlichen und sozialen Arbeit mit den Lernenden, wie dies beispielsweise an Hauptschulen der Fall ist.

Ausschließlich das Bundesland Nordrhein-Westfalen in der Forschungsfrage zu berücksichtigen ist der Notwendigkeit geschuldet, sich auch hier auf einen zu untersuchenden Bereich zu beschränken, um die qualitativen Interviews in einem angemessenen Rahmen durchführen zu können und dabei repräsentative Ergebnisse zu erzielen. Neben diesem Aspekt kommt hinzu, dass die Darstellung der medienpolitischen Situation zwischen den Bundesländern variiert und eine Vorstellung jeder bundeslandspezifischen Medienpolitik den Rahmen dieser Dissertation gesprengt hätte und nicht zielführend gewesen wäre. Schließlich soll die Medienpolitik zwar berücksichtigt werden, jedoch nicht das hauptsächliche Thema dieser Arbeit darstellen.

4.2 Erläuterung des Fragendesigns und der Methodik

Für den empirischen Forschungsteil dieser Dissertation wurden im Bereich der qualitativen Forschung Leitfadeninterviews genutzt, um Lehrkräfte zu befragen. Insgesamt handelte es sich jedoch um ein Gespräch, in dem die Lehrpersonen auch über die Fragen hinaus Eindrücke und Erfahrungen teilen konnten, die sie in diesem Kontext als relevant erachtet haben oder von denen sie wollten, dass ihnen Gehör verschafft wird. Es gilt außerdem hinzuzufügen, dass situativ entschieden wurde, den LehrerInnen Zwischenfragen zu stellen, sofern eine zentrale Aussage getroffen wurde oder besonders relevante Situationen beschrieben wurden.

4.2.1 Rahmenbedingungen

Insgesamt wurden zehn Lehrkräfte aus Nordrhein-Westfalen befragt, wobei sieben Frauen und drei Männer befragt wurden. Alle befragten Lehrkräfte waren zur Zeit des Interviews an einem Gymnasium in NRW tätig und haben das Unterrichtsfach Deutsch unterrichtet. Die jüngste befragte Person war zur Zeit des Interviews 28 Jahre alt, während die älteste Person 62 Jahre alt war. Das durchschnittliche Alter der Befragten liegt bei 41. Um das Transkribieren der Interviews im Anschluss zu ermöglichen, wurden die Interviews aufgezeichnet. Gemäß Absprache mit den InterviewpartnerInnen, dass die Interviews nicht veröffentlicht oder vervielfältigt werden, sondern lediglich der Transkription dienen, sind diese anonym beigefügt. Die durchschnittliche Seitenzahl eines Interviews liegt bei 9,2 Seiten, wobei die Schriftart Times New Roman gewählt wurde, die Schriftgröße bei zwölf Punkt liegt und der Zeilenabstand einzeilig ist.

Die Interviews fanden auf der Konferenzplattform Zoom über eine Videokonferenz statt. Es wurde jede Lehrkraft einzeln befragt. Dadurch war es möglich, das Gespräch ungestört durchzuführen und im Anschluss die Transkription des Interviews anhand des Videos zu vollziehen. Um den Leitfaden innerhalb des Gesprächs zu modifizieren, indem Auslassungen oder weitere spontane Fragen gestellt werden, war es daher notwendig, das Interview aufzunehmen, da ansonsten wertvolle Informationen verloren gegangen wären und das Gespräch beispielsweise durch parallele Notizen hätte gestört werden können (vgl. Friebertshäuser 1997 in Mayer 2013: 47). Der Bildschirm wurde geteilt, sodass der Interviewleitfaden während des gesamten Gesprächs für die jeweilige Lehrkraft sichtbar war. Zuerst wurde den Lehrpersonen die Leitfrage der Dissertation vorgestellt, welche zu Beginn des geteilten Dokuments ersichtlich war. Daraufhin wurden die 25 Fragen nacheinander durch die Lehrperson beantwortet, jedoch mit der Möglichkeit, in einer Frage bereits die nächste zu beantworten, sofern die Erläuterung des Gesamtzusammenhangs dadurch ersichtlicher wurde. Folglich war es nicht zwingend, jede Frage genau zu beantworten, sondern es wurde priorisiert, eine angenehme Gesprächsatmosphäre zu schaffen und einen authentischen Erfahrungsbericht zu ermöglichen.

4.2.2 Aufbau des Leitfadens

Der Interviewleitfaden beinhaltet 25 Fragen und ist in sieben Kategorien eingeteilt, sodass unterschiedliche inhaltliche Themenfelder strukturiert voneinander abgegrenzt werden können. Dies stellt einen angemessenen Umfang für einen Leitfaden dar, weil für ein Experteninterview, welches ein bis zwei Stunden beansprucht, die Anzahl von drei bis acht thematischen Kategorien gerechtfertigt ist (vgl. Bogner et al. 2014: 28). Ein Leitfaden soll dabei die Länge von sechs Seiten nicht überschreiten, um während des Interviews nicht auf eine bürokratische Abarbeitung des Leitfadens hinzuarbeiten (vgl. ebd.: 29). Der für die Dissertation verwendete Leitfaden ist zweieinhalb Seiten lang und liegt damit im absolut üblichen Rahmen. Die Kategorien innerhalb des Leitfadens sollten so konstruiert sein, dass sie für sich bearbeitet werden können und eine Veränderung der Reihenfolge der Themen unproblematisch ist (vgl. Bogner et al. 2014: 28 f.). Bei dem hier konstruierten Leitfaden ist dies möglich und durchaus gewünscht, da keine Folgefragen formuliert wurden, welche eine unveränderbare Reihenfolge vorgeben.

Der Leitfaden wird den InterviewpartnerInnen nicht vorab zugesendet, da bewusst keine Vorbereitung auf die gestellten Fragen erfolgen soll. Es wird lediglich eine kurze thematische Vorabinformation gegeben, um das Interesse der Lehrpersonen zu wecken und damit die Teilnahmebereitschaft zu erwirken. Die Vorabinformation, welche per E-Mail oder einen schriftlichen Nachrichtendienst an die Lehrkräfte gesendet wird, wurde wie folgt formuliert: Eine Befragung zum Thema ‚Auswirkungen des Homeschoolings auf den Deutschunterricht'. Diese thematische Erläuterung dient außerdem der Begründung, wieso ausschließlich DeutschlehrerInnen für das Interview in Frage kommen, um zu vermeiden, dass fachfremde Lehrpersonen durch die informierten Lehrkräfte dazu angehalten werden, teilzunehmen. Nicht vorbereitete Aussagen und Erfahrungsberichte sind für die durchgeführten Interviews gewünscht, da die im Interview gestellten Fragen sich auf alltägliche Handlungspraxen der Lehrpersonen beziehen und eine Vorbereitung der Fragen daher weder nötig noch sinnvoll wäre (vgl. Bogner et al.: 30). Es sind gerade die spontanen und intuitiven Äußerungen, welche für den Forschungsbereich relevant sind. Schließlich wurde in der Zeit des Homeschoolings ebenfalls spontan gehandelt, und die dadurch entstandenen Erfahrungen sind exakt die, die für den Rahmen der Dissertation maßgeblich sind.

Es werden nun die einzelnen Kategorien des Leitfadens vorgestellt und kurz erläutert, um die Vorgehensweise transparent zu machen:

In der ersten Kategorie werden die Rahmenbedingungen des Homeschoolings besprochen. Hierzu sollte beantwortet werden, welche Klassenstufen während des Homeschoolings unterrichtet wurden, welche Sozialformen angewendet wurden und welche Tools und Programme für den digitalen Unterricht benutzt wurden. Dies dient einer ersten Einordung und einer Vergleichbarkeit zwischen den Lehrkräften. Dadurch kann geprüft werden, ob in der Unter-, Mittel- oder Oberstufe bestimmte Sozialformen angewendet werden oder dort zu vermittelnde Unterrichtsinhalte stärker oder schwächer für den Distanzunterricht modifiziert werden sollten. Die Frage nach den Tools und Programmen, die verwendet wurden, soll Aufschluss darüber geben, welche Möglichkeiten den Lehrkräften während des Homeschoolings zur Verfügung standen und inwiefern mit den entsprechenden digitalen Ressourcen angemessen unterrichtet werden konnte.

Die zweite Kategorie umfasst das digitale Unterrichten des Unterrichtsfaches Deutsch. Dabei waren die Fragen nach den unterrichteten Themen während des Homeschoolings im Fach Deutsch und die Veränderung der Unterrichtsinhalte in dieser Zeit relevant. Sofern unterschiedliche Klassenstufen unterrichtet wurden, sollte ebenfalls beantwortet werden, was den Lernenden während des Homeschoolings besonders schwer fiel und wie jene bei eventuellen Schwierigkeiten durch die Lehrkraft unterstützt wurden. In diesem Kapitel sollte verglichen werden, wie sich das Unterrichten vor und nach Corona gewandelt hat und welche Veränderungen im Fach Deutsch dadurch auftraten. Dadurch sollte herausgefunden werden, wie die Lehrpersonen mit der Situation des Homeschoolings umgegangen sind, genauer, ob die Unterrichtsinhalte aus dem Präsenz-unterricht übertragen oder ob eine Anpassung in der Umsetzung der Inhalte vorgenommen wurde. Außerdem sollte herausgestellt werden, ob und inwiefern es den Lehrpersonen möglich war, die Lernenden bei aufkommenden Schwierigkeiten in Zeiten des Homeschoolings zu unterstützen. An dieser Stelle spielte sowohl der Zeitfaktor eine Rolle wie die vorhandene digitale Kompetenz im Umgang mit digitalen Ressourcen.

In der Kategorie der Teilnahme und Leistungsüberprüfung der SchülerInnen wurde hinterfragt, wie sich die Bewertung der Lernenden durch den Fernunterricht gewandelt hat, wie die Leistungsüberprüfung erfolgte und wie regelmäßig diese stattfand. Auch die Frage nach der Regelmäßigkeit der abgegebenen Aufgaben durch die Lernenden spielte eine Rolle, ferner die Frage, ob die Aufgaben fehlerhafter waren als im Präsenzunterricht. In der letzten Frage der dritten Kategorie wird hinterfragt, ob eine regelmäßige Teilnahme am Homeschooling seitens der Lernenden möglich war oder ob eine häufige Abstinenz bedingt durch Internetschwierigkeiten oder aus sonstigen Gründen festzustellen war. Insbesondere wird hinterfragt, wie die Lernenden bei häufiger Abwesenheit bewertet wurden.

Die vierte Kategorie umfasst die Rolle der Lehrkraft. In der ersten Frage dieser Kategorie, in der hinterfragt wird, ob sich die Lehrperson auf die Situation des Homeschoolings angemessen vorbereitet gefühlt hat, wird vor allem darauf abgezielt, ob bereits vor der Pandemie ein digitales Netzwerk und digitale Strukturen an der Schule vorhanden waren und genutzt wurden, sodass Distanzunterricht bereits vorher praktiziert werden konnte. Außerdem sollte herausgestellt werden, ob der sonst im Schulalltag integrierte Austausch zwischen den LehrerInnen und FachkollegInnen in Zeiten des Homeschoolings eventuell sogar verstärkt war und, ob digitale Materialien zwischen den DeutschlehrerInnen ausgetauscht wurden. Schließlich mussten die sonst im Präsenzunterricht verwendeten Materialien nun digital adaptiert werden oder durch digitale Materialien ersetzt oder ergänzt werden.

In der fünften Kategorie wurden die Maßnahmen der Schule beleuchtet. Hier galt es zu beantworten, ob die Schule digitale Materialien, Tools und Hilfestellungen für die Lehrpersonen verfügbar gemacht hat. Außerdem sollte herausgestellt werden, ob es klare Regeln und Vorgaben in Bezug auf den

Datenschutz gab und ob diese auf der Schulhomepage oder an anderer Stelle hinterlegt und einsehbar waren. Wichtig war des Weiteren zu hinterfragen, ob die LehrerInnen wussten, wie sie sich hinsichtlich des Datenschutzes verhalten sollten und falls nicht, wie sie mit den Unklarheiten umgegangen sind. Dies hat den Zweck zu prüfen, wie schnell Konzepte zum Datenschutz entwickelt wurden und inwieweit die Lehrkräfte vorübergehend selbst Entscheidungen treffen mussten, um den Distanzunterricht möglich zu machen.

Die sechste Kategorie beinhaltet den Vergleich zum vorherigen Präsenzunterricht und die Auswirkungen auf künftigen Unterricht. Hinterfragt wurde, ob sich der Arbeitsaufwand durch das Homeschooling im Vergleich zum Präsenzunterricht verändert hat. Außerdem sollte herausgestellt werden, ob bereits vor der Zeit des Homeschoolings digitale Unterrichtsmöglichkeiten oder Lernplattformen an der jeweiligen Schule verfügbar waren. Auch die Frage nach künftigen hybriden Unterrichtsformen oder teils digitalen, teils Präsenzformen ist Bestandteil dieser Kategorie. Hierbei gilt herauszuarbeiten, ob die Schule eventuell einen Mehrwert in dem notgedrungenen Homeschooling sieht und für die weitere Unterrichtspraxis plant, Möglichkeiten aus dem Distanzunterricht einzubinden.

In der siebten und letzten Kategorie sollte die Lehrkraft selbst die Situation des Distanzunterrichts einschätzen. Dies sollte einmal insgesamt durch die Lehrperson bewertet werden, sodass möglichst frei und auf den eigenen Erfahrungen basierend geantwortet werden konnte. Zum anderen sollte beantwortet werden, welche Änderungswünsche und -vorschläge für künftiges Homeschooling bestehen. Resümierend zur erlebten Situation des Distanzunterrichts sollte ebenfalls geäußert werden, ob sich die Lehrkraft für eine künftige Zeit geschlossener Schulen besser vorbereitet fühlt. Hierbei sollte auch der eigene Entwicklungsprozess der Lehrperson während dieser Zeit einbezogen werden. Die letzte Frage des Leitfadeninterviews beinhaltete, ob ein hybrides Unterrichtsmodell oder ein teils digitales, teils Präsenzmodell befürwortet wird. Dadurch sollte unter anderem sichtbar gemacht werden, ob die gemachten Erfahrungen mit den jeweiligen digitalen Umsetzungsmöglichkeiten auch unter ‚freiwilligen' Bedingungen in Betracht gezogen werden oder ob dies tatsächlich nur eine Notlösung des Distanzunterrichtes darstellte.

Insgesamt sollte der Leitfaden es den Lehrkräften ermöglichen, die Gesamtsituation des Homeschoolings Revue passieren zu lassen und zu reflektieren. Dadurch sollte zum einen herausgestellt werden, inwiefern sich der Lehrerberuf durch diese Zeit gewandelt hat, aber auch die Wandlung der zu vermittelnden Unterrichtsinhalte im Fach Deutsch. Schließlich hängen sowohl die Veränderung des Berufs als auch die Zugänglichkeit zu den Lernenden sowie die zu unterrichtenden Inhalte zusammen und lassen sich nicht einzeln betrachten. Der Schulalltag hat sich schlagartig geändert, und umso nötiger ist eine Reflektion der rasant getroffenen Entscheidungen in dieser Zeit. Aus diesem Grund wurde es als notwendig erachtet, nicht nur die für die Leitfrage relevanten Informationen abzufragen, sondern die umliegenden Faktoren einzubeziehen, um eine schlussendliche ganzheitliche Einordnung vornehmen zu können und die kontextuellen Bedingungen gleichermaßen einzubeziehen.

4.2.3 Darlegung der methodischen Herangehensweise

Für die Forschungsfrage dieser Dissertation wird mithilfe der Leitfadeninterviews qualitativ geforscht, da durch die Anzahl von zehn Lehrkräften ein Vergleich zwischen den Teilnehmenden möglich ist (vgl. Mayer 2013: 37). Die getroffenen Aussagen können somit strukturiert ausgewertet und es kann geprüft werden, welche Erfahrungen beispielsweise häufiger geäußert werden oder welche Eindrücke sich von den anderen erheblich unterscheiden (vgl. ebd.). Der Leitfaden stellt einen Orientierungspunkt dar und begleitet das auf Erfahrungen basierende freie Gespräch. Folglich sind Modifikationen hinsichtlich detaillierter Nachfragen oder dem Zusammenfassen mehrerer Fragen in einem ausführlichen Beitrag nicht nur möglich, sondern angebracht und sinnvoll (vgl. ebd.). Es ist nicht notwendig, in jedem einzelnen Interview die exakt selben Fragen zu stellen, um eine anschließende Vergleichbarkeit zwischen den zehn Teilnehmenden zu ermöglichen (vgl. Bogner et al. 2014: 28). Es ist wichtiger, dass jeder der InterviewpartnerInnen in Bezug auf die relevanten Fragen die eigenen Erfahrungen teilt und die Möglichkeit hat, diese frei darzustellen. Identische Formulierungen sind hierbei sekundär (vgl. ebd.). Schließlich ermöglichen die freien Antworten der InterviewpartnerInnen auch, Themen anzusprechen, welche bei der Gestaltung und Ausarbeitung des Leitfadens kaum oder gar nicht berücksichtigt wurden, jedoch für die Einordnung der Gesamtsituation relevant sind (vgl. Mayer 2013: 37). Schweift einer der Teilnehmenden allerdings zu stark ab, kann der Leitfaden als Möglichkeit dienen, zu relevanten Themen zurückzukehren und sich auf eine anschließende Frage zu berufen (vgl. Flick 1999 und Friebertshäuser 1997 in Mayer 2013: 37).

Die hier angegebenen Leitfadeninterviews gelten als Experteninterviews, da die Lehrkräfte in Bezug auf berufliche Erfahrungen interviewt werden und ihre Rolle als Lehrperson zentraler ist als ihre Rollen in anderen Lebensbereichen. Zwar greift dies teilweise ineinander, da das Privatleben durch die berufliche Modifikation des Homeschoolings beeinträchtigt wird, jedoch liegt der Fokus eindeutig auf dem Lehrerberuf (vgl. Mayer 2013: 38). Doch es handelt sich nicht nur um Experteninterviews, weil auf berufliche Erfahrungen zurückgegriffen wird, sondern weil Informationen geteilt werden, die geschützt und häufig schulintern sind. Es wird somit ein Sonderwissen preisgegeben, welches im Rahmen dieser Arbeit ausschließlich von Lehrkräften und erweiternd ausschließlich von solchen geteilt werden kann, die in der Zeit des pandemiebedingten Homeschoolings unterrichtet haben (vgl. Przyborski / Wohlrab-Sahr 2021: 155). Nach Przyborski und Wohlrab-Sahr ist damit kein weiter Expertenbegriff umschlossen, in dem jeder Mensch auf bestimmte Art und Weise als Experte von etwas bezeichnet wird (vgl. ebd.). Zur angemessenen Erarbeitung der Forschungsfrage ist es notwendig gewesen, mit Lehrpersonen zu sprechen, die in der Zeit des Homeschoolings aktiv unterrichtet haben. Des Weiteren war es nötig, dass diese Lehrpersonen auch mit dem Unterrichten unter ursprünglichen Bedingungen vertraut waren, die vor der Coronapandemie praktiziert wurden, sodass ein unmittelbarer Vorher-Nachher-Vergleich einbezogen werden konnte. Schließlich wird bereits in der Forschungsfrage nach der Veränderung der zu vermittelnden Unterrichtsinhalte gefragt, wodurch verdeutlicht wird, dass ein klarer Hauptbestandteil der Forschungsabsicht in dem Vergleich der vorherigen und der aktuellen Unterrichtssituation an Gymnasien in NRW liegt.

Die interviewten ExpertInnen verfügen neben dem speziellen Wissen in einem bestimmten Bereich auch über eine „Deutungsmacht“ (Przyborski / Wohlrab-Sahr 2021: 155). Schließlich wirkt sich die Darstellung der erlebten Erfahrungen und Situationen auf die Art und Weise aus, wie der Interviewende die geschilderte Situation letztlich wahrnimmt und deutet (vgl. ebd.: 156). Die ExpertInnen konstruieren das geistige Bild mit, welches man sich als Interviewender von der Situation macht. Die persönliche Bewertung von themenbezogenen Entwicklungen, bestehenden Trends und Gegebenheiten wird beeinflusst (vgl. ebd.). Im Kontext der Dissertation trifft dies auf die verwendeten Tools und Programme während des Homeschoolings zu. Die Lehrkräfte äußern, welche Programme sie nutzen, welche sich bewährt haben und technisch zuverlässig waren. Daraus ergibt sich ein Bild der präferierten Programme, was wiederum zur Folge hat, jene zu klassifizieren, ohne sie selbst genutzt oder die Richtigkeit der Aussagen über diese Tools und Programme überprüft zu haben.

Der Leitfaden beinhaltet ebenfalls eine wichtige Funktion, nämlich einen Konsens für das Interview zu schaffen, indem der Interviewende anhand der Ausarbeitung des Leitfadens zeigt, bereits in der Thematik eingearbeitet zu sein, sodass direkt der wesentliche Kern besprochen werden kann, statt sich mit zu ausführlichen Erklärungen aufzuhalten (vgl. Meuser und Nagel 1991 in Mayer 2013: 38). Es ist außerdem wichtig, die grundsätzliche Problemstellung bei der Konzeption der Fragestellungen und der einzelnen Kategorien des Leitfadeninterviews gedanklich einzubeziehen, sodass ein klarer Fokus zu erkennen ist und nicht alle im Entferntesten in Zusammenhang stehenden Inhalte Teil des Leitfadens werden (vgl. Friebertshäuser 1997 in Mayer 2013: 44). Zwar werden in dem Leitfaden, der dieser Dissertation zugrunde liegt, viele Thematiken angesprochen, die Zusammenhänge zur Leitfrage aufweisen, jedoch liegt dies darin begründet, dass die Beurteilung der praktizierenden DeutschlehrerInnen hinsichtlich des gesamten Schulalltages relevant ist, um den Hauptbestandteil der Leitfrage angemessen beantworten zu können. Schließlich sind unter anderem die veränderte Leistungsbewertung und die aufkommenden Schwierigkeiten, welche durch das Homeschooling entstehen, wesentliche Bestandteile, wenn es um die Veränderung der Vermittlung der Unterrichtsinhalte geht. Es gilt jedoch festzuhalten, dass der Leitfaden stets den Erfahrungsberichten und Äußerungen der InterviewpartnerInnen angepasst wird und folglich eine dynamische Funktion einnimmt (vgl. Przyborski / Wohlrab-Sahr 2021: 164). Das bedeutet, eine statische Abarbeitung der einzelnen Fragen, welche die stetige Unterbrechung und Rückführung des Interviewteilnehmenden zur nächsten Frage zur Folge hat, ist weder intendiert noch Ziel der Methodik der Leitfadeninterviews (vgl. ebd.). Ein Leitfaden erfüllt somit mehr die Funktion einer „Gedächtnisstütze“ (Bogner et al. 2014: 28) als einer exakten Vorgabe des Gesprächsablaufes (vgl. ebd.).

Leitfadeninterviews eignen sich dennoch für die Durchführung berufsbezogener Interviews, bei denen die berufsbezogene Arbeit vordergründig ist und bei denen seitens der InterviewpartnerInnen beschrieben und argumentiert werden soll (vgl. Przyborski / Wohlrab-Sahr 2021: 165). Außerdem sind Leitfadeninterviews angemessen bei eingrenzenden Fragestellungen (vgl. ebd.). Da die Interviewgespräche und folglich auch die Transkriptionen dieser Arbeit sehr ausführlich sind, ist die Ein- und Abgrenzung vor allem bei einem emotional aufgeladenen Thema wie dem des Unterrichtens unter Bedingungen der Coronapandemie notwendig.

In Bezug auf die Anonymität der ExpertInnen wurde mit allen InterviewpartnerInnen besprochen, dass lediglich Alter und Geschlecht genannt werden und sonstige personenbezogene Daten vollständig anonymisiert werden. Auch die Schulen werden nicht namentlich genannt, sondern lediglich hinsichtlich relevanter Bestandteile beschrieben, wie beispielsweise der Größe der Schülerschaft. Dies war vor allem wichtig, um eine Gesprächsatmosphäre zu schaffen, in der offene und ehrliche Beiträge geäußert werden können, ohne Bedenken haben zu müssen, dass diese für die Schulleitung oder KollegInnen rückverfolgbar seien (vgl. Mayer 2013: 46).

Bei der Transkription ist lediglich der Inhalt, also das Gesagte, zentral, nicht aber die Stimmlage, Mimik oder Gestik. Aus diesem Grund wird diese in der Transkription der Interviews auch nicht berücksichtigt. Im Vordergrund stehen schließlich die Informationen und Erfahrungen der Lehrpersonen, nicht aber ihre Betonung (vgl. ebd.: 48). Ausschließlich ironische Aussagen oder Lachen werden mittels doppelter runder Klammern innerhalb der Transkriptionen markiert, da eine Auslassung zur Veränderung des Sinns und der Bedeutung der Beiträge führen könnte. Die Transkriptionen der Interviews sind dieser Arbeit vollständig angehängt.

Die doppelten Klammern, welche verwendet werden, um Sinnentfremdungen und Missverständnissen vorzubeugen, verdeutlichen, dass Aussagen und Zusammenhänge in einem Gespräch auch immer einer „‚unausweichlichen Vagheit'" (Przyborski / Wohlrab-Sahr 2021: 20) ausgesetzt sind. Das bedeutet, dass eine Aussage auf vielen verschiedenen Wegen verstanden und interpretiert werden kann und dadurch unterschiedliche Informationen abgeleitet werden können. Um jedoch wissenschaftlich damit umzugehen, kann einmal zu standardisierten Verfahren gegriffen werden, in denen eindeutige Formulierungen jener Vagheit vorbeugen sollen und folglich auch standardisiert interpretiert werden. Dies hat jedoch zur Folge, dass der Kontext und die Zusammenhänge bei standardisierten Verfahren verloren gehen und die Items isoliert beantwortet werden, um eine darauffolgende Vergleichbarkeit zu schaffen. Diese lassen sich unabhängig von den LeserInnen überprüfen (vgl. ebd.).

Die zweite Möglichkeit, mit der Mehrdeutigkeit von Beiträgen wissenschaftlich umzugehen, liegt in der „kontrollierten Methode des Fremdverstehens" (Schütze et al. 1973 in ebd.). Bei dieser Methode erfolgt keine Vorgabe oder sprachliche Standardisierung. Im Gegenteil, es wird versucht, das Gesagte unter Einbezug des Kontextes und der sprechenden Person samt Situation festzuhalten, sodass Rückbezug auf einen Gesamtzusammenhang erfolgt, in dem die kommunikative Handlung vollzogen wurde (vgl. Przyborski / Wohlrab-Sahr 2021: 20). Dadurch bleibt die Indexikalität erhalten, und es gehen keine wichtigen Zusammenhänge verloren (vgl. ebd.). Die Aussagen erhalten folglich ihre Bedeutung nicht durch vorab geschaffene Strukturen, wie bei standardisierten Verfahren, sondern bekommen diese erst durch den Sprecher, also hier durch die interviewte Lehrperson (vgl. ebd.: 21). Die kontrollierte Methode des Fremdverstehens anzuwenden bedeutet, einen Rahmen zu konstruieren, der es den InterviewpartnerInnen ermöglicht, ihre Beiträge mit eigenen Priorisierungen vorzutragen (vgl. ebd.). Für diese Arbeit bedeutet das, den Leitfaden so zu gestalten, dass eine Richtungsvorgabe durch die Forschungsfrage und die einzelnen Interessen- und Impulsfragen besteht, jedoch der Möglichkeitsrahmen Platz für freie, eigens strukturierte, längere Beiträge und Erfahrungsberichte lässt. Dies wird insofern gewährleistet, als dass längere Äußerungen nicht nur zugelassen, sondern gewünscht werden, einzelne Fragen durchaus in einer ausgiebigen Antwort zusammengefasst werden dürfen, eine angenehme Gesprächsatmosphäre geschaffen wird und die InterviewpartnerInnen durch spontane Zwischenfragen auch dazu angehalten und motiviert werden, ihre Beiträge auszubreiten. Je nach Relevanz der Beiträge oder besonders interessanter Erfahrungsberichte zu themenbezogenen Inhalten können spontane Priorisierungen während des Gesprächs vorgenommen werden. Schließlich sind die individuellen und freien Äußerungen der Lehrpersonen relevanter als das explizite Eingehen auf jede Frage des Leitfadens. Um einzelne Beiträge der Interviews in der Auswertung erneut kontextualisieren zu können, hilft im Zweifel auch das wiederholte Anhören der aufgezeichneten – in diesem Fall videografierten – Gespräche, um die Haltung des Sprechers und das davor und danach Gesagte einbeziehen zu können (vgl. ebd.: 20 f.). Dadurch kann eine dem Kontext entsprechende Interpretation erfolgen, welche nach Möglichkeit auf der vom Sprecher intendierten Nachricht basiert. Es sollte somit immer auch das „‚Relevanzsystem'" (ebd.: 26) des Fragenden und des Befragten einbezogen werden. Dieses Relevanzsystem bezeichnet die Vortragsweise, in der die SprecherInnen Äußerungen selbst formulieren und priorisieren. Es ist folglich ein durch den Sprechenden vorgegebener und eigens hergestellter Kontext mit dem Relevanzsystem gemeint, welches sich später interpretieren lässt (vgl. Przyborski / Wohlrab-Sahr 2021: 20).

Qualitative Vorgehensweisen sind durch den Einbezug des Kontextes näher an dem zu untersuchenden Gegenstand als quantitative Verfahren (vgl. ebd.: 27). Wichtig ist, das zu untersuchende Milieu zu verstehen und zu wissen, wie dieses aufgebaut ist, um der empirischen Arbeit Folge leisten zu können (vgl. ebd.). In diesem Fall geht es um das Milieu der Schule, des Lehrerberufs und auch des Schulalltags. Die Beachtung der „impliziten Regel(mäßigkeiten)" (Przyborski / Wohlrab-Sahr 2021: 28) ist elementar, um die Validität und Verknüpfungsmöglichkeit zur wissenschaftlichen Weiterverarbeitung gewährleisten zu können. Hierzu lässt sich anführen, dass auch die besondere Bedeutung von Begriffen in berufsbezogenen Milieus elementar ist, um eine Verständigung und Rekonstruktion des Gesagten zu ermöglichen. Als Beispiel lässt sich das Wort Mutter nennen, welches in einem ExpertInneninterview mit einer Hebamme eine völlig andere Bedeutungsebene hätte als im Interview mit einem Mechatroniker, der dabei auf das Gegenstück einer Schraube verweist. In den ExpertInneninterviews mit Lehrkräften sind mit der Aussage ‚meine Kinder' nicht die biologischen Nachkommen gemeint, sondern häufig die SchülerInnen. Wird von SoMi-Noten gesprochen, ist die sonstige Mitarbeit der Lernenden gemeint. Dies verdeutlicht, wie essentiell der unmittelbare Bezug zum Berufsfeld ist, um eine angemessene Erarbeitung im wissenschaftlichen Kontext mit den empirischen Forschungsergebnissen zu gewährleisten. Ein Vorteil der qualitativen Forschung ist neben der Tatsache, näher am zu untersuchenden Gegenstand zu sein, dass es sich um eine sehr reliable Methode handelt (vgl. ebd.: 29). Selbst wenn eine Person zweimal interviewt wird, würden sich die Aussagen wahrscheinlich inhaltlich minimal unterscheiden, aber in der Formulierung vermutlich sogar sehr stark abweichen. Aus diesem Grund lassen sich auch kaum a priori Interpretationen formulieren, da die exakten Aussagen nicht vorhersehbar sind (vgl. ebd.).

5. Ergebnisse der Interviews

In diesem Kapitel werden die Ergebnisse der Interviews dargestellt. Es erfolgt eine systematische Vorgehensweise, in der zuerst eine Profilbeschreibung zu jeder teilgenommenen Lehrperson erfolgt. Dies hat die Funktion, nicht nur die aus den Interviews erzielten Ergebnisse zu betrachten, sondern die Lehrkraft als Person darzustellen, welche eine individuelle Biografie mitbringt, die für die vollständige Auswertung der Ergebnisse nicht unwichtig ist. Es wird nicht der Anspruch erhoben, den Lebenslauf jeder Lehrkraft zu rekonstruieren, sondern viel mehr relevante Eigenschaften herauszugreifen. Dazu zählt das Alter, wodurch sich unter Umständen auch die Berufserfahrung ableiten lässt, das Geschlecht, die persönliche Affinität zu digitalen Medien und eventuelle Lebensumstände, die während der Zeit des Homeschoolings ins Gewicht fielen oder hinzukamen. Aber auch die jeweilige schulische Situation soll kurz dargestellt werden. Unter anderem im Hinblick auf die Größe der Schule, die Anzahl der SchülerInnen und LehrerInnen, die digitale Ausstattung der Bildungseinrichtung, eventuelle Bildungsangebote in Bezug auf digitale Medien und hinsichtlich der Trägerschaft der Schule.

Im Anschluss an die Profilbeschreibungen zu jeder Lehrperson erfolgt die Auswertung der Ergebnisse. Dazu werden die angefertigten Transkripte thematisch zusammengefasst. Für die Darstellung der Ergebnisse werden die im Interview gestellten Fragen und die entsprechenden Antworten der Teilnehmenden nacheinander dargestellt. Bei dieser Darstellung erfolgt die Auswertung.

Es wird darauf hingewiesen, dass zur Anonymisierung der Lehrkräfte die Namen durch die Buchstaben A bis J ersetzt werden. Hierbei wird lediglich die alphabetische Reihenfolge gewählt und keinerlei Bezug zu den realen Namen der Lehrpersonen hergestellt. Die Buchstaben werden sowohl in den Transkripten eingesetzt, sowie auch im Fließtext dieser Arbeit.

Wenn auf die Transkripte als Quellennachweis verwiesen wird, erfolgt dies durch die Benennung des Transkripts, mit entsprechender Seitenangabe. Diese sind im Anhang entsprechend angegeben. Die Transkripte werden mit denselben Buchstaben versehen wie die Lehrkräfte, sodass diese im Anhang zugeordnet werden können.

5.1 Profilbeschreibung der Teilnehmenden

Um es nicht in jeder Profilbeschreibung zu erwähnen, kann an dieser Stelle vorangestellt werden, dass alle Lehrkräfte, die interviewt wurden, zum Zeitpunkt des Interviews an einer Schule in städtischer Trägerschaft tätig gewesen sind.

5.1.1 Profilbeschreibung von Frau A.

Die Lehrerin Frau A. ist 42 Jahre alt und unterrichtet an einem Gymnasium mit knapp 1600 SchülerInnen und 120 LehrerInnen. Damit zählt die Schule zu einer der größeren Bildungseinrichtungen. Die Schule ist eine ‚MINT-ec-Schule'. MINT-ec bedeutet ‚Verein mathematisch-naturwissenschaftlicher Excellence-Center an Schulen' (vgl. Link 10). Der Verein sitzt in Berlin und verfolgt lediglich gemeinnützige Zwecke und unterstützt die mathematische, informationstechnische, naturwissenschaftliche und technologische Förderung der SchülerInnen an Gymnasien und Gesamtschulen (vgl. ebd.). Hierzu sollen Workshops, Weiterbildungsangebote für Lehrende, Praktikumsstellen und beispielsweise die Zusammenarbeit mit Universitäten und Vereinen verhelfen (vgl. ebd.). Auch das Ermöglichen von Materialien und das Bereitstellen von Ideen zählt zu den Aufgaben des Vereins (vgl. ebd.). Die Schule, an der Frau A. tätig ist, bietet in diesem Zusammenhang Arbeitsgemeinschaften, Wettbewerbsmöglichkeiten sowie die Ausarbeitung themenspezifischer Facharbeiten an und arbeitet außerdem mit einer Universität zusammen. Auch die entsprechende Ausstattung der Fachräume wird explizit hervorgehoben. Es besteht zudem die Möglichkeit, ein MINT-ec Zertifikat zu erwerben, um Qualifikationen nachzuweisen. Diese Informationen wurden über die Schulhomepage und nicht durch das Interview eingeholt.

Die persönliche Affinität zu digitalen Medien ist laut eigener Aussagen von Frau A. kaum vorhanden. Sie selbst sagt, sie sei in Bezug auf dieses Thema eher „Anti" (Interview A: 1). Sie besitze außer einem Laptop keine digitalen Endgeräte wie ein Smartphone oder Tablet (vgl. ebd.: 1 f.). Aus diesem Grund wurde Frau A. mit einem Tablet der Schule ausgestattet, welches ursprünglich für die SchülerInnen bestimmt war (vgl. ebd.). Dienstgeräte für die Lehrkräfte waren somit nicht verfügbar. Dies hat, laut Frau A., den Nachteil, dass gewisse Funktionen eingeschränkt oder gar nicht verfügbar sind, da die Geräte für die Lernenden eingerichtet wurden (vgl. ebd.: 2). Erschwerend kommt hinzu, dass sie den ersten Lockdown nicht miterlebt habe, da sie sich zu diesem Zeitpunkt noch in ihrem Sabbatjahr befand (vgl. ebd.: 1). Folglich konnte sie sich erst nach den Sommerferien 2020 hinsichtlich des digitalen Unterrichtens einarbeiten. Sie habe aus Eigeninitiative online an digitalen Workshops teilgenommen, um sich digital weiterzubilden und eine Übersicht passender Angebote zu bekommen (vgl. ebd.: 7). Insgesamt steht Frau A. dem digitalen Unterrichten skeptisch gegenüber, weshalb sie auch in Zeiten des Homeschoolings versucht, nicht digitale Alternativen anzubieten (vgl. ebd.: 2). Zum Beispiel wünscht sie, dass die Lernenden Aufgaben auch handschriftlich einreichen, da die Feinmotorik bei einigen SchülerInnen Schwierigkeiten bereitet (vgl. ebd.). Dies bemerke sie auch in ihrem Zweitfach Sport, weshalb sie Wert darauf legt, jene Bereiche nicht zu vernachlässigen (vgl. ebd.). Sofern SchülerInnen besondere Schwächen in der Handschrift vorweisen, gibt Frau A. den konkreten Auftrag, leserliches Schreiben zu üben (vgl. ebd.). Frau A. ist es hierbei besonders wichtig, dass die Lernenden abwägen, an welcher Stelle handschriftliche oder digitale Mitschriften geeigneter sind. Sich nicht für eines von beiden zu entscheiden, sondern zu erkennen, dass beides – je nach Situation – angebracht und sinnvoll sein kann, ist das Ziel der Lehrerin (vgl. ebd. 2 f.). Die Lernenden verbringen laut Frau A. zu viel Zeit am Bildschirm, und dem möchte sie mit eben genannten Maßnahmen zumindest ansatzweise entgegenwirken (vgl. ebd.). Eine generelle Unsicherheit hinsichtlich dessen, was erlaubt ist und was nicht, wird bei Frau A. deutlich (vgl. ebd.: 5). Dennoch nimmt sie die Gesamtsituation des Distanzunterrichts mit Humor und versucht, das Beste daraus zu machen (vgl. Interview A: 6).

5.1.2 Profilbeschreibung von Herrn B.

Der zweite Lehrer, Herr B., ist 28 Jahre alt. Er ist an einem Gymnasium tätig, an dem circa 700 SchülerInnen unterrichtet werden und knapp 70 LehrerInnen unterrichten. Außer der Arbeitsgemeinschaft für die Schülerzeitung werden an dieser Schule kaum ersichtliche Möglichkeiten zur digitalen Förderung angeboten. Auf der Homepage der Schule wird lediglich darauf verwiesen, dass die Stadt sehr wenig Fördermittel bereitstellt, sodass die technische Ausstattung der Schule veraltet ist und nur das Nötigste mit den finanziellen Mitteln erworben werden kann. Es wird dazu aufgerufen, für die Schule zu spenden, um unter anderem eine aktuelle Ausstattung anschaffen und kulturelle Angebote realisieren zu können. Auch sozial schwache SchülerInnen sollen durch die Spenden profitieren, wenn es beispielsweise um die Teilnahme an einer Studienfahrt geht. Bisher seien durch diesen Spendenaufruf bereits Smartboards angeschafft worden, die in den Klassenräumen genutzt werden können.

Herr B. verkörpert eine positive Grundhaltung in Bezug auf das Homeschooling. Er sagt, er sei „eher schneller durchgekommen mit [s]einen Themen als in der Schule“ (Interview B: 2). In seinem Online-Unterricht seien die SchülerInnen überwiegend vollzählig anwesend gewesen, und dieser unterscheide sich daher kaum vom Präsenzunterricht (vgl. ebd.: 2). Auch über eine geringe Beteiligung der Lernenden kann Herr B. sich nicht beklagen. Ihm sei aber auch bewusst, dass es ein „anderes Lernen“ (ebd.: 2) sei als im Präsenzunterricht. Demzufolge lässt sich der Unterricht nicht genauso realisieren, und das gelte es zu berücksichtigen (vgl. ebd.). Trotz der positiven Grundhaltung hinsichtlich der Umsetzbarkeit des Distanzunterrichts klagt Herr B. über einen eintönigeren Beruf (vgl. ebd.: 2).

Hinsichtlich der Dienstgeräte seien häufig Ankündigungen erfolgt, jedoch immer mit einem neuen geplanten Datum der Bereitstellung (vgl. ebd.: 6). Laut seiner letzten Information sollten die Tablets wohl noch vor den Sommerferien 2021 geliefert werden. Aus diesem Grund hat er sich privat ein Gerät gekauft, welches er für den Distanzunterricht nutzen kann (vgl. Interview B: 6). Da Herr B. ebenfalls über eine häusliche stabile Internetverbindung mit ausreichender Kapazität verfüge, waren die Voraussetzungen für den Distanzunterricht geschaffen (vgl. ebd.). Herr B. schien vertraut mit der Technik zu sein und sich entsprechend auszustatten, um für die Zeit des Homeschoolings angemessen aufgestellt zu sein.

Nicht nur die Bereitstellung der Dienstgeräte bereite Probleme, sondern auch die Lieferung der Tablets für die SchülerInnen. Hier sei ein Kollege engagiert gewesen, der neben seiner Lehrtätigkeit alte Laptops der Schule für den Distanzunterricht nutzbar gemacht habe (vgl. ebd.: 7). Diese seien seit Anfang Februar 2021 für die SchülerInnen verfügbar gewesen (vgl. ebd.).

Einen Mittelweg bezüglich der Häufigkeit der Videokonferenzen zu finden, sei laut Herrn B. anfangs schwierig gewesen. Die Eltern empfinden viele Videokonferenzen, laut Herrn. B., als angebracht, weil die Kinder einen strukturierteren Alltag haben (vgl. ebd.: 6). Eine Kollegin habe sich gänzlich gegen Videokonferenzen für ihre fünfte Klasse entschieden, da diese zu jung seien. Herr B. äußerte, diese Maßnahme für sehr fraglich zu halten (vgl. ebd.). Herr B. unterrichtet während des Homeschoolings 300 SchülerInnen (vgl. ebd.: 5). Trotzdem scheint er die Gesamtsituation des Homeschoolings zu überblicken und seine Praktiken aus dem Präsenzunterricht nicht zu übernehmen, sondern den Umständen entsprechend zu adaptieren (vgl. ebd.). Dies ist jedoch kein Argument dafür, dass Herr B. die Zeit des Homeschoolings als positiven Bestandteil seines Berufes empfindet. Er selbst sagt: „Es ist schon nervig, den ganzen Tag vor diesem Laptop zu sitzen. Dafür ist man halt irgendwo nicht Lehrer geworden ((lacht))“ (Interview B: 8).

5.1.3 Profilbeschreibung von Frau C.

Frau C. ist an derselben Schule tätig wie Herr B., weshalb die schulspezifischen Informationen hier nicht wiederholt werden, sondern auf den ersten Abschnitt von Kapitel 5.1.2 verwiesen wird.

Frau C. ist 37 Jahre alt und eine engagierte Lehrerin. Sie zeigt während des Homeschoolings einen großen Arbeitseinsatz, da sie aufgrund mangelnder Möglichkeiten der Lern- und Leistungskontrolle eigens erstellte Musterlösungen für die SchülerInnen verfügbar macht (vgl. Interview C: 1). Durch zusätzliche Bildschirmfotos von niedergeschriebenen Unterrichtsinhalten, Erwartungshorizonten zu Aufgaben, Formulierungshilfen und Notizen im Chat versucht Frau C., möglichst viel des Unterrichtsstoffs zu archivieren und für die Lernenden abrufbar zu machen (vgl. ebd.: 1 f.). Dies diene auch der eigenen Sicherheit, äußert Frau C. (vgl. ebd.: 2). Schließlich habe sie von ihren beiden neunten Klassen bisher nur einen Schüler gesehen, da dieser sein Video während einer Konferenz eingeschaltet hatte (vgl. ebd.). Frau C. scheint sehr rücksichtsvoll hinsichtlich der Beteiligung am Unterricht zu sein und großes Verständnis für die möglichen Situationen der Lernenden zu haben (vgl. ebd.). Sie wisse die expliziten Gründe für ausgeschaltete Kameras oder nicht genutzte Videos nicht und möchte dies auch nicht erfragen (vgl. ebd.). Die Gründe dafür können laut der Einschätzung von Frau C. zu privat sein (vgl. ebd.).

Hinsichtlich der Einarbeitung in technische Umgebungen schien Frau C. eigenständig und erfahren (vgl. Interview C: 3). In kleineren Gruppen mit KollegInnen testete sie auch manches, um für die Lernenden digital vorbereitet zu sein (vgl. ebd.). Dennoch sei der ‚Verwaltungsaufwand' immens (vgl. ebd.: 4). Frau C. betont, teilweise zehn bis zwölf Stunden durchgehend zu sitzen und zu arbeiten. Das führe bei ihr dazu, dass sie „so aufgedreht und so drüber [ist], dass [...] [sie] nicht mehr schlafen kann" (ebd.: 4). Zwischendurch schaffe sie es nur, kurz etwas stehend in der Küche zu essen (vgl. ebd.). Die permanente Erreichbarkeit und das dauerhafte Schreiben nehme sehr viel Zeit in Anspruch und bereitet Frau C. einen sehr durchgeplanten Alltag (vgl. ebd.: 4 f.). Wäre dieser Zustand permanent vorgesehen, würde Frau C. sich im Hintergrund ihres Videos eine Tafel aufstellen, auf der sie unterrichtsrelevante Notizen festhalten könne, die sie anschließend abfotografiere und hochladen würde (vgl. ebd.: 5).

Hinsichtlich der Dienstgeräte beklagt Frau C. ebenfalls bisher leere Versprechungen mit der Aussicht, zumindest noch im Jahr 2021 ausgestattet zu werden und das, obwohl andere Schulen in derselben Stadt bereits entsprechend ausgestattet seien. Beeinträchtigend sei das ständige Drucken, Korrigieren und Einscannen der zugesendeten Dokumente der Lernenden (vgl. ebd.: 6). Hier würde ein Tablet, laut Frau C., die Arbeit erleichtern (vgl. ebd.). Auch anfängliche Unklarheiten hinsichtlich dessen, was erlaubt ist und was nicht, beklagt Frau C. (vgl. ebd.). Folglich beschreibt Frau C. die Situation des Homeschoolings insgesamt als sehr unstrukturiert (vgl. ebd.: 9). Sie scheint den Anspruch zu haben, den SchülerInnen möglichst viel unterstützendes Material an die Hand zu geben und die Lernenden intensiv zu begleiten, weshalb sie eine sehr stressige Zeit durchlebt.

5.1.4 Profilbeschreibung von Frau D.

Die Lehrerin Frau D. ist an derselben Schule wie Herr B. und Frau C., weshalb auch hier keine erneute Beschreibung der Schulsituation nötig ist. Es wird ebenfalls auf den Beginn des Kapitels 5.1.2 verwiesen.

Lehrerin D. ist 30 Jahre alt und in Bezug auf digitale Umsetzungsmöglichkeiten sehr offen. Sie greift dennoch für unterrichtliche Vorhaben auf das Lehrbuch zurück, da teilweise nicht von einer entsprechenden digitalen Ausstattung ausgegangen werden kann (vgl. Interview D: 1 f.). Frau D. versucht, sehr schülernah und ansprechbar zu sein, indem sie den Lernenden häufig in Sprechstunden ihre Unterstützung anbietet (vgl. ebd.: 2). Die Lehrerin scheint viel Verständnis für das Arbeitspensum der SchülerInnen zu haben, da sie neben den Videokonferenzen keine zusätzlichen Aufgaben verteilt oder, falls das notwendig ist, dafür Konferenzen entfallen lässt (vgl. ebd.: 3). Die Kontrolle der SchülerInnenergebnisse nimmt Frau D. stichprobenartig vor, sodass der Arbeitsaufwand begrenzt bleibt (vgl. ebd.: 4). Frau D. fordert das eingeschaltete Video bei den Lernenden während der Videokonferenz nicht ein, hat jedoch selbst immer das Video an, um eine Vorbildfunktion zu erfüllen (vgl. ebd.: 6).

Obwohl an der Schule die Regel gelte, nur bis 15 Uhr für die SchülerInnen erreichbar sein zu müssen, sagt Frau D. über sich selbst, „dass [...] [sie sich] dann immer überwinde[t] [,] und da muss man sich selbst die Grenze setzen" (ebd.: 7). Die beinahe permanente Erreichbarkeit scheint Frau D. einzuholen, da sie sich selbst unter Druck setzt, um für die Lernenden abrufbar zu sein (vgl. ebd.). Der direkte Kontakt zu den Lernenden fehle ihr, und das könne eben nur durch den Präsenzunterricht realisiert werden (vgl. ebd.). Frau D. sieht trotz allem die Integration digitaler Tools und Programme als Mehrwert an und glaubt, „das ist der Weg der Zukunft" (ebd.: 8). Die optimistische Grundhaltung von Frau D. wird deutlich, auch wenn die Handhabung der unplanbaren und unvorhergesehenen Lage aus ihrer Sicht verbesserungswürdig ist. Dennoch scheint sie in dieser Zeit auch Potenzial in den digitalen Ressourcen entdeckt zu haben (vgl. ebd.: 7).

5.1.5 Profilbeschreibung von Frau E.

Die Lehrerin Frau E. unterrichtet an einer Schule mit etwa 1000 SchülerInnen und knapp 100 LehrerInnen. Die Schule vertritt das Schulprofil MINT und zusätzlich GEO. Dabei werden die Fächer Mathematik, Informatik, Naturwissenschaften, Technik und Geografie gefördert. Die Schule nimmt an der Kampagne ‚Bildung für nachhaltige Entwicklung' teil, kurz BNE (vgl. Link 11). Ein Förderverein und die finanzielle Unterstützung der Stadtwerke ermöglichten der Schule den Ausbau der Digitalisierung. 48 Tablets wurden im Februar 2020 angeschafft. Insgesamt bietet die Schule neben dem MINT-Profil auch eine IT-AG an, in welcher unter anderem für die Verbesserung der Infrastruktur an der Schule gesorgt werden soll.

Frau E. ist 41 Jahre alt und habe die Zeit des Distanzunterrichts mit einem vierjährigen Kleinkind im Haushalt durchlebt (vgl. Interview E.: 8). Sie könne mit der geschaffenen digitalen Struktur an ihrer Schule umgehen (vgl. ebd.: 5). Digital ausgestattet sei Frau E. auch, sodass sie den Distanzunterricht gut durchführen könne (vgl. ebd.: 6). Sie vertritt den Standpunkt, dass alle LehrerInnen in der Lage sein sollten, sich für das Unterrichten von zuhause mit einem digitalen Endgerät auszustatten (vgl. ebd.). Also besondere Belastung empfindet Frau E. den parallel stattfindenden Präsenzunterricht in Kombination mit dem Distanzunterricht, da dies dauerhaftes Pendeln von der Arbeit nach Hause und zurück verlange (vgl. ebd.). Dies liegt nicht zuletzt daran, dass die Schule nicht mit W-Lan ausgestattet sei, sodass von der Schule aus keine Videokonferenzen für den Distanzunterricht durchgeführt werden können. Außerdem seien auch keine Geräte in der Schule verfügbar, die zur Erteilung von Distanzunterricht für die Lehrkräfte genutzt werden könnten (vgl. ebd.). Dennoch schätzt Frau E. die Gesamtsituation als Entlastung ein, da sie nicht den Anspruch erhebt, alle SchülerInnenergebnisse zu korrigieren und durchzuschauen (vgl. ebd.: 6 f.). Schließlich täte man das im Präsenzunterricht auch nicht (vgl. ebd.). Für Frau E. fällt eher ins Gewicht, dass für sie mit zwei Korrekturfächern Klausuren entfallen (vgl. ebd.: 7). Die Lehrerin hebt jedoch auch hervor, dass die Situation des Homeschoolings nur so gut mit den Lernenden umgesetzt werden konnte, weil es sich um die Schülerschaft eines Gymnasiums handelt (vgl. ebd.: 8). Die Lehrkräfte seien „in Watte gepackt aufgrund [...] [ihrer] Schülerschaft" (ebd.: 8). Insgesamt sieht Frau E. zwar den Mehrwert der digitalen Tools, Programme und Medien und wünscht sich, dass diese verstärkt in den Präsenzunterricht eingebunden werden, jedoch fügt sie auch hinzu, dass „die technischen Voraussetzungen an der Schule [...] unterirdisch [sind]" (ebd.). Dies führe bei ihr dazu, dass die Motivation fehle, die veralteten Computer im Computerraum für den Präsenzunterricht zu nutzen (vgl. ebd.).

5.1.6 Profilbeschreibung von Frau F.

Die Schule, an der Frau F. arbeitet, wird von circa 800 SchülerInnen besucht, und knapp 70 Lehrkräfte unterrichten an der Bildungseinrichtung. Diese Schule ist ebenso wie die Schule von Frau A. eine MINT-ec-Schule. Die Erläuterung dieses Schulprofils wurde in Kapitel 5.1.1 bereits vorgenommen. Die

Vergabe von MINT-ec Zertifikaten ist somit auch an dieser Schule möglich. Neben der Unterstützung der naturwissenschaftlichen und technischen Fächer gibt es eine Roboter-AG und ein Technikteam, in dem die Lernenden den technischen Auf- und Abbau zur Ermöglichung von Schulveranstaltungen übernehmen. Auch die technische Erneuerung veralteter Geräte zählt zu den Aufgaben des Technikteams. Die finanzielle Unterstützung der Stadtwerke sowie die der Fördervereine ermöglicht die Erneuerung der Technik.

Frau F. ist 59 Jahre alt und gehört damit zu den ältesten LehrerInnen an ihrer Schule (vgl. Interview F: 1). Sie sei entgegen ihren eigenen Erwartungen „absolut begeistert" (ebd.: 1) von dem Homeschooling. Frau F. habe bereits nach den Osterferien 2020 Videokonferenzen abgehalten. Dies sei gegen die Entscheidung der Schulleitung gewesen, jedoch vertraue Frau F. auf ihre eigene Lebenserfahrung und führte dennoch Videokonferenzen durch (vgl. ebd.). Durch ihr Engagement hinsichtlich der Durchführung des Distanzunterrichts sei Frau F. „zum digitalen Star" (ebd.) an ihrer Schule geworden. Frau F. organsierte folglich die erste Zeit des Lockdowns selbstständig Sitzungen über die Konferenzplattform ‚Zoom'. Dies sei in der Form jedoch nur möglich gewesen, weil ihr Mann an einer Universität arbeitet, wodurch er Zugriff auf eine professionelle Version von Zoom hatte, welche Frau F. mitbenutzen durfte (vgl. ebd.: 1). Ab Winter 2020 sei an der Schule Microsoft Teams genutzt worden (vgl. ebd.). Frau F. habe sich „erkämpft" (ebd.: 2), mit ihrer Klasse bereits im Herbst 2020 Microsoft Teams nutzen zu können, sodass ihre Klasse „als eine Art Pilotklasse" (ebd.) erproben durfte, was bei dieser Kommunikationsplattform gut und weniger gut funktionierte (vgl. ebd.). Für Frau F. war es sehr wichtig, dass das Lernen mit der neuen Plattform ebenfalls unproblematisch verläuft, da sie wegen einiger Vorerkrankungen während der Coronapandemie auf den Distanzunterricht angewiesen war und in dieser Zeit nicht am Wechselunterricht teilnehmen konnte (vgl. ebd.). Frau F. hebt hervor, dass die Digitalisierung in Zeiten der Coronapandemie einiges ermöglicht (vgl. ebd.: 3).

Sie selbst verfügt über einen Laptop, welchen sie zum Unterrichten von zuhause nutzt (vgl. Interview F: 9). Eine persönliche Affinität zu digitalen Medien bestand bei Frau F. nicht, wie sie selbst äußert (vgl. ebd.). In der Zeit des Distanzunterrichts hieß es daher für sie „Learning by Doing" (ebd.). Unterstützungen seitens des Schulministeriums seien nicht vorhanden gewesen (vgl. ebd.). Auch der Arbeitsaufwand sei immens gestiegen, da Frau F. alles verschriftliche und sehr viel mehr lesen müsse (vgl. ebd.: 10). Trotz des erhöhten Arbeitspensums hat Frau F. eine sehr positive Grundeinstellung in Bezug auf das Homeschooling und würde weitere Maßnahmen auch ‚nach' der Pandemie befürworten (vgl. ebd.: 11).

5.1.7 Profilbeschreibung von Frau G.

Die Lehrerin Frau G. ist 54 Jahre alt und unterrichtet an einer Schule mit ungefähr 800 SchülerInnen und circa 80 Lehrkräften. Die Schule ist hinsichtlich der Digitalisierung sehr gut aufgestellt. Durch die Stadt erhielt die Schule 90 Tablets. Auf der Schulhomepage wird explizit darauf hingewiesen, dass LehrerInnen, die über kein eigenes Gerät verfügen, durch den Förderverein der Schule ein Tablet bekommen. Im gesamten Schulgebäude gibt es WLAN mit einer 1000Mb Leitung. Apple-TVs und Beamer sind ebenfalls Bestandteil einiger Räumlichkeiten. Des Weiteren sind zwei der Computerräume der Schule neu ausgestattet worden. Es gibt ein Selbstlernzentrum für die SchülerInnen mit zehn Computern. Auch manche Klassenräume verfügen über eigene Computer, die im Unterricht direkt verwendet werden können. Die Schule ist außerdem im Besitz von zwölf interaktiven Tafeln. Darauf aufbauend wurde ein Antrag auf circa 30 weitere Tablets gestellt, dem stattgegeben wurde. Auch die Installation einer Glasfaserleitung für noch schnelleres Internet ist beantragt worden. Fördervereine und Ämter unterstützen die Schule bei dem Ausbau der digitalen Infrastruktur.

An der Schule wird ein ‚Medienschein' ausgestellt, welcher Themen wie die Computernutzung und dem Umgang mit dem Internet einschließt. Eine Robotik-AG bietet die Schule ebenfalls an. In Kooperation mit einem außerschulischen Partner können die Lernenden auch das 10-Finger-System zum schnelleren Schreiben an der Tastatur erlernen.

Lehrerin G. versuchte zu Beginn des Distanzunterrichts über den Messengerdienst ‚WhatsApp', erst einmal schnellstmöglich Kontakt zu den Lernenden zu halten, da die versprochenen Programme seitens der Schule noch nicht verfügbar waren (vgl. Interview G: 1). Spontan zu sein sei für Frau G. daher wichtig, um in dieser Zeit schnell handeln zu können (vgl. ebd.). Sie empfand vor allem die Anfangszeit des Homeschoolings bis zu den Sommerferien 2020 als sehr problematisch, da inhaltlich mit den SchülerInnen kein Fortschritt erfolgen durfte und somit die Erarbeitung unterrichtsrelevanter Themen nicht möglich war (vgl. ebd.: 1 f.). Aufgrund der sehr guten technischen Ausstattung der Schule sei es Frau G. möglich gewesen, während des Wechselunterrichts hybrid zu unterrichten, sodass ein Teil der Klasse in der Schule anwesend war und der andere Teil den Unterricht von zuhause beobachten konnte (vgl. ebd.: 2). Frau G. war mit der digitalen Umgebung bereits vor der Coronapandemie vertraut, da die Schule bereits stark digitalisiert war. Daher konnte sie während des Homeschoolings bereits auf viele Tools und Programme zurückgreifen (vgl. Interview G: 6).

Auch von außerschulischen Problemen bekäme Frau G. sehr viel mit. Diese bezögen sich auf Todesfälle innerhalb der Familie aufgrund der Pandemie oder unmittelbar auf SchülerInnen, die selbst unter den Folgen des Virus litten (vgl. Interview G: 6).

Die Belastung durch das Homeschooling sei stark gestiegen, und das empfinde Frau G., obwohl sie nur eine halbe Stelle als Lehrerin habe (vgl. ebd.: 7). Sie äußert, dass „Die Lehrer, die 'ne volle Stelle haben, die waren zum Teil kurz vor'm Burnout" (ebd.). Die Lernenden und ihre Familiensituationen müssen, laut Frau G., teilweise aufgefangen werden (vgl. ebd.). Dadurch ist eine starke Zusatzbelastung nicht von der Hand zu weisen. „Ich hab' Bildschirm gehasst" (ebd.) betont Frau G. in Bezug auf die entstandene Mehrarbeit. Aus diesem Grund greife man zu weniger effektiven Maßnahmen, wie der gegenseitigen Korrektur von Ergebnissen durch die SchülerInnen. Dies sei vor allem bei den jüngeren Lernenden nicht sehr effektiv, jedoch anders kaum handhabbar (vgl. ebd.). Die starke Umstellung und Belastung durch das Homeschooling bemerke Frau G. deutlich, da sie neben dem Unterrichten versucht, sehr für ihre SchülerInnen da zu sein und diese in ihren individuellen Situationen aufzufangen.

5.1.8 Profilbeschreibung von Herrn H.

Lehrer H. arbeitet an einer Schule mit 1050 SchülerInnen und 115 Lehrkräften. Das Leitbild der Schule sind die digitalen Medien. Die Lernenden sollen eine Orientierung bezüglich des Umgangs mit digitalen Medien bekommen. Dazu soll unter anderem zu schulischen Zwecken mithilfe digitaler Medien kommuniziert, kooperativ mit digitalen Medien gearbeitet sowie fach- und jahrgangsübergreifend die Medienkompetenz gefördert werden. Neben diesem Leitbild, welches im schulischen Unterricht integriert sein soll, gibt es eine AG zur Erstellung eigener Projekte im Bereich des Grafikdesigns und einen Raum, welcher mit Computern und einer Schülerbibliothek ausgestattet ist. Zur finanziellen Unterstützung der Ausstattung gibt es einen schuleigenen Spendenverein.

Herr H. ist 62 Jahre alt, jedoch erst ungefähr zwölf Jahre im Schuldienst tätig. Aus diesem Grund fühlt er sich in seinem Kollegium noch relativ jung. Herr H. sieht den Distanzunterricht zwiegespalten, da er wahrnimmt, dass seine SchülerInnen die Lernumgebung in der Schule brauchen, um eine angemessene Arbeitsatmosphäre zu haben (vgl. Interview H: 2). Die elterliche Umgebung sowie die häuslichen Möglichkeiten seien laut Herrn. H. wichtige Faktoren, welche die Lernmöglichkeiten beeinflussen (vgl. ebd.: 3). Dennoch würde den SchülerInnen der Umgang mit den Medien auch Spaß machen, und sie seien diesbezüglich sehr lernfähig (vgl. ebd.: 6).

Bei Herrn H. wohnen drei Kinder im Haushalt, weshalb es dort schwierig sei, für jedes Kind eine ruhige und ungestörte Lernatmosphäre zu schaffen (vgl. ebd.: 3). Unabhängig von dem vorhandenen Platz im Haus fiele es den Lernenden auch schwer, sich selbst zu motivieren und zu konzentrieren (vgl. ebd.). Erschwerend käme an der Schule, an der Herr H. unterrichtet, hinzu, dass die Schule Standort Typ Vier sei und mindestens ein Drittel der SchülerInnen einen Migrationshintergrund hätten. Dort sei vieles in Zeiten des Distanzunterrichts nicht selbstverständlich gewesen, so Herr H. (vgl. ebd.). Außer einem Handy seien dort wenige bis gar keine medialen Ressourcen verfügbar gewesen. Daher seien die aus dem Digitalpakt 150 gestellten Tablets für die Lernenden, welche jedoch erst seit Dezember 2020 verfügbar waren, sehr hilfreich gewesen (vgl. ebd.). Schließlich habe die Schule, an der Herr H. unterrichtet, „keinen potenten Geldgeber im Hintergrund, der mal eben sagt, ‚kein Problem, wir beschaffen mal eben 500 Tablets'" (ebd.). Die Schule sei auf die Stadt angewiesen, und daher seien die Geräte auch erst spät an der Schule angekommen (vgl. ebd.). Auch die Tablets für die Lehrkräfte seien erst spät an der Schule angekommen (vgl. ebd.). Die Kommunikationsplattform ‚Microsoft Teams' sei an der Schule bereits drei Jahre zuvor eingeführt worden, was daran gelegen habe, dass es sich um ein kostenloses Angebot gehandelt habe, welches die Schule wahrgenommen habe (vgl. ebd.). Daher sei der Übergang zur Nutzung von Microsoft Teams für den Distanzunterricht problemlos gewesen (vgl. ebd.). Dies ließe sich jedoch, laut Herrn H., auch darin begründen, dass bereits in der Unterstufe die SchülerInnen mit Smartphones ausgestattet seien (vgl. ebd.). Herr H. ist jedoch auch davon überzeugt, dass zur Aufrechterhaltung der Konzentration sehr relevant sei, wie die Videokonferenz aufgebaut ist. Insofern liege es in der Verantwortung der einzelnen Lehrkräfte, den Distanzunterricht angemessen zu gestalten (vgl. Interview H.: 3 f.). Hier bestehe ein starker Zusammenhang zur Technikaffinität der Lehrpersonen, da davon die Ausgestaltungsmöglichkeiten des Distanzunterrichts abhängen würden (vgl. ebd.: 4). Herr H. bezeichnet sich selbst als technikaffin, sogar als „Digital Native". Er kenne das bereits von der Universität, sodass das für ihn unproblematisch sei (vgl. ebd.). Das sähe bei vielen seiner KollegInnen anders aus, da diese nicht mit Leichtigkeit den Unterrichtsstoff von der Tafel auf den Bildschirm bekämen (vgl. ebd.). Lehrer H. sei an der Schule sogar in einem Team der informatorischen Grundbildung, in dem er den jüngeren SchülerInnen den Umgang mit digitalen Tools und die Sicherheit im Internet beibringe (vgl. ebd.). Computer würden ihn seit 40 Jahren begleiten (vgl. ebd.). Bevor Herr H. an Schulen unterrichtet habe, habe er an Universitäten unterrichtet. Er hat hinsichtlich des Digitalisierungsstandes an Schulen Folgendes festgestellt: „Jetzt sind wir so langsam da, wo wir vor 15 Jahren bei den besseren Universitäten waren." (ebd.). Folglich schätzt Herr H. die Situation an den Schulen als rückständig ein und sieht Nachholbedarf (vgl. ebd.). Herr H. sieht trotz der durchwachsenen Situation des Distanzlernens, dass ein Grundstein im Umgang mit digitalen Ressourcen gelegt wurde und künftig die erworbenen Kompetenzen bei den Lernenden vorausgesetzt werden können (vgl. ebd.: 12).

5.1.9 Profilbeschreibung von Herrn I.

Lehrer I. unterrichtet an einer Schule mit ungefähr 760 SchülerInnen und circa 70 Lehrkräften. Die Schule hat das Profil MINT-ec, wie die Schule von Frau A., Frau E. und Frau F, weshalb hier keine nähere Beschreibung des Profils stattfindet. Es werden AGs wie ‚Robotik', ‚Technik' oder ‚MINTarbeiter' angeboten. Auch die Teilnahme an einem Technikwettbewerb mit einem verknüpften Projektkurs ist an dieser Schule möglich. Neben diesem Wettbewerb gibt es einen weiteren Wettbewerb unter dem Namen ‚MINT in Tüten'. Hierbei haben die SchülerInnen die Aufgabe, eine Tüte voller technischer Materialien innerhalb einer Zeitvorgabe unter Vorgabe einer Konstruktionsaufgabe zusammenzubauen. Es gibt sogar MINT-Klassen und Differenzierungs- sowie Leistungskurse im MINT-Profil. Für MINT-Klassen gibt es auch spezielle Exkursionen in den naturwissenschaftlichen Fachbereichen. Ein schuleigener Förderverein sorgt für zusätzliche Ausbau- und Unterstützungsmöglichkeiten der Schule.

Herr I. ist 31 Jahre alt. Da er während des Homeschoolings 250 SchülerInnen unterrichtet habe und darunter auch Kurse gewesen seien, die kurz vor dem Abitur standen, hat Herr I. rotierend von jeder Lerngruppe fünf bis sechs Wochenaufgaben überprüft, sodass jeder Lernende einmal überprüft wurde, aber nicht alle für eine Aufgabe (vgl. Interview I: 3). Vor allem im Fach Deutsch sei Herrn I. bei den Lernenden aufgefallen, dass „man ganz wenig nur mitbekommen hat, weniger als im normalen Alltag, was die eigentlich da fabrizieren." (ebd.: 3). Es sei für die SchülerInnen schwierig, ein vernünftiges Niveau in der Ausarbeitung der Aufgaben zu erreichen (vgl. ebd.). Das Problem, welches hierbei laut Herrn I. in Deutsch entstünde, sei das Aufgabenformat. In naturwissenschaftlichen Fächern seien programmierte Aufgaben und entsprechende Musterlösungen möglich gewesen (vgl. ebd.: 3 f.). Das sei in Deutsch, außer bei Grammatikübungen, kaum möglich (vgl. ebd.: 4). Insgesamt merkt Herr I. an, dass der Distanzunterricht viele Aspekte des Unterrichts schwieriger gemacht hat – vor allem für die Lernenden, welche sich für die Bearbeitung der Aufgaben weniger absichern konnten und weniger Rückfragen stellen konnten. Aber auch die Leistungsüberprüfung war im Distanzunterricht schwieriger (vgl. ebd.: 5).

Die digitale Affinität ist bei Herrn I. durchaus vorhanden, was nicht zuletzt an seinem jungen Alter liege, wie er selbst sagt (vgl. ebd.: 6). Zum Unterrichten nutzt Herr I. sein eigenes Laptop, obwohl er auch über ein Tablet der Schule verfügt (vgl. ebd.). Trotz seiner digitalen Affinität und des Wegfalls seines zweistündigen Arbeitsweges nimmt Herr I. das Homeschooling als hohen Arbeitsaufwand wahr (vgl. ebd.: 8). Der Aufwand habe sich demzufolge verschoben, sodass von keiner Erleichterung gesprochen werden könne (vgl. ebd.). Herr I. äußert: „Das hat sich eigentlich zu Ungunsten der eigentlichen Tätigkeit verschoben und zugunsten von Bürokratie" (ebd.). Herr I. scheint der Situation des Homeschoolings ambivalent gegenüber zu stehen, da er hinsichtlich der Digitalisierung durchaus Vorteile wahrnimmt, jedoch der strukturelle Aufbau sowie die Zugänglichkeit zu den SchülerInnen mit Schwierigkeiten verbunden ist (vgl. ebd.).

5.1.10 Profilbeschreibung von Frau J.

An der Schule von Frau J. werden mehr als 800 SchülerInnen von knapp 70 LehrerInnen unterrichtet. Die Schule ist eine MINT-freundliche Schule und bietet den Schwerpunkt MINT für die Lernenden an. Diese erhalten zusätzliche Unterrichtsstunden in den naturwissenschaftlichen Fächern und in Informatik. Zudem erhalten die SchülerInnen dieser Klassen eine informationstechnologische Grundbildung in Stufe Sieben und Neun. Unabhängig von den MINT-Klassen gibt es eine Netzwerk AG, eine Roboter AG und Exkursionen passend zum MINT-Profil. Die Schule wird außerdem durch das ‚ZdI-Zentrum' gefördert. ‚ZdI' steht für ‚Zukunft durch Innovation' und besteht aus vielen PartnerInnen, welche zur Förderung des MINT-Profils beitragen (vgl. Link 12). Dadurch können Kosten für AGs für die Schule entfallen oder Exkursionen für die SchülerInnen gratis verfügbar gemacht werden. Wettbewerbe werden für die SchülerInnen auch angeboten. Dort können sie die für die Oberstufe nötigen Fähigkeiten erlernen, indem sie zu einem Thema, welches ihnen im Alltag auffällt, eine wissenschaftliche Untersuchung im kleinen Rahmen unternehmen. Dies passiert in Form einer Facharbeit, welche beispielsweise mithilfe von Umfragen oder in Form von Experimenten aufgebaut werden kann.

Frau J. ist 29 Jahre alt. Die Lehrerin ist während und nach ihrem Referendariat mit dem Lockdown konfrontiert worden und folglich auch mit dem Homeschooling. Gerade deswegen schien Frau J. sehr engagiert zu sein. Sie hat freiwillig und über ihr Stundenpensum hinaus einmal pro Woche eine Märchenstunde eingeführt, in der sie Märchen per Videoübertragung vorgelesen hat (vgl. Interview J: 2). Das sei von den SchülerInnen sehr gut angenommen worden (vgl. ebd.). Frau J. berichtete: „es gab auch Märchenstunden, da waren irgendwie dreißig, vierzig da in dieser Zoom-Konferenz eingeloggt" (ebd.: 2). Frau J. habe für diese digitalen Märchenstunden extra die häusliche Kulisse vorbereitet, indem sie beispielsweise ein Froschkissen mit einer Krone im Sichtfeld der videografierten Umgebung platzierte (vgl. ebd.). Aufgrund des hohen Arbeitsaufwandes, der während des Distanzunterrichts anfiel, habe Frau J. diese Märchenstunde einmal pro Woche nach einiger Zeit aufgeben müssen (vgl. ebd.).

Manche Klassen habe die Lehrerin nur über die Videokonferenzen kennengelernt, was Frau J. schwierig fand (vgl. ebd.: 3). Vor allem auch hinsichtlich der persönlichen und zwischenmenschlichen Ebene mit den SchülerInnen (vgl. ebd.: 6). Eine Schülerin habe Frau J. explizit angeschrieben, da sie sich aufgrund fehlender Leistungen um die Schülerin sorgte. Diese habe das Angebot des persönlichen Gesprächs – zur Freude von Frau J. – angenommen (vgl. ebd.).

Frau J. bezeichnet sich nicht nur als digital affin, sondern als „Digital Native" (Interview J: 10). Aus diesem Grund sei ihr die Umstellung auf die digitalen Ressourcen und das Erlernen der Programme nicht sehr schwergefallen (vgl. ebd.). Eine selbst angeschaffte Ausstattung in Form eines Tablets habe Frau J. bereits besessen, weshalb sie nicht auf die dienstlich verfügbaren Tablets der Schule zurückgreifen musste (vgl. ebd.: 11). Ideen und Inspirationen für den Distanzunterricht habe Frau J. sich selbst herausgesucht, um abwechslungsreichen Unterricht gestalten zu können (vgl. ebd.). Dennoch habe die Lehrerin bei all dem auch auf die persönliche Belastungsgrenze geachtet, da sie auch privat stark belastet gewesen sei (vgl. ebd.: 12). Insgesamt schätzte Frau J. die Beziehungsarbeit jedoch auch als deutlich relevanter ein als die Vermittlung der Unterrichtsinhalte, weshalb sie auch viel Zeit da hinein investiert habe (vgl. ebd.). In Bezug auf die privaten Umstände sei Frau J. sogar froh gewesen, zuhause und flexibler zu sein, jedoch wünsche sie sich das Homeschooling nicht dauerhaft.

5.2 Zusammenfassung der Antworten

In diesem Kapitel werden zu jeder der 25 Fragen die Antworten zusammengefasst. Dazu werden die Fragen nacheinander vorgestellt, und Zwischenfragen werden ergänzend dargestellt.

Zu den Rahmenbedingungen gehört, welche Klassenstufen die LehrerInnen während des Homeschoolings unterrichten. Von Klasse Fünf bis zur Q2 wurde jede Klassenstufe von mindestens einem der teilnehmenden LehrerInnen unterrichtet.

Die Lehrenden berichteten über die angewendeten Sozialformen wie Unterrichtsgespräche, Projektarbeiten, Gruppenarbeiten, Einzelarbeiten und Partnerarbeiten. Ein stärkerer Fokus lag auf den Gruppenarbeiten, da die Lernenden während der Coronapandemie in den Präsenzphasen an der Schule in dieser Sozialform nicht arbeiten durften. Daher habe die Gruppenarbeit, laut Aussagen von Herrn H., im Distanzunterricht teilweise sogar besser funktioniert (vgl. Interview H: 1).

Bei den Tools und Programmen wurden sehr unterschiedliche Lernplattformen von den Schulen der Befragten genutzt, um das Homeschooling durchzuführen. Neben IServ wurde auch die HPI Schul-Cloud verwendet sowie BigBlueButton. Auch Microsoft Teams ist genutzt worden. An einer Schule werden dazu die Lizenzen durch die SchülerInnen über die Schule erworben. Doch auch Zoom, Google Drive Ordner und Logineo LMS sind genutzt worden. Mit der Problematik des Datenschutzes, der bei manchen Konferenzplattformen nicht gewähreistet werden konnte, wurde an den Schulen unterschiedlich umgegangen. An der Schule von Herrn B. wurde beispielsweise nicht mit Zoom gearbeitet, da dies aus Gründen des Datenschutzes nicht möglich war (vgl. Interview B: 2). Auch bei Frau F. stellte Zoom ein Problem dar und war seitens der Schulleitung unerwünscht. Jedoch nutzte Frau F. dieses Programm zu Anfang mit Einverständnis der Eltern trotzdem (vgl. Interview F: 1). Frau J. arbeitete für die Videokonferenzen auch mit Zoom, nutzte jedoch für die sonstige Kommunikation und das Einreichen von Aufgaben die Schul.Cloud und Logineo (vgl. Interview J: 1 f.).

Thematisch wurde in der Klasse Fünf bei Frau A. Rechtschreibung und Grammatik wiederholt, während SchülerInnen, die das bereits beherrschten, eine Buchvorstellung machen durften (Interview A: 2). Herr B. unterrichtete in Klasse Fünf Wortarten und erarbeitete zuvor ein Märchen mit den SchülerInnen. In der siebten Klasse las er einen Jugendroman und unterrichtete daraufhin Balladen, während Herr B. in der Q1 zuerst Lyrik und dann einen Roman besprach. Herr B. berichtete, mit seinem Unterrichtsstoff sogar schneller durchgekommen zu sein, als er es im Präsenzunterricht geschafft hätte (vgl. Interview B: 2). Das sei unter anderem darauf zurückzuführen, dass die Anwesenheit der SchülerInnen nahezu dauerhaft bei 100 Prozent läge (vgl. ebd.).

Bei Frau C. wurde in der neunten Klasse das Thema ‚Lyrik' besprochen (vgl. Interview C: 1). Frau D. unterrichtete in der siebten Klasse Balladen, und in der achten Klasse wurde eine Novelle gelesen. In der Q2 wurden sämtliche abiturrelevanten Themen wiederholt (vgl. Interview D: 1). Die SchülerInnen von Frau E. haben in der fünften Klasse Beschreibungen und Sachtexte thematisiert, während in der EF ein Drama bearbeitet wurde. In der Q2 von Frau E. wurde eine Erzählung gelesen und thematisiert (vgl. Interview E: 1). Frau F. unterrichtete in Klasse Acht das Argumentieren. Dies empfand sie mit Blick auf den Umgang mit digitalen Medien als besonders passend (vgl. Interview F: 2). Die SchülerInnen von Frau F. fokussierten sich auf die Fragestellung, „ob in solchen besonderen Krisenzeiten wie jetzt [...], Videokonferenzen ein angemessener Ersatz für Präsenzunterricht sein können" (Interview F: 2). Die Mehrheit der SchülerInnen habe laut Frau F. für den Online-Unterricht gestimmt und dies ausführlich begründet (vgl. ebd.). Außerdem bearbeitete Frau F. mit den SchülerInnen Themen wie Schilderungen, ein Drama und Zeitungen. In Zusammenarbeit mit der WAZ konnte Frau F. während des Distanzunterrichts die Online-Ausgabe nutzen und mit den SchülerInnen erarbeiten (vgl. ebd.). Des Weiteren wurde in Klasse Acht ein Jugendroman thematisiert, und das digitale Präsentieren wurde geübt (vgl. ebd.: 3). In Klasse Sieben las Frau F. ebenfalls einen Jugendroman mit den SchülerInnen. Außerdem wurden die Themen ‚Balladen' und ‚Werbung' behandelt (vgl. ebd.). Frau G. unterrichtete eine achte Klasse, eine EF und einen Deutsch-Leistungskurs in der Q1. In der achten Klasse thematisierte sie Leserbriefe und Erörterungen und ließ die SchülerInnen unter anderem Leserbriefe zu der Coronapandemie verfassen sowie einen Brief an die Bildungsministerien des Landes NRW, Frau Gebauer, schreiben (vgl. Interview G: 2). Jedoch berichtete Frau G., sich thematisch teilweise im Kreis gedreht zu haben, da in der Mittelstufe, zu Beginn der Pandemie und des Distanzunterrichts, inhaltlich keine Fortschritte erzielt werden sollten (vgl. ebd.). Das gleiche Problem ergab sich für die EF, in der auch keine inhaltlichen Fortschritte erzielt werden sollten (vgl. ebd.). Dennoch versuchte Frau G. planmäßigen Unterricht zu machen und erarbeitete die Themen ‚materialgestütztes Schreiben' und ‚Medien in der heutigen Zeit' (vgl. ebd.). Schließlich wollte Frau G. ihre SchülerInnen auf die zentrale Klausur vorbereiten, von der unklar war, ob diese stattfinden sollte (vgl. ebd.). Herr H. unterrichtete während des Homeschoolings eine Q1, eine Q2 und eine achte Klasse (vgl. Interview H: 1). In der achten Klasse wurde der Konjunktiv im Zusammenhang mit der indirekten Rede behandelt sowie Erörterungen, Lyrik, ein Jugendroman und Kurzgeschichten (vgl. ebd.: 1 f.). Das Pensum sei somit, laut Herrn H. – wenn auch weniger intensiv als im Präsenzunterricht – erfüllt worden (vgl. ebd.: 2). In der Q1 wurde ein Roman behandelt, außerdem ein Drama und die Themen Lyrik und Medien. In der Q2 wurde ebenfalls ein Drama und ein Roman gelesen (vgl. ebd.). Die siebte Klasse von

Herrn I. wurde zu Grammatik und Sachtexten unterrichtet. Außerdem wurde ein Jugendroman gelesen (vgl. Interview I: 1). Frau J. hat in der fünften Klasse ebenfalls Grammatik und Märchen thematisiert (vgl. Interview J: 2). Hierzu überlegte sich Frau J. für die SchülerInnen ein außerschulisches Angebot, in welchem sie einmal pro Woche eine Märchenstunde via Zoom hielt und den SchülerInnen Märchen vorlas. Dieses Angebot wurde von vielen SchülerInnen in Anspruch genommen, obwohl es sich um eine für die SchülerInnen rein rezeptive Vorlesestunde handelte (vgl. ebd.). Die sechste Klasse wurde zu dem Thema „Film, Fernsehen, Internet, Medien" (ebd.) unterrichtet. Außerdem wurden Gedichte behandelt (vgl. ebd.). In Klasse Acht wurde ein Drama gelesen sowie eine Novelle, und es wurde die Jugendsprache thematisiert (vgl. ebd.: 3). Die EF von Frau J. las ein Drama und beschäftigte sich mit Kommunikation (vgl. ebd.).

Die Umsetzung der Unterrichtsinhalte im Fach Deutsch haben sich während des Distanzunterrichts laut der befragten Lehrkräfte hinsichtlich einiger Punkte geändert. Zum einen fand mehr Frontalunterricht statt, berichtete Frau A. (vgl. Interview A: 3). Dies sei vor allem bei den jüngeren SchülerInnen aus technischen Gründen der einfachste Weg gewesen. Zum anderen führte es in der Oberstufe zu mehr Gruppenarbeit, da die Möglichkeit durch die Videokonferenztools bestand und im Präsenzunterricht mit Maskenpflicht nicht durchgeführt werden konnte (vgl. ebd.). Diese Verschiebung zu mehr Frontalunterricht und mehr Gruppenarbeit nahm auch Herr B. wahr. Es sei vor allem „wenig Handlungsorientierung [...] und [...] mehr auf Wissensvermittlung fokussiert" (Interview B: 2) gewesen. In dem Interview mit Frau C. wurde diese Beobachtung bestätigt, weshalb sie dazu überging, Musterlösungen für die SchülerInnen zu erstellen, damit diese eine Kontrollmöglichkeit und schriftliche Absicherung hatten (vgl. Interview C: 1 f.). Im Präsenzunterricht sei es durch die physische Anwesenheit der SchülerInnen einfacher abzuschätzen gewesen, ob ein Thema bereits verstanden wurde oder noch nicht (vgl. ebd.). Durch den Distanzunterricht „arbeite [die Lehrperson] mehr in einen schwarzen Raum hinein" (ebd.), berichtete Frau C.. Verstärkt würde das durch die ausgeschalteten Kameras der SchülerInnen während der Videokonferenzen (vgl. ebd.). Eine weitere Problematik bestehe in der Möglichkeit, auf den Chat auszuweichen. Frau C. versucht gezielt, SchülerInnen dazu aufzufordern, etwas vorzulesen und die Betonung einzuüben. Allerdings würden viele SchülerInnen aufgrund technischer oder anderer Schwierigkeiten versuchen auszuweichen (vgl. ebd.: 2). Frau D. sah im Gegensatz zu anderen Fächern den Vorteil bei dem Fach Deutsch darin, dass die pandemiebedingte Situation thematisch eingebunden werden konnte (vgl. Interview D: 1). Insgesamt nahm Frau D. jedoch keine größeren Veränderungen in der Umsetzung der Unterrichtsinhalte wahr (vgl. ebd.). Auch Frau E. merkte an, dass der abwechslungsreiche Einsatz der Sozialformen abnahm (vgl. Interview E: 1). Sie unterstrich des Weiteren, dass die Organisation einer Gruppenarbeit in Videokonferenzen zeitintensiver sei als in Präsenz (vgl. ebd.). Dass szenische Interpretationen jeglicher Art durch den Distanzunterricht ersatzlos wegfielen, merkte auch Frau F. an, die zwar versuchte, szenisches Lesen mit verteilten Rollen zu ermöglichen, jedoch bestärkte, dass dies keinen adäquaten Vergleich zu den Möglichkeiten in Präsenz darstellt (vgl. Interview F: 3). Das gemeinsame Bearbeiten von Textdokumenten sei jedoch ein Vorteil, der durch den Distanzunterricht ermöglicht wurde und eine weitere Möglichkeit der kollaborativen Arbeitsform geboten hat (vgl. ebd.). Eine Verschiebung von weniger Diskussionen zu mehr – teilweise auch freien – Schreibaufgaben fielen Frau G. auf (vgl. Interview G: 3). Dies wiederum wirkt sich insgesamt auf den Inhalt aus, da themenbezogene Aufgaben in anderer Form gestellt und umgesetzt werden als im Präsenzunterricht. Herr H. fasste diese Wahrnehmung so zusammen, dass sich nicht direkt die Inhalte des Faches Deutsch verändert haben, sondern „die Art und Weise, wie man mit den Inhalten umgeht [...] und dadurch natürlich auch der Unterrichtsinhalt" (Interview H: 2 f.). Er betonte zusätzlich, dass viele SchülerInnen die Arbeitsatmosphäre in der Schule brauchen, um sich gegenseitig zu motivieren (vgl. ebd.). Schließlich sind die SchülerInnen durch den Distanzunterricht in einer größeren Eigenverantwortung als im Präsenzunterricht. Herr I. unterstrich die deutliche Veränderung in der Vermittlung der Unterrichtsinhalte, da vor allem beim Lesen von Ganzschriften die Alternativen zur Texterschließung gefehlt hätten und folglich überwiegend Textabschnitte gelesen und ausgewertet wurden (vgl. Interview I: 1 f.). Es würde sich bei dem Distanzunterricht um eine „monotonere und abgespecktere Version des Unterrichts" (ebd.: 2) handeln. Zwar gebe es auch einige Möglichkeiten, die durch den digitalen Unterricht hinzukämen, allerdings seien diese teilweise für die Lehrkraft aufwändig vorzubereiten oder nicht vereinbar mit den Datenschutzrichtlinien (vgl. ebd.: 2). Dass die SchülerInnen von Herrn I. überwiegend in Einzelarbeit arbeiteten, begründet der Lehrer auch damit, dass er die Bildschirmzeit der SchülerInnen reduzieren wollte. Dadurch verändere sich die Umsetzung der Unterrichtsinhalte ebenfalls. Schließlich habe er mit dem Hauptfach Deutsch teilweise vier bis fünf Unterrichtsstunden pro Woche in einer Klasse, und diese ausschließlich vor dem Bildschirm zu verbringen, wollte er vermeiden (vgl. ebd.). Frau J. ließ die SchülerInnen sehr eigenständig und eigenverantwortlich arbeiten, indem die SchülerInnen ihre Arbeitsergebnisse in einem eigenen Portfolio festhielten und dieses erst am Ende der Unterrichtsreihe abgeben mussten, sodass keine Zwischenkontrollen erfolgten. Dies habe den Vorteil, dass die SchülerInnen entlastet würden und sich die Bearbeitungszeit der Aufgaben frei einteilen könnten (vgl. Interview J: 4). Im Präsenzunterricht verfolge Frau J. zwar ein ähnliches Verfahren in der Handhabung mit Portfolios, jedoch würde dieses handschriftlich angefertigt (vgl. ebd.). Die sonst im Präsenzunterricht vorgenommene Visualisierung einer Unterrichtsreihe, welche im Klassenraum beispielsweise in Form eines Plakats aufgehängt würde, entfiele jedoch durch den Distanzunterricht (vgl. ebd.). Dies ermögliche den SchülerInnen unter anderem eine sukzessive Erweiterung der zu erarbeitenden Unterrichtsinhalte (vgl. ebd.).

Es wurde die Zwischenfrage gestellt, ob die SchülerInnen trotz des Distanzunterrichts auch handschriftlich arbeiteten oder ob vorwiegend auf der Tastatur getippt wurde. Dies beantworteten die Lehrkräfte sehr unterschiedlich. Frau A. hielt es für wichtig, die SchülerInnen handschriftlich schreiben zu lassen, da „einige auch motorisch wirklich Schwierigkeiten haben" (Interview A: 2). Herr B hingegen nahm wahr, dass die meisten seiner SchülerInnen freiwillig dabei blieben, handschriftlich zu schreiben. Nur vereinzelte SchülerInnen fragten, ob es vorübergehend digital erlaubt sei (vgl. Interview B: 2 f.). Frau D. fand es bemerkenswert, dass viele SchülerInnen zwar handschriftlich schrieben, jedoch mit einem Stift, mit dem auf einem Tablet geschrieben werden kann. Folglich erhielt sie viele handschriftliche Ausarbeitungen, welche direkt digital verfasst wurden (vgl. Interview D: 4). Jedoch gab es auch Lehrkräfte wie Frau F., welche die SchülerInnen teilweise bewusst dazu angehalten hat, mit Word zu arbeiten, statt etwas handschriftlich zu verfassen (vgl. Interview F: 4). Grund hierfür sei beispielsweise die Vorstrukturierung eines digitalen Arbeitsblattes gewesen, welches von den SchülerInnen lediglich ausgefüllt werden musste und anschließend gemeinsam korrigiert und überarbeitet wurde (vgl. ebd.). Dies wäre bei handschriftlichen Aufzeichnungen nicht unmittelbar möglich gewesen (vgl. ebd.). Herr H. ermöglichte den SchülerInnen, handschriftlich abfotografierte oder digital verfasste Texte einzureichen (vgl. Interview H: 7). Dennoch sei deutlich „die schwindende Fähigkeit [zu erkennen], überhaupt handschriftlich schnell ein Ergebnis aufs Papier zu bringen" (ebd.). Dies würde unmittelbar Einfluss auf den Prozess der Texterstellung nehmen und sich auch in Klausuren zeigen (vgl. ebd.). Herr I. überließ die Entscheidung seinen SchülerInnen, machte allerdings die Erfahrung, dass die meisten SchülerInnen dabei blieben, die Ergebnisse handschriftlich auf einem Blatt festzuhalten und abfotografiert hochzuladen (vgl. Interview I: 3). Auch Frau J. setzte das digitale Schreiben gezielt ein, indem sie ein Portfolio ausschließlich digital anfertigen ließ und dieses schlussendlich von allen SchülerInnen zugesendet bekam (vgl. Interview J: 3).

Bei der Frage, was den SchülerInnen – je nach Jahrgangsstufe – während des Distanzunterrichts besonders schwerfiel, wurden unterschiedliche Bereiche genannt, die jahrgangsstufenabhängig nur teilweise oder gar nicht funktionierten. Frau A. habe in der Oberstufe wahrgenommen, dass die SchülerInnen die Möglichkeit der ausgeschalteten Kamera nutzten, um sich zu verstecken. Da die Liste mit den Namen der SchülerInnen teilweise nicht vollständig auf dem Bildschirm der Lehrkraft ersichtlich sei, vergesse Frau A., diese SchülerInnen im Unterricht einzubinden (vgl. Interview A: 3 f.). Dieses Problem bestünde bei eingeschalteter Kamera zwar kaum, allerdings dürften die SchülerInnen nicht verpflichtet werden, ihre Kamera einzuschalten, da dies gegen die Richtlinien des Datenschutzes verstoße. Dies wäre in der Unterstufe nicht der Fall. Dort seien die technischen Probleme vordergründig, welche in der Oberstufe kaum auftreten würden (vgl. ebd.). Obwohl die SchülerInnen der Unterstufe die Kameras überwiegend eingeschaltet haben, fehle auch hier der Gesamtüberblick über alle SchülerInnen. Schließlich könne nur eine bestimmte Anzahl an eingeschalteten Bildschirmen der Teilnehmenden auf dem Bildschirm der Lehrkraft projiziert werden (vgl. ebd.). Zudem seien Zwischenkontrollen von Arbeitsergebnissen, beispielsweise durch kurzes Herumgehen im Klassenraum oder einsammeln der Arbeitsergebnisse, nicht ohne weiteres möglich oder mit mehr Aufwand verbunden, und selbst dann bestehe die Unklarheit, ob in Einzelarbeitsphasen tatsächlich selbstständig oder mit der Hilfe der Eltern abgearbeitet wurden, berichtet Frau A. (vgl. ebd.). Die fehlende Möglichkeit, Arbeitsergebnisse auf Selbstständigkeit zu überprüfen, nimmt auch Herr B. als problematisch wahr, vor allem in der Unterstufe (vgl. Interview B: 3). In der Mittelstufe wurde, laut Herrn B., sichtbar, dass die Motivation der SchülerInnen geringer ist. Dadurch sei teilweise keine Einschätzung des Leistungsstandes der SchülerInnen möglich, da weder Aufgaben eingereicht noch die Kamera eingeschaltet würde (vgl. ebd.). Letztlich fehle den Lehrkräften hier die Handhabe, da nur das Elterngespräch gesucht werden könne (vgl. ebd.). Dass bei allen SchülerInnen die Kamera verpflichtend eingeschaltet werde, sei nicht nur datenschutzrechtlich problematisch, sondern auch hinsichtlich der Überlastung der Videokonferenzplattform, äußerte Herr B. (vgl. ebd.). Die Internetleitungen der SchülerInnen seien teilweise zu schlecht, sodass Herr B. dazu übergegangen sei, die Unterrichtsstunden generell ohne eingeschaltete Kameras der SchülerInnen abzuhalten (vgl. ebd.). Neben zu schwachen Internetleitungen seien auch Kompatibilitätsprobleme verschiedener Geräte eine Hürde gewesen (vgl. Interview C: 3). Je nach dem, welches Gerät die SchülerInnen besäßen, gebe es Probleme bei dem Herunterladen und Öffnen der Dateien, welche die Lehrkraft zur Verfügung stellt (vgl. ebd.). Umgekehrt habe Frau C. die Dateien der

SchülerInnen nicht öffnen können, da diese ebenfalls in einem anderen Dateiformat hochgeladen wurden (vgl. ebd.). Sie beschrieb die Kommunikation in der Anfangszeit des Onlineunterrichts als problematisch und habe selbst vor Herausforderungen gestanden, die sie spontan bewältigen musste (vgl. ebd.). Frau D. sieht ebenfalls ein Problem hinsichtlich der Motivation und der Selbstorganisation bei den SchülerInnen der Mittelstufe (vgl. Interview D: 2). In der Oberstufe sei ihr dies nicht aufgefallen, da die SchülerInnen sich dort bereits besser selbst organisieren können (vgl. ebd.). Die Selbstorganisation griff Frau E. ebenfalls auf, da sie hinsichtlich der Arbeitsbelastung einen Unterschied wahrnahm (vgl. Interview E: 2). Während den SchülerInnen der Unterstufe Wochenpläne geschrieben würden, an welche sich die Lehrkräfte halten müssten, habe die Oberstufe die Aufgabe, das selbst zu koordinieren, da diese – bedingt durch unterschiedliche Kurswahlen – verschiedene Stundenpläne haben (vgl. ebd.). Somit müsse Frau E. die SchülerInnen der Oberstufe fragen, wie deren Arbeitsbelastung aussehe, um entsprechend den Umfang der Aufgaben anpassen zu können (vgl. ebd.). Frau F. empfand in der Mittelstufe den verantwortungsbewussten Umgang mit den Videokonferenzen als schwierig. Es seien beispielsweise fremde Personen in die Konferenzen eingeladen worden, oder vereinzelte SchülerInnen haben Musik abgespielt (vgl. Interview F: 5). Frau F. führt dieses Verhalten unter anderem darauf zurück, dass es den SchülerInnen schwer fiele, die Videokonferenzen als vollwertigen Unterricht wahrzunehmen (vgl. ebd.: 6). In eine ähnliche Richtung gingen die Auffälligkeiten, welche Frau G. wahrnahm. Ihr fiel auf, dass die SchülerInnen häufig abgelenkt waren, da über die Videoaufnahme nicht unbedingt ersichtlich ist, ob SchülerInnen parallel Computerspiele spielen oder am Handy sind (vgl. Interview G: 3 f.). Dadurch würden manche SchülerInnen abgehängt werden, und es hinge dann sehr stark vom Elternhaus ab, ob diese erneut den Anschluss finden (vgl. ebd.). Herr H. nahm das Elternhaus der SchülerInnen ebenfalls als wichtigen Erfolgsindikator für den Distanzunterricht wahr (vgl. Interview H: 3). Es sei für die SchülerInnen eine Herausforderung, sich eine häusliche Lernumgebung zu schaffen. Dies hinge vorerst davon ab, ob die räumlichen Möglichkeiten bestünden, sich zurückzuziehen und sich eine Lernumgebung zu schaffen (vgl. ebd.). Außerdem sei es innerhalb der Familie ein Prozess zu etablieren, dass das Kind nicht durch andere Familienmitglieder gestört oder abgelenkt wird, sondern das Lernen von zuhause von der ganzen Familie anerkannt und ernst genommen wird (vgl. ebd.). Doch auch der Lehrkraft käme hier eine wichtige Rolle zu, äußert Herr H.. Schließlich sei die klare Strukturierung und Phaseneinteilung des Unterrichts maßgeblich, um den SchülerInnen ein konzentriertes und fokussiertes Arbeiten zu ermöglichen (vgl. ebd.: 3 f.). Um eine solche

Unterrichtsstruktur digital zu ermöglichen, müsse die Lehrperson digital versiert sein und mit den Lehr- und Lerntools umzugehen wissen (vgl. ebd.: 4). Sehr viel Potenzial hinsichtlich der Steigerung der Selbstorganisation sah Herr I. in dem Distanzunterricht. Hier sei eine wichtige „Metakompetenz, die bei allen Kindern, egal wie alt die sind, total gefördert worden [...]" (Interview I: 2). Doch auch er meldete – wie Herr H. – zurück, dass die Hilfe des Elternhauses hierbei sehr zentral sei (vgl. ebd.). Dies zeige sich auch in der Bearbeitung der Aufgaben. Sowohl in Bezug auf eine angemessene Ausdrucksweise als auch hinsichtlich des Umfangs, in dem eine Aufgabe bearbeitet wurde, habe es große Unsicherheiten und auch Unterschiede gegeben (vgl. ebd.: 3). Dies hänge, laut Herrn I., auch damit zusammen, dass die SchülerInnen wissen, dass die Lehrpersonen die Aufgaben nicht alle permanent kontrollieren können und teilweise nur prüfen, ob etwas hochgeladen wurde (vgl. ebd.). Frau J. habe in der Unterstufe eine ähnliche Erfahrung gemacht wie Frau A. Es seien viele technische Schwierigkeiten entstanden und Nachfragen gestellt worden, da große Unsicherheiten im Umgang mit den digitalen Tools bestanden (vgl. Interview J: 5). Dennoch sei die Motivation in der Unterstufe hoch gewesen. Dies bilde einen Kontrast zu der Oberstufe, teilte Frau J. mit. Dort habe sie während der Videokonferenzen überwiegend „auf schwarze Kacheln" (ebd.) geschaut und ein hohes Maß an Demotivation wahrgenommen (vgl. ebd.).

Um die SchülerInnen bei der Bewältigung der oben genannten Probleme zu unterstützen, haben die Lehrkräfte unterschiedliche Möglichkeiten genannt. An der Schule von Frau A. gebe es eine technische Unterstützungssprechstunde. Außerdem würde sie bei neu hinzukommenden technischen Herausforderungen vorher ihren Bildschirm teilen und den SchülerInnen die neuen Funktionen erklären (vgl. Interview A: 4). Das Problem, dem sich Frau A. ausgesetzt fühlt, ist, dass sie die zu nutzenden Programme und Tools erst einmal selbst mit ihren Kolleginnen und Kollegen testen müsse, bevor sie als Expertin vor ihrer Klasse stehe, aber dafür fehle die Zeit (vgl. ebd.). Herr B. äußerte, eine Lehrerin an der Schule zu haben, die für alle Plattformen zuständig sei und bei Fragen und Problemen die Ansprechpartnerin sei. Bei kleineren Problemen habe Herr B. versucht, den SchülerInnen selbst zu helfen, jedoch sei es teilweise notwendig gewesen, die SchülerInnen an die Kollegin zu verweisen (vgl. ebd.). Frau C. hat es ähnlich gehandhabt wie Herr B. und habe erst einmal selbst Hilfestellungen gegeben. Hierbei habe es auch geholfen, den Bildschirm zu teilen und den SchülerInnen direkt zu zeigen, wie etwas konkret funktioniert (vgl. Interview C: 3). Auch Frau D. habe ihre SchülerInnen überwiegend selbst unterstützt, indem sie wöchentliche Sprechstunden angeboten habe (vgl. Interview D: 2). Um auf technische Probleme zu reagieren, habe die Schule von Frau E. zu Beginn des Distanzunterrichts eine Abfrage gemacht, wie die technische Ausstattung der SchülerInnen aussehe. Falls SchülerInnen über kein eigenes Endgerät verfügten, welches für Videokonferenzen und das Distanzlernen genutzt werden konnte, hätten diese, laut Frau E., die Möglichkeit bekommen, an ihrer Schule ein Gerät auszuleihen (vgl. Interview E: 2). Frau F. bemerkte bei einigen SchülerInnen eine unregelmäßige Aufgabenbearbeitung während des Distanzlernens und habe dafür Erinnerungsbenachrichtigungen in den zu nutzenden Aufgabentools eingeblendet, um den SchülerInnen mehr Struktur vorzugeben (vgl. Interview F: 6). Da Frau G. teilweise Probleme mit SchülerInnen hatte, welche die Aufgaben nur sehr unregelmäßig oder gar nicht bearbeitet haben, habe sie nicht nur den SchülerInnen die Aufgaben zugesendet, sondern parallel auch den Eltern (vgl. Interview G: 4). Herr H. machte an seiner Schule die Erfahrung, dass die SchülerInnen sich bei sehr vielen Problemen untereinander geholfen haben (vgl. Interview H: 4). Bei schwierigeren Problemen gab es auch hier eine digitale Sprechstunde von ausgewählten Lehrkräften der Schule. Diese konnte von SchülerInnen und Eltern in Anspruch genommen werden (vgl. ebd.). Herr I. nahm wahr, dass die Ergebnisse der SchülerInnen teilweise stark von den Anforderungen abwichen und unter dem zu erbringenden Niveau lagen. Daher nutzte er die wöchentlichen Videokonferenzen, um die Aufgaben intensiv gemeinsam zu besprechen (vgl. Interview I: 3 f.). SchülerInnen, die darüber hinaus Hilfe benötigten, konnten die digitale Sprechstunde von Herrn I. nutzen (vgl. ebd.). Unabhängig von der Unterstützung bei technischen Problemen, bemerkte Frau J., dass auch Handlungsbedarf hinsichtlich der persönlichen Unterstützung der SchülerInnen bestand (vgl. Interview J: 6). Viele Probleme und Schwierigkeiten der SchülerInnen würden Lehrkräfte durch den Distanzunterricht nicht mehr mitbekommen, und es sei gerade während der Coronapandemie der Fall, dass sich auch private und psychische Probleme der SchülerInnen verstärkten (vgl. ebd.). Daher habe Frau J. gezielte Einzelgespräche mit SchülerInnen und Eltern gesucht, wenn die Abgabe von Aufgaben und die Mitarbeit dieser SchülerInnen nicht zu der sonstigen Einschätzung des Leistungsbildes passten (vgl. ebd.). Prinzipiell erachtete Frau J. es als wichtig, die SchülerInnen häufiger anzusprechen und zu fragen, wie sie unterstützt werden könnten – nicht nur in Bezug auf technische Schwierigkeiten (vgl. ebd.).

Die Frage nach der Veränderung der Leistungsbewertung der SchülerInnen während des Distanzunterrichts knüpft an der vorherigen Frage an. Schließlich nehmen die Schwierigkeiten und Probleme, mit denen die SchülerInnen konfrontiert sind, Einfluss auf die Leistungen und stellen Lehrkräfte wiederum vor die Herausforderung der Leistungsbewertung. Die Frage nach der

Veränderung der Leistungsbewertung während des Homeschoolings steht im direkten Zusammenhang mit den beiden darauffolgenden Fragen, auf welchem Wege die Leistungsüberprüfung stattfindet und wie regelmäßig diese erfolgt, sodass diese drei Fragen in diesem Abschnitt gemeinsam zusammengefasst werden. Beim Thema Leistungsbewertung und -überprüfung hat sich während des Distanzunterrichts einiges geändert. Frau A. sagte, dass es zu Beginn des Lockdowns „das klare Verbot [gab], irgendwie was zu bewerten – schulisch“ (Interview A: 5). Das sei bis zu den ersten Halbjahreszeugnissen 2021 der Fall gewesen (vgl. ebd.). Somit blieb ungefähr ein Schuljahr unbewertet. Dies sei jedoch für die SchülerInnen nicht transparent gewesen, sondern nur für die Lehrkräfte (vgl. ebd.). Dennoch habe Frau A. weiterhin Notizen für jede Stunde angefertigt, um die sonstige Mitarbeit der SchülerInnen festzuhalten. Darüber hinaus notiere sie sich auch etwas zu den eingereichten Aufgaben der SchülerInnen (vgl. ebd.). Das Einreichen von Aufgaben zähle hierbei mehr als eine Hausaufgabe in Zeiten des regulären Präsenzunterrichts, da diese teilweise eine Unterrichtsstunde ersetzen würden (vgl. ebd.). Eine Klassenarbeit durch eine Projektarbeit zu ersetzen sei eine Möglichkeit gewesen, auf die zurückgegriffen werden konnte (vgl. ebd.). Insgesamt würden sich die ursprünglich datierten Klassenarbeiten jedoch nach hinten verschieben, und es sei ungewiss, wann diese nachgeholt werden könnten. Frau A. habe daher eine Klassenarbeit durch ein Projekt ersetzt (vgl. ebd.). Herr B. bestätigte, sich Notizen zu den eingereichten Aufgaben und der Mitarbeit der SchülerInnen zu machen (vgl. Interview B: 4). Hier stelle sich für Herrn B. jedoch die Frage, inwiefern sich legitimieren ließe, dass die SchülerInnen die eingereichten Aufgaben selbstständig und ohne fremde Hilfe bearbeitet haben (vgl. ebd.). Für die SchülerInnen der Klasse Fünf habe Herr B. eine Klassenarbeit erstellt und den SchülerInnen zur Verfügung gestellt, jedoch habe diese den Zweck, den SchülerInnen eine individuelle Rückmeldung zu geben und würde nicht bewertet, da nicht gesichert sei, inwiefern die Eltern helfen (vgl. ebd.). Die mündliche Kommunikation während der Videokonferenzen versuche Herr B. zwar zu bewerten, allerdings sei auch hier das Problem die teilweise durch technische Probleme hervorgerufene Abwesenheit der SchülerInnen. Diese könne nicht zum Nachteil bewertet werden (vgl. ebd.). Frau C. erwarte, dass ihre SchülerInnen während jeder Videokonferenz Mitschriften anfertigen (vgl. Interview C: 3 f.). Dies zeige, inwiefern die SchülerInnen den Inhalten in den Videokonferenzen folgen (vgl. ebd.). Somit erfolge über nahezu jede Unterrichtsstunde per Videokonferenz eine schriftliche Rückmeldung eines jeden Teilnehmenden (vgl. ebd.). Darüber hinaus notiere Frau C. sich auch die Häufigkeit der mündlichen Beiträge und die Quantität und Qualität der eingereichten Aufgaben täglich (vgl. ebd.: 5). Zur individuellen Leistungskontrolle habe Frau C. ähnlich wie Herr B. eine Probearbeit zur Verfügung gestellt, welche die SchülerInnen vorerst selbst bearbeiten sollten. Anschließend habe Frau C. sich die bearbeiteten Probearbeiten der SchülerInnen zurückschicken lassen und den SchülerInnen einen Erwartungshorizont zugesendet, mit welchem sich alle Lernenden selbst korrigieren konnten. Frau C. habe dennoch Rückmeldungen gegeben und die ausgefüllten Erwartungshorizonte sowie die Lösungen der SchülerInnen kontrolliert. Dadurch sei ein sehr hoher Verwaltungsaufwand entstanden. Sie berichtete, teilweise zehn bis zwölf Stunden pro Tag vor dem Computer zu sitzen und zu arbeiten. Parallel würden noch Dienstgespräche telefonisch erfolgen und Nachrichten der SchülerInnen beantwortet (vgl. ebd.: 4 f.). Es sei eine „ständige Erreichbarkeit und immer dieses Schreiben, was sehr viel Zeit kostet, im Vergleich zum Mündlichen, was man sonst normal im Unterricht hat" (ebd.: 5). Auch Frau D. beziehe nur die mündliche Mitarbeit und die Qualität der abgegebenen Aufgaben in ihre Bewertung ein (vgl. Interview D: 2 f.). Das reguläre Herumgehen im Klassenraum, um sich einen kurzen Leistungsüberblick zu verschaffen, ersetze Frau D., indem sie nach manchen Videokonferenzen einfordert, dass die SchülerInnen ihre Mitschriften umgehend abfotografieren und hochladen (vgl. ebd.: 3). Somit könne sie einen kurzen Einblick gewinnen. Zur Regelmäßigkeit der Leistungsüberprüfung versuche Frau D. einmal pro Woche eine Abgabe einer Aufgabe einzufordern. In der Oberstufe sei dies durch die Bearbeitung und Abgabe einer Projektarbeit erfolgt, wodurch die SchülerInnen ihre Note der sonstigen Mitarbeit verbessern konnten (vgl. ebd.). An der Schule von Frau E. habe eine Anpassung im schulinternen Curriculum stattgefunden, welche die Bewertung des Distanzunterrichts entsprechend regele (vgl. Interview E: 2 f.). Die Bewertung ließe sich exakt auf das Unterrichtsgespräch im Präsenzunterricht übertragen, sodass Frau E. hier keinen Unterschied mache. Das größere Problem sehe sie bei asynchronen Arbeitsphasen. Hier sei die Hinzunahme von Hilfsmitteln oder die Unterstützung durch Dritte nicht abschätzbar, sodass die Transparenz der tatsächlichen Eigenleistung fehle (vgl. ebd.). Frau E. sprach in dem Zusammenhang der Einschätzung und Bewertung der asynchronen Erarbeitung der SchülerInnen von einer „Blackbox" (ebd.: 3), welche nicht bewertet würde. Die Bewertung der sonstigen Mitarbeit erfolge regelmäßiger als im Präsenzunterricht, da es mehr Rückmeldungen gebe und häufiger Präsentationen der SchülerInnen während der Videokonferenzen erfolgen würden (vgl. ebd.: 3 f.). Der Unterricht bei Frau F. wird während der Videokonferenzen ebenfalls regulär bewertet. Hier bestehe folglich auch kein Unterschied zum Präsenzunterricht (vgl. Interview F: 7). Eine Klassenarbeit sei ebenfalls in abgeänderter Form durchgeführt und bewertet worden, indem Ersatzaufgaben gestellt worden seien, welche die SchülerInnen in einem bestimmten Zeitfenster absolvieren sollten (vgl. ebd.). Dieses Zeitfenster habe etwas mehr Zeit umfasst als die sonst regulär vorgesehenen 90 Minuten. Verspätete Abgaben seien mit einem Punktabzug gestraft worden, welcher zuvor kommuniziert wurde. Es sei dadurch jedoch kaum eine Note verändert worden, sondern habe eher das Demonstrieren einer eintretenden Konsequenz zeigen sollen (vgl. ebd.). Diese schriftliche Leistungsüberprüfung habe gereicht, da während des Homeschoolings nur eine Leistungsüberprüfung pro Halbjahr stattfinden musste, berichtete Frau F. (vgl. ebd.). Auch Frau G. habe die sonstige Mitarbeit regulär einbezogen und die selbstständig zu bearbeitenden Aufgaben während der Videokonferenz bewertet (vgl. Interview G: 4). Hierbei habe sie nicht zum Nachteil der SchülerInnen gewertet, sondern technische Probleme sowie schwierige Altersstufen positiv berücksichtigt (vgl. ebd.). Es sei unter anderem in der achten Klasse ein Film erstellt worden, welcher bewertet wurde (vgl. ebd.: 5). Die SchülerInnen sollten themenbezogen einen Film erstellen oder ein Comic zeichnen, sodass keine Benachteiligung für diejenigen erfolgte, die nicht die Möglichkeiten hatten, einen Film zu erstellen (vgl. ebd.). Frau G. unterstrich, dass „das soziale Gefälle [...] im Homeschooling extrem verstärkt“ (ebd.) sei. Einzelne SchülerInnen würden teilweise auf ihre Geschwister aufpassen müssen, und diese würden in Videokonferenzen daneben sitzen, sodass die betroffenen SchülerInnen Frau G. fragten, ob sie die Kamera und den Ton ausschalten dürften. Dies könne nicht bewertet werden, da die SchülerInnen keinen Einfluss auf die häusliche Situation haben würden (vgl. ebd.). Herr H. verweist darauf, seinen SchülerInnen die zugrunde liegenden Bewertungsmaßstäbe einmalig transparent gemacht zu haben, sodass die SchülerInnen wissen, wie die Aufgaben benotet werden. Hierbei zähle Vollständigkeit, sachgerechte und ordentliche Bearbeitung sowie Angemessenheit zu wichtigen Kriterien (vgl. Interview H: 5). Hier sehe Herr H. das Problem in der Fülle an Aufgaben, die von allen SchülerInnen zurückgeschickt werden und der dennoch kurzen Zeit, um diese zu beurteilen und mit Rückmeldung zurück an die SchülerInnen zu senden. Dies sei vor allem für schwache SchülerInnen ein Nachteil, da diese auf eine umfassendere Rückmeldung angewiesen seien, um sich gezielt verbessern zu können (vgl. ebd.). Schriftliche Leistungsüberprüfungen seien auch mit Ersatzleistungen wie einem Portfolio oder Lesetagebuch kompensiert worden (vgl. ebd.: 6). Auch Präsentationen und Stundenprotokolle seien eine weitere bewertbare Leistung gewesen, die sich im Distanzunterricht einbinden ließe (vgl. ebd.). Die Regelmäßigkeit der Leistungsüberprüfung habe keinen Unterschied zum Präsenzunterricht dargestellt (vgl. ebd.). Herr I. habe zusätzlich zu angefertigten Notizen zur sonstigen Mitarbeit der SchülerInnen in den Stunden als schriftliche Leistung ein Portfolio als Ersatz für eine Klassenarbeit anfertigen lassen (vgl. Interview I: 4 f.). Darüber hinaus habe Herr I. sich auch eine schriftlich ausformulierte Charakterisierung von allen SchülerInnen zusenden lassen. Herr I. habe zuvor auch kommuniziert, dass die schriftliche Charakterisierung auf dem Sprach- und Inhaltsniveau einer Klassenarbeit sein soll und er sich diese im Anschluss ausführlich anschauen würde (vgl. ebd.). Diese schriftliche Leistungsüberprüfung sei jedoch nur bedingt bei der Notenvergabe berücksichtigt worden (vgl. ebd.). Aspekte wie das außerunterrichtliche Engagement oder die Heftführung seien durch den Distanzunterricht jedoch ersatzlos weggefallen, wodurch ebenfalls eine geringere Bewertungsgrundlage vorhanden gewesen sei (vgl. ebd.). Es habe zwar an seiner Schule – bedingt durch den Wechselunterricht – die Möglichkeit gegeben, eine Klassenarbeit in Präsenz schreiben zu lassen, jedoch habe er sich für das Portfolio entschieden (vgl. ebd.). Herr I. hebt dennoch hervor, dass eine präzise Vergabe von Noten – trotz bewerteter Unterrichtsbeiträge, eingereichter Aufgaben und eines Portfolios – nicht in der Form möglich gewesen seien, dass es seiner Ansicht nach eine gerechte und genaue Einschätzung des Leistungsbildes gewesen sei. Daher habe er im Zweifel stets die bessere Notentendenz vergeben, wenn er unsicher war (vgl. ebd.). Herr I. habe einmal pro Woche Ergebnisse einzelner SchülerInnen gezielt angeschaut und überprüft. Hierbei habe Herr I. mit einem Rotationsprinzip gearbeitet, indem er sich wöchentlich abwechselnd die Ergebnisse von circa fünf SchülerInnen pro Lerngruppe angeschaut habe. Dies sei bei 250 SchülerInnen, die Herr I. während des Homeschoolings unterrichtet habe, nicht anders möglich gewesen (vgl. ebd.: 3). Die Bewertung von Frau J. habe sich auch darauf bezogen, wie regelmäßig die SchülerInnen anwesend waren und welche triftigen Gründe bei Abwesenheit genannt wurden (vgl. Interview J: 7). Hierbei sei sie auch im stetigen Austausch mit anderen Lehrkräften gewesen, bei welchen die abwesenden SchülerInnen ebenfalls Unterricht gehabt hätten (vgl. ebd.). Die Regelmäßigkeit und Ausführlichkeit der eingereichten Aufgaben seien ebenfalls Teil der Bewertungsgrundlage gewesen. Die Beteiligung in den Videokonferenzen in die Noten einfließen zu lassen, habe Frau J. als schwierig empfunden. Anders sei dies bei den eingereichten Portfolios gewesen, die als Ersatzleistung einer Klassenarbeit gewertet werden konnten. Hier sei die schlussendliche Notenbildung gemäß der curricularen Vorgaben hinsichtlich der Gewichtung von Mündlichkeit und Schriftlichkeit erfolgt (vgl. ebd.). Es seien auch Klassenarbeiten im Präsenzunterricht möglich gewesen, welche entsprechend regulär gewertet worden seien (vgl. ebd.). Insgesamt merkte Frau J. jedoch an, dass „es [...] nicht möglich [ist], die gleichen Maßstäbe anzulegen bei der Notengebung und bei der Leistungsmessung“ (ebd.: 6), wie dies sonst im Präsenzunterricht möglich ist. Da es an der Schule von Frau J. einmal pro Woche eine Videokonferenz gegeben habe, seien auch wöchentlich Notizen zu den Leistungen und zur Mitarbeit der SchülerInnen angefertigt worden (vgl. ebd.: 7). Dies sei jedoch nicht regelmäßig zu allen SchülerInnen angefertigt worden, sondern Frau J. habe sich viel mehr einen Gesamtüberblick über jeden Lernenden verschafft (vgl. ebd.). Es habe von der Schulleitung von Frau J. die konkrete Anweisung gegeben, keine mangelhaften Noten zu vergeben, sodass auch hier der Druck vorhanden gewesen sei, allen Seiten gerecht zu werden (vgl. ebd.: 8). Frau J. und einzelne weitere Lehrkräfte ihrer Schule haben trotzdem ‚mangelhaft' auf dem Zeugnis vergeben, jedoch sei diese Entscheidung nur sehr selten getroffen worden (vgl. ebd.).

Da die Aufgaben eine wesentliche Bewertungsgrundlage während des Distanzunterrichts gebildet haben, wurde die Frage gestellt, ob die Aufgaben unregelmäßiger oder unvollständiger bearbeitet wurden als im Präsenzunterricht. Diese wird ebenfalls mit der Frage zusammengefasst, ob die Aufgaben fehlerhafter bearbeitet wurden als im Präsenzunterricht. Frau A. äußerte, dass diesbezüglich keine Unterschiede zum Präsenzunterricht vernehmbar seien. Teilweise seien die Ausarbeitung sogar vollständiger und mit weniger Fehlern abgegeben worden, da keine Ablenkung durch andere SchülerInnen erfolgt und die Kontrolle der Eltern bei den jüngeren SchülerInnen stärker sei (vgl. Interview A: 6). Auch in der Oberstufe fiele während des Distanzunterrichts sofort auf, wenn keine Aufgaben eingereicht würden, sodass regelmäßigere Abgaben erfolgten (vgl. ebd.). Herr B. bestätigt, dass es kaum Veränderungen zum Präsenzunterricht gebe (vgl. Interview B: 5). Allerdings seien die Aufgaben in der Unterstufe teilweise sehr knapp verfasst worden, da die Kontrolle der Lehrkraft fehle, welche im Klassenraum stärker vorhanden sei. In den Videokonferenzen seien die einzelnen Gruppenräume schließlich nicht parallel einsehbar, sodass die SchülerInnen weniger produktiv arbeiten würden (vgl. ebd.). An der Schule von Frau C. gebe es bei strebsamen SchülerInnen ebenfalls keinen Unterschied zum Präsenzunterricht (vgl. Interview C: 5). Allerdings würden unzuverlässigere SchülerInnen durch das Homeschooling schneller abtauchen können. Bei diesen SchülerInnen müsse schnell Kontakt mit den Eltern aufgenommen werden, um zu vermeiden, dass diese SchülerInnen den Anschluss verlören (vgl. ebd.). Auch Frau D. nehme bei der Aufgabenbearbeitung keinen großen Unterschied zum Präsenzunterricht wahr (vgl. Interview D: 3 f.). Ruhige und zurückhaltende SchülerInnen würden durch das Homeschooling sogar stärker positiv auffallen, da die eingereichten Aufgaben angemessen bearbeitet würden (vgl. ebd.). Hinsichtlich der Fehler ließe sich jedoch feststellen, dass die Rechtschreibung teilweise schlechter geworden sei (vgl. ebd.). Bei den SchülerInnen von Frau E. fiele sogar ein verstärktes Pflichtbewusstsein auf, und es würden Aufgaben abgeschickt, welche nicht abgeschickt werden müssten (vgl. Interview E: 4). Daher nimmt auch Frau E. eine positive Tendenz hinsichtlich der Vollständigkeit der Aufgaben wahr (vgl. ebd.). Jedoch äußert Frau E., dass die Aufgaben zum Teil fehlerhafter als im Präsenzunterricht bearbeitet worden seien, da sich manche Verständnisfragen im Präsenzunterricht schneller und unkomplizierter durch eine kurze Meldung klären ließen und die SchülerInnen im Distanzunterricht eine andere Hemmschwelle haben würden, die Lehrkraft gezielt anzuschreiben (vgl. ebd.). Frau F. unterscheidet zwischen der Anfangsphase bis zu den Sommerferien 2020 des Distanzunterrichts, in der die Bearbeitung der Aufgaben und die Teilnahme an den Videokonferenzen noch freiwillig war, und der darauffolgenden Zeit, in der dies offiziell verpflichtend wurde (vgl. Interview F: 8). Zu Anfang hätten sich viele SchülerInnen allem völlig entzogen. Dies habe sich geändert, seit die Teilnahme an Videokonferenzen und die Aufgabenbearbeitung obligatorisch für alle SchülerInnen war. Hier sei die Wahrnehmung ähnlich wie bei den anderen befragten Lehrkräften, da die SchülerInnen seitdem überwiegend gewissenhaft arbeiten würden (vgl. ebd.). Frau F. sehe hier auch die verstärkte Kontrollmöglichkeit der Lehrkraft als Grund für die vollständigere Aufgabenbearbeitung (vgl. ebd.). In Bezug auf die Fehlerhaftigkeit der Aufgaben habe Frau F. bei strebsamen SchülerInnen wahrgenommen, dass diese vor allem die eigene Rechtschreibung gezielter überprüften und die Hinweise der Lehrkraft annähmen. Dies würde bei schwachen SchülerInnen jedoch nicht zutreffen, da diese die Rückmeldungen zur Rechtschreibung nicht annehmen würden und folglich vergleichsweise fehlerhaftere Aufgaben abgeben würden (vgl. ebd.). An der Schule von Frau G. würde es keinen Unterschied hinsichtlich der Aufgabenbearbeitung und der Fehlerhaftigkeit zum Präsenzunterricht geben (vgl. Interview G: 5). Durch die stärkere Kontrolle, welche viele der befragten Lehrpersonen angeben, habe Herr H. eine gewissenhaftere und fehlerfreiere Bearbeitung der Aufgaben wahrgenommen (vgl. Interview H: 6 f.). Herr I. nimmt kaum einen Unterschied zum Präsenzunterricht wahr (vgl. Interview I: 5). SchülerInnen, die immer zuverlässig arbeiteten, würden dies im Distanzunterricht auch tun und SchülerInnen, die sonst kaum etwas einreichten, hätten ihr Verhalten auch nicht im Distanzunterricht geändert (vgl. ebd.). Hinsichtlich der Fehlerhaftigkeit hat Herr I. ähnliche Erfahrungen gemacht wie Frau E. Durch die erhöhte Selbstständigkeit bei der Aufgabenbearbeitung sei die Hürde, gezielt den Kontakt zur Lehrkraft aufzunehmen größer als im Präsenzunterricht. Herr I. habe daher sogar eine wöchentliche digitale Sprechstunde für Fragen angeboten. Jedoch sei diese kaum genutzt worden. Daher habe sich die Anzahl der Fehler in den Aufgaben erhöht (vgl. ebd.: 5 f.). Frau J. nimmt eine positive

Tendenz wahr und führt dieses Verhalten der SchülerInnen auf die verstärkten Kontrollmöglichkeiten der Lehrkräfte zurück (vgl. Interview J: 8). Sie habe außerdem keinen Unterschied hinsichtlich der Fehlerhaftigkeit der Aufgaben zum Präsenzunterricht wahrgenommen (vgl. ebd.: 9).

Da es während des Distanzunterrichts ausschließlich die Möglichkeit gab, über technische Endgeräte an den Videokonferenzen teilzunehmen, wurde erfragt, ob alle SchülerInnen überwiegend am Homeschooling teilnehmen konnten. Frau A. habe zwei SchülerInnen, die regelmäßig Internetprobleme haben und daher kaum an den Videokonferenzen teilnehmen können (vgl. Interview A: 6). In solchen Fällen sei es möglich, dass die SchülerInnen in der Schule an den Videokonferenzen teilnehmen, weil dort Geräte und eine stabile Internetleitung genutzt werden könnten (vgl. ebd.). Bei den SchülerInnen von Herrn B. seien es teilweise dieselben SchülerInnen, die auch im Präsenzunterricht häufig abwesend sind (vgl. Interview B: 5). Da würden technische Schwierigkeiten teilweise nur vorgeschoben (vgl. ebd.). Jedoch gibt es auch SchülerInnen, welche durch jüngere Geschwister abgelenkt würden und zuhause keine ruhige Lernatmosphäre hätten. Für solche Fälle gäbe es an der Schule von Herrn B. ebenfalls die Möglichkeit einer Betreuung. Es müsse nur bedacht werden, dass pro Lernenden ein Klassenraum zur Verfügung gestellt werden müsse, sofern die SchülerInnen nicht aus einer Klassengemeinschaft sind (vgl. ebd.). Bewertet werden könne ein Schüler oder eine Schülerin mit überwiegender Abwesenheit nicht (vgl. ebd.: 6). Frau C. bestätigte, dass es SchülerInnen gab, bei denen technischen Schwierigkeiten vorhanden waren, welche jedoch entweder gelöst werden oder durch die Betreuungsmöglichkeit in der Schule aufgefangen werden konnten (vgl. Interview C: 6). Auch Frau D. nimmt jahrgangsstufenübergreifend Einzelfälle wahr, bei denen technische Schwierigkeiten sehr häufig vorgeschoben würden oder tatsächlich vorhanden seien (vgl. Interview D: 4). Diesen SchülerInnen werde auch die Möglichkeit eingeräumt, die Aufgaben selbstständig zu bearbeiten – ohne an den Videokonferenzen teilzunehmen – und diese anschließend der Lehrkraft zu senden (vgl. ebd.: 4 f.). Bei SchülerInnen, die selbst die Aufgaben nicht zusendeten, bestehe keine Bewertungsgrundlage. Bei diesen Einzelfällen müsse individuell geprüft werden, wie das gehandhabt würde (vgl. ebd.). Frau E. habe bei ihren SchülerInnen keine überwiegende Abwesenheit wahrgenommen (vgl. Interview E: 4). Auch Frau F. habe keine SchülerInnen, die über einen längeren Zeitraum abwesend seien, sondern nur in Einzelstunden fehlen würden. Diese entschuldige sie dann und bewerte diese folglich auch nicht (vgl. Interview F: 9). Frau G. habe nur einen Schüler gehabt, der zwar vorgab, technische Schwierigkeit zu haben, diese aber laut Frau G. nicht hatte (vgl. Interview G: 6). Bei den anderen SchülerInnen hätten sich temporär auftretende Schwierigkeiten schnell lösen lassen (vgl. ebd.). Herr H. unterscheidet zwischen der Anfangszeit des Homeschoolings, in der viele SchülerInnen keine Geräte zur Verfügung hatten und viele die Notbetreuung der Schule nutzen mussten, und der Zeit, in der durch die Stadt Geräte zur Verfügung gestellt worden wären, welche an die SchülerInnen weitergegeben werden konnten (vgl. Interview H: 7). Seitdem habe es keine lang anhaltenden technischen Schwierigkeiten gegeben. Dennoch seien die Fehlzeiten ebenso als Fehlstunden eingetragen worden wie im Präsenzunterricht. Es musste, laut Herrn H., auch morgens in der Schule angerufen werden, und die entsprechenden SchülerInnen mussten rechtzeitig abgemeldet werden (vgl. ebd.: 7 f.). Herr I. meldete auch zurück, dass einige wenige SchülerInnen während des Distanzunterrichts ganz verschwunden seien. Es seien dabei teilweise auch technische Schwierigkeiten vorgeschoben worden (vgl. Interview I: 6). Obwohl Herr I. in diesen Einzelfällen keine Bewertungsgrundlage habe, hätte er dennoch eine schlechte ausreichende Leistung vergeben, da er versuchte, keine mangelhaften und ungenügenden Noten zu vergeben (vgl. ebd.). Bei den SchülerInnen von Frau J. habe es auch Einzelne gegeben, die technische Schwierigkeiten vorschoben (vgl. Interview J: 9). Bei häufigen unentschuldigten Fehlzeiten habe Frau J. dies auch negativ in der Notengebung berücksichtigt (vgl. ebd.: 10).

Bisher wurde bei den Fragen die Umsetzung des Deutschunterrichts und der Umgang mit dem Homeschooling untersucht. Nun wird die Sicht der Lehrkräfte zentriert und die Vorbereitung seitens der Schule. Die – beinahe rhetorische – Frage, ob sich die Lehrkräfte angemessen auf die Situation des Homeschoolings vorbereitet gefühlt haben, negierten die Teilnehmenden überwiegend (vgl. Interview A: 7; Interview C: 6; Interview F: 9; Interview G: 6; Interview H: 9; Interview I: 6; Interview J: 10). Herr B. fühlte sich insofern vorbereitet, als dass er bereits über die passende technische Ausstattung verfügt habe (vgl. Interview B: 6). Jedoch habe er seine Unterrichtsinhalte anpassen müssen, und es sei anfangs noch unkoordiniert gewesen (vgl. ebd.). Frau D. und Frau E. haben sich zu Anfang kaum vorbereitet gefühlt, jedoch im zweiten Lockdown schon, da der Ablauf bereits bekannt gewesen sei (vgl. Interview D: 5; Interview E: 5).

Da viele Lehrkräfte sich nicht auf das Homeschoolings vorbereitet gefühlt haben, stellte sich die Frage, ob die Zusammenarbeit innerhalb des Kollegiums dadurch verstärkt wurde. Die Fragen, ob in dieser Zeit Lehr-/Lernmaterialien ausgetauscht wurden und ob die Kommunikation der Lehrpersonen erhöht war, werden im Folgenden zusammen dargestellt. Frau A. hat sowohl bei dem Austausch von Materialien als auch hinsichtlich der Kommunikation im Kollegium negative Erfahrungen gemacht (vgl. Interview A: 7). Die Kommunikation, welche sonst im Schulgebäude häufiger stattfindet, sei ersatzlos weggefallen (vgl. ebd.). Herr B. habe ähnliche Erfahrungen gemacht (vgl. Interview B: 7). Dass keine Materialien ausgetauscht würden, läge auch daran, dass es kaum welche gäbe (vgl. ebd.). Auch Frau C. hat eher einen Rückschritt zum Präsenzunterricht wahrgenommen (vgl. Interview C: 7). „Da kämpft jeder für sich, so gefühlt“ (ebd.), äußerte Frau C. Der direkte Kontakt fehle, und teilweise seien die verschiedenen Lehrkräfte auch unterschiedlich weit mit dem Lernstoff. Daher käme es eher zu einem geringeren Austauscht (vgl. ebd.). Frau D. berichtet Ähnliches (vgl. Interview D: 5). Sie habe ausschließlich eine Fachkollegin, mit welcher der Austausch verstärkt sei (vgl. ebd.). An der Schule von Frau E. sei der Austausch von Materialien auch ausbaufähig, da vielen auch die Zeit fehle, jedoch würden kollegiale Fortbildungen hinsichtlich technischer Fragen stattfinden (vgl. Interview E: 5). In dem Kollegium von Frau F. habe es einen Austausch gegeben, bei dem die digitale Umsetzung der Materialien aus dem Deutschbuch ausgetauscht worden sei (vgl. Interview F: 9). Jedoch sei die allgemeine Kommunikation innerhalb des Kollegiums auch hier eher zurückgegangen (vgl. ebd.). Eine positive Erfahrung habe Frau G. gemacht. Der Austausch an ihrer Schule habe sehr gut funktioniert (vgl. Interview G: 6). Das habe unter anderem an der kommunikativen Fachschaft gelegen (vgl. ebd.). Ähnliches berichtet Herr H.. Der Austausch der Materialien habe stattgefunden, und zur Aufrechterhaltung der Kommunikation im Kollegium habe es sogar digitale Kaffeepausen gegeben, in denen sich die Lehrkräfte austauschen konnten (vgl. Interview H: 10 f.). An der Schule von Herrn I. seien keine Materialien geteilt worden, und auch die Kommunikation sei stark zurückgegangen (vgl. Interview I: 7). Frau J. berichtet von einem digitalen Ordner, in dem Materialien für die Oberstufe geteilt worden seien (vgl. Interview J: 10). Dennoch sei der Austausch und die Kommunikation nicht stärker gewesen als zuvor im Präsenzunterricht (vgl. ebd.).

Neben der Vorbereitung der Lehrkräfte untereinander wird nun betrachtet, wie die Schule während des Distanzunterrichts durch Tools, Programme und sonstige Maßnahmen zur Unterstützung der Lehrpersonen beigetragen hat. Frau A. habe ein Dienstgerät von ihrer Schule bekommen, jedoch nur, weil der Bedarf bei den SchülerInnen nicht zu hoch war, sodass noch Geräte verfügbar gewesen seien (vgl. Interview A: 7). Um Tools und Programme vorzustellen, seien die Angebote eher von Lehrkräften aus dem Kollegium gekommen, die sich freiwillig dazu bereit erklärt hätten (vgl. ebd.). Herr B. habe auch wenig Unterstützung erhalten, die offiziell von der Schule organisiert wurde. Er habe hingegen viele Nachrichten von Verlagen und vom Land NRW erhalten, die auf Material aufmerksam gemacht hätten (vgl. Interview B: 7). Frau C. berichtet über eine Schulplattform, die unmittelbar verfügbar war (vgl.

Interview C: 7). An der Schule von Frau D. würden ebenfalls eine Schulplattform und entsprechende Anleitungen für diese Plattformen für alle Lehrkräfte verfügbar gemacht (vgl. Interview D: 5). Frau D. habe Fortbildungskonferenzen angeboten bekommen, an denen teilgenommen werden könne (vgl. Interview E: 5). An der Schule von Frau F. sei wenig Initiative ergriffen worden. Ausschließlich sie und drei weitere Lehrpersonen hätten Möglichkeiten geschaffen (vgl. Interview F: 10). Frau G. hingegen habe ein sehr umfangreiches Angebot seitens der Schule erhalten. Es habe eine Medienbeauftragte gegeben sowie digitale Fortbildungen und diverse LernApps (vgl. Interview G: 6). Ähnliche Erfahrungen habe Herr H. gemacht. An seiner Schule habe es ein Team aus Lehrkräften gegeben, welches andere Lehrpersonen unterstützt, und es seien Workshops angeboten worden (vgl. Interview H: 11). Die Schule von Herrn I. habe Fortbildungstage angeboten und es gebe an seiner Schule eine Digitalisierungsgruppe, ebenfalls bestehend aus Lehrpersonen, die zur Verfügung stünde, wenn es Fragen zu der Lernplattform gebe (vgl. Interview I: 7). Frau J. berichtet, dass es Dienstgeräte der Schule gegeben habe und kleine Schulungen. Dennoch sei noch mehr möglich gewesen (vgl. Interview J: 11).

Da der Datenschutz im Zusammenhang mit der Nutzung digitaler Medien ein stets präsentes Thema ist, wird im folgenden Abschnitt dargestellt, ob es in Zeiten des Distanzunterrichts klare Datenschutzrichtlinien gab und ob die Lehrkräfte sich sicher im Umgang damit fühlten. Frau A. habe sich diesbezüglich nicht sicher und auch nicht angemessen informiert gefühlt, obwohl es für die SchülerInnen einen Leitfaden gegeben habe, in dem Verhaltensregeln für die Videokonferenzen enthalten gewesen seien (vgl. Interview A: 8). Es sei beispielsweise unklar, ob die SchülerInnen dazu angehalten werden dürften, sich auf Lernplattformen oder sonstigen digitalen Angeboten anzumelden und ihre Kontaktdaten anzugeben (vgl. ebd.). Insgesamt fühle Frau A. sich hinsichtlich der Vorgaben und Richtlinien unsicher (vgl. ebd.). Herr B. könne mithilfe der Lernplattform ‚Schul.Cloud' datenschutzkonform mit den SchülerInnen kommunizieren, da es sich um einen verschlüsselten Nachrichtendienst handele (vgl. Interview B: 7). Herr B. fühle sich auch sehr gut informiert, da die Datenschutzbeauftragte der Schule die Lehrkräfte zu Beginn des Lockdowns hinsichtlich des Datenschutzes aufgeklärt habe (vgl. Interview B: 8). Auch bei Frau C. habe es keine Unklarheiten gegeben und sie habe ausschließlich die Plattformen genutzt, die an ihrer Schule freigegeben waren, sodass sie rechtssicher gewesen sei (vgl. Interview C: 7 f.). Frau D. fühle sich sehr sicher, denn sie sei umfassend informiert worden und habe ein Dokument erhalten, auf dem Lernplattformen und Tools aufgelistet seien, die genutzt werden dürften (vgl. Interview D: 6). An der Schule von Frau E.

herrsche auch Klarheit hinsichtlich des Datenschutzes. Sie habe eine Erklärung unterzeichnen müssen und auch Programme vorgegeben bekommen, die sie nutzen soll (vgl. Interview E: 6). Frau F. habe vorerst keine klaren Richtlinien erhalten, sondern zu einem späteren Zeitpunkt eine von den Lehrkräften entwickelte, ausgearbeitete Datenschutzerklärung, die von allen unterzeichnet werden musste (vgl. Interview F: 10). Diese haben Eltern, SchülerInnen und Lehrkräfte unterschreiben müssen (vgl. ebd.). Bei der Schule von Frau G. gebe es die Regelung, „man muss es mit sich selbst verantworten können" (Interview G: 7). Teilweise habe sie Vorgaben ignoriert und selbst entschieden (vgl. ebd.). Herr H. sei umfassend informiert gewesen, und es habe von seiner Schule auch eine Übersicht der Richtlinien für die Eltern gegeben (vgl. Interview H: 11). Im Gegensatz dazu stehen die Aussagen von Herrn I.. Er habe prinzipiell das Problem, sich in einer rechtlichen Grauzone zu bewegen, da er diverse vertrauliche Daten der SchülerInnen auf seinem privaten Gerät speichere (vgl. Interview I: 7). Dies sei – ohne Verschlüsselung dieser Daten – bereits ein Verstoß. Herr I. wisse jedoch nicht, wie er die Daten organisieren solle, sodass er dieses Problem in Kauf nehmen müsse (vgl. ebd.). Allgemeine Richtlinien seitens der Schule habe es während des Distanzunterrichts ebenfalls nicht gegeben (vgl. ebd.: 8). Frau J. habe sich durch die zur Verfügung gestellten Lernplattformen ihrer Schule rechtssicher gefühlt (vgl. Interview J: 11). Außerdem sei auf der Schulhomepage ein Schreiben mit entsprechenden Informationen herunterladbar gewesen. Dennoch habe es hinsichtlich der Videokonferenzen teilweise Unsicherheiten gegeben (vgl. ebd.).

Durch den wegfallenden Arbeitsweg und die zum Teil ersetzten Videokonferenzen durch selbstständig zu bearbeitende Aufgaben könnte schnell gefolgert werden, dass die Lehrkräfte einen geringeren Arbeitsaufwand hatten als im Präsenzunterricht. Frau A. berichtet, dass sich ihr Arbeitsaufwand während des Homeschoolings jedoch verdoppelt habe (vgl. Interview A: 9). Dies ließe sich damit begründen, dass die Aufgaben, welche die SchülerInnen selbst bearbeiten, im Anschluss einzeln korrigiert würden (vgl. ebd.). Herr B. bestätigt die Erhöhung des Arbeitsaufwandes (vgl. Interview B: 8). Es sei ein größerer bürokratischer Aufwand durch das Prüfen der Aufgaben auf Vollständigkeit und das schriftliche Beantworten von Fragen. Außerdem nehme die permanente Erreichbarkeit viel Zeit in Anspruch (vgl. ebd.). Auch Frau C. fühle sich durch den Distanzunterricht stärker vereinnahmt (vgl. Interview C: 8). Sie würde per Mail und über ihr privates Smartphone ständig kontaktiert. Zudem würden die Musterlösungen hinzukommen, welche sie den SchülerInnen zur Bearbeitung der selbstständigen Aufgaben zur Verfügung stelle (vgl. ebd.). Es sei eine 24 Stunden und sieben Tage Woche durch die dauerhafte Erreichbarkeit (vgl. ebd.). Frau D. fühlt sich auch durch die individuellen Rückmeldungen und die Bereitschaft, auf Fragen ständig zu antworten, stärker belastet (vgl. Interview D: 6 f.). Das private Handy von Frau D. sei ebenfalls dauerhaft eingespannt, da der Nachrichtendienst, mit welchem die Schule arbeitet, auf den Smartphones installiert sei (vgl. ebd.: 7). Frau E. äußert, dass es auf den Anspruch ankäme, den eine Lehrperson an sich selbst habe (vgl. Interview E: 6 f.). Sie würde nicht alle Aufgaben der SchülerInnen mit einem individuellen schriftlichen Feedback zurücksenden, sondern teilweise auch nur ausgewählte Aufgaben in den Videokonferenzen besprechen (vgl. ebd.). Durch die wegfallenden Klassenarbeiten sehe sie sogar eine Entlastung. Jedoch habe sich dies durch den Wechselunterricht geändert, da sie pendeln müsse, um die Videokonferenzen von zuhause zu unterrichten und den teilweise wiederkehrenden Präsenzunterricht in der Schule. Dort sei das Internet zu schlecht, sodass sie keine Videokonferenzen abhalten könne (vgl. ebd.). Dass es sich bei dem Distanzunterricht um einen Mehraufwand handle, bestätigt Frau F. (vgl. Interview F: 10 f.). Die schriftliche Kommunikation mit SchülerInnen und Lehrkräften nehme hierbei einen wesentlichen Teil ein (vgl. ebd.). Frau G. habe trotz einer halben Stelle bereits einen viel höheren Belastungsdruck verspürt als im Präsenzunterricht (vgl. Interview G: 7). „Die Lehrer, die ‘ne volle Stelle haben, die waren zum Teil kurz vor‘m Burnout, wenn sie es ordentlich machen wollten“, berichtet Frau G. (ebd.). Teilweise hätten die SchülerInnen untereinander ihre Ergebnisse korrigiert, damit die Lehrkräfte etwas mehr Entlastung haben (vgl. ebd.). Obwohl Herr H. weniger Unterrichtsstunden als im Präsenzunterricht hatte, sei die Vorbereitung aufwändiger gewesen, sodass der Aufwand dennoch gleich geblieben sei (vgl. Interview H: 11). Herr I. merkt an, dass der sonst hauptsächliche Teil des Lehrerberufs, nämlich das Unterrichten, durch den Distanzunterricht in den Hintergrund gerückt sei (vgl. Interview I: 8). Der Verwaltungsaufwand sei dafür viel höher geworden (vgl. ebd.). Für jegliche Absprachen und Organisationen seien Dienstmails geschrieben worden (vgl. ebd.). Auch Frau J. unterstreicht, dass der Arbeitsaufwand stark davon abhinge, ob die Aufgaben der SchülerInnen alle einzeln korrigieren würden. Frau J. habe schlussendlich nicht mehr alle Aufgaben individuell korrigiert und gelesen, sodass der Aufwand insgesamt geringer sei als im Präsenzunterricht (vgl. Interview J: 12).

Im Folgenden soll geklärt werden, ob es an den jeweiligen Schulen vor der Pandemie bereits digitale Unterrichtsmöglichkeiten oder Lernplattformen gab und ob künftige hybride oder teils digitale, teils Präsenzformen angedacht sind. Außerdem wird die Meinung der befragten Lehrkräfte zur Etablierung eben genannter Unterrichtsformen ebenfalls dargestellt. An der Schule von Frau A. habe es zuvor keine digitalen Unterrichtsmöglichkeiten gegeben.

IServ sei zwar im Aufbau gewesen, allerdings noch nicht brauchbar (vgl. Interview A: 9). Künftig seien keine hybriden Unterrichtsformen angedacht, da das für die Lehrkräfte unzumutbar sei. Frau A. habe es selbst ausprobiert und sei zwischen den SchülerInnen, die online ihren Unterricht verfolgten und denen, die in Präsenz unterrichtet wurden, hin- und hergerissen, sodass sie letztlich niemandem gerecht werden konnte (vgl. ebd.). Die Kombination aus Präsenz- und digitalem Unterricht sei prinzipiell an ihrer Schule denkbar und von einigen Lehrkräften in Erwägung gezogen, teilt Frau A. mit (vgl. ebd.). Sie selbst sieht vor allem Potenzial für die Oberstufe in solchen Kombinationen (vgl. ebd.). Dort seien selbstständig zu bearbeitende Aufgaben denkbar, um einzelne Präsenzstunden zu ersetzen (vgl. ebd.). Auch für Projektarbeiten eigne sich der digitale Unterricht zur Abwechslung (vgl. ebd.: 11). Dies würde die Selbstständigkeit fördern. Dennoch sollte die Bildschirmzeit berücksichtigt werden (vgl. ebd.). An der Schule von Herrn B. habe es zuvor keine digitalen Plattformen oder Unterrichtsmöglichkeiten gegeben (vgl. Interview B: 8). In Zukunft seien auch keine digitalen Unterrichtsmöglichkeiten geplant, sodass voraussichtlich wieder der reguläre Präsenzunterricht stattfinden würde (vgl. ebd.: 8 f.). Herr B. vertritt die Meinung, dass regulärer Präsenzunterricht durch nichts ersetzt werden könne (vgl. ebd.: 10). Dennoch seien die digitalen Unterrichtsmöglichkeit als Ergänzung zu betrachten, wenn die Schule beispielsweise durch Wetterwarnungen nicht geöffnet werden könnte, um Unterrichtsausfälle zu vermeiden (vgl. ebd.). Frau C. berichtet, dass bereits kleine Projekte zu digitalen Lernplattformen vorhanden gewesen seien, die jedoch noch nicht ausgereift waren (vgl. Interview C: 9). Dauerhaft seien allerdings keine digitalen oder hybriden Unterrichtsformen angedacht (vgl. ebd.). Frau C. befürworte derartige Möglichkeiten auch nicht für die Zukunft, da sie „Lehrer geworden [sei], weil [...] [sie] mit Schülern vor Ort arbeiten möchte. [...] [Sie] möchte ihnen dabei ins Gesicht gucken können." (ebd.: 10). Die soziale und zwischenmenschliche Arbeit seien wesentliche Komponenten des Präsenzunterrichts (vgl. ebd.). Vor dem Distanzunterricht seien auch an der Schule von Frau D. keine digitalen Unterrichtsmöglichkeiten in Planung gewesen (vgl. Interview D: 7). Künftig sei damit zu rechnen, dass Hybridunterricht oder teils digitaler, teils Präsenzunterricht an ihrer Schule weiterhin bestehen würde (vgl. ebd.). Frau D. fände es sinnvoll, digitale Lernplattformen dauerhaft in den Unterricht einzubeziehen, um Aufgaben und Hilfestellungen digital verfügbar zu machen (vgl. ebd.: 8). An der Schule von Frau E. habe es zuvor ebenfalls keine digitalen Unterrichtsmöglichkeiten oder Lernplattformen gegeben (vgl. Interview E: 7). Dauerhaft angedacht seien solche digitalen Möglichkeiten auch nicht, äußert Frau E. (vgl. ebd.). Sie würde sich jedoch wünschen, dass sich die Schulausstattung in der Form verbessert, dass digitale Lernmöglichkeiten einbezogen werden könnten (vgl. ebd.: 8 f.). Frau F. habe an ihrer Schule zuvor zwar eine digitale Lernplattform gehabt, jedoch sei diese noch nicht nutzbar gewesen (vgl. Interview F: 11). Auch nach dem pandemiebedingten Distanzunterricht seien digitale Plattformen oder Unterrichtsmöglichkeiten nicht angedacht (vgl. ebd.). Frau F. würde ein hybrides Unterrichtsmodell jedoch dauerhaft unterstützen (vgl. ebd.: 12). Die Schule von Frau G. sei zuvor auch nicht mit digitalen Lernplattformen oder Unterrichtsmöglichkeiten ausgestattet gewesen und habe dies nach dem Distanzunterricht auch nicht vor (vgl. Interview G: 7). Hybrider Unterricht sei aus Frau G.'s Sicht jedoch auch nach dem Distanzunterricht sinnvoll, da auch SchülerInnen, die von zuhause den Unterricht mitverfolgen, im gleichen Tempo mitarbeiten können (vgl. ebd.: 8). Herr H. berichtet, dass es an seiner Schule nur eine digitale Plattform für Lehrkräfte gegeben habe, bevor der Distanzunterricht stattfand (vgl. Interview H: 12). Künftig sollen der Präsenzunterricht an seiner Schule wieder praktiziert und digitale Möglichkeiten nutzbar gemacht werden (vgl. ebd.). Herr H. gibt an, auch künftig weiterhin mit digitalen Tools und Plattformen zu arbeiten und diese auch zu befürworten (vgl. ebd.: 13). Herr I. ist erst während des Distanzunterrichts an seiner Schule als Lehrkraft tätig geworden, sodass er nicht darüber informiert ist, ob zuvor bereits digitale Unterrichtsmöglichkeiten vorhanden waren (vgl. Interview I: 9). Dauerhaft soll das digitale Unterrichten von zuhause sowie die Nutzung digitaler Lernplattformen jedoch an seiner Schule möglich sein – unabhängig vom pandemiebedingten Distanzunterricht (vgl. ebd.). Herr I. vertritt ebenfalls wie Frau C. die Meinung, dass der soziale Austausch und die Begleitung der Lernprozesse in Präsenz essentiell seien und daher der Präsenzunterricht wieder der Regelfall sein solle, sobald dies wieder möglich wäre (vgl. ebd.: 19). Die Schule von Frau J. habe lediglich über Beamer verfügt, bevor der Distanzunterricht stattgefunden habe (vgl. Interview J: 12). Für die Zeit nach dem Distanzunterricht seien noch keine Planungen zum Fortbestehen digitaler Möglichkeiten an ihrer Schule geäußert worden (vgl. ebd.). Dauerhaft wünsche sich auch Frau J. den regulären Präsenzunterricht zurück (vgl. ebd.).

Schlussendlich erfolgen eine Bewertung des Distanzunterrichts durch die befragten Lehrkräfte, eine Einschätzung, ob sie sich künftig auf eine derartige Situation vorbereitet fühlen sowie Änderungswünsche für mögliches künftiges Homeschooling. Frau A. bewertet die Zeit des Distanzunterrichts als stressig (vgl. Interview A: 10). Manche SchülerInnen würden schneller aus dem Blick geraten, und es fehle der Überblick über den Leistungsstand dieser SchülerInnen. Schließlich ließe sich die Eigenleistung nicht abschätzen, sodass unklar sei, welche Themen die SchülerInnen verstanden hätten und welche nicht (vgl. ebd.). Für leistungsstärkere SchülerInnen sei es jedoch positiv, sich durch den Distanzunterricht selbst organisieren und flexibel arbeiten zu können (vgl. ebd.). Hinsichtlich der Vorbereitung auf eine nächste Situation des Homeschoolings berichtet Frau A., besser aufgestellt zu sein. Dies läge jedoch nur an ihrem eigenen Engagement und den Bemühungen, etwas dazuzulernen und nicht an der Schulleitung oder Bezirksregierung (vgl. ebd.: 11). Laut Frau A. solle es für künftiges Homeschooling geändert werden, dass jeder sein eigenes Konzept entwickelt. Vielmehr solle die Schule ein Konzept erstellen und Fortbildungs- und Austauschmöglichkeiten schaffen (vgl. ebd.: 10). Außerdem sei jemand notwendig, der ausschließlich für die Technik zuständig sei und auf den andere Lehrkräfte zurückgreifen können (vgl. ebd.). Zudem müsse ermittelt werden, wieviel Bildschirmzeit angemessen sei, sodass die Häufigkeit und Dauer von Videokonferenzen in einem gesunden Rahmen stattfinde. Bewegungspausen seien ebenfalls ein zentraler Aspekt, der berücksichtigt werden müsse (vgl. ebd.). Herr B. bewertet die Zeit des Homeschoolings als gewinnbringend, da es in bestimmten Ausnahmesituationen oder bei längerfristigen Krankheiten einzelner SchülerInnen eine Möglichkeit sei, durch Videokonferenzen Unterricht zu ermöglichen (vgl. Interview B: 9). Außerdem habe sich die Kommunikation mit den SchülerInnen erhöht, da auch Messengerdienste genutzt würden (vgl. ebd.). Insgesamt fühle Herr B. sich auch besser auf eine nächste mögliche Distanzphase vorbereitet, da er wertvolle Erfahrungen gesammelt habe, auf die er auch in seinem künftigen Unterricht in Präsenz zurückgreifen könne (vgl. ebd.: 10). Für künftige Situationen wünsche Herr B. sich einen Testlauf der neuen Lernplattform, bevor diese genutzt würde. Außerdem müsse der Kontakt zu SchülerInnen aufrechterhalten werden, wenn diese sich zurückzögen oder auffällig würden. Hier gibt Herr B. die Anregung, die Betreuungsmöglichkeiten in der Schule auszuweiten, sodass die SchülerInnen vor Ort betreut werden und nicht abgehängt werden (vgl. ebd.: 9 f.). Frau C. hat die Anfangszeit des Distanzunterrichts als unorganisiert wahrgenommen, und sie habe ihren eigenen Ablauf entwickeln müssen, um alles zu koordinieren (vgl. Interview C: 9). Jedoch habe sie im weiteren Verlauf ihren Tagesablauf angemessen strukturieren können (vgl. ebd.). Auf eine künftige weitere Distanzphase sei sie vorbereitet, da Frau C. gemerkt habe, wie belastbar sie sei, und Methoden entwickelt habe, um sich passend zu strukturieren (vgl. ebd.: 10). Dennoch wünsche sie sich für die Zukunft einige Veränderungen. Dazu zähle der Besitz eines eigenen Dienstgerätes sowie eine Lernplattform, die alle Funktionen enthält, sodass keine zusätzlichen Kommunikationsplattformen benötigt würden (vgl. ebd.: 9). Außerdem wäre künftig eine einheitliche Einführung in den Distanzunterricht für Lehrkräfte, SchülerInnen und Eltern wünschenswert, um den Start zu erleichtern (vgl. ebd.: 9 f.). Frau D. habe im Distanzunterricht zwar Freude empfunden, als sie im Umgang damit sicher geworden sei, jedoch sei die Situation insgesamt „unbefriedigend" (Interview D: 7). Der Kontakt mit den SchülerInnen fehle sowie der Präsenzunterricht, für den man Lehrerin oder Lehrer geworden sei (vgl. ebd.). Für künftiges Homeschooling fühle Frau D. sich vorbereitet (vgl. ebd.: 8). Als Änderung schlägt Frau D. eine Strukturierung vor, die zur Erleichterung der SchülerInnen und Lehrpersonen führe (vgl. ebd.: 7). Außerdem würde Frau D. sich weiterbilden, um weitere Tools und Apps nutzen zu können (vgl. ebd.: 8). Frau E. fokussiert sich bei der Bewertung des Homeschoolings unter anderem auf die angenehme Schülerschaft an ihrer Schule, welche den Umgang mit der Situation erleichtern würde (vgl. Interview E: 8). Jedoch sei die Organisation der Kindesbetreuung und des Privatlebens durch den Distanzunterricht eine andere Herausforderung (vgl. ebd.). Auch der zwischenmenschliche Kontakt zu den SchülerInnen entfiele (vgl. ebd.). Vorbereitet fühle Frau E. sich auf eine weitere ähnliche Situation des Homeschoolings (vgl. ebd.). Wünschenswert sei eine längerfristige Planung der Politik, sodass feststünde, ob und wie die schriftliche Leistungsüberprüfung erfolgt (vgl. ebd.). Im Gegensatz zu den meisten Befragten bewerte Frau F. die Zeit des Homeschoolings als ausschließlich positiv (vgl. Interview F: 11). Vorbereitet fühle Frau F. sich insofern, als sie sehr flexibel geworden sei (vgl. ebd.: 12). Für die Zukunft wünsche Frau F. sich mehr finanzierte Fortbildungsmöglichkeiten, verpflichtende Videokonferenzen für Lehrpersonen und SchülerInnen sowie eine schnelle und unkomplizierte Verfügbarkeit von digitalen Tools und Lernplattformen (vgl. ebd.). Frau G. bewertet die Zeit des Homeschoolings als genauso gewinnbringend wie die Zeit des Präsenzunterrichts (vgl. Interview G: 7). Jedoch sei dies erst der Fall gewesen, als die Richtlinien eindeutig und alle Beteiligten sicher im Umgang mit dem System waren (vgl. ebd.). Vorbereitet fühle Frau G. sich ebenfalls auf künftiges Homeschooling (vgl. ebd.: 8). Wünschenswert für künftigen Distanzunterricht sei eine vernünftige Lernplattform, technische Ausstattungen der Schulen, um Hybridunterricht zu ermöglichen und eine Verkleinerung der Lerngruppen, damit man allen SchülerInnen gerecht werden könne (vgl. ebd.: 8). Herr H. bewertet den Umgang mit dem Distanzunterricht als sehr positiv und professionell von allen Beteiligten (vgl. Interview H: 12). Es seien Kompetenzen vermittelt worden, die bei den SchülerInnen künftig vorausgesetzt werden könnten und eine problemlosere Erreichbarkeit ermöglichten (vgl. ebd.). In einer künftigen Distanzphase könne Herr H. sehr schnell umschalten und fühle sich angemessen vorbereitet (vgl. ebd.: 13). Dennoch wünsche er sich für die Zukunft die Abschaffung von hybriden Unterrichtsformen (vgl. ebd.: 12). Auch Herr I. hält die starke

Forcierung der Digitalisierung für gewinnbringend. Dennoch bewertet er die fehlende soziale Interaktion und Unterstützungsmöglichkeit im Distanzunterricht negativ (vgl. Interview I: 9). Auf künftiges Homeschooling fühle Herr I. sich nicht besser vorbereitet. Er habe zwar Erfahrungen sammeln können, jedoch sei er weder durch die Schule noch durch sonstige Angebote besser für die Zukunft vorbereitet (vgl. ebd.: 9 f.). Für die Zukunft wünsche Herr I. sich Unterstützungsmöglichkeiten bei SchülerInnen, die sich aus dem Distanzunterricht zurückziehen (vgl. ebd.: 9). Frau J. bewertet den Distanzunterricht zu Beginn negativ, da Konzepte und Strukturierungen fehlten, um angemessen zu unterrichten (vgl. Interview J: 12). Dies habe sich zwar nach einiger Zeit verbessert, jedoch sei es ein anderer Beruf, der ausgeübt würde, sodass Frau J. sich den Präsenzunterricht zurückgewünscht habe (vgl. ebd.). Frau J. fühle sich dennoch besser auf das Homeschooling vorbereitet (vgl. ebd.: 13). Künftig wäre es wünschenswert, den SchülerInnen beispielsweise SeelsorgerInnen über Videokonferenzen zur Verfügung zu stellen (vgl. ebd.). Laut Frau J. seien außerdem transparente Vorgaben hinsichtlich der Leistungsbewertung wichtig sowie ein geringerer Leistungsdruck und mehr Planungssicherheit (vgl. ebd.).

5.3 Resümee der Antworten

Die Antworten zeigen, dass der pandemiebedingte Distanzunterricht zu einigen Umstellungen und Änderungen auf verschiedenen Ebenen geführt hat. Zu Beginn des Homeschoolings gab es viele Unklarheiten für Lehrkräfte und SchülerInnen, da kein neuer Unterrichtsstoff vermittelt werden sollte (vgl. Interview G: 2). Es gab Ungewissheiten hinsichtlich der Leistungsmessung, da weder feststand, ob Klassenarbeiten und Klausuren geschrieben werden müssen und wenn, wann diese geschrieben werden. Dies führte dazu, dass der Unterricht nur schwierig geplant werden konnte (vgl. ebd.). Wird bedacht, dass in der Schule systematisch gelehrt und gelernt wird und „gezielt gegen das übliche Vergessen angearbeitet wird“ (Roth 2021: 160), ist es umso dramatischer, dass die Vermittlung neuer Unterrichtsinhalte und Vorgaben hinsichtlich der Leistungsmesssung unklar waren.

Außerdem veränderten sich die Möglichkeiten des Unterrichtens, und es wurde mehr Frontalunterricht erteilt (vgl. Interview A: 3). Diverse Möglichkeiten zur Unterrichtsgestaltung entfielen ersatzlos (vgl. Interview F: 3). Die Entwicklung des Gehirns, welche in den ersten zwanzig bis dreißig Jahren erfolgt, wird durch gemachte Erfahrungen beeinflusst. Die Sprache entwickelt sich neben dem Zuhören auch durch den Austausch und die Beiträge der Lernenden. Durch eine Fokussierung auf den Frontalunterricht nehmen Dialogangebote für die SchülerInnen ab und beeinträchtigen somit die Sprachentwicklung negativ (vgl. Spitzer 2021: 302).

Die Einschätzung des Leistungsstandes der SchülerInnen fiel den befragten Lehrkräften schwerer. Dadurch wurde mehr Unterstützungsmaterial für die SchülerInnen erstellt, welches zusätzliche Zeit in Anspruch nimmt (vgl. Interview C: 1 f.). Des Weiteren entfielen eine angemessene Lernumgebung und Arbeitsatmosphäre für die SchülerInnen in der Schule, und zuhause seien die Rahmenbedingungen dafür nicht immer gegeben (vgl. Interview H: 2 f.). Durch den zusätzlichen häuslichen Stress der SchülerInnen verstärkte sich der Handlungsbedarf, die Lernenden auch psychisch stärker zu unterstützen (vgl. Interview J: 6). Es wird deutlich, dass die Unterrichtsgestaltung und die Unterstützung der Lernenden auf sozialer und kognitiver Ebene deutlich umfangreicher wurden. Zusätzlich stellte die technische Umsetzung eine Herausforderung dar, welche die Lehrkräfte zu bewältigen hatten. Neben den Dienstgeräten, die teilweise sehr spät verfügbar waren oder nur den SchülerInnen gestellt wurden, mussten die Lehrpersonen sich überwiegend selbst in die zu nutzenden Tools und Programme einarbeiten, um diese daraufhin den SchülerInnen zu zeigen und selbst angeeignetes Expertenwissen zu vermitteln (vgl. Interview A: 4). Die technischen Probleme, welche auf Seiten der SchülerInnen bestanden, wurden ebenfalls durch die Lehrkräfte aufgefangen (vgl. Interview D: 2).

Durch die teilweise höhere Anwesenheit der SchülerInnen sei es jedoch auch möglich gewesen, den Unterrichtsstoff schneller zu erarbeiten als im Präsenzunterricht (vgl. Interview B: 2). Dies mag in Einzelfällen zwar der Fall gewesen sein, doch hierbei ist nicht abschätzbar, wieviel die Lernenden von den vermittelten Unterrichtsinhalten verstanden und abgespeichert haben, da die Leistungsmessung nicht regulär erfolgen konnte. Darüber hinaus sollten die gestellten Anforderungen an die SchülerInnen temporär niedriger sein, und die Vergabe versetzungsgefährdender Noten auf dem Zeugnis wurde zum Teil durch Schulleitungen verboten (vgl. Interview J: 8). Heranwachsende lernen allerdings sehr schnell neue Inhalte, weshalb es umso problematischer ist, wenn der Unterrichtsstoff nicht adäquat beigebracht und überprüft werden kann (vgl. Spitzer 2021: 304). Diese Tatsache fällt noch stärker ins Gewicht, wenn bedacht wird, dass im anfangs erteilten Distanzunterricht keine neuen Inhalte gelehrt werden sollten (vgl. Interview G: 2). Untersuchungen des Zusammenhangs von Bildung und Wirtschaft ergeben, dass der Verlust der Lerninhalte eines Drittels eines Schuljahres auf das gesamte Leben berechnet durchschnittlich zu einem drei bis vier Prozent niedrigerem Erwerbseinkommen führt (vgl. Gillmann et al. 2021 in: Spitzer

2021: 305). Des Weiteren würde der Arbeitsmarkterfolg negativ beeinträchtigt (vgl. ebd.).

Der Unterricht liefe prinzipiell, laut der befragten Lehrkräfte, jedoch auch weniger abwechslungsreich ab, wodurch eine Zeitersparnis eventuell leichter möglich war (vgl. Interview I: 2). Da die Möglichkeiten des Unterrichtens begrenzter waren, musste jeglicher synchrone Unterricht am Bildschirm des Computers oder des Tablets erfolgen. Dies führte zu stark erhöhten Bildschirmzeiten der SchülerInnen. Hier standen die Lehrkräfte erneut vor einer weiteren Herausforderung. Schließlich versuchten sie, die Bildschirmzeit zu verringern und trotzdem mit dem Unterrichtsstoff weiterzukommen (vgl. Interview I: 2). Doch die Alternative erforderte ebenfalls viel Zeit. Schließlich mussten die Aufgaben unmissverständlich formuliert sein, sodass die Arbeitsaufträge eindeutig waren, und zudem mussten die bearbeiteten Aufgaben im Anschluss überprüft werden (vgl. Interview C: 5). Die Arbeitszeit der Lehrkräfte erhöhte sich somit stark und erstreckte sich über den ganzen Tag (vgl. Interview C: 4 f.). Die aus dem Bewegungsmangel entstehenden Risiken für LehrerInnen und vor allem für SchülerInnen sind immens, da das dadurch entstehende Übergewicht zu Bluthochdruck, Diabetes, Schlaganfällen, Herzinfarkten und Krebs führen kann (vgl. Spitzer 2021: 300). Die Lernenden äußern ebenfalls, dass ihnen der Sport fehle (vgl. ebd.). Die verbrachte Zeit vor dem Bildschirm für Heranwachsende besonders bedenklich, da diese zur Kurzsichtigkeit führen kann. Diese Kurzsichtigkeit entsteht durch eine „Fehlentwicklung des Augapfels, die sich einstellt, wenn man während der ersten beiden Lebensjahrzehnte zu viel Zeit mit dem Blick in die Nähe zubringt" (ebd.). Durch jene Kurzsichtigkeit, auch Myopie genannt, kann das Risiko der Erblindung im Alter steigen. Da das Smartphone und auch der Computerbildschirm eine geringe Distanz zu den Augen mit sich bringen, erhöht sich die Wahrscheinlichkeit kurzsichtig zu werden (vgl. ebd.: 301). Überträgt man die hier genannten Risiken auf die Tatsache, dass die Lernenden durch die rasante Digitalisierung einiger Schulen auch in Präsenz mit Tablets arbeiten, wird deutlich, dass auch dies die Kurzsichtigkeit verstärken kann, selbst wenn die Schulen wieder geöffnet sind.

Die Grenzen zwischen Privatleben und Beruf liefen fließend ineinander, da auch Privatgeräte der Lehrpersonen genutzt wurden (vgl. Interview D: 7). Die Schule als ungestörten Arbeitsort zu nutzen war aufgrund der schlechten technischen Voraussetzungen nicht an jeder Schule möglich (vgl. Interview E: 6). Dennoch ist das Engagement der Lehrkräfte vorhanden gewesen, um die SchülerInnen in der teilweise überfordernden Zeit zu unterstützen, wie beispielsweise Frau J., die eine wöchentliche Märchenstunde angeboten hat (vgl. Interview J: 2). Zudem wird auch Potenzial in den neuen digitalen

Möglichkeiten gesehen, und der überwiegende Anteil der Befragten kann sich vorstellen, auch künftig die digitalen Lernplattformen oder die Kommunikationsmöglichkeiten zu nutzen, um die SchülerInnen kurzfristig zu erreichen (vgl. Interview B: 10). Der Präsenzunterricht ließe sich allerdings durch nichts ersetzen (vgl. ebd.). Im Vergleich zum Präsenzunterricht war die gegenseitige Unterstützung der Lehrpersonen gering und ging zurück. Denn auch den Lehrkräften fehlte der kurze Austausch im Schulgebäude, sodass jeder für sich arbeitete (vgl. Interview C: 7). Da auch Richtlinien und Vorschriften an den Schulen nicht einheitlich kommuniziert wurden, entschieden die Lehrkräfte überwiegend individuell, wie beispielsweise mit dem Datenschutz umgegangen wird (vgl. Interview G: 7). Es wird deutlich, dass das Kernstück des Lehrerberufs, das Unterrichten, in den Hintergrund rückte und während des Homeschoolings eine Tätigkeit neben vielen darstellte (vgl. Interview I: 8). Diese für die Lehrpersonen von Spontanität und Unvorhersehbarkeit geprägte Zeit fasste Herr H. mit folgenden Worten zusammen, indem er schilderte, was für ihn den Lehrerberuf kennzeichnet:

> „Jeden Tag stehen Sie vor 'nem neuen Chaos und Sie wissen aber, Sie finden 'ne Lösung. Sie wissen nur noch nicht wie, weil Sie das Chaos noch nicht kennen. Das ist aber auch das Gute an dem Beruf, finde ich. Also das mag ich daran, dass man im Grunde genommen nicht genau weiß wie es läuft, jedenfalls nicht 100 prozentig." (Interview H: 10).

Insgesamt scheint die Zeit des Homeschoolings bei vielen Lehrkräften zu Frust geführt zu haben, da sie mit der Situation allein gelassen wurden und die Arbeitsbelastung trotz wegfallendem Arbeitsweg stieg. Dennoch würde auch Potenzial in den digitalen Unterrichtsmöglichkeiten gesehen. Nur ist der Wunsch nach einer strukturierteren Organisation, einheitlicher Richtlinien und einer angemessenen Einarbeitung groß, um problemlos und rechtssicher mit den digitalen Möglichkeiten arbeiten zu können. Denn sowohl für SchülerInnen als auch für Lehrkräfte war die Überforderung an vielen Stellen groß. Frau J. beschrieb die Situation des Distanzunterrichts als „eine Situation, die generell nicht normal ist, die auch nach anderthalb Jahren immer noch nicht normal ist und auch niemals sein wird" (Interview J: 8).

6. Schlusskapitel mit Einordnung der Gesamtsituation während der Pandemie und Ausblick

Es wird sichtbar, wie viele Faktoren im Zusammenhang mit dem Distanzunterricht eine Rolle spielen. Daher erfolgt an dieser Stelle eine Einordnung der Gesamtsituation und ein Ausblick auf künftiges Unterrichten. Es wird nicht nur Bezug auf die Leitfrage genommen, sondern auf viele Aspekte, die in unmittelbarem Zusammenhang mit der Veränderung der Vermittlung der Inhalte des Faches Deutsch während des Homeschoolings stehen.

Die Vorbereitung der SchülerInnen auf das Leben ist ein elementarer Bildungsauftrag der Schule (KMK 2016: 10). Wie lässt sich der Distanzunterricht von ungefähr anderthalb Jahren mit dem Begriff der Vorbereitung vereinbaren oder war genau das der Anstoß für den entscheidenden Schritt in die richtige Richtung?

In dem Kapitel zu den neurobiologischen Grundlagen des Lehrens und Lernens wird die Persönlichkeitsentwicklung der Lernenden und die dafür entscheidende Rolle der Lehrkraft und deren Persönlichkeit als wichtiger Auftrag der Schulen erachtet. Schließlich entwickelt sich das Gehirn der Heranwachsenden durch Umwelteinflüsse und gemachte Erfahrungen (vgl. Roth 2021: 272 f.). Nun gibt es bisher keine Experten, welche die Folgen – vor allem die Langzeitfolgen – des Distanzunterrichts für die Lernenden und deren Entwicklung abschätzen können. Daher werden an dieser Stelle die berichteten Erfahrungen aus den Interviews mit den gewonnenen Erkenntnissen aus der Forschung der Medienpsychologie, der Mediendidaktik, der Neurobiologie und der Medienpolitik verknüpft, um eventuelle Folgen abschätzen zu können. Es ist nicht von der Hand zu weisen, dass die Medien mittlerweile den Alltag jedes Menschen begleiten. Aus diesem Grund ist auch das Lernen von und mit digitalen Medien ein wichtiger Bestandteil der schulischen und später der universitären Ausbildung. Interessanterweise ergaben bereits die Ergebnisse einer Studie zu einem ‚E-Learning-System', welches im Jahr 2003 an einer Universität zum Einsatz kam, dass das eigenständige Arbeiten ein Zugewinn ist, die Zeit vor dem Bildschirm jedoch sehr anstrengend (vgl. Baeßler et al. 2003: 18 f.). Dieses Ergebnis wird in den Interviews mit den Lehrkräften bestätigt. Daher wurde versucht, die Bildschirmzeit während des Distanzlernens zu verringern (vgl. Interview I: 2). Vor allem bei Hauptfächern, wie dem Fach Deutsch, würden sonst vier bis fünf Unterrichtsstunden in der Woche vor dem Bildschirm verbracht werden (vgl. ebd.). Die verbrachte Zeit vor dem Bildschirm und die daraus resultierenden Folgen sind auch aus gesundheitlicher und neurobiologischer Sicht problematisch. Roth betont, dass die Kombination aus neuen und bekannten Informationen wichtig sei, um das Mittelmaß zwischen Über- und Unterforderung zu erreichen (vgl. Roth 2021: 261). Wenn nun ein Vortrag der Lehrenden mit vielen neuen und bekannten Informationen ein hohes Maß an Konzentration der Lernenden erfordert und dieser Vortrag additiv auf einer Videokonferenzplattform gehalten wird, die neu ist und im Vortrag unbekannte Tools genutzt werden, erhöht das die Anzahl an neuen Informationen, auf die sich die Lernenden fokussieren müssen. Folglich ist es teilweise schwierig, die gleiche Komplexität an neuen Informationen mit gleichem Lerneffekt zu vermitteln. Umgekehrt führt allerdings „das Zusammenbinden von Details zu einem bedeutungshaften Ganzen [zu] eine[r] erheblichen Komplexitätsreduktion [...], und das ist für die Gedächtnisbildung sehr wichtig" (ebd.: 132). Hierbei handelt es sich ebenfalls um einen Aspekt, der sich im Homeschooling durch die erläuterten, zusätzlich verbrauchten, geistigen Ressourcen für digitale Endgeräte schwieriger umsetzen lässt.

Auf die gesundheitlichen Folgen bezogen, ist die einseitige Körperhaltung vor dem Bildschirm nicht unbedenklich (vgl. Illy 2021: 47). Vor allem, wenn bedacht wird, dass sich die Zeit vor dem Bildschirm durch das Homeschooling stark erhöht. Diese gesundheitlichen Beeinträchtigungen lassen sich ebenfalls auf den Schreibprozess übertragen, da die SchülerInnen bei handschriftlichen Arbeiten teilweise motorische Probleme hätten (vgl. Interview a: 2). Dies wiederum überträgt sich unmittelbar auf das Fach Deutsch, in dem das Verfassen handschriftlicher Texte unter Zeitdruck einen großen Anteil des Faches ausmacht. Ein Lehrer äußerte, dass diese Tatsache Einfluss auf den Prozess der Texterstellung nehme (vgl. Interview H: 7). Die beschriebene einseitige Körperhaltung der Lernenden wird teilweise von Gewichtszunahme begleitet und kann zusätzliche gesundheitliche Beeinträchtigungen forcieren (vgl. Spitzer 2021: 300).

Doch stehen dem nicht die Motivation der Lernenden und die hinzukommenden Möglichkeiten gegenüber? Schließlich werden beispielsweise bei dem Blended Learning verschiedene Zugangsmöglichkeiten zum Lerngegenstand hergestellt, und folglich wird die Heterogenität der Lerngruppe stärker berücksichtigt (vgl. Wedding 2021: 4). Vor allem gibt es auch Möglichkeiten, die Komplexität der Sprache zu adaptieren, passend zur heterogenen Lerngruppe (vgl. Knopp 2020: 6). Doch auch kollaborative Arbeitsformen wie das gemeinsame Bearbeiten eines Textdokuments sind leichter möglich (vgl. Interview F: 3). Des Weiteren kann die Motivation der Lernenden aufrechterhalten werden, indem mithilfe virtueller Abzeichen oder Belohnungen erlangte Erfolge sichtbar werden (vgl. Cheema / Velez 2021: 94). Dies fördert schließlich die extrinsische Motivation (vgl. ebd.). So können eventuell auch unbeliebte Themen des Schulunterrichts – wie Gedichtanalysen – spannend gestaltet werden. Übertragen auf die zu vermittelnden Kompetenzen im Schulunterricht lässt sich festhalten, dass das „selbstorganisierte [...] Arbeiten [...]" (KMK 2012: 13) dadurch eher gehemmt statt gefördert wird. Schließlich wird durch die Förderung der extrinsischen Motivation forciert, dass der Zweck, hier die Belohnung, relevanter wird als der Lerngegenstand selbst (vgl. Cheema / Velez 2021: 94).

Es wird deutlich, dass die Auswirkungen innovativ erscheinender, neuer digitaler Möglichkeiten des Lehrens und Lernens teilweise einen negativen Einfluss auf die Lernenden insgesamt haben können. Schließlich ist mit Blick auf die zurückliegende Coronapandemie zu beachten, dass jegliche Form des digitalen Lernens zuhause stattfand und nicht phasenweise in den Präsenzunterricht integriert wurde. Mit dem Lernen von zuhause findet auch eine Verschiebung der Lernumgebung statt. Die ursprüngliche Lernumgebung im Präsenzunterricht ist die des Klassenraums mit der Lehrkraft und den MitschülerInnen. Dort können unter anderem Lernfortschritte in Form von aufgehängten Plakaten visualisiert werden (vgl. Interview J: 4). Außerdem haben die Lernenden überwiegend fest zugewiesene SitzpartnerInnen für einen bestimmten Zeitraum, der die Lernumgebung ebenfalls mitgestaltet. Die Sitzordnung beeinflusst den Lerneffekt in erheblichem Maße, da diese Auswirkungen auf die Lernatmosphäre hat und diese die Lernenden emotional beeinflusst (vgl. Roth 2021: 200). Eine angenehme Lernatmosphäre ohne Mobbing in der Klasse zu schaffen ist Aufgabe der Lehrkraft (vgl. ebd.).

Dem könnte entgegnet werden, dass es beim Distanzlernen keine Ausgrenzungen gibt. Dadurch kann die Lernatmosphäre für einige SchülerInnen verbessert werden. Allerdings gibt es zum einen im digitalen Raum Cybermobbing; zum anderen ist die Lernumgebung zuhause nicht zwangsläufig eine bessere. Ein Lehrer berichtet, dass es für die Lernenden schwierig sei, sich eine häusliche Lernumgebung zu schaffen (vgl. Interview H: 3). Schließlich seien die räumlichen Möglichkeiten nicht immer gegeben, und es sei manchmal schwierig, nicht von den Familienmitgliedern gestört zu werden (vgl. ebd.). Hinsichtlich der angesprochenen räumlichen Gegebenheiten ist zu bedenken, dass, laut der JuCo-Studie, knapp elf Prozent der Heranwachsenden nicht einmal ein eigenes Zimmer haben (vgl. Wilmes et al. 2020: 19). Zusätzlich zu der problematischen Situation der Lernumgebung und des Cybermobbings kommt eine gewisse Hilflosigkeit hinzu. Den SchülerInnen wird in der Zeit des Lockdowns bewusst, dass sie an der vorherrschenden Situation nichts ändern können, sie diese ganz im Gegenteil nur passiv hinnehmen können. Folglich entwickelt sich dauerhafter Stress bei den Lernenden (vgl. Spitzer 2021: 302). Jene Hilflosigkeit kann als derartig negative Erfahrung aufgefasst werden, dass die Lernenden die in der Zeit erlernten Inhalte während des Distanzunterrichts mit diesen negativen Erfahrungen verknüpfen. Dies führt im mesolimbischen System und der Amygdala zu synaptischen Verbindungen, die sich kaum oder nicht mehr lösen lassen (vgl. Roth 2021: 158). Durch die Neurobiologie ist bekannt, dass jene Verknüpfungen fast irreversibel sind und allenfalls durch erneutes Lernen überschrieben werden können (vgl. ebd.). Unabhängig von der Hilflosigkeit kann auch die häusliche Lernumgebung, die eventuell mit einem problematischen Elternhaus einhergeht, oder das Cybermobbing zu solchen negativen Erfahrungen führen, die sich mit den gelernten Inhalten verknüpfen. Wird bedacht, dass die Bildungsinhalte über die Jahrgangsstufen sukzessive erweitert werden, kann davon ausgegangen werden, dass negativ konnotierte Lerninhalte den weiteren Bildungsverlauf beeinträchtigen können.

Erschwerend kommt hinzu, dass durch die erhöhte häusliche Anwesenheit aller Familienmitglieder das Internet stärker genutzt wird. Dadurch werden Unterbrechungen des Internets häufiger, was die Lernsituation stark beeinträchtigen kann, wie die JuCo-Studie herausstellte (vgl. Andresen et al. 2020: 13). Das Elternhaus ist laut der Einschätzung des befragten Lehrers folglich einen bedeutender Erfolgsindikator für den Distanzunterricht (vgl. Interview H: 3). Diese Annahme lässt sich wissenschaftlich bestätigen. Die Haltung der Familie und der Gesellschaft bestimmt die Einstellung der Heranwachsenden zum Lernen mit (vgl. Roth 2021: 199 f.). Die nun im häuslichen Umfeld verortete Lernumgebung kann auch die dort gelernten Inhalte negativ beeinflussen. Schließlich schreiben die SchülerInnen der Lernumgebung eine Bedeutung zu und verknüpfen die Lerninhalte bedingt mit dieser Umgebung. Die Veränderung der Lernumgebung kann sich folglich negativ auf das Gelernte auswirken (vgl. Unger 2014: 84). Sofern die SchülerInnen keine feste Lernumgebung haben, lässt sich ableiten, dass sich das auf die Verarbeitung der Lerninhalte auswirkt.

Es lässt sich festhalten, dass die Anerkennung der häuslich etablierten Lernumgebung und der Schule durch die Familie ebenso wichtig ist wie die gesellschaftliche Sicht auf die Institution Schule (vgl. Roth 2021: 200).

Die Gesellschaft hat vor allem in Zeiten der Coronapandemie eine eher negative Haltung den Heranwachsenden gegenüber entwickelt, welche für die SchülerInnen spürbar wurde. Es hat sich der Begriff „‚Generation Corona'" (JuCo 2, Andresen et al. 2020: 13) etabliert. Außerdem entstand auch die Bezeichnung „‚verlorene Generation'" (Leidig et al. 2021: 14) sowie das Jugendwort „‚Lost'" (ebd.). Werden diese Bezeichnungen einer ganzen Generation auf die wissenschaftliche Erkenntnis übertragen, dass die Gesellschaft Einfluss auf die Einstellung zum Lernen der Heranwachsenden nimmt, lässt sich ableiten, dass die Folgen dessen nicht unerheblich sind. Es kommt hinzu, dass dadurch forcierte negative Emotionen bei den Lernenden die Erinnerung der in dieser Zeit erlernten Bildungsinhalte erschweren können. Schließlich mindern negative Emotionen den Erinnerungserfolg (vgl. Roth 2021: 203). Zu den bereits ungünstigen Umständen des Distanzunterrichts entwickelt sich folglich die gesellschaftliche Abwertung der Jugendlichen, und das, obwohl bereits viele Möglichkeiten der Zuflucht ersatzlos wegfallen. Spitzer betont, dass Depressionen durch den Distanzunterricht verstärkt werden können oder auch entstehen können (vgl. Spitzer 2021: 296). Eine interviewte Lehrerin bestätigt dies indirekt, indem sie hervorhebt, dass die SchülerInnen in Zeiten des Homeschoolings auch emotional stärkere Unterstützung brauchen (vgl. Interview J: 13). Eine weitere Lehrerin hat unterstrichen, dass die emotionale Unterstützung stärker gefragt ist (vgl. Interview G: 4). Eine Schülerin habe sie wegen außerschulischer Belange mitten in der Nacht kontaktiert (vgl. ebd.). Dass Depressionen hervorgerufen oder verstärkt werden können, ist folglich nicht unwahrscheinlich. Schließlich vereinsamen viele Heranwachsende in dieser Zeit auch, da soziale Kontakte und außerschulische Angebote wegfallen (vgl. Andresen et al. 2020: 6). Die Idee, soziale Medien können dies ersetzen, ist nicht nur ein Trugschluss, sondern macht auf eine weitere Problematik aufmerksam. Eine Studie zu der Plattform Facebook hebt hervor, dass eine Verbindung zwischen dem Auftreten depressiver Symptome und dem täglichen Anmelden auf diesem sozialen Medium besteht (vgl. Steers et al. 2014 in Tosun / Kaşdarma 2020: 166). Es erfolgt ein dauerhafter Aufwärtsvergleich, welcher zu negativen Gefühlen führt (vgl. Tosun / Kaşdarma 2020: 166). Diese Tatsache fällt umso mehr ins Gewicht, je eintöniger der Alltag der Heranwachsenden in Zeiten der Pandemie ist. Hier erhalten Plattformen, die Raum für selbstdarstellerische Individuen geben, noch mehr Aufmerksamkeit und Macht. Dies ist sehr bedenkenswert, da die verbrachte Zeit vor dem Computer und mit den sozialen Medien von fünf auf sieben Stunden gestiegen ist (vgl. Spitzer 2021: 300). Soziale Ausgrenzungen bis hin zu Cybermobbing können ein viel stärkeres Ausmaß annehmen, wenn bedacht wird, dass dies für manche Heranwachsende die einzige Möglichkeit darstellt, Kontakte zu pflegen. Nicht zu unterschätzen ist hier auch das Bedürfnis, einer Gruppe angehören zu wollen (vgl. Roth 2021: 39). Dies kann die psychische Entwicklung – je nach Einfluss – negativ beeinträchtigen (vgl. ebd.).

Eine Zwischenbilanz zum Distanzunterricht lässt sichtbar werden, dass deutlich mehr als der Unterricht entfällt. Die Kommunikation mit Gleichaltrigen wird ebenfalls überwiegend auf digitale Kontexte transferiert. Auch die Orientierung an Vorbildern, unter anderem an der Lehrkraft, ist nur noch in eingeschränkter Form möglich. Dabei ist die Rolle der Lehrkraft und die

Beziehung zwischen Lehrkraft und Lernenden ein wichtiger Faktor für die SchülerInnen (vgl. Roth 2021: 201). Schließlich macht die Lehrerpersönlichkeit 30 bis 40 Prozent des Lernerfolgs aus (vgl. Roth 2021: 313). Der erste Eindruck ist – wie Roth betont – maßgeblich für die Beziehung und das Vertrauen zwischen Lernenden und Lehrkraft (vgl. Roth 2021: 314 f.). Möglicherweise können sich die Lernenden sowie die Lehrkraft auch digital ein Bild voneinander machen, zumindest bei entsprechender Kameraauflösung. Allerdings äußerte eine befragte Lehrerin, bei Videokonferenzen nicht alle Lernenden sehen zu können, da ihr eigener Bildschirm oder auch die genutzte Videokonferenzplattform nicht den nötigen Platz bietet, alle Bilder anzuzeigen (vgl. Interview A: 3 f.). Manche SchülerInnen lassen die Bilder auch bewusst ausgeschaltet, um sich, laut der Aussagen von Lehrerin A., verstecken zu können (vgl. ebd.). Bedingt dadurch vergesse Frau A., gewisse SchülerInnen in den Unterricht einzubinden, da schlichtweg der Überblick – wie in Präsenz im Klassenraum – fehle (vgl. ebd.). Sich diesen wichtigen ersten Eindruck voneinander zu bilden scheint schwierig, wenn Lehrkraft und Lernende sich teilweise nur in Videokonferenzen kennenlernen. Schließlich ist für diesen ersten Eindruck „Mimik, Gestik, Körperhaltung und Stimmführung" (Roth 2021: 314) grundlegend. Dieses dadurch entstehende Bild der Persönlichkeit des Gegenübers wird binnen Sekunden festgelegt (vgl. ebd.). Folglich lässt sich ableiten, dass dies kaum möglich ist, wenn bedacht wird, dass die Kamera häufig nur das Gesicht und eventuell einen Teil der Schultern abbildet. Außerdem ist die Darbietung des Gegenübers auf dem Bildschirm zweidimensional, und es kann kein Augenkontakt hergestellt werden (vgl. Roth 20221: 344). Auch die teils asynchrone Bewegung von Mund und Stimme sowie Verzerrungen des Bildes oder Tonausfälle führen zu einem schwierigen zwischenmenschlichen Kontakt (vgl. ebd.). Es fehlen schlichtweg Informationen zur einwandfreien Wahrnehmung, oder es kommt zu falschen Wahrnehmungen des Gegenübers aufgrund der Technik. Roth spricht von drei Ebenen, welche konstitutiv für die Kommunikation und Zwischenmenschlichkeit sind. Er nennt die verbale, paraverbale und nonverbale Kommunikation (vgl. ebd.). Ihm zufolge sei vor allem für die nonverbale und paraverbale Kommunikation der persönliche Kontakt der Personen grundlegend (vgl. ebd.). Dies ist allerdings nicht nur wichtig, um sich einen Eindruck des Gegenübers zu verschaffen und die Vertrauenswürdigkeit abzuschätzen, sondern auch, um das Arbeitsgedächtnis nicht zu stark zu beanspruchen. Diese eben genannten Ebenen der Kommunikation fordern im Präsenzunterricht weniger Leistung und benötigen im Distanzunterricht mehr Kapazität des Arbeitsgedächtnisses, wodurch weniger Ressourcen zur Verarbeitung der Lerninhalte verfügbar sind (vgl. ebd.). Dies kommt zu der bereits anstrengenden Bildschirmarbeit hinzu und lässt in der Summe weniger Platz für die Verarbeitung des zu lernenden Unterrichtsstoffs (vgl. ebd.). Grundsätzlich braucht das Arbeitsgedächtnis nach drei Minuten eine Pause, damit die erlernten Inhalte verarbeitet werden können und das Arbeitsgedächtnis wieder Kraft hat, Neues aufzunehmen (vgl. Roth 2021: 162). Während im Präsenzunterricht kurze Pausen eingebaut werden können, indem die Lernenden beispielsweise Zeit bekommen, sich mit SitznachbarInnen auszutauschen, ist dies bei Videokonferenzen umständlicher. Es müssten Breakout-Sitzungen für kurze Murmelphasen erstellt werden, was wiederum Zeit beansprucht. Auch im Vortrag der Lehrkraft können Pausen enthalten sein. Das Arbeitsgedächtnis kann kurzzeitig entlastet werden, wenn die präsentierten Lerninhalte durch Beispiele oder lustige Aussagen der Lehrkraft begleitet werden. Dadurch bleiben die Lernenden aufmerksam und denken weiterhin mit (vgl. ebd.: 324 f.). In Videokonferenzen kann schon durch die jeweils unterschiedliche Soundqualität und den fehlenden Blickkontakt ein deratig lernförderlicher Vortrag kaum stattfinden. Wird argumentiert, dass Lernende sich dafür bei der selbstständigen Bearbeitung von Aufgaben im Distanzunterricht die Pausen individuell einteilen können, kann entgegnet werden, dass die Gelegenheiten der Ablenkungen erhöht sind, da der Lernprozess nicht durch die Lehrperson beobachtet wird.

Wenn Pausen in den Videokonferenzen wegfallen oder seltener erfolgen und das Arbeitsgedächtnis zu stark beansprucht wird, „stellt es wegen Überlastung ‚auf Durchzug' und lernt nichts mehr" (ebd.: 162).

Es gilt zu bedenken, dass die eben genannten Ebenen der Kommunikation ebenfalls permanent das Arbeitsgedächtnis beanspruchen und folglich im Distanzunterricht diese Gedächtnisleistung stärker beeinträchtigen, da fehlende Informationen zur nonverbalen und paraverbalen Kommunikation interpretiert werden müssen (vgl. ebd.: 345). Dies stellt zum einen auf Seiten der SchülerInnen die Hürde dar, Vertrauen, Feinfühligkeit und Kompetenz der Lehrperson nur schwer abschätzen zu können (vgl. ebd.). Doch jene Probleme ergeben sich auch bei der Lehrperson, wenn es darum geht, die Lernenden einschätzen und bewerten zu müssen. Der befragte Lehrer Herr B. äußerte, dass das Einschalten der Kameras aufgrund des Datenschutzes nicht verpflichtend sein dürfe (vgl. Interview B: 3). Hier fehlen die eben erläuterten Ebenen folglich komplett. Doch selbst wenn die Lernenden die Bereitschaft haben, die Kameras einzuschalten, würde es zu Überlastungen der Internetverbindung einzelner SchülerInnen oder zur Überlastung der Videokonferenzplattform kommen (vgl. ebd.). Dies führe dazu, dass Herr B. sogar teilweise einfordere, dass die Lernenden ihre Kameras ausschalten (vgl. ebd.). Eine vernünftige Beziehung zwischen Lernenden und Lehrkraft scheint digital folglich kaum denkbar. Dabei nimmt die Beziehung erheblichen Einfluss auf das unterrichtliche Geschehen und ist Bedingungsfaktor für gelingendes Lehren und Lernen (vgl. Roth 2021: 313). Auch ein Dialog zwischen Lehrkraft und Lernenden scheint unter solchen Bedingungen kaum möglich, obwohl die Sprachentwicklung maßgeblich durch aktive Beteiligung gefördert wird und „nicht durch passive Betrachtung von Bildschirmen" (Spitzer 2021: 302). Doch selbst wenn die technischen Voraussetzungen und Internetverbindungen besser wären, würde eine Präsenzunterrichtsstunde, in welcher nicht zuletzt durch Augenkontakt eine Verbindlichkeit und aktives Zuhören ermöglicht werden, nicht ersetzt.

Während die SchülerInnen durch den Distanzunterricht einen unpräziseren Eindruck der Lehrkraft bekommen, muss die Lehrkraft die Lernenden trotzdem bewerten, auch wenn die Gesichter mancher SchülerInnen unbekannt bleiben. Diese paradoxe Situation stellt die Lehrpersonen vor völlig neue Herausforderungen. Zu Beginn des Homeschoolings sei es, laut der Lehrerin A., nicht erlaubt gewesen, Leistungen zu bewerten. Bis zu den Halbjahreszeugnissen 2021 habe es diese Auflage gegeben (vgl. Interview A: 5). Als es erlaubt war, bestand die Problematik darin, eine transparente Leistungsgrundlage zu erhalten, welche bewertet werden kann. Die ausgeschalteten Kameras verleiten dazu, sich mündlich nicht zu beteiligen oder dem Unterricht fernzubleiben und technische Probleme als Grund zu nennen. Herr B. habe häufig vor dieser Herausforderung gestanden und die Bewertung in solchen Fällen als schwierig empfunden (vgl. Interview B: 4).

Das kann dafür sorgen, dass die betroffenen SchülerInnen kaum etwas gelernt haben. Schließlich weiß man aus der neurobiologischen Forschung, dass „es Bedeutungen nicht ohne Prozesse der internen Bewertung gibt, die im limbischen System des Gehirns ablaufen und die wir als Emotionen und Motive erleben" (Roth 2021: 26). Jene Emotionen und Motive bilden die Voraussetzung, um zu lernen (vgl. ebd.). Folglich ist die Entziehung des Unterrichtsgeschehens schwerwiegender als gedacht.

Hinsichtlich der Problematik der Bewertung lässt sich zwar einräumen, dass eingereichte Aufgaben bewertet werden können und diese sogar in schriftlicher Form von jedem Lernenden vorliegen, jedoch ist an dieser Stelle nicht transparent, ob die selbstständig zu erarbeitenden Aufgaben ohne Hilfsmittel oder die Unterstützung der Eltern bearbeitet wurden. Lehrerin E. empfand es als schwierig, das einzuschätzen und die Aufgaben zu bewerten (vgl. Interview E: 2 f.). Es gilt an dieser Stelle zu betonen, dass der erste Eindruck eines Lernenden hierbei noch stärker ins Gewicht fallen kann, da es weniger Gelegenheiten gibt, diesen Eindruck zu revidieren (vgl. Roth 2021: 314 f.). Sei es, weil neben Videokonferenzen auch asynchrone Lerneinheiten stattfinden, in denen weder der Lernende noch der Lernprozess beobachtet werden kann. Denn Einzelarbeit heißt im Distanzunterricht tatsächlich unbeobachtet arbeiten, ohne dass die Lehrkraft durch den Klassenraum gehen und das Lernverhalten beobachten kann. Schließlich wird der Lernprozess ebenfalls bewertet. Doch neben diesem Faktor ist es auch in Videokonferenzen aufgrund technischer Probleme schwierig, das Bild dauerhaft einzuschalten. Dies wiederum kann bei der Lehrkraft den Eindruck erwecken, dass die SchülerInnen geistig abwesend sind, wodurch ein negativer Eindruck entsteht, der eventuell unberechtigt ist.

Doch die Leistungsbewertung hat auch einen diagnostischen Zweck, der ebenfalls durch die eben genannten Gründe behindert wird. Ein unerwarteter Leistungsabfall kann beispielsweise ein Indiz dafür sein, dass eine Schülerin oder ein Schüler private Probleme hat oder an einer psychischen Krankheit leidet. Dies zu erkennen und entsprechend aktiv zu werden ist wesentlicher Bestandteil des Lehrerberufs (vgl. Roth 2021: 317). Wenn die Lernenden sich jedoch überwiegend zurückziehen, kann die Lehrkraft sich keinen Eindruck darüber verschaffen, wie leistungsstark oder leistungsschwach die Lernenden tatsächlich sind und worauf die gezeigten Leistungen zurückzuführen sind. Es wird deutlich, dass es nur schwierig bis gar nicht möglich ist, dieser Aufgabe nachzukommen. Dabei ist diese in Zeiten des Distanzunterrichts umso zentraler. Bei der JuCo-Studie wurde herausgestellt, dass 25 Prozent der Lernenden mit der Unterstützung der Lehrkraft sehr unzufrieden waren (vgl. Wilmes et al. 2020: 25). Doch ob wirklich die Unterstützung der Lehrkräfte fehlte, oder ob die Lernenden sich nicht überwinden konnten, Hilfe anzufragen, ist an dieser Stelle kaum ermittelbar. Lehrerin E. nahm wahr, dass „im menschlichen, emotionalen Umgang mit den Schülern [...] was verloren geht“ (Interview E: 8). Die Lehrkraft bewusst anzusprechen oder nach der Stunde um ein Einzelgespräch zu bitten, sei durch den Distanzunterricht viel schwieriger (vgl. ebd.). Es fehlen jedoch auch entsprechende Gelegenheiten, wie der gemeinsame Gang zum Pausenhof oder das zufällige Treffen im Schulgebäude (vgl. ebd.). Es sollte ebenfalls nicht vergessen werden, dass vor allem familiäre Probleme kaum mit Lehrkräften besprochen werden können, da bereits im Begriff ‚Homeschooling‘ das Problem sichtbar wird. Es fehlt schlichtweg der räumliche Abstand zur Familie, sodass kein ungestörtes Gespräch mit einem Dritten möglich ist. Frau G. machte sogar die Erfahrung, dass eine Schülerin sie konkret darum gebeten hat, die Kamera und den Ton ausschalten zu dürfen, da sie auf ihre Geschwister aufpassen müsse (vgl. Interview G. 5). Selbst wenn die LehrerInnen in die Probleme der Lernenden involviert werden, ist es nicht immer möglich zu helfen. Die sozialen Ungleichheiten werden an dieser Stelle deutlich, berichtet Frau G. (vgl. ebd.). Der Distanzunterricht und die Coronapandemie haben diese Ungleichheiten verstärkt. Doch es erweist sich nicht nur als problematisch, ein vertrauliches Gespräch mit den Lehrpersonen zu führen, sondern auch die Einsamkeit steigt, die durch die soziale Isolation bedingt ist (vgl. Spitzer 2021: 304). Die Heranwachsenden und jungen Menschen seien diejenigen, die am meisten darunter leiden würden. Mit der Einsamkeit würden außerdem „kurzfristige (Suizid und häusliche Gewalt) [...] und langfristige Auswirkungen in Bezug auf eine Vielzahl von chronischen Krankheiten" (Spitzer 2021: 304) einhergehen.

In einer Befragung zu den Ängsten und Sorgen der Jugendlichen wurden bei der Angabe finanzieller Sorgen auch psychische Belastungen und Zukunftsängste geäußert (vgl. Andresen et al. 2021: 34). Die finanziellen Sorgen werden nicht nur durch den eventuellen Verlust des Berufs oder die Kurzarbeit der Eltern forciert, sondern auch dadurch, dass eine digitale Ausstattung oder leistungsstärkere Internetleitungen nötig sind, um angemessen am Distanzunterricht teilnehmen zu können. Denn ansonsten muss im Zweifel das Smartphone genutzt werden, oder die Internetleistung reicht nicht aus, um die Lehrkraft ohne Unterbrechung zu verstehen und am Unterricht teilnehmen zu können. Dies wirkt sich wiederum auf die Leistungen aus, da es für die Lehrkraft kaum abschätzbar ist, ob es tatsächlich an der technischen Ausstattung oder an der Demotivation liegt, dass jemand die Kamera ausgeschaltet hat oder dem Unterricht gänzlich fernbleibt. Es wird somit ein kurzfristig und auch langfristig unlösbares Dilemma sichtbar. Die Grenzen werden durch die Digitalisierung an dieser Stelle nicht überwunden, sondern gesetzt, und es sind vor allem sozial schwache SchülerInnen betroffen (vgl. Roth 2021: 346). Nicht nur von schlechteren Lernvoraussetzungen und familiären Sorgen sind diese stärker betroffen, sondern auch von ungesunderer Ernährung, weniger körperlicher Bewegung und höheren Bildschirmzeiten (vgl. Spitzer 2021: 304).

Ein ebenso komplexes wie weitreichendes Thema ist das der Veränderung der Vermittlung der Unterrichtsinhalte im Deutschunterricht. Die Möglichkeiten, welche die Arbeit mit Medien im Deutschunterricht eröffnen, sind nicht von der Hand zu weisen. Die Literatur hält viele Vorschläge und positive Effekte des digitalen Lernens bereit, wie bereits in dieser Dissertation dargestellt. Auch die befragten Lehrkräfte betonen, dass durch die Videokonferenzen beispielsweise mehr Gruppenarbeit möglich war, die zuvor im Präsenzunterricht – unter Pandemiebedingungen – wegfiel (vgl. Interview: H: 1). Die Themen wurden teilweise ebenfalls angepasst, sodass zum Thema ‚Argumentieren' in einer achten Klasse erörtert werden sollte, ob Videokonferenzen ein passender Ersatz für Präsenzunterricht sein können (vgl. Interview F: 2). Außerdem habe der Distanzunterricht eine Metakompetenz bei den SchülerInnen gefördert (vgl. Interview I: 2). Hierzu kann die Förderung von selbstgesteuertem Lernen und der Selbstständigkeit gezählt werden (vgl. Becker 2020: 4). Es kann nicht nur die wegfallende Ablenkung eine positive Auswirkung haben, sondern auch das eigen Lerntempo, welches gewählt werden kann (vgl. ebd.). Die Ablenkung der MitschülerInnen habe zudem abgenommen, wodurch die schriftlichen Ausarbeitungen vollständiger und fehlerfreier geworden seien (vgl. Interview A:6). Ähnliches nahm Herr H. wahr. Er führte das darauf zurück, dass die Kontrolle durch die Lehrkraft stärker sei (vgl. Interview H: 6 f.). Schließlich werden die Aufgaben zugesendet oder auf einer Plattform hochgeladen, wodurch es stärker auffällt, wenn jemand eine Aufgabe nicht einreicht.

Diese genannten Vorteile können sicherlich innovative Ergänzungen zum Präsenzunterricht darstellen oder auch das Potenzial des asynchronen Lernens verdeutlichen. Allerdings wirkt sich die Förderung des selbstgesteuerten Lernens nicht auf alle SchülerInnen gleichermaßen positiv aus. Denn der durch die Lehrkraft gestaltete Unterricht bereitet die SchülerInnen zum Großteil nicht auf das selbstgesteuerte Lernen vor (vgl. Dubs 2009: 350). Darüber hinaus ist die Konzeption der Leistungsüberprüfung in Form einer Klassenarbeit oder Klausur und der damit einhergehenden Vorbereitung auf diese schriftliche Arbeit nicht auf das selbstgesteuerte Lernen ausgelegt. Lehrkräfte bereiten die SchülerInnen vorwiegend durch vorgegebene Lernsituationen auf die zu überprüfenden Inhalte der schriftlichen Arbeit vor und beziehen das selbstgesteuerte Lernen dazu kaum ein (vgl. ebd.: 350 f.). Auch die Motivation der Lernenden spielt hierbei eine Rolle. Diese sind aufgrund der erläuterten Umstände teilweise nicht in der Lage, eigene Vorgehensweisen und Ziele zu entwickeln, welche selbstständig erarbeitet werden. Dies kann ebenfalls durch mangelndes Interesse an dem Lerngegenstand verursacht werden und kann bei SchülerInnen zur Folge haben, dass diese im Unterrichtsgeschehen und im Lernprozess eine passive Rolle einnehmen (vgl. ebd.). Durch den in Präsenz stattfindenden Unterricht wird eine Verbindlichkeit durch die Begleitung und Beobachtungen der Lehrkraft geschaffen. Diese fällt beim selbstgesteuerten Lernen im Homeschooling weg, wodurch den SchülerInnen mehr Verantwortung übertragen wird. Wird diese selbstständige Lernphase nicht bewältigt, können hier große Wissenslücken entstehen, oder die Lernenden eignen sich falsches Wissen oder fehlerhafte Strategien an. Während leistungsstarke SchülerInnen sich meist aufmerksam und konzentriert einem Lerngegenstand widmen können, falle leistungsschwachen Lernenden das schwer. Dies fiele vor allem beim Lernen an digitalen Endgeräten ins Gewicht (vgl. Spitzer 2021: 304). Der Lehrkraft fehlt dabei die Möglichkeit, den individuellen Lernprozess aller SchülerInnen zu beobachten und als LernberaterInnen eventuell einzugreifen. An dieser Stelle könnten die interessierten und leistungsstarken SchülerInnen zwar grundsätzlich profitieren, allerdings kann auch das Risiko des Misserfolgs bei den lern- und leistungsschwachen SchülerInnen steigen und bedingen, dass diese im weiteren Verlauf der Schullaufbahn abgehängt werden.

Ferner entfallen einige zentrale Bestandteile des Deutschunterrichts während des Homeschoolings ersatzlos. Hierzu zählt die szenische Interpretation, welche auf den Videokonferenzplattformen nicht umsetzbar ist. Wird dies auf die Tatsache bezogen, dass nur ein kleiner Teil des Körpers auf dem Bildschirm sichtbar ist und dies nicht einmal bei allen Lernenden, da unter anderem die technischen Voraussetzungen dies nicht ermöglichen, wird schnell deutlich, dass es keine brauchbare Alternative gibt. Lehrerin F. habe versucht, szenisches Lesen digital umzusetzen, jedoch sei dies kein Ersatz (vgl. Interview F: 3). Außerdem setzt dies eine stabile Internetverbindung aller Beteiligten voraus, um eine störfreie Übertragung der Stimme zu ermöglichen und Aspekte wie die Betonung heraushören zu können. Wenn szenische Interpretationen und die Aufführung kleiner Theaterstücke entfallen, geht deutlich mehr verloren als eine Möglichkeit zur Unterrichtsgestaltung. Im Deutschunterricht lernen SchülerInnen, verbal und nonverbal Gefühle auszudrücken. Dies gelingt unter anderem durch die genannte szenische Interpretation (vgl. Haas 2021: 112 ff.). Die eigene Gefühlslage so zu verbalisieren, dass das Gesagte tatsächlich mit dem Empfinden kongruiert, erfordert das Erlernen, Gedanken und Gefühle zum Ausdruck zu bringen. Dies gelingt durch die Kontrolle des unteren und oberen Stirnhirns (vgl. Roth 2021: 58). Es wird sichtbar, dass durch das fehlende Erlernen und Üben solcher Situationen, bedingt durch den Distanzunterricht, ein zentraler Bestandteil der Darstellung eigener Gefühle verloren geht.

Lehrerin C. habe wahrgenommen, dass die SchülerInnen beim Vorlesen häufig auf den Chat ausweichen und technische Probleme kundtun, wenn Lehrerin C. diese gezielt angesprochen hat (vgl. Interview C: 2). Frau G. äußert, dass statt Diskussionen im Plenum auch Schreibaufgaben erteilt worden seien (vgl. Interview G: 3). Bei dem Lesen von Ganzschriften seien laut Herrn I. Alternativen zur Texterschließung entfallen, und es wurde beinahe ausschließlich ein Textabschnitt gelesen und ausgewertet (vgl. Interview I: 1 f.). Daran knüpft die Aussage von Herrn B. an, dass der Deutschunterricht durch das Homeschooling einen Schwerpunkt auf die Wissensvermittlung lege und nicht auf die Handlungsorientierung (vgl. Interview B: 2). Dabei ist es vor allem Aufgabe des Faches Deutsch, Kulturtechniken wie das Lesen, Schreiben und die Gesprächsführung zu vermitteln (vgl. Schilcher / Meier 2021: 66). Eine derartige Verschiebung des Schwerpunkts – wie von den befragten Lehrpersonen beschrieben – führt folglich zu einer Veränderung des Faches statt zu einer Veränderung der Vermittlung der Unterrichtsinhalte. Unabhängig von der Veränderung des Faches Deutsch bedeuten weniger Zugangsmöglichkeiten zu einem Lerngegenstand auch eine schlechtere Speicherung des Lerninhalts und folglich ein schwächeres Erinnerungsvermögen an das Gelernte (Roth 2021: 152). Lehrer I. verstärkt diese Annahme und äußert, dass der Distanzunterricht eine „abgespeckte“ (Interview I: 2) Form des Unterrichts sei und er insgesamt einseitiger sei (vgl. ebd.). Dabei ist vor allem die Darstellung der Information elementar, um die Wahrscheinlichkeit zu erhöhen, dass diese in das Zwischengedächtnis übertragen wird (vgl. Roth 2021: 135). Hier gilt, wenn eine Information wichtig erscheint, wird diese eher weitergeleitet (vgl. ebd.). Herr I. wisse, dass es digitale Möglichkeiten gibt, welche den Distanzunterricht bereichern, jedoch sei der Arbeitsaufwand zum Teil zu hoch, und vieles sei auch nicht datenschutzkonform (vgl. Interview I: 2).

Es wird außerdem neurobiologisch begründet, dass der Prozess des Verstehens von Lerninhalten sehr komplex ist und dies subjektiv und kontextabhängig ist (vgl. Roth 2021: 272). Dies lässt sich im Distanzunterricht jedoch kaum abschätzen, da aufgrund ausgeschalteter Kameras nicht einschätzbar sei, ob Unterrichtinhalte verstanden wurden (vgl. Interview C: 1 f.). Frau C. habe von den zwei neunten Klassen ausschließlich einen Schüler über die Videoübertragung gesehen (vgl. ebd.). Die restlichen SchülerInnen sprächen nur, aber zeigten kein Bild, und wiederum ein Viertel schreibe nur über den Chat und wurden deswegen von Frau C. bisher weder gehört noch gesehen (vgl. ebd.). Diese Ungewissheit erhöhe den Arbeitsaufwand immens, da sie mehr Kontroll- und Übungsblätter erstellt zur Vergewisserung, dass alle es verstanden haben (vgl. ebd.). Die Kombination unterschiedlicher Methoden zur Vermittlung von Lerninhalten, welche sich aus didaktischer und neurobiologischer Sicht als effektiv herausgestellt hat, wird folglich überwiegend auf Wissensvermittlung und eigenständige Kontrolle reduziert. Bei dieser Kombination verschiedener Methoden kann vor allem das heterogene Lernniveau und Lerntempo eingebunden werden, indem beispielsweise Gruppen- oder Einzelarbeiten passend eingesetzt werden (vgl. Roth 2021: 329). Doch wenn, wie im Fall von Frau C. weder Gesicht noch Stimme der Lernenden bekannt sind und das Leistungsniveau auch nur grob eingeschätzt werden kann, ist ein passender Einsatz diverser Sozialformen schier unmöglich. Ähnliche Erfahrungen haben Frau J. und Herr B. gemacht. Frau J. habe ihre SchülerInnen der EF auch nur digital kennengelernt, und die Kameras seien nicht eingeschaltet gewesen (vgl. Interview J: 3). Herr B. habe ebenfalls SchülerInnen in der Mittelstufe, die weder die Kamera einschalteten noch

Aufgaben einreichten (vgl. Interview B: 3). Dies ist sehr problematisch, wenn bedacht wird, dass die Aktivierung des Vorwissens elementar für die Anschlussfähigkeit von Lerninhalten ist (vgl. Roth 2021: 162). Im Arbeitsgedächtnis wird schnell und assoziierend gedacht, sodass eine unmittelbare Verknüpfung der Inhalte das Verständnis für darauf aufbauendes Wissen ermöglicht (vgl. ebd.: 161). Da die Lerninhalte, welche in der Schule vermittelt werden, von Jahrgangsstufe zu Jahrgangsstufe sukzessive erweitert werden, ist diese Aktivierung des Vorwissens unabdingbar. Doch wenn die SchülerInnen teilweise nicht einmal sprechen und nur die Chatfunktion nutzen, sich gar nicht beteiligen oder dem Distanzunterricht gänzlich fernbleiben, sind passende Impulse und Fragestellungen der Lehrperson nicht ausreichend, um eine Anbindung an das Vorwissen zu ermöglichen. Schließlich ist hierbei vor allem die Interaktion zwischen Lehrkraft und Lerngruppe wichtig, um das Vorwissen einzubinden und sich dem neuen Lerngegenstand anzunähern. Außerdem dient die Aktvierung des Vorwissens nicht nur dem besseren Verständnis der Lernenden, sondern auch der Vergewisserung der Lehrkraft, dass die Lernenden bereits über Basiswissen zu einer Thematik verfügen. Ist dies nicht der Fall oder geringer als gedacht, müssen die zu vermittelnden Lerninhalte adaptiert werden. Dies ist eine zentrale Aufgabe von LehrerInnen, welche jedoch nur angemessen erfolgen kann, wenn die Lernenden eine Rückmeldung geben und ein Austausch stattfindet. Die Interaktion der Lehrkräfte und der Lernenden und auch der Lernenden untereinander ist elementar für die Ausbildung des orbitofrontalen Cortex. Das dort angelegte moralische und ethische Verhalten ist besonders abhängig von sozialen Erfahrungen, welche nicht zuletzt zu einem Großteil in der Schule gemacht werden (vgl. Roth 2021: 55 f.). Wenn jene Erfahrungen sich durch den Distanzunterricht und zusätzlich durch die Isolation lediglich auf das häusliche Umfeld und digitale Interaktionsmöglichkeiten beschränken, ist dies für die Entwicklung des moralischen und ethischen Verhaltens sehr problematisch.

Darüber hinaus spielt die Interaktion zwischen LehrerInnen und SchülerInnen auch hinsichtlich der Entwicklung der Empathie und des Selbstvertrauens der Lernenden eine Rolle. Diese wird, laut Spitzer, „durch Projekte und Erfahrungen von Selbstwirksamkeit im Alltag“ (Spitzer 2021: 302) gefördert. Im Präsenzunterricht können Unterrichtsphasen auch an die Lernenden abgegeben werden, sodass diese Selbstwirksamkeit erfahren. Dies kann beispielsweise erfolgen, indem nach einer Gruppenarbeit die Ergebnisse mündlich durch die Gruppe zusammengetragen und die anderen SchülerInnen über die erarbeiteten Inhalte informiert werden (vgl. von Brand 2020: 150). Die Verantwortung, die zuvor selbstständig erarbeiteten Ergebnisse vor der Gruppe zu präsentieren, wird damit den Lernenden übertragen. Grundsätzlich ließe sich eine Gruppenarbeit mit anschließender Ergebnispräsentation auch in den Distanzunterricht übertragen, jedoch sollte bedacht werden, dass die Lehrperson den Lern- und Arbeitsprozess in der Gruppe kaum beobachten und folglich wenig intervenieren kann, wenn die Ergebnisse in eine falsche Richtung gehen. Dies wiederum kann einen negativen Einfluss auf die Selbstwirksamkeit der Lernenden haben, da die Lehrkraft dadurch eventuell während der Präsentation der Ergebnisse vor der Klasse eingreifen muss, um falsche Darstellungen zu korrigieren. Hinzu kommt, dass die mündliche Präsentation vor einem digital anwesenden Publikum einer anderen Wahrnehmung unterliegt, als dies in Präsenzsitzungen der Fall ist. Schließlich nehmen die SchülerInnen Videokonferenzen nicht als vollwertigen Unterricht wahr, erläuterte Lehrerin F.. Aus diesem Grund sei der Austausch teilweise schwierig (vgl. Interview F: 5 f.). Wenn Lernende den Distanzunterricht nicht als vollwertigen Unterricht anerkennen, hat dies zur Folge, dass die dort vermittelten Unterrichtsinhalte herausgefiltert werden und nicht in das Arbeitsgedächtnis gelangen (vgl. Roth 2021: 135). Auch im Präsenzunterricht ist dies bereits ein Problem (vgl. ebd.). Jene Problematik verschärft sich wahrscheinlich im Distanzunterricht.

Hier lässt sich einwenden, dass eine stärkere Kontrolle durch die Lehrkraft dazu führen könnte, die mündliche Beteiligung der Lernenden und deren Aufmerksamkeit zu erhöhen. Jedoch besteht dabei das Problem, dass – je nach angewendeter Sozialform – eine derartige Kontrolle wie im Präsenzunterricht technisch kaum möglich ist. Herr B. erläutert, dass er während der Gruppenarbeit, welche in unterschiedlichen virtuell eröffneten Konferenzräumen stattfindet, nicht alle Gruppenräume parallel einsehen könne (vgl. Interview B: 5). Durch das Eröffnen solcher Gruppenräume entsteht außerdem ein höherer Aufwand für die Lehrkräfte. Frau E. habe die Sozialformen auch seltener gewechselt als im Präsenzunterricht, da diese digital auch noch mehr Zeit in Anspruch nähmen (vgl. Interview E: 1). Zeit ist in Zeiten des Distanzunterrichts ein wertvolles Gut. Vorwissen zu aktivieren und Lerninhalte zu adaptieren ist hier nur eine Aufgabe von vielen. Es würden sehr viele bearbeitete Aufgaben an die LehrerInnen gesendet und die Zeit, um diese zu korrigieren, sei trotzdem sehr kurz (vgl. Interview H: 5). Aus diesem Grund fiele die Leistungsrückmeldung kürzer aus, und dies sei vor allem zum Nachteil der leistungsschwachen SchülerInnen (vgl. ebd.). Die kürzeren Rückmeldungen, welche den SchülerInnen gegeben werden, haben zur Folge, dass die Verbesserungsmöglichkeiten und damit einhergehenden Erfolgsaussichten geringer sind. Dabei ist die „Einschätzung der eigenen Kompetenzen [...] ein Prozess, der [...] [unter anderem] von der individuellen Erfolgsgeschichte abhängt“ (Roth 2021: 99). Bei häufigeren Erfolgen bekommt man mehr Zutrauen zur eigenen Person (vgl. ebd.). Dieses Zutrauen kann abnehmen, wenn die kurzen Rückmeldungen dazu führen, dass die Fehler in den bearbeiteten Aufgaben von den SchülerInnen nicht genau genug erkannt und korrigiert werden. Ist das Zutrauen zu sich selbst hoch und geht mit einer starken Selbststeuerung zu erbringender Leistungen einher, ist der Erfolg größer als bei niedrigem Zutrauen und weniger Selbststeuerung (vgl. Roth 2021: 105).

Hinzu kommt eine permanente Erreichbarkeit der LehrerInnen für die Lernenden, welche durch den fehlenden mündlichen Austausch während des Unterrichts mehr Zeit in Anspruch nehme (vgl. Interview C: 5). Die sonst routinierten Aufgaben der Lehrkräfte, welche die eben erläuterte diagnostische Kompetenz, die Aktivierung von Vorwissen oder die Strukturierung des Unterrichts durch abwechslungsreiche Sozialformen umfasst, werden nicht nur aufgebrochen und gänzlich verändert, sondern zum Teil auch auf die schriftliche Kommunikation verlagert. Laut Herrn. I seien die ursprünglichen, eben genannten, Aufgaben nur noch ein geringer Teil des LehrerInnenberufs, während der Verwaltungsaufwand sich drastisch erhöht habe (vgl. Interview I: 8). Lehrerin A. spricht in diesem Zusammenhang sogar von einem doppelten Arbeitsaufwand im Vergleich zum Präsenzunterricht (vgl. Interview A: 9). Wird der entfallende Arbeitsweg den hinzukommenden Aufgaben durch den Distanzunterricht gegenübergestellt, lässt sich sagen, dass es eine 24 Stunden und sieben Tage Woche war (vgl. Interview C: 8). Die räumliche Trennung, welche im Präsenzunterricht besteht, sorgt somit auch für eine Trennung von Berufs- und Privatleben. Die Grenzen dessen werden durch das Homeschooling unschärfer, und es ist eine Situation, die manche Lehrkräfte beinahe zum Burnout gebracht hat (vgl. Interview G: 7). Dies lässt sich zudem auf den digital durchgeführten Unterricht zurückführen, da dieser durch die LehrerInnen und deren individuell vorhandene digitale Affinität bestimmt wird. Lehrerin A. sei vor dem Distanzunterricht gar nicht digital affin gewesen und fühle sich von dem Angebot der digitalen Tools erschlagen (vgl. Interview A: 1). Dies kann zu Verunsicherungen im Umgang mit den jeweiligen Programmen führen, da die Lehrkräfte als ExpertInnen vor der Klasse auftreten müssen, dies aber teilweise gar nicht können, weil die Zeit fehlt, sich in die entsprechenden Programme einzudenken. Lehrerin A. habe diese Erfahrung gemacht und sei bei der Nutzung eines Programms zusammen mit ihren SchülerInnen gescheitert (vgl. ebd.: 4). Die Mediendidaktik räumt an dieser Stelle relativierend ein, dass es zur Förderung der Medienkompetenz nicht immer nötig sei, dass die Lehrkraft als Expertin oder Experte auftritt. Schließlich sei es ebenso wichtig, dass die Lernenden Lösungen für technische Probleme finden (vgl. Wampfler 2017: 35). Dies ist im Hinblick auf die Beziehung zwischen Lehrperson und Lernenden allerdings nicht unproblematisch. Denn wenn die

Lehrkraft falsches Wissen vermittelt oder inkompetent auf die Lernenden wirkt, kann dies erhebliche negative Konsequenzen für die Beziehung zwischen LehrerInnen und SchülerInnen haben. Die Glaubwürdigkeit der Lehrperson kann in Frage gestellt werden, und es kann sich das Vertrauen zur Lehrkraft verschlechtern (Roth 2021: 316).

Bisher fehlt immer noch ein didaktisches Konzept für den Umgang mit digitalen Medien. Dies wurde bereits 2001 in einem Pilotprojekt festgestellt (vgl. Schaumburg 2001: 13 f.). Roth bestätigt dies, bezogen auf den aktuellen schulischen Kontext (vgl. Roth 2021: 337). Das stimmt überein mit dem Appell einer befragten Lehrerin, welche für künftigen Distanzunterricht – sofern ein weiterer Lockdown folgen sollte – ein Konzept seitens der Schule wünscht, ohne dass jede Lehrkraft ein eigenes entwickeln muss (vgl. Interview A: 10). Umso wichtiger sind zumindest Schulungen und Fortbildungen von Lehrkräften. Doch um dies zu ermöglichen, sind finanzielle Mittel notwendig. Bei Betrachtung der derzeitigen Ausstattung von Schulen lässt sich hinterfragen, wie Geld für Schulungen möglich sein soll. Frau E. bezeichnet die Ausstattung an ihrer Schule als „unterirdisch" (Interview E: 8). Sie habe selbst keine Lust, im Präsenzunterricht mit ihren SchülerInnen den Computerraum zu nutzen (vgl. ebd.). Wie 2018 in der ICILS-Studie ermittelt, kommen in NRW 12,6 Lernende auf ein digitales Gerät (vgl. Eickelmann et al. 2019: 14). Nur 26,2 Prozent der Schulen verfügen über eine ausreichende WLAN-Verbindung (vgl. ebd.). Außerdem besitzen lediglich 0,9 Prozent der LehrerInnen ein Dienstgerät (ebd.: 10). Frau A. habe während des Distanzunterrichts nur ein Dienstgerät bekommen, weil der Bedarf bei den SchülerInnen nicht so hoch war (vgl. Interview A: 2). Da es sich ursprünglich um ein Gerät für die Lernenden handele, könne Frau A. keine Apps herunterladen, die sie zum Unterrichten brauche. Dies müsse sie über den Administrator herbeiführen (vgl. ebd.). Zwar seien laut des Digitalpakts allein für NRW 103 Millionen Euro nur für Dienstgräte der Lehrkräfte verfügbar und weitere 178 Millionen Euro zur Digitalisierung der Schulen in NRW, doch die akute Ausstattung der Schulen sieht anders aus (vgl. Link 7). Lehrerin D. berichtete im März 2021, dass ursprünglich bis zu den Osterferien und dann bis zu den Sommerferien entsprechende Geräte für die Schule vorhanden sein sollten (vgl. Interview D: 5). Dies ist nicht verwunderlich, wenn bedacht wird, dass Ende April 2021 mehr als 375 Millionen Euro von Schulen in NRW beantragt wurden (vgl. Link 8). Folglich kann festgehalten werden, dass die Digitalisierung der Schulen durch den Distanzunterricht zwar vorangetrieben wurde, allerdings zu einem längst überfälligen Zeitpunkt. Außerdem erfolgte trotz des dringlichen Handlungsbedarfs eine Fehlkalkulation der notwendigen finanziellen Mittel, sodass auch hier Schulen erneut auf der Strecke blieben und nachhaltig bleiben. Bis dato mussten LehrerInnen und SchülerInnen zudem bereits improvisieren und die sowieso schwierige Zeit des Homeschoolings unter problematischen technischen Bedingungen überbrücken. Die bis dahin versäumten Unterrichtsinhalte sind unwiderruflich.

Es gilt zu bedenken, dass nicht nur Schulen auf der Strecke bleiben, sondern auch die Lernenden. Denn an der Ausstattung der Bildungseinrichtung wird für die Lernenden ebenfalls sichtbar, welchen ‚Wert' die Gesellschaft auf die Bildung der Heranwachsenden legt (vgl. Roth 2021: 200). Dies beeinflusst die emotionalen Faktoren der Lernenden, welche wiederum den Lernerfolg beeinträchtigen (vgl. ebd.: 202). Wird dies auf die oben genannte Problematik der „‚verlorene[n] Generation'" (Leidig et al. 2021: 14) übertragen, wird sichtbar, welche weitreichenden Folgen das Abstempeln einer Generation für die Lernenden und ihr Verhältnis zum Lernen haben kann. Dies wird verstärkt, wenn jene Heranwachsende ein Studium oder eine Ausbildung beginnen und nicht zu Ende führen. Auch Spitzer prognostizierte, dass die Heranwachsenden dieser Zeit als ‚Generation Corona' dargestellt würden. Jene würde als „einsam, unsicher, passiv und mit reduzierter Lebenserfahrung vor allem im sozialen Bereich" wahrgenommen (Spitzer 2021: 308). Die Gesellschaft fühlt sich in der Annahme bestätigt, dass es sich um eine verlorene Generation handelt, obwohl der Misserfolg zum Teil durch die Gesellschaft forciert wurde.

Eine bessere Aussicht haben Lernende an Medienschulen. Die Unterstützung kann unter anderem durch Unternehmen erfolgen (vgl. Engartner 2019: 5). Auch wenn die vermeintlichen Probleme damit erst einmal behoben zu sein scheinen, entstehen neue Problematiken. Der Einfluss dieser Unternehmen auf die Schule ist schließlich zu bedenken (vgl. ebd.). Wenn beispielsweise Endgeräte eines Unternehmens und folglich einer Marke an einer Schule genutzt werden, dann sind in der Regel auch die Lehrkräfte damit ausgestattet. Nun hat Roth bereits erläutert, dass die Vorbildfunktion der LehrerInnen für die Lernenden nicht zu unterschätzen sei (vgl. Roth 2021: 315). Außerdem betont Roth das in dem orbitofrontalen Cortex angelegte moralische und ethische Verhalten und das dort verortete Streben nach Anerkennung der Mitmenschen. Dies benötigt bis zur vollständigen Entwicklung 16 bis 20 Lebensjahre und ist somit erst nach der schulpflichtigen Zeit ausgebildet (vgl. Roth 2021: 55 f.). Hinzu kommt, dass diese Ausbildung auf Basis „sozial vermittelter Erfahrung[en]" (Roth 2021: 56) erfolgt. Somit scheinen die in der Zeit bestehenden äußeren Einflüsse von besonderer Bedeutung zu sein. Wenn Lernende folglich nach Anerkennung streben und dabei auch ihre Vorbilder einbeziehen, unter anderem die Lehrkräfte, und noch nicht vollständig erlernt haben, was richtig und falsch ist, haben sich Unternehmen bereits Zutritt zu einer noch formbaren Zielgruppe verschafft. Einer Zielgruppe, in deren Alltag Medien bereits eine sehr große, teilweise zu große Rolle spielen. Nicht umsonst unterziehen Lehrkräfte sich einem pädagogischen Studium und einer daran angekoppelten praktischen Ausbildung. Aus diesem Grund sind die sich in eine Abhängigkeit begebenden Medienschulen im Hinblick auf die Entwicklung der Heranwachsenden als problematisch zu betrachten. Die Medienpolitik ist letztlich die Instanz, welche an dieser Stelle rechtzeitig und vor allem mit den nötigen finanziellen Mitteln für alle Schulen eingreifen sollte, um einen digitalen Ausstattungsstandard zu ermöglichen, der Lehrenden und Lernenden einen Fokus auf die wesentlichen Aspekte der Institution Schule ermöglicht: die Unterrichtsinhalte und den Unterricht selbst.

Eingangs wurde erwähnt, dass die Vorbereitung der Lernenden auf das Leben ein zentraler Bildungsauftrag der Schule ist. Die eben genannten Erkenntnisse aus Wissenschaft und qualitativer Forschung zeigen, dass es sich beim Distanzunterricht weniger um eine Vorbereitung der Lernenden auf das Leben als um eine Verschärfung von bestehenden Problemen handelt, wie sozialer Ungleichheit und Entfremdung von Lehrenden und Lernenden. In der Schule wird das Lernen gelernt und hierzu ist die „Kompetenz, Vertrauenswürdigkeit und Feinfühligkeit der Lehrperson [...]“ (Roth 2021: 346) unabdingbar. Das Gefühl von Geborgenheit und Wertschätzung muss in der Klasse herbeigeführt werden, und dafür muss eine zwischenmenschliche Beziehung entstehen können, welche im direkten Austausch stattfindet (vgl. ebd.). Der Lehrerberuf ist und bleibt ein sehr besonderer Beruf, da es um die Arbeit mit Menschen geht, um das gemeinsame Erleben und um das gemeinsame Lernen. Die Bereitstellung von Lerninhalten für Lernende und eine digital greifbare Lehrperson allein können diesem Ziel nicht gerecht werden. Die Einbindung von digitalen Medien zur Verfolgung des Ziels der Vorbereitung auf eine Gesellschaft, in der digitale Medien nicht mehr wegzudenken sind, ist angebracht und gewinnbringend. Jedoch sollte die Zeit des Distanzunterrichts verdeutlicht haben, dass der Präsenzunterricht unersetzlich ist und der überwiegende Ersatz durch Distanzunterricht genauso die Ausnahme sein sollte wie Unterricht, der völlig frei von dem Einsatz digitaler Medien ist.

Da die qualitative Forschung in dieser Dissertation hauptsächlich während des Distanzunterrichts durchgeführt wurde, bleibt festzustellen, dass die hier gewonnen Erkenntnisse nur der Beginn einer noch weiter zu führenden wissenschaftlichen Arbeit sein können. Für die betroffene Generation dieser Zeit sind die Folgen irreversibel.

Literaturverzeichnis

Monographien

1) Andresen, Sabine / Heyer, Lea / Lips, Anna / Rusack, Tanja / Schröer, Wolfgang / Thomas, Severine / Wilmes, Johanna (2020): „Die Corona-Pandemie hat mir wertvolle Zeit genommen“. Hildesheim. Universitätsverlag Hildesheim
2) Andresen, Sabine / Heyer, Lea / Lips, Anna / Rusack, Tanja / Schröer, Wolfgang / Thomas, Severine / Wilmes, Johanna (2021): Das Leben von jungen Menschen in der Corona Pandemie. Erfahrungen, Sorgen, Bedarfe. Gütersloh. Bertelsmann Stiftung
3) Andresen, Sabine / Lips, Anna / Möller, Renate / Rusack, Tanja / Schröer, Wolfgang / Thomas, Severine / Wilmes, Johanna (2020): Erfahrungen und Perspektiven von jungen Menschen während der Corona-Maßnahmen. Erste Ergebnisse der bundesweiten Studie JuCo. Hildesheim. Universitätsverlag Hildesheim
4) Bogner, Alexander / Littig, Beate / Menz, Wolfgang (2014): Interviews mit Experten. Eine praxisorientierte Einführung. Wiesbaden. Springer Verlag
5) Breiter, Andreas (2006): Endbericht des Projektes „Medienschulen Frankfurt“. Bremen. Institut für Informationsmanagement Bremen
6) Bub, Holger J. (2011): Verkaufswettbewerbe. Planung, Durchführung und Erfolgskontrolle. Wiesbaden. Springer Verlag
7) Dänzler, Stefanie / Heun, Thomas (2014): Marke und digitale Medien. Der Wandel des Markenkonzepts im 21. Jahrhundert. Wiesbaden. Springer Verlag
8) Dubs, Rolf (2009): Lehrerverhalten. Ein Beitrag zur Interaktion von Lehrenden und Lernenden im Unterricht. Stuttgart. Franz Steiner Verlag
9) Eickelmann, Birgit (2017): Kompetenzen in der digitalen Welt. Paderborn. Friedrich Ebert Stiftung. Universität Paderborn
10) Eickelmann, Birgit / Massek, Corinna / Labusch, Amelie (2019): Erste Ergebnisse der Studie ICILS 2018 für Nordrhein-Westfalen im internationalen Vergleich. ICILS 2018 # NRW. Münster. Waxmann Verlag
11) Frederking, Volker / Krommer, Axel / Maiwald, Klaus (2018): Mediendidaktik Deutsch. Eine Einführung. 3. völlig neu bearbeitete und erweiterte Auflage. Berlin. Erich Schmidt Verlag

12) Haas, Gerhard (2021): Handlungs- und produktionsorientierter Literaturunterricht. Theorie und Praxis eines „anderen“ Literaturunterrichts für die Primar- und Sekundarstufe. Hannover. Friedrich Verlag

13) Hattie, John / Zierer, Klaus (2019): Visible learning insights. Abingdon. Routledge Verlag

14) Hickethier, Knut (2010): Einführung in die Medienwissenschaft. 2. Auflage. Stuttgart. Weimar. Verlag J.B. Metzler

15) Jude, Nina / Ziehm, Jeanette / Goldhammer, Frank / Drachsler, Hendrik / Hasselhorn, Marcus (2020): Digitalisierung an Schulen – eine Bestandsaufnahme. Frankfurt am Main. Leibniz Institut für Bildungsforschung

16) KMK (2012): Bildungsstandards im Fach Deutsch für die Allgemeine Hochschulreife (Beschluss der Kultusministerkonferenz vom 18.10.2012). Berlin. Wolters Kluwer Deutschland GmbH

17) Knauf, Helen (2021): „Es war o.k., aber es hätte, ehrlich gesagt, auch nicht viel länger noch so gehen dürfen.“ Familie während der Kita- und Schulschließung infolge der COVID-19-Pandemie. Bielefeld. Working Paper 4

18) Krieger, Winfried / Hofmann, Stephan (2018): Blended Learning für die Unternehmensdigitalisierung. Qualifizieren Sie Führungskräfte zu Botschaftern des digitalen Wandels. Wiesbaden. Springer Verlag

19) Kultusministerkonferenz (2016): Bildung in der digitalen Welt. Strategie der Kultusministerkonferenz. „Bildung in der digitalen Welt“. Berlin

20) Leidig, Lea / Sawatzki, Emily / Stahn, Sascha / Sallachi, Amir / Madeg, Urs / Neubert, Jonathan (2021): „Fragt uns 2.0“. Corona-Edition-Anmerkungen von jugendlichen Expert:innen zum Leben von Kindern und Jugendlichen in der Pandemie. Gütersloh. Bertelsmann Stiftung

21) Leucker, Martin / Stümpel, Annette / Wolf, Dietmar / Huber, Dominik (2016): Konzept zur IT-Ausstattung an Lübecker Schulen. Lübeck. Universität zu Lübeck

22) Mayer, Horst Otto (2013): Interview und schriftliche Befragung. Grundlagen und Methoden empirischer Sozialforschung. 6. Überarbeitete Auflage. München. Oldenbourg Wissenschaftsverlag

23) McLuhan, Marshall (2005): Understanding Media: The extensions of man. London. Routledge Verlag

24) Medienberatung NRW (2017): Medienkompetenzrahmen NRW. Münster / Düsseldorf

25) Medienpädagogischer Forschungsverbund Südwest (2022): JIMplus 2022. Fake News und Hatespeech – Fake News und Hatespeech im Alltag von Jugendlichen. Stuttgart

26) Medienpädagogischer Forschungsverbund Südwest (2022): JIM-Studie 2022. Jugend, Information, Medien. Basisuntersuchung zum Medienumgang 12- bis 19-Jähriger in Deutschland. Stuttgart

27) Medienpädagogischer Forschungsverbund Südwest (2021): JIM-Studie 2021. Jugend, Information, Medien. Basisuntersuchung zum Medienumgang 12- bis 19-Jähriger in Deutschland. Stuttgart

28) Medienpädagogischer Forschungsverbund Südwest (2020): JIM-Studie 2020. Jugend, Information, Medien. Basisuntersuchung zum Medienumgang 12- bis 19-Jähriger in Deutschland. Stuttgart

29) Medienpädagogischer Forschungsverbund Südwest (2019): JIM-Studie 2019. Jugend, Information, Medien. Basisuntersuchung zum Medienumgang 12- bis 19-Jähriger in Deutschland. Stuttgart

30) Medienpädagogischer Forschungsverbund Südwest (2018): JIM-Studie 2018. Jugend, Information, Medien. Basisuntersuchung zum Medienumgang 12- bis 19-Jähriger in Deutschland. Stuttgart

31) Medienpädagogischer Forschungsverbund Südwest (2013): JIM-Studie 2013. Jugend, Information, (Multi-) Media. Basisuntersuchung zum Medienumgang 12- bis 19-Jähriger in Deutschland. Stuttgart

32) Medienpädagogischer Forschungsverbund Südwest (2008): JIM-Studie 2008. Jugend, Information, (Multi-) Media. Basisuntersuchung zum Medienumgang 12- bis 19-Jähriger in Deutschland. Stuttgart

33) Medienpädagogischer Forschungsverbund Südwest (2003): JIM-Studie 2003. Jugend, Information, (Multi-) Media. Basisuntersuchung zum Medienumgang 12- bis 19-Jähriger in Deutschland. Baden-Baden

34) Medienpädagogischer Forschungsverbund Südwest (1998): JIM`98. Jugend, Information, (Multi-) Media. Basisuntersuchung zum Medienumgang 12- bis 19-Jähriger in Deutschland. Baden-Baden

35) Medienpädagogischer Forschungsverbund Südwest (2022): KIM-Studie 2022. Kindheit, Internet, Medien. Basisuntersuchung zum Medienumgang 6- bis 13-Jähriger in Deutschland. Stuttgart

36) Meinel, Christoph / Renz, Jan / Luderich, Matthias / Malyska, Vivien / Kaiser, Konstantin / Oberländer, Arne (2019): Die HPI Schul-Cloud: Roll-Out einer Cloud-Architektur für Schulen in Deutschland. Potsdam.

Universität Potsdam. Technische Berichte Nr. 125 des Hasso-Plattner-Instituts für Digital Engineering an der Universität Potsdam

37) Ministerium für Schule und Weiterbildung (2014): Kernlehrplan für die Sekundarstufe II Gymnasium/Gesamtschule in Nordrhein-Westfalen. Deutsch. Düsseldorf

38) Möslein-Tröppner, Bodo / Bernhard, Willi (2021): Digital Learning. Was es ist und wie es praktisch gestaltet werden kann. Wiesbaden. Springer Verlag

39) Prommer, Elizabeth (2016): Film und Kino. Die Faszination der laufenden Bilder. Wiesbaden. Springer Verlag (Medienwissen kompakt)

40) Przyborski, Aglaja / Wohlrab-Sahr, Monika (2021): Qualitative Sozialforschung. Ein Arbeitsbuch. 5. überarbeitete und erweiterte Auflage. Berlin / Boston. De Gruyter

41) Raithel, Jürgen / Dollinger, Bernd / Hörmann, Georg (2007): Einführung Pädagogik. Begriffe. Strömungen. Klassiker. Fachrichtungen. 2. Durchgesehene und erweiterte Auflage. Wiesbaden. VS Verlag für Sozialwissenschaften

42) Richtlinien über die Förderung von dienstlichen Endgeräten für Lehrkräfte an Schulen und in Regionen Nordrhein-Westfalens. RdErl. d. Ministeriums für Schule und Bildung v. 31.08.2021. BASS. Bereinige Amtliche Sammlung der Schulvorschriften NRW

43) Richtlinien über die Förderung von IT-Administration (Zusatzvereinbarung zur Verwaltungsvereinbarung DigitalPakt Schule 2019 bis 2024 – Administration) für Schulen in Nordrhein-Westfalen. RdErl. d. Ministeriums für Schule und Bildung v. 05.02.2021 (ABl. NRW. Sonderausgabe 02/21). 11-02 Nr. 40

44) Roth, Gerhard (2021): Bildung braucht Persönlichkeit. Wie Lernen gelingt. Vollständig überarbeitete und erweiterte Auflage. Stuttgart. Klett-Cotta

45) Scheer, August-Wilhelm (2021): Timing – zum effektiven Umgang mit der Zeit. Erfahrungen und Empfehlungen von August-Wilhelm Scheer. Wiesbaden. Springer Verlag

46) Schlegel, Frank (2016): Erklärvideos im Unterricht. Einstieg in die Filmbildung mit YouTube-Formaten. Workshop für Lehrkräfte und MedienberaterInnen. Münster. Film + Schule NRW

47) Schneider, Harald J. / Jacobi, Nicola / Thyen, Joscha (2020): Hormone – ihr Einfluss auf mein Leben. Wie kleine Moleküle Liebe, Gewicht, Stimmung und vieles mehr steuern. Berlin. Springer Verlag

48) Toth, Christian T. (2020): Massive Open Online Courses im Kontext von Persönlichkeit und Prokrastination. Mainz. Springer Verlag

49) Von Brand, Tilman (2020): Deutsch unterrichten. Einführung in die Planung, Durchführung und Auswertung in den Sekundarstufen. 7. aktualisierte Auflage. Hannover. Friedrich Verlag

50) Wampfler, Philippe (2017): Digitaler Deutschunterricht. Neue Medien produktiv einsetzen. Göttingen. Vandenhoeck & Ruprecht Verlag

51) Wampfler, Philippe (2020): Digitales Schreiben. Blogs & Cc. im Unterricht. Ditzingen. Reclam Verlag

52) Wedding, Stephan (2021): Das didaktische Prinzip der Digitalität. Ein allgemeindidaktischer Beitrag zum bildenden Unterricht mit und zu digitalen Medien. Zeitschrift für Bildungsforschung. Weinheim/Basel. Springer Verlag.

53) Wilmes, Johanna / Lips, Anna / Heyer, Lea (2020): Datenhandbuch zur bundesweiten Studie JuCo. Online-Befragung zu Erfahrungen und Perspektiven von jungen Menschen während der Corona-Maßnahmen. Hildesheim. Universitätsverlag Hildesheim

54) Witt, Claudia De / Czerwionka, Thomas (2013): Mediendidaktik. Studientexte für Erwachsenenbildung. 2. Auflagen. Bielefeld. Bertelsmann Verlag

Aufsätze

Sammelbände

1) Anders, Petra (2021): Die Kultur der Digitalität und der Deutschunterricht. In: Hauck-Thum, Uta / Noller, Jörg (2021): Was ist Digitalität? Philosophische und pädagogische Perspektiven. Berlin. J.B. Metzler Verlag. S. 127-143

2) Bandura, Albert (2000): Die Sozial-Kognitive Theorie der Massenkommunikation. In: Schorr, Angela (2000): Publikums- und Wirkungsforschung. Wiesbaden. Westdeutscher Verlag. S. 153-180

3) Batinic, Bernard / Appel, Markus (2008): Vorwort. In: Batinic, Bernad / Appel, Markus (2008): Medienpsychologie. Heidelberg. Springer Verlag. S. V-VIII

4) Baumgartner, Peter / Brandhofer, Gerhard / Ebner, Martin / Gradinger, Petra / Korte, Martin (2016): Medienkompetenz fördern – Lehren und Lernen im digitalen Zeitalter. In: Bruneforth, M. / Eder, F. / Krainer, K. / Schreiner, C. / Seel, A. / Spiel, C. (2015): Nationaler Bildungsbericht Österreich 2015. Band 2: Fokussierte Analysen bildungspolitischer Schwerpunktthemen. S. 95-132

5) Belgrad, Jürgen / Schünemann, Ralf (2011): Leseförderung durch Vorlesen: Ergebnisse und Möglichkeiten eines Konzepts zur basalen Leseförderung. In: Behrens, Ulrike / Eriksson, Brigit (2011): Sprachliches Lernen zwischen Mündlichkeit und Schriftlichkeit. Bern. Hep Verlag. S. 144-169

6) Böhme-Dürr, Karin (2003): Medienpsychologie. In: Bentele, Günter / Brosius, Hans-Bernd / Jarren, Otfried (2003): Öffentliche Kommunikation. Handbuch Kommunikations- und Medienwissenschaft. Aus der Reihe: Studienbücher zur Kommunikations- und Medienwissenschaft. Wiesbaden. Westdeutscher Verlag. S. 283-300

7) Brunner, Georg (2021): Das Corona-Semester – die Zwangsumstellung auf Fernlehre aus Sicht der Hochschulleitung am Beispiel der Pädagogischen Hochschule Freiburg. In: Dittler, Ullrich / Kreidl, Christian (2021): Wie Corona die Hochschullehre verändert. Erfahrungen und Gedanken aus der Krise zum zukünftigen Einsatz von eLearning. Wiesbaden. Springer Verlag. S. 71-87

8) Degkwitz, Andreas (2018): Open Science. Kooperation zwischen Bibliothek und Wissenschaft. In: Bonte, Achim / Rehnolt, Juliane (2018): Kooperative Informationsstrukturen als Chance und Herausforderung. De Gruyter. S. 438-446

9) Eichhorn, Michael (2018): Digitale Lehre braucht kompetente Lehrende: Ein Modell zur Erfassung digitaler Kompetenzen. In: Schutti-Pfeil, Gisela / Gaisch, Martina / Darilion, Antonia (2018): Online-Tagungsband. 6. Tag der Lehre der FH OÖ 2018. Linz. FH Oberösterreich. S. 12-20

10) Eichler-Seitz, Andrea / Frommer, Mona (2021): Praxisbeispiele zu Peer-Feedback und Feedback von Lehrenden. In: Klee, Wanda / Wampfler, Philippe / Krommer, Axel (2021): Hybrides Lernen. Zur Theorie und Praxis von Präsenz- und Distanzlernen. Weinheim. Beltz. S. 52-68

11) Eickelmann, Birgit / Bos, Wilfried / Labusch, Amelie (2019): Kapitel I. Die Studie ICILS 2018 im Überblick – Zentrale Ergebnisse und mögliche Entwicklungsperspektiven. In: Eickelmann, Birgit / Bos, Wilfried / Gerick, Julia / Goldhammer, Frank / Schaumburg, Heike / Schwippert, Knut / Senkbeil, Martin / Vahrenhold, Jan (2019): ICILS 2018 # Deutschland.

Computer- und informationsbezogene Kompetenzen von Schülerinnen und Schülern im zweiten internationalen Vergleich und Kompetenzen im Bereich Computational Thinking. S. 7-31

12) Engelhardt, Julia (2021): Theorie-Praxistransfer in der dreijährigen Pflegeausbildung. In: Kerres, Andrea / Wissing, Christiane / Wershofen, Birgit (2021): Skillslab in Pflege und Gesundheitsfachberufen. Intra- und interprofessionelle Lehrformate. Studium Pflege, Therapie, Gesundheit. Berlin. Springer Verlag. S. 49-62

13) Fromm, Waldemar / Mokrohs, Laura (2021): Möglichkeiten digital unterstützter Wissensvernetzung: Einsatz eines Lerntagebuchs als Seminarchronik in der Literaturwissenschaft. In: Frey, Dieter / Uemminghaus, Monika (2021): Innovative Lehre an der Hochschule. Konzepte, Praxisbeispiele und Lernerfahrungen aus COVID-19. Berlin. Springer Verlag. S. 151 f.

14) Gaisch, Martina / Kerschbaumer, Berthold (2018): Brave New Digital World: Warum der Einsatz von digitaler Technologie nicht alles ist. In: Schutti-Pfeil, Gisela / Gaisch, Martina / Darilion, Antonia (2018): Online-Tagungsband. 6. Tag der Lehre der FH OÖ 2018. Linz. FH Oberösterreich. S. 21-25

15) Glase, Edda / Kunze, Florian (2021): Stärkung der Digitalkompetenzen von Beschäftigten. In: Baron, Stefan / Dick, Peter-Michael / Zitzelsberger, Roman (2021): Weiterbilden # weiterdenken. Den Strukturwandel in der Metall- und Elektroindustrie durch berufliche Weiterbildung gestalten. Hauptreihe Band 60. Bielefeld. Wbv. S. 143-159

16) Grella, Catrina / Karn, Niels / Renz, Jan / Meinel, Christoph (2017): Schulrechner wandern in die Cloud – was bedeutet das für die unterschiedlichen Stakeholder. In: Igel, Christoph / Ullrich, Carsten / Wessner, Martin (2017): Bildungsräume. Bonn. Köllen Verlag. S. 87-98

17) Hlawatsch, Anja / Krickl, Tino (2014): Einstellungen zu Befragungen. In: Baur, Nina / Blasius, Jörg (2014): Handbuch Methoden der empirischen Sozialforschung. Wiesbaden. Springer Verlag. S. 305-311

18) Hopf, Christel (2000): Qualitative Interviews – ein Überblick. In: Flick, Uwe / Kardoff, Ernst von /Steinke, Ines (2000): Qualitative Forschung. Ein Handbuch. Hamburg. Rowolth Verlag. S. 349-360

19) Horn, Janine (2020): Rechtliche Aspekte des Einsatzes von Bildungstechnologien. In: Niegemann, Helmut / Weinberger, Armin (2020): Handbuch Bildungstechnologien. Konzeption und Einsatz digitaler Lernumgebung. Berlin. Springer Verlag. S. 571-581

20) Hugger, Kai-Uwe (2020): Medien/Medienbildung. In: Bollweg, Petra / Buchna, Jennifer / Coelen, Thomas / Otto, Hans-Uwe (2020): Handbuch Ganztagsbildung. 2. Auflage. Wiesbaden. Springer Verlag. S. 727-739

21) Illy, Daniel (2021): Somatische Komorbidität. In: Illy, Daniel / Kehler, Lisa / Schneider, Kristin / te Wildt, Bert (2021): Praxishandbuch. Videospiel- und Internetabhängigkeit. Ätiologie, Diagnostik und Therapie. München. Elsevier. S. 47-52

22) Kerres, Michael (2016): E-Learning vs. Digitalisierung der Bildung: Neues Label oder neues Paradigma? In: Hohenstein, Andreas / Wilbers, Karl (2016): Handbuch E-Learning. Köln. Fachverlag Deutscher Wirtschaftsdienst. S. 1-9

23) Kerres, Micheal (2007): Mediendidaktik. In: Sander, Uwe / von Gross, Friederike / Hugger, Kai-Uwe (2008): Handbuch Medienpädagogik. Wiesbaden. VS Verlag für Sozialwissenschaften. S. 116-122

24) Kieserling, Mats / Melle, Insa (2021): Wirkungen einer Tablet-basierten Lernumgebung zum Thema Stofftrennung – eine Vergleichsstudie. In: Graulich, Nicole / Huwer, Johannes / Banerji, Amitabh (2021): Digitalisation in Chemistry Education. Digitales Lehren und Lernen an Hochschule und Schule im Fach Chemie. Münster. New York. Waxmann Verlag. S. 143-151

25) Kohls, Christian (2020): Bildungstechnologie in der Schule. In: Niegemann, Helmut / Weinberger, Armin (2020): Handbuch Bildungstechnologien. Konzeption und Einsatz digitaler Lernumgebung. Berlin. Springer Verlag. S. 631-644

26) Köhnen, Ralph (2014): Lehrerberufsforschung: Allgemeine Perspektiven und das Fach Deutsch. In: Köhnen, Ralph (2014): Beruf oder Berufung? DeutschlehrerInnen im Fokus. Bochum. Projekt Verlag. S. 9-73

27) Krebs, Dagmar / Menold, Natalja (2014): Gütekriterien quantitativer Sozialforschung. In: Baur, Nina / Blasius, Jörg (2014): Handbuch Methoden der empirischen Sozialforschung. Wiesbaden. Springer Verlag. S. 425-438

28) Kunze, Louisa / Frey, Dieter (2021): Digitale Lehre an der Hochschule: Warum Blended Learning so gut funktioniert. In: Frey, Dieter / Uemminghaus, Monika (2021): Innovative Lehre an der Hochschule. Konzepte, Praxisbeispiele und Lernerfahrungen aus COVID-19. Berlin. Springer Verlag. S.69-86

29) Lang, Vanessa / Seibert, Johann / Kay, Christopher W.M. (2021): Digitally Embedded Tools (DET) zur Förderung digitalisierungsbezogener Kompetenzen in der Lehrer*innenbildung. In: Graulich, Nicole / Huwer, Johannes / Banerji, Amitabh (2021): Digitalisation in Chemistry Education. Digitales Lehren und Lernen an Hochschule und Schule im Fach Chemie. Münster. New York. Waxmann Verlag. S. 35-41

30) Lohfeld, Wiebke / Westphal, Kristin (2020): Perspektive der Ästhetischen und Kulturellen Bildung. In: Zimmermann, Mayte / Westphal, Kristin / Arend, Helga / Lohfeld, Wiebke (2020): Theater als Raum bildender Prozesse. Bielefeld. Wbv. S. 25-30

31) Lübcke, Maren / Di Giusto, Flavio / Müller Werder, Claude / Lozza, Daniela (2014): Besser, schlechter, ändert nichts? – Tabletnutzung an der Hochschule. In: Rummler, Klaus (2014): Lernräume gestalten – Bildungskontexte vielfältig denken. Medien in der Wissenschaft. Band 67. Göttingen. Waxmann Verlag. S.102-113

32) Meier, Monique / Thoms, Lars-Jochen / Becker, Sebastian / Finger, Alexander / Kremser, Erik / Huwer, Johannes / von Kotzebue, Lena / Bruckermann, Till / Thyssen, Christoph (2021): Digitale Transformation von Unterrichtseinheiten – DiKoLAN als Orientierungs- und Strukturierungshilfe am Beispiel Low-Cost-Photometrie mit dem Smartphone. In: Graulich, Nicole / Huwer, Johannes / Banerji, Amitabh (2021): Digitalisation in Chemistry Education. Digitales Lehren und Lernen an Hochschule und Schule im Fach Chemie. Münster. New York. Waxmann Verlag. S. 13-27

33) Nagel, Christian (2021): Synchrones und asynchrones Lernen im Bildungsgang Abitur-Online. In: Klee, Wanda / Wampfler, Philippe / Krommer, Axel (2021): Hybrides Lernen. Zur Theorie und Praxis von Präsenz- und Distanzlernen. Weinheim. Beltz. S. 33-35

34) Odağ, Özen / Schreier, Margit (2020): Qualitative Medienpsychologie. In: Mey, Günter / Mruck, Katja (2020): Handbuch Qualitative Forschung in der Psychologie. Band 1: Ansätze und Anwendungsfelder. 2. Auflage. Wiesbaden. Springer Verlag. S. 461-477

35) Opfermann, Maria / Höffler, Tim N. / Schmeck, Annett (2020): In: Niegemann, Helmut / Weinberger, Armin (2020): Handbuch Bildungstechnologien. Konzeption und Einsatz digitaler Lernumgebung. Berlin. Springer Verlag. S. 17-30

36) Poggendorf, Armin (2008): Proxemik in der Teamdynamik – Raumsprache diktieren und interpretieren. In: Siems, Florian / Brandstätter, Manfred / Gölzner, Herbert (2008): Anspruchsgruppenorientierte Kommunikation.

Neue Ansätze zu Kunden-, Mitarbeiter- und Unternehmenskommunikation. Wiesbaden. VS Verlag für Sozialwissenschaften. S. 233-246

37) Prinz, Wolfgang / Müsseler, Jochen / Rieger, Martina (2017): Einleitung – Psychologie als Wissenschaft. In: Müsseler, Jochen / Rieger, Martina (2017): Allgemeine Psychologie. 3. Auflage. Berlin. Springer Verlag. S. 1-10

38) Przyborski, Aglaja / Wohlrab-Sahr, Monika (2014): Forschungsdesigns für die qualitative Sozialforschung. In: Baur, Nina / Blasius, Jörg (2014): Handbuch Methoden der empirischen Sozialforschung. Wiesbaden. Springer Verlag. S. 117-133

39) Renner, Karl-Heinz (2008): Theoretische Perspektiven für die Medienpsychologie. In: Batinic, Bernad / Appel, Markus (2008): Medienpsychologie. Heidelberg. Springer Verlag. S. 77-104

40) Schmidt, Claudia (2006): Medienpsychologie. In: Altendorfer, Otto / Hilmer, Ludwig (2006): Medienmanagement. Band 4: Gesellschaft – Moderation & Präsentation – Medienethik. Lehrbuch. Wiesbaden. VS Verlag für Sozialwissenschaften. S. 73-89

41) Schneider, Wolfgang / Ennemoser, Marco / Reinsch, Christian (1999): Zum Einfluss des Fernsehens auf die Entwicklung von Sprach- und Lesekompetenz. In: Groeben, Norbert (1999): Lesesozialisation in der Mediengesellschaft. Ein Schwerpunktprogramm. 10. Sonderheft. Internationales Archiv für Sozialgeschichte der deutschen Literatur. Tübingen. Max Niemeyer Verlag. S. 56-66

42) Schnoor, Detlev (2001): Neue Medien: Wie Schulen eine neue Lernkultur entwickeln können. In: Beutler, Kurt / Bracht, Ulla / Gamm, Hans-Jochen / Himmelstein, Klaus / Keim, Wolfgang / Koneffke, Gernot / Lingelbach, Karl Christoph / Radde, Gerd / Zimmer, Hasko (2001): Jahrbuch für Pädagogik 2001. Zukunft. Frankfurt am Main. Peter Lang Verlag. S. 253-272

43) Sprenger, Florian (2017): Warum ist das Medium die Botschaft?. In: Heilmann Till A. / Schröter, Jens (2017): Medien verstehen. Marshall McLuhans Understanding Media. Lüneburg. Meson press. S. 39-57

44) Stark, Birgit / Magin, Melanie / Jürgens, Pascal (2021): Maßlos überschätzt. Ein Überblick über theoretische Annahmen und empirische Befunde zu Filterblasen und Echokammern. In: Eisenegger, Mark / Prinzing, Marlis / Ettinger, Patrik / Blum, Roger (2021): Digitaler Strukturwandel der Öffentlichkeit. Historische Verortung, Modelle und Konsequenzen. Wiesbaden. Springer Verlag. S. 303-321

45) Trepte, Sabine (2004): Zur Geschichte der Medienpsychologie. In: Mangold, Roland / Vorderer, Peter / Bente, Gary (2004): Lehrbuch der Medienpsychologie. Göttingen. Hogrefe. S. 3-26

46) Unger, Alexander (2014): Lernumgebung upside down. Eine Auseinandersetzung mit der persönlichen Lernumgebung im Kontext des medienbasierten Lernens. In: Rummler, Klaus (2014): Lernräume gestalten – Bildungskontexte vielfältig denken. Medien in der Wissenschaft. Band 67. Göttingen. Waxmann Verlag. S.79-90

47) Unz, Dagmar C. / Schwab, Frank (2006): Medienpsychologie – Kommunikation, Information, Unterhaltung. In: Scholz, Christian (2006): Handbuch Medienmanagement. Berlin. Springer Verlag. S. 173-194

48) Vogel, Freydis / Fischer, Frank (2020): Computerunterstütztes kollaboratives Lernen. In: Niegemann, Helmut / Weinberger, Armin (2020): Handbuch Bildungstechnologien. Konzeption und Einsatz digitaler Lernumgebung. Berlin. Springer Verlag. S. 57-80

49) Winterhoff-Spurk, Peter (1991): Perspektiven der Medienpsychologie. In: Universitäts-Gesellschaft Heidelberg (1991): Heidelberger Jahrbücher. XXXV. Heidelberg. Springer Verlag. S. 67-82

50) Wittchen, Hans-Ulrich / Hoyer, Jürgen (2011): Was ist Klinische Psychologie? Definitionen, Konzepte und Modelle. In: Wittchen, Hans-Ulrich / Hoyer, Jürgen (2011): Klinische Psychologie & Psychotherapie. Dresden. Springer Verlag. S. 3-25

51) Würffel, Nicola (2014): Auf dem Weg zu einer Theorie des Blended Learning. Kritische Einschätzung von Modellen. In: Rummler, Klaus (2014): Lernräume gestalten – Bildungskontexte vielfältig denken. Medien in der Wissenschaft. Band 67. Göttingen. Waxmann Verlag. S.150-162

Wissenschaftliche Zeitschriften

1) Baeßler, Berit / Lücke, Stephanie / Koring, Bernhard / Kinnebrock, Susanne / Rössler, Patrick (2003): E-Learning-Systeme: Theoriegeleitete Konzeption, Qualitätsmanagement, Implementierung. In: Vorderer, Peter / Bente, Gary / Boos, Margarete / Vitouch, Peter (2003): Zeitschrift für Medienpsychologie. Band 15. Heft 1. Göttingen. Hogrefe. S. 13-23

2) Batinic, Bernad / Moser, Klaus (2001): Neue Befragungsmethode für die Medienpsychologie: Online-Panels. In: Vorderer, Peter / Bente, Gary / Boos, Margarete / Vitouch, Peter (2001): Zeitschrift für Medienpsychologie. Band 13. Heft 1. Göttingen. Hogrefe. S. 45-49

3) Becker, Karina (2020): „Flipped Learning". Konzeptualisierungen eines Medienintegrativen Lehr-Lern-Settings für den Deutschunterricht. In: MiDU. Medien im Deutschunterricht. Einzelbeiträge. Köln. Universität zu Köln. S. 1-22

4) Bieri, Rahel / Florack, Arnd / Scarabis, Martin (2006): Der Zuschnitt von Werbung auf die Zielgruppe älterer Menschen. In: Schreier, Margrit (2006): Zeitschrift für Medienpsychologie. Band 18. Heft 1. Göttingen. Hogrefe. S. 19-30

5) Cheema, Sadia E. / Velez, John A. (2021): Internalizing External Goals. The Relationship Between Causality Orientations and Digital Badges. In: Bowman, Nicholas, David (2021): Journal of Media Psychology. Band 33. Heft 2. Göttingen. Boston. Hogrefe & Huber. S. 94-101

6) Christoph, Angela / Hunger, Mathias (2021): Software für Videokonferenzen. Online-Meetings für psychodramatisches Arbeiten. In: Stadler, Christian / Spitzer-Prochazka, Sabine (2021): Zeitschrift für Psychodrama und Soziometrie. Wiesbaden. Springer Verlag. S. 1-10

7) Dammers, Ben / Seidler, Andreas / Staiger, Michael (2020): Multimodales Erzählen mit digitalen Medien im Deutschunterricht. Zur Einführung. In: Dammers, Ben / Seidler, Andreas / Staiger, Michael (2020): MiDU. Medien im Deutschunterricht. Multimodales Erzählen im Deutschunterricht I: Digitale Medien. Köln. Universität zu Köln. Jahrgang 2 (2020). Heft 1. S.1-4

8) Dietzsch, Andrea (2020): Zeitschrift für Religionspädagogik. Academic Journal of Religious Education. Thema: „Digitale (Corona-)Lehre: erlebt, erprobt, evauiert". 19. Jahrgang. Heft 2. California. Theo-Web. S.34-49

9) Döring, Nicola (2002): 1 x Brot, Wurst, 5 Sack Äpfel I.L.D – Kommunikative Funktionen von Kurzmitteilungen (SMS). In: Vorderer, Peter / Bente, Gary / Boos, Margarete / Vitouch, Peter (2002): Zeitschrift für Medienpsychologie. Band 14. Heft 3. Göttingen. Hogrefe. S. 118-128

10) Engartner, Tim (2019): Wie DAX-Unternehmen Schulen machen. Lehr- und Lernmaterial als Türöffner für Lobbyismus. In: Legrand, Jupp (2019): OBS-Arbeitsheft 100. Frankfurt am Main. Otto Brenner Stiftung. S. 1-80

11) Fox, Jesse / Arena, Dylan / Bailenson, Jeremy N. (2009): Virtual Reality. A Survival Guide for the Social Scientist. In: Schreier, Margrit (2009): Journal of Media Psychology. Band 21. Heft 3. Göttingen. Hogrefe & Huber. S. 95-113

12) Frankowsky, Sven / Krohn, Wiebke (2020): Pilotprojekt „Onlinegestütztes Selbstorganisiertes Lernen" an der Gesamtschule Schinkel Osnabrück.

In: Brocca, Nicola (2020): Transdisziplinäre Studien zur Lehrerbildung. Soziale Medien in Bildung und Fremdsprachendidaktik. Heidelberg. University Publishing. Nr. 5. S. 159-172

13) Frechette, Casey / Moreno, Roxana (2010): The Roles of Animated Pedagogical Agents' Presence and Nonverbal Communication in Multimedia Learning Environments. In: Bente, Gary (2010): Journal of Media Psychology. Band 22. Heft 2. Göttingen. Hogrefe & Huber. S. 61-72

14) Fuhrbach, Clemens (2021): Der gemeinsame Text als soziale Erfahrung im Deutschunterricht – kollaboratives Arbeiten und kooperatives Schreiben als Prinzip einer hybriden Didaktik. In: Nowara-Matusik, Nina / Jakosz, Mariusz (2021): Wortfolge. Heft Nr. 5. Katowice. Verlag der schlesischen Universität. S. 1-24

15) Gleich, Uli / Krämer, Nicole / Trepte, Sabine (2001): Nachrichten aus der Fachgruppe. In: Vorderer, Peter / Bente, Gary / Boos, Margarete / Vitouch, Peter (2001): Zeitschrift für Medienpsychologie. Band 13. Heft 3. Göttingen. Hogrefe. S. 160-162

16) Guegan, Jérôme / Brechet, Claire / Nelson, Julien (2021): Dreamlike and Playful Virtual Environments to Inspire Children's Divergent Thinking. In: Bowman, Nicholas, David (2021): Journal of Media Psychology. Band 33. Heft 1. Göttingen. Boston. Hogrefe & Huber. S.28-38

17) Hefner, Dorothée / Bartels, Kerrin (2002): „Nutzung der Medienspiele – Spiele der Mediennutzer" – Tagung der Fachgruppe Rezeptionsforschung der DGPuK in Hannover. In: Vorderer, Peter / Bente, Gary / Boos, Margarete / Vitouch, Peter (2002): Zeitschrift für Medienpsychologie. Band 14. Heft 2. Göttingen. Hogrefe. S. 84-85

18) Hepp, Andreas (2016): Warum Kommunikation im Internet öffentlich ist. In: Beck, Klaus / Eilders, Christiane / Holtz-Bacha, Christina / Wünsch, Carsten (2016): Publizistik. Vierteljährliche Erscheinungsweise. 4. Ausgabe. Heft 3. Wiesbaden. Springer Verlag. S. 225-246

19) Hofer, Matthias / Burkhard, Laetitia / Allemand, Mathias (2015): Age Differences in Emotion Regulation During a Distressing Film Scene. In: Krämer, Nicole (2015): Journal of Media Psychology. Band 27. Heft 2. Göttingen. Hogrefe & Huber. S. 47-52

20) Hopf, Werner H. (2004): Mediengewalt, Lebenswelt und Persönlichkeit – eine Problemgruppenanalyse bei Jugendlichen. In: Vorderer, Peter / Bente, Gary / Boos, Margarete / Vitouch, Peter (2004): Zeitschrift für Medienpsychologie. Band 16. Heft 3. Göttingen. Hogrefe. S. 99-115

21) Horn, Sebastian (2007): Facebook – Virtueller Nebenschauplatz der Gegenwart. In: Schreier, Margrit (2007): Zeitschrift für Medienpsychologie. Band 19. Heft 3. Göttingen. Hogrefe. S. 126-129

22) Jäger, Reinhold S. (2021): „Es wird nicht mehr so sein, wie es einmal war". Die Corona-Pandemie und ihre Folgen: Chancen für die Pädagogische Psychologie – eine subjektive Stellungnahme. In: Knapp, Andreas / Rost, Detlef H. (2021): Zeitschrift für Pädagogische Psychologie. Bern. Hogrefe Verlag. Jahrgang 35. Heft 2-3. S. 77-84

23) Johannes, Niklas / Veling, Harm / Verwijmeren, Thijs / Buijzen, Moniek (2019): Hard to Resist? The Effect of Smartphone Visibility and Notifications on Response Inhibition. In: Klimmt, Christoph (2019): Journal of Media Psychology. Band 31. Heft 4. Göttingen. Boston. Hogrefe & Huber. S. 214-225

24) Joyce, Nick / Harwood, Jake / Springer, Sheila (2020): The Sweet Spot. Curvilinear Effects of Media Exemplar Typicality on Stereotype Change. In: Klimmt, Christoph (2020): Journal of Media Psychology. Band 32. Heft 2. Göttingen. Boston. Hogrefe & Huber. S. 59-69

25) Kagelmann, Andre / Krichel, Anne / Knopp, Matthias / Meteling, Arno / Münschke, Frank (2020): Einführung: Multimodales Erzählen mit Schrift, Bild und Ton im Deutschunterricht. In: Kagelmann, Andre / Knopp, Matthias / Krichel, Anne / Meteling, Arno / Münschke, Frank (2020): MiDU. Medien im Deutschunterricht. Multimodales Erzählen im Deutschunterricht II: Schrift – Bild – Ton. Köln. Universität zu Köln. Jahrgang 2 (2020). Heft 2. S.1-5

26) Katzer, Catarina / Fetchenhauer, Detlef / Belschak, Frank (2009): Cyberbullying: Who Are the Victims? A Comparison of Victimization in Internet Chatrooms and Victimization in School. In: Schreier, Margrit (2009): Journal of Media Psychology. Band 21. Heft 1. Göttingen. Hogrefe & Huber. S. 25-36

27) Klimmt, Christoph (2001): Computer-Spiel: Interaktive Unterhaltungsangebote als Synthese aus Medium und Spielzeug. In: Vorderer, Peter / Bente, Gary / Boos, Margarete / Vitouch, Peter (2001): Zeitschrift für Medienpsychologie. Band 13. Heft 1. Göttingen. Hogrefe. S. 22-32

28) Knopp, Matthias (2020): Das Sprachliche in den Medien – Eine Sprach-Mediendidaktische (und Inklusive) Perspektivierung. In: MiDU. Medien im Deutschunterricht. Einzelbeiträge. Köln. Universität zu Köln. S. 1-13

29) Konradt, Udo / Marsula, Andre / Rakuljic, Marijana (2002): Eine Längsschnittstudie zur Motivation und Kommunikation beim netzbasierten Lernen in einem virtuellen Seminar. In: Vorderer, Peter / Bente, Gary / Boos, Margarete / Vitouch, Peter (2002): Zeitschrift für Medienpsychologie. Band 14. Heft 3. Göttingen. Hogrefe. S. 109-117

30) Kónya-Jobs, Nathalie / Werner, Markus (2020): Ansätze zu einer multimodal orientierten Literaturdidaktik. Vorgestellt am Beispiel von Social-Web-Literatur und der Jugend-Webserie *Druck*. In: Dammers, Ben / Seidler, Andreas / Staiger, Michael (2020): MiDU. Medien im Deutschunterricht. Multimodales Erzählen im Deutschunterricht I: Digitale Medien. Köln. Universität zu Köln. Jahrgang 2 (2020). Heft 1. S. 1-23

31) Krämer, Nicole C. (2010): Psychological Research on Embodied Conversational Agents: The Case of Pedagogical Agents. In: Bente, Gary (2010): Journal of Media Psychology. Band 22. Heft 2. Göttingen. Hogrefe & Huber. S. 47-51

32) Kröger-Bidlo, Hanna (2019): Der WhatsApp-Echtzeitstatus im Spannungsfeld von Identitätsbildung und medienpädagogischem Handeln im Deutschunterricht. In: Boelmann, Jan M. / Kepser, Matthis (2019): MiDU. Medien im Deutschunterricht. Literale Praktiken im medialen Spannungsfeld. Köln. Universität zu Köln. Jahrgang 1 (2019). Heft 1. S.101-111

33) Limarutti, Andrea / Flaschberger, Simone Sigrid / Mir, Eva (2021): Wo steht mir der Kopf? – Herausforderungen von berufsbegleitend Studierenden während der COVID-19-Pandemie. In: Schüßler, Marion / Schulc, Eva / Grabner, Babette / Simon, Anke / Kroll, Thilo / Reinhart, Margarete / Dietsche, Stefan: Heilberufe Science. Volume 12. Issue: 1-2. Berlin. Springer Verlag. S. 39-47

34) Maass, Asja / Klöpper, Klara Maria / Michel, Friederike / Lohaus, Arnold (2011): Does Media Use Have a Short-Term Impact on Cognitive Performance? A Study of Television Viewing and Video Gaming. In: Bente, Gary (2011): Journal of Media Psychology. Band 23. Heft 2. Göttingen. Hogrefe & Huber. S. 65-76

35) Maiwald, Klaus (2022): Deutschdidaktik deutlicher auch als Mediendidaktik? Die Frage ist weiterhin zu stellen und weiter zu fassen. In: Kern, Friederike / Freudenberg, Ricarda / Schmellentin, Claudia / Wieser, Dorothee (2022): Didaktik Deutsch. Halbjahresschrift für die Didaktik der deutschen Sprache und Literatur. 27. Jahrgang 2022. Heft 52/53. Open Journal Systems. S. 3-9

36) Mangold, Roland (2002): Kurzberichte: Informationsdesign – ein neuer Studiengang geht in die nächste Runde. In: Vorderer, Peter / Bente, Gary / Boos, Margarete / Vitouch, Peter (2002): Zeitschrift für Medienpsychologie. Band 14. Heft 3. Göttingen. Hogrefe. S. 136-137

37) Martin, Alexander (2018): Politische Medienkompetenz als Zielvorstellung digitalisierter Hochschullehre. In: Mayrberger, Kerstin (2018): Synergie. Fachmagazin für Digitalisierung in der Lehre #05. Demokratie. Digitalisierung, Demokratie und Transparenz. Hamburg. Universität Hamburg. Ausgabe #05. S. 34-37

38) Moreno, Roxana / Reislein, Martin / Ozogul, Gamze (2010): Using Virtual Peers to Guide Visual Attention During Learning A Test of the Persona Hypothesis. In: Bente, Gary (2010): Journal of Media Psychology. Band 22. Heft 2. Göttingen. Hogrefe & Huber. S. 52-60

39) Müller, Katrin / Troitzsch, Heide / Renkl, Alexander (2003): Der Einfluss nonverbaler Signale auf den Kommunikationsprozess in einer kollaborativen virtuellen Umgebung. In: Vorderer, Peter / Bente, Gary / Boos, Margarete / Vitouch, Peter (2003): Zeitschrift für Medienpsychologie. Band 15. Heft 1. Göttingen. Hogrefe. S. 24-33

40) Müller, Tanja / Böttger, Heiner (2018): Digitalisierung der beruflichen Bildung. Konzeptionierung, Prozessbegleitung und Evaluation eines CARITAS-Entwicklungsprojektes. In: Wenrich, Rainer / Hemmer, Ingrid / Böttger, Heiner / Hiebl, Petra / Seitz, Stefan (2018): Zeitschrift ZLB. KU. Zentrum für Lehrerbildung und Bildungsforschung. Ingolstadt. Katholische Universität Eichstätt. Ausgabe 2 – 2018. S. 25-38

41) Patel, Kiran Klaus (2011): Zeitgeschichte im digitalen Zeitalter. Neue und alte Herausforderungen. In: Altrichter, Helmut / Möller, Horst / Schwarz, Hans-Peter / Wirsching, Andreas (2011): Vierteljahreshefte für Zeitgeschichte. 59. Jahrgang. Heft 3. München. Oldenbourg Wissenschaftsverlag. S. 331-351

42) Penzold, Michael (2020): Lernlektüren im Zeichen der Digitalität – Typologische Betrachtungen über Hybride Lesemedien zum Erlernen des Deutschen als Zweitsprache. In: MiDU. Medien im Deutschunterricht. Einzelbeiträge. Köln. Universität zu Köln. S. 1-13

43) Petersen, Anita / Bente, Gary (2001): Situative und technologische Determinanten des Erlebens virtueller Realität. In: Vorderer, Peter / Bente, Gary / Boos, Margarete / Vitouch, Peter (2001): Zeitschrift für Medienpsychologie. Band 13. Heft 3. Göttingen. Hogrefe. S. 138-145

44) Preston, Joan M. / Eden, Michael (2002): Viewing music videos: Emotion and viewer interpretation. In: Vorderer, Peter / Bente, Gary / Boos, Margarete / Vitouch, Peter (2002): Zeitschrift für Medienpsychologie. Band 14. Heft 2. Göttingen. Hogrefe. S. 69-79

45) Rozendaal, Esther / Figner, Bernd (2020): Effectiveness of a School-Based Intervention to Empower Children to Cope With Advertising. In: Klimmt, Christoph (2020): Journal of Media Psychology. Band 32. Heft 3. Göttingen. Boston. Hogrefe & Huber. S. 107-118

46) Schaumburg, Heike (2001): Neues Lernen mit Laptops? Ein Überblick über Forschungsergebnisse zur Nutzung mobiler Computer in der Schule. In: Vorderer, Peter / Bente, Gary / Boos, Margarete / Vitouch, Peter (2001): Zeitschrift für Medienpsychologie. Band 13. Heft 1. Göttingen. Hogrefe. S. 11-21

47) Schaumburg, Heike (2004): Laptops in der Schule – ein Weg zur Überwindung des Digital Divide zwischen Jungen und Mädchen? In: Vorderer, Peter / Bente, Gary / Boos, Margarete / Vitouch, Peter (2004): Zeitschrift für Medienpsychologie. Band 16. Heft 4. Göttingen. Hogrefe. S. 142-154

48) Schiffer, Kathrin / Ennemoser, Marco / Schneider, Wolfgang (2002): Die Beziehung zwischen dem Fernsehkonsum und der Entwicklung von Sprach- und Lesekompetenz im Grundschulalter in Abhängigkeit von der Intelligenz. In: Vorderer, Peter / Bente, Gary / Boos, Margarete / Vitouch, Peter (2002): Zeitschrift für Medienpsychologie. Band 14. Heft 1. Göttingen. Hogrefe. S. 2-13

49) Schilcher, Anita / Meier, Christel (2021): Verwandtschaften, Wahlverwandtschaften und andere Beziehungskisten: Deutschdidaktik als transdisziplinäres Fach. In: Bleumer, Hartmut / Habscheid, Stephan / Spieß, Constanze / Werber, Niels (2021): Zeitschrift für Literaturwissenschaft und Linguistik. Volume 51. Issue: 1. Siegen. J.B. Metzler Verlag. S. 63-86

50) Schramm, Holger (2002): Interview with Dean Emeritus Dolf Zillmann, College of Communication & Information Sciences and Department of Psychology, University of Alabama, on occasion of his recent retirement. In: Vorderer, Peter / Bente, Gary / Boos, Margarete / Vitouch, Peter (2002): Zeitschrift für Medienpsychologie. Band 14. Heft 2. Göttingen. Hogrefe. S. 90-92

51) Schreier, Margrit (2008): Editorial. In: Schreier, Margrit (2008): Journal of Media Psychology. Band 20. Heft 1. Göttingen. Hogrefe & Huber. S. 1-2

52) Schütt, Marie-Luise / Gewinn, Wiebke (2018): „Universal Design for Learning“ als Beitrag zur Demokratisierung von Bildungsprozessen. In:

Mayrberger, Kerstin (2018): Synergie. Fachmagazin für Digitalisierung in der Lehre #05. Demokratie. Digitalisierung, Demokratie und Transparenz. Hamburg. Universität Hamburg. Ausgabe #05. S. 60-63

53) Schweiger, Christina (2021): Real – digital – egal!? Ästhetische Erfahrungen in virtuellen Zeiten. Kunstrezeption im Fach Bildnerische Erziehung in Schulräumen und unter Einbezug des Lernortes Museum. In: Pädagogische Hochschule Niederösterreich (2021): Online Journal for Research and Education. Heft Nr: 15. Baden. S. 1-16

54) Schwonke, Rolf / Nückles, Matthias / Hauser, Sabine / Berthold, Kirsten / Renkl, Alexander (2005): Computergestütztes Schreiben von Lernprotokollen. Umsetzung und Evaluation eines kognitiven Werkzeugs zur Förderung selbstgesteuerten Lernens. In: Schreier, Margrit (2005): Zeitschrift für Medienpsychologie. Band 17. Heft 2. Göttingen. Hogrefe. S. 42-53

55) Six, Ulrike / Gleich, Uli / Frey, Christoph (2001): 2. Tagung der Fachgruppe Medienpsychologie in der Deutschen Gesellschaft für Psychologie. In: Vorderer, Peter / Bente, Gary / Boos, Margarete / Vitouch, Peter (2001): Zeitschrift für Medienpsychologie. Band 13. Heft 1. Göttingen. Hogrefe. S. 59

56) Sonnleitner, Karin (2021): Kompetenzen digital vermitteln. Wie eine Plattform zu länderübergreifenden kompetenzorientierten, digitalen Lehre beiträgt. In: Bedenlier, Svenja / Bruhn-Zaß, Elisa (2021): The Digital Turn in Internationalization. Konzepte, Strategien und Praktiken. ZFHE. Zeitschrift für Hochschulentwicklung. Norderstedt. Books on Demand GmbH. Jahrgang 16. Nr. 2. S. 181-193

57) Spitzer, Manfred (2021): Öffnet die Schulen! In: Spitzer, Manfred (2021): Nervenheilkunde. Zeitschrift für interdisziplinäre Fortbildung. Ausgabe 05. Volume 40. Stuttgart. Schattauer Verlag im Georg Thieme Verlag KG. S. 296-311

58) Stalder, Felix (2018): Herausforderungen der Digitalität jenseits der Technologie. In: Mayrberger, Kerstin (2018): Synergie. Fachmagazin für Digitalisierung in der Lehre #05. Demokratie. Digitalisierung, Demokratie und Transparenz. Hamburg. Universität Hamburg. Ausgabe #05. S. 8-15

59) Suckfüll, Monika / Unz, Dagmar / Krämer, Nicole (2005): Nachrichten aus der Fachgruppe. In: Vorderer, Peter / Bente, Gary / Boos, Margarete / Vitouch, Peter (2005): Zeitschrift für Medienpsychologie. Band 17. Heft 1. Göttingen. Hogrefe. S. 38

60) Thrien, Sabine (2001): Das DFG-Schwerpunktprogramm „Lesesozialisation in der Mediengesellschaft“ In: Vorderer, Peter / Bente, Gary / Boos, Margarete / Vitouch, Peter (2001): Zeitschrift für Medienpsychologie. Band 13. Heft 1. Göttingen. Hogrefe. S. 50-52

61) Tosun, Leman Pinar / Kaşdarma, Ezgi (2020): Passive Facebook Use and Depression. A Study of the Roles of Upward Comparisons, Emotions, and Friendship Type. In: Klimmt, Christoph (2020): Journal of Media Psychology. Band 32. Heft 4. Göttingen. Boston. Hogrefe & Huber. S. 165-175

62) Unz, Dagmar / Schweizer, Karin / Batinic, Bernad (2006): Nachrichten aus der Fachgruppe. In: Schreier, Margrit (2006): Zeitschrift für Medienpsychologie. Band 18. Heft 3. Göttingen. Hogrefe. S. 141

63) Utz, Sonja / Breuer, Johannes (2017): The Relationships Between Use of Social Network Sites, Online Social Support, and Well-Being. Results From a Six-Wave Longitudinal Study. In: Krämer, Nicole (2017): Journal of Media Psychology. Band 29. Heft 3. Göttingen. Boston. Hogrefe & Huber. S. 115-125

64) Utz, Sonja / Jonas, Kai J. (2002): MUDs – Ergänzung oder Ersatz traditioneller Bindungen bei jungen Erwachsenen? In: Vorderer, Peter / Bente, Gary / Boos, Margarete / Vitouch, Peter (2002): Zeitschrift für Medienpsychologie. Band 14. Heft 2. Göttingen. Hogrefe. S. 52-59

65) Van der Zee, Tim / Admiraal, Wilfried / Paas, Fred / Saab, Nadira / Giesbers, Bas (2017): Effects of Subtitles, Complexity, and Language Proficiency on Learning From Online Education Videos. In: Krämer, Nicole (2017): Journal of Media Psychology. Band 29. Heft 1. Göttingen. Boston. Hogrefe & Huber. S. 18-30

66) Vorderer, Peter (2001): Editorial. In: Vorderer, Peter / Bente, Gary / Boos, Margarete / Vitouch, Peter (2004): Zeitschrift für Medienpsychologie. Band 13. Heft 1. Göttingen. Hogrefe. S. 1-2

67) Wampfler, Philippe (18.05.2020): Rhetorik und digitale Medien – Implikationen für den Deutschunterricht. In: MiDU. Medien im Deutschunterricht. Einzelbeiträge. Köln. Universität zu Köln. S. 1-18

68) Wampfler, Philippe (23.06.2020): Kahoot im Deutschunterricht. Einsatzszenarien und eine didaktische Analyse. In: MiDU. Medien im Deutschunterricht. Einzelbeiträge. Köln. Universität zu Köln. S. 1-19

69) Winterhoff-Spurk, Peter (2001): Kassensturz – Zur Lage der Medienpsychologie. In: Vorderer, Peter / Bente, Gary / Boos, Margarete / Vitouch, Peter (2001): Zeitschrift für Medienpsychologie. Band 13. Heft 1. Göttingen. Hogrefe. S. 3-10

70) Wittwer, Jörg / Bromme, Rainer / Jucks, Regina (2004): Kann man dem Internet trauen, wenn es um die Gesundheit geht? Die Glaubwürdigkeitsbeurteilung medizinischer Fachinformationen im Internet durch Laien. In: Vorderer, Peter / Bente, Gary / Boos, Margarete / Vitouch, Peter (2004): Zeitschrift für Medienpsychologie. Band 16. Heft 2. Göttingen. Hogrefe. S. 48-56

Internetquellen

Link 1:

https://www.medienstudienfuehrer.de/studiengaenge/medienpsychologie/

(gesichtet am 22.03.2021)

Link 2:

https://onlinemarketing.de/lexikon/definitionapp#:~:text=Mobile%20Apps%20(application%20%3D%20Anwendung),die%20mobilen%20Ger%C3%A4te%20installiert%20werden.

(gesichtet am 02.04.2021)

Link 3:

https://www.faz.net/aktuell/karriere-hochschule/klassenzimmer/schulen-in-der-corona-krise-wie-sieht-guter-hybridunterricht-aus-17063509.html

(gesichtet am 03.06.2021)

Link 4:

https://iserv.de/doc/modules/videoconference/

(gesichtet am 20.09.2021)

Link 5:

https://itslearning.com/de/news/beste-lernplattform-lms-fuer-schulen-cloud-ist-digitalpakt-foerderfaehig-sonderkonditionen-kosten/

(gesichtet am 22.09.2021)

Link 6:

https://www.land.nrw/de/pressemitteilung/ministerin-gebauer-wir-unterstuetzen-die-lehrkraefte-mit-einem-wichtigen-update

(gesichtet am 24.09.2021)

Link 7:
https://www.schulministerium.nrw/digitalpakt
(gesichtet am 01.10.2021)

Link 8:
https://www.schulministerium.nrw/presse/pressemitteilungen/ministerin-gebauer-wir-unterstuetzen-die-schultraeger-beim-abruf-der
(gesichtet am 01.10.2021)

Link 9:
https://www.schulministerium.nrw/technisch-paedagogisches-einsatzkonzept-tpek
(gesichtet am 02.10.2021)

Link 10:
https://www.mint-ec.de/mint-ec/verein/satzung/
(gesichtet am 05.10.2021)

Link 11:
https://www.sdz.nrw.de/landesprogramm/bne/
(gesichtet am 08.10.2021)

Link 12:
https://www.zdi-portal.de/
(gesichtet am 11.10.2021)

Anhang

QR-Code führt zu den transkribierten Interviews

https://www.projektverlag.de/Anhang/Anhang_978-3-89733-602-5.pdf

Danksagung

Anlässlich meiner vollendeten Promotion möchte ich einigen Personen ein Wort des Dankes aussprechen. An erster Stelle meinem Betreuer, Herrn Prof. Dr. Köhnen, der mich von Beginn an zu meinem Vorhaben ermutigte und mir trotz meines Referendariats ermöglichte, bei ihm zu promovieren. Auch in stressigen Phasen begegnete er mir stets mit Verständnis, wenn es um flexible Terminabsprachen oder um zu verschiebende Verschriftlichungen ging. Sein verständnisvoller, rücksichtsvoller und ruhiger Umgang ermöglichte mir, mit Freude an dem Forschungsvorhaben zu arbeiten und stand mir stets mit gutem Rat zur Seite.

Meinem Vater, Dr. Uwe Kaden, möchte ich für seine unermessliche Geduld danken, sich Ideen und Gedanken anzuhören und mir nicht einmal das Gefühl gegeben zu haben, ihn damit zu stören. Viel mehr zeigte er mir in Momenten des Zweifelns auf, wie weit ich es schon geschafft hatte und gab mir die Sicherheit und den nötigen Rückhalt, mich mit Elan meiner Promotion zu widmen.

Mein Mann, Marvin Verheyen, zeigte mir seit der Idee der Promotion, wie stolz er auf mich war. Durch seine unermüdliche Unterstützung hielt er mir immer den Rücken frei. Er hörte mir stets zu und nahm in der gesamten Zeit Rücksicht auf den enormen Aufwand, den meine Promotion erforderte. Nur so war es mir möglich, mich auf mein Vorhaben zu fokussieren und alles Andere guten Gewissens auszublenden.

Meiner Mutter, Susanne Kaden, und meiner Schwester, Yvonne Kribbenhold, danke ich dafür, nicht eine Sekunde an meinem Vorhaben und einem erfolgreichen Abschluss gezweifelt zu haben. Im Gegenteil: ich wurde ermutigt und unglaublich bestärkt. Neben der nötigen Nervennahrung war auch immer ein Kaffee und ein offenes Ohr zu finden, wodurch ich zu jeder Zeit die nötige Kraft zur Weiterarbeit hatte.

Den geschätzten Lehrkräften, die mir ihre Zeit und Erfahrung in den Interviews zur Verfügung stellten, möchte ich hiermit ausdrücklich meinen Dank aussprechen.

Auch allen hier nicht Aufgeführten danke ich für ihre Rücksicht und ihre guten Ratschläge.

Bochumer Beiträge zur bildungswissenschaftlichen und fachdidaktischen Theorie und Forschung (ISSN 2192-4783)

Band 1 Marko Demantowsky | Volker Steenblock (Hrsg.)
Selbstdeutung und Fremdkonzept
Die Didaktiken der kulturwissenschaftlichen Fächer im Gespräch
ISBN 978-3-89733-241-6

Band 2 Marko Demantowsky | Bettina Zurstrassen (Hrsg.):
Forschungsmethoden und Forschungsstand in den Didaktiken der kulturwissenschaftlichen Fächer
ISBN 978-3-89733-318-5

Band 3 Ralph Köhnen (Hrsg.)
Beruf oder Berufung?
DeutschlehrerInnen im Fokus
ISBN 978-3-89733-326-0

Band 4 Mathias Balliet | Volker Steenblock (Hrsg.)
Wissenschaft und Welterkenntnis
Ein Arbeitsbuch zur philosophischen Bildung
ISBN 978-3-89733-348-2

Band 5 Mathias Balliet
Wissenschaftliche Bildung
Über grundlegende Kompetenzen im Philosophieunterricht der szientifisch-technischen Moderne
ISBN 978-3-89733-362-8

Band 6 Meike Strohn
Binnendifferenzierung im Englischunterricht
Die Lehrerperspektive
ISBN 978-3-89733-365-9

Band 7 Nana Eger | Antje Klinge (Hrsg.)
Künstlerinnen und Künstler im Dazwischen
Forschungsansätze zur Vermittlung in der Kulturellen Bildung
ISBN 978-3-89733-379-6

Band 8 Maja Eva Weegen
Curriculare Vorgaben zum Umgang mit Vielfalt in der nordrhein-westfälischen Reform der Lehrerausbildung
ISBN 978-3-89733-389-5

Band 9 Stefan Barz
„Nisi ardeat, non incendit"
Überlegungen zur spezifischen Professionalität des Philosophielehrers im Vergleich mit dem Religionslehrer
ISBN 978-3-89733-400-7

Band 10 Volker Steenblock
Religion und Philosophie im Diskurs
ISBN 978-3-89733-443-4

Band 11 Gabriele Bellenberg | Henning Feldmann | Christiane Mattiesson | Marie Vanderbeke (Hrsg.)
Plan – Do – Check – Act:
Qualitätssicherung und Qualitätsentwicklung in der Lehrerbildung
ISBN 978-3-89733-445-8

Band 12 Ralf Glitza
Kulturelle Bildung in der Mitte der Gesellschaft
Zum Spannungsfeld einer interkulturell-hermeneutischen und heterotopisch-differenzmodalen Philosophiedidaktik am Beispiel der Ethik Immanuel Kants und traditioneller konfuzianischer Sittlichkeitskonzeptionen
ISBN 978-3-89733-457-1

Band 13 Mona Mertes
Hörverstehen im Englischunterricht
Bestandsaufnahme und Entwicklungsperspektiven
ISBN 978-3-89733-474-8

Band 14 Ralf Glitza | Vanessa Albus (Hrsg.)
Kulturelle Phänomene und philosophische Herausforderungen
Impulse für Bildungsprozesse in Theorie und Praxis
ISBN 978-3-89733-544-8

Band 15 Isabelle van Ackern
Der Englischunterricht am Übergang von der Grundschule zum Gymnasium
Die Perspektiven der Lehrenden und Lernenden
ISBN 978-3-89733-535-6